구본형의
마지막 수업

구본형의
마지막 수업

나를 만든 세계문학고전 독법

구본형 · 박미옥 · 정재엽 지음

생각
정원

20년 후,
당신은 했던 일보다 하지 않았던 일로 인해 실망할 것이다.
돛줄을 풀어라. 안전한 항구를 떠나 항해하라.
당신의 돛에 무역풍을 가득 담아라.
탐험하라. 꿈꾸라. 발견하라.

— 마크 트웨인

내일이 없는 것처럼
오늘을 살아라

우리는 주어진 삶을 살면 된다. 자기 몫의 삶을 살면 그것으로 족하다. 삶은 책 따위와는 비교할 수 없이 위대하다. 문제는 삶이 졸렬해졌다는 점에 있다. 살다 보니 우리는 그날 닥치는 일이나 그 시각에 우리를 괴롭히는 문제에만 겨우 관심을 가지고 살아간다. 외적인 가치를 성공이라고 믿고 쫓다 보니 내적인 균형이 허물어졌다. 인류의 삶을 떠받쳐온 심원한 내면의 문제, 내면의 신비, 내면의 통과의례를 제대로 겪지 못하게 되었다. 삶을 풍부하게 하는 심원한 삶에서 멀어졌다. 깊은 인생은 없고 누구나 비슷한 복제의 삶이 주어졌다. 이러다가 평생 자신이 좋아하는 일을 한 번도 해본 적이 없는 사람으로 죽게 될지 모른다. 진정으로 좋아하는 일, 바로 이 내면적 가치, 그 가치를 찾아가는 삶의 길잡이와 이정표가 고전이다.

고전은 오래된 책이다. 그 긴 세월을 지나는 동안 퇴색되지 않을 만큼 버틸 수 있었던 인류의 근육이며 신경체계인 것이다. 그러나 고전은 단지 오래된 책이 아니다. 고전은 '진실에 진실한 작가'들이 쓴 책이다. 이것이 조지프 캠벨(Joseph Campbell) 식 정의다. 진실에 진실하다는 것은 불완전한 인간을 사랑할 수밖에 없게 만들어준다. 고전은 완전한 사람들의 이야기가 아니다. 완전한 인간은 우리의 관심을 끌지 못한다. 그것은 인간이 아니기 때문이다. 불완전하기 때문에 우리는 사랑하지 않을 수 없다. 아이들을 봐라. 매일 엎어지고 자빠지고 깨진다. 몸은 조그맣지만 머리는 터무니없이 크다. 이 불완전한 균형이 사랑스럽지 않은가? 아슬아슬한 것, 인간이라고 느끼게 하는 그 순간 그 모습을 사랑할 수밖에 없다. 하느님은 두렵고 무섭다. 완전하기 때문이다. 그래서 나는 좋은 신앙인이 아닌지도 모른다. 그러나 십자가에 달린 그리스도를 보면 그를 사랑할 수밖에 없다. 아들을 안고 비탄에 빠진 어머니를 보면 사랑할 수밖에 없다.

여든 고령의 석가 이야기에 귀 기울여보자. 그는 고향을 향해 최후의 여행을 떠났다. 늙은 나이에 지친 석가는 대장장이 춘다가 공양한 음식 때문에 심한 설사로 더욱 힘들었다. 쿠시나가라에 도착한 석가는 최후의 순간까지 법을 설했다. 아름답지 않은가. 그는 울고 있는 아난에게 이렇게 말했다.

"아난아, 울지 마라. 이별이란 우리에게 피할 수 없는 것이라고 내가 이미 말하지 않았느냐. 태어나고 생겨나고, 조건 지어진 것은 모두 그 자체 안에 사멸할 성질을 품고 있다. 그렇지 않을 수 없다."

석가는 마지막 순간을 그답게 마감했다. 그를 친견하기 위해 찾아온 수바드라라는 고행자를 마지막 제자로 받아들였다. 석가는 제자들에게 명확히 알고 싶은 것이 있는지 물었다. 세 번이나 물었다. 모두 침묵하자 석가가 말했다.

"나는 이제 그대들에게 말하겠다. 조건 지어진 모든 것은 무상하다. 그대들이 뜻한 바를 이루기 위하여 부지런히 노력하라."

무상하다. 그러니 애써라. 이것이 마지막 설법이었다. 애처롭지 않은가! 우리를 울게 하고 우리가 사랑하는 것이 모두 불완전한 필멸의 것이자 불쌍한 것이다. 그러니 살아 있음에 경탄하고 순간에 몰입해야 한다.

고전은 바로 불완전한 인간에게 작가가 진실한 언어의 창을 던지는 것이다. 깊은 상처를 입힌다. 그것은 다시 태어나게 히는 사랑의 창이다. 불완전한 인간을 찔러 그 피로 다시 태어나게 하는 것이다. 토마스 만은 이것을 '에로틱 아이러니'라고 불렀다. 고전은 나를 바꾸는 지독한 유혹이 아닐 수 없다. 그것은 삶에 기쁨을 쏟아주는 위대한 이야기다. 내면의 가치를 잃었다고 느낀다면 바로 고전을 읽을 시간이다. 삶의 지표를 잃었다고 생각한다면 지금이 바로 고전을 읽을 시간이다. 삶의 황홀을 맛본 지 오래되었다면 내 영혼을 위해 바로 지금이 고전을 읽을 시간이다.

나는 이 책이 독자들의 피와 영혼과 정신의 어느 부분을 건드려 그들 역시 알 수 없는 환상과 내면의 열정 속으로 선동되길 원한다. 그리하여 자신 속에서 위대한 힘을 감지하게 만들고 싶다. 인생을 낭비하는 것을 치욕으로 여기고 자신을 탄생시키지 못하는 불임을 극복하는 사람들이 자신의 삶에 책임질 수 있도록 돕고 싶다. 하고 싶은 일이 무엇인지, 할 수 있는 일이 무엇인지 묻지도 않은 채, 든든한 밥그릇 하나 챙겨두는 일에 지나치게 집착하는 이들에게 그 쩨쩨함의 끝을 묻고 싶다. 마흔이 넘어 제2의 인생을 건설해야 하는 시점에서 여전히 망설이기만 하는 사람들에게 무엇을 더 기다리고 있는지 물어보고 싶다.

언젠가 한 번은 하고 싶은 대로 마음껏 스스로 설계한 인생을 살아야 한다. 내일이 없는 것처럼 오늘을 살 필요가 있다. 깨끗하고 빛나는 옷을 입고, 햇빛 가득한 산을 넘고 들을 건너 아름다운 인생 하나를 건설해야 한다. 아름다운 그날 하루를 내 삶의 국경일로 정하고, '눈에 보이지 않는 안내자'의 도움을 받아 아름다운 곳에서 새로운 삶을 시작해야 한다. 나는 이것이야말로 인생의 경영이라고 생각한다. 나는 이 책에 그 '안내자'의 소임을 맡기려 한다.

GOETHE

Die Leiden
des jungen
Werthers

ZORBA THE GREEK

HUCKLEBERRY FINN

BOCCACCIO
DECAMERON

Part 1

무엇을
욕망할
것인가

이룰 수 없는 꿈 하나를 별처럼 품다

• 『젊은 시인에게 보내는 편지』 '젊음'에 대하여 •

청년답다는 것은 높은 것을 향한 동경, 가치 있는 것에 대한 감격, 심원한 것에 대한 매혹, 영혼을 울리는 것에 홀리는 눈물이다. 속세를 살아가는 기교는 속세에 닳고 닳은 사람들에게 맡겨놓으면 된다. 청년이 청년다울 때의 모습은 들판 한가운데 서 있는 한 그루의 나무처럼 곧고 단순한 것이다.

— 가와이 에이지로

젊음은 젊음을 모른다. 늙음만이 젊음을 안다. 우리는 나이가 드는 것을 두려워하고 거부하는 문화 속에 살면서 젊음을 모방하려 안간힘을 쓴다. "나는 아니야"라고 말할지 모른다. 그러나 그 허세 속에서조차 술 마신 다음 날 아침이 예전처럼 개운치 않다고 투덜대고, 피로가 자욱한 안개처럼 온몸을 감싼 것 같아 내심 건강을 걱정하게 된다. 어느 날 아침 신문을 더 멀리 놓아야 글씨가 더 잘 보인다는 사실을 깨닫고는 마흔을 넘은 나이를 실감하기도 한다. 젊음은 우리가 회사에 들어오는 순간부터 조금씩 멀어진다. 결혼을 하고 아이를 낳는 순간, 우리는 기성세대로 서서히 편입되기 시작한다. 어찌하랴. 젊어서는 돈을 벌기 위해 젊음을 쓰고 나이 들어서는 젊음을 되찾기 위해 돈을 쓰는 것이 인생의 역설인 것을.

우리는 언제 젊어지는가. 배움을 시작할 때다. 나이가 몇 살이든 배움을 시작할 때 우리는 더듬거리고, 뒤뚱거리고, 두려워하고, 떤다. 바로 이것이 젊음이다. 이때 우리는 어려지고 젊어지고 그리고 영원히 늙지 않는다. 한때 "나이는 숫자에 불과하다"는 말이 크게 유행했다. 역설적이게도 그 말은 나이는 숫자에 불과하지 않다고 역설하는 것 같았다. 내게 나이 듦이란 익숙한 삶에 안주하는 것을 의미한다. 현실에 주저앉아 배움이 없는 삶이라면 젊음이 아닌 것이다.

그런데 그런 기준으로 보면 나이는 젊은데 삶은 그렇지 못한 사람들이 점점 많아지는 것 같다. 배움이 필요 없는, 너무 뻔한 길로만 가려는 청춘들이 많아진 것이다. 오히려 도전 정신을 잃지 않고 인생 이모작, 삼모작에 나서는 중년이나 노년들에게서 젊음이 느껴진다.

무엇이 젊은 것인가? 자아를 재발견하는 것이다. 늘 새로운 모험으로 자신을 내모는 사람들, 그들이 젊은 것이다. 왜냐하면 그것이 젊음의 본질이기 때문이다. 나는 《젊은 시인에게 보내는 편지》를 읽으면서 젊음의 본질을 파악했다. 이 책은 꿈을 향해 도전하는 세상의 모든 젊음에게 바치는 헌사다.

간절하다면 그 일을 계속하라

《젊은 시인에게 보내는 편지》는 말 그대로 시인 릴케(Rainer Maria Rilke)가

시인 지망생인 프란츠 크사버 카푸스에게 1903년부터 1908년까지 보낸 10여 통의 편지들로 이루어져 있다. 릴케는 장교로 입신하기를 바랐던 아버지의 뜻에 따라 육군유년학교를 마치고 육군사관학교를 다녔지만 도중 하차한다. 10대의 카푸스 또한 육군사관학교에 다니던 중이었고, 카푸스가 편지를 보낼 수 있었던 데는 둘의 비슷한 상황도 큰 역할을 했을 것이다. 카푸스는 이 귀한 편지들을 20년 동안 소중하게 간직하고 있다가 릴케 사후에 릴케 박물관에 기증했고 1929년 책으로 출판되었다. 그 책의 첫 장에는 카푸스가 독자들에게 전하는 글이 실려 있다. 두 사람 사이에 어떻게 편지가 오가게 됐는지 살펴보자.

때는 1902년 늦가을이었습니다. 저는 빈의 노이슈타트 육군사관학교의 정원에서 아주 늙은 밤나무 밑에 앉아 책을 읽고 있었습니다.
책에 어찌나 빠져 있었던지, 우리 교수님들 가운데 유일한 민간인이신 호라체크 교목께서 곁에 와계신 것도 몰랐습니다. 학식이 깊고 친절한 분이었지요. 그분은 제 책을 받아 표지를 보시더니 머리를 흔드셨습니다. "라이너 마리아 릴케의 시집이라고?" 그분은 뭔가 떠올리는 말투로 물으셨습니다. 그러고는 여기저기 책장을 뒤적이며 몇 편의 시를 훑어보시고는 생각에 젖은 눈으로 먼 곳을 바라보시더니 마침내 머리를 끄덕이셨습니다. "그렇군. 르네 릴케 생도가 시인이 되었단 말이지."
그리하여 저는 열다섯 살에 양친에게 이끌려 상트폴텐에 있는 육군유년학교에 입학한, 창백하고 여윈 시인의 어린 시절에 대해 들었습니다. 양친은 시인을 장교로 만들려는 생각이었겠죠. (……) 이런 사정으로 저는 습작시 몇 편을 라이너 마리아 릴케 님에게 보내 평가를 부탁하기로 했습니다. (……) 저는 시와 함께 편지까지 동봉하게 되었습니다. 다른 사람한테 속마음을 그렇게 솔직하게 드러낸 적은 그 이전에도, 그 이후에도 없었습니다.

답장은 몇 주일 후에야 왔습니다. 파란 봉인이 찍힌 편지에는 파리 우체국의 소인이 찍혔고 손에 들자 묵직했습니다. 그리고 겉봉은 아름답고 또렷한 필체로 쓰어 있었고 본문도 첫 줄부터 마지막 줄까지 그런 필체였습니다.

그렇게 라이너 마리아 릴케 님과의 규칙적인 편지 왕래가 시작되어 1908년까지 계속되었습니다. 그러다가 점점 뜸해지더니 그만 중단되었습니다. 왜냐하면 시인이 따뜻하고 부드럽고 눈물겹게 염려하면서 내가 빠져들지 않도록 지켜주려던 그 영역으로 삶이 저를 몰고 갔기 때문입니다.

이미 유명한 시인이었던 릴케가 시인 지망생에게 일일이 답장을 해준다는 것은 보통 일이 아니다. 아마도 시인 지망생의 열정에 부응하는 것이 시인의 사명이라는 생각을 하지는 않았을까? 릴케는 시인 지망생이 보낸 시와 편지를 보고 무슨 생각을 했을까? 젊은 시인에게 보내는 첫 번째 편지에서 릴케는 자신의 시가 어떤지를 묻는 시인 지망생에게 밖을 향한 시선을 안으로 돌리라고 충고한다.

자기 안으로 침잠하십시오. 그리고 당신에게 글을 쓰게 하는 그 근거를 캐보십시오. 그 근거가 당신의 마음 가장 깊은 곳에 뿌리를 내리고 있는지 살펴보시고 글쓰기가 좌절되었을 때 죽을 수밖에 없는지를 스스로에게 물어보십시오. 깊고 조용한 밤에 스스로 자문해보십시오. 나는 글을 써야 하는가? 답을 찾아 내면으로 깊이 파고드십시오. 그리고 그 답이 긍정적이라면, 당신이 그 진지한 의문에 대해 강력하고 확고하게 '써야만 한다'고 대답할 수 있다면 당신의 생애를 그 필연성에 따라 세우십시오. 당신의 삶은 아주 하찮고 무심한 순간이라도 이 충동에 대한 증거가 되어야 합니다. 그런 다음 자연에 다가가 보고, 체험하고, 사랑하고, 잃어버린 것들을 말로 표현해보십시오. 제가 당신에게 해줄 충고는 이것밖에 없습니다.

다른 사람의 북소리에 발 맞춰가지 말고 자기 내면의 북소리에 맞춰 자신의 길을 가라는 릴케의 목소리가 귓가에 웅장하게 울려 퍼지는 것 같다. 릴케는 젊은이에게 이렇게 얘기한다. 네가 지금 하고 있는 그 일, 그 일이 간절하다면 그 일을 계속해라, 그리고 그 위에 네 미래를 건설해라.

"인내, 그것이 전부입니다"

지금은 이메일이나 SNS 등에 밀려 거의 사라진 편지를 릴케는 '느린 소통의 시간'이라 예찬했다. 그에게 편지 쓰는 것은 취미이자 일상이었다. 그는 낯선 여인이나 독자는 물론이고 루 잘로메, 두이노 성의 주인 탁시스 후작 부인, 앙드레 지드, 보리스 파스테르나크 등과도 편지를 주고받았다. 그는 죽기 전에 자신의 모든 편지에 대한 출판은 수신인의 뜻대로 하라는 유언을 남겼고 이후에 편지들은 여러 형태로 출간되었다. 그중에서 가장 유명한 것이 바로 《젊은 시인에게 보내는 편지》다.

그런데 편지를 읽다 보면 그의 눈빛, 표정, 손짓이나 발짓, 말투 등이 모두 느껴지면서 그의 영혼과 교감하는 기분이 들기도 한다. 카푸스에게 보낸 릴케의 편지를 읽으면서 우리는 100여 년 전의 그와 대화를 나누는 느낌에 빠져들게 된다.

릴케는 카푸스가 1903년 2월에 보낸 편지에 대한 답장을 4월에 보내면서 몸이 좋지 않아 남쪽 바다에 와 있다고 알린다. 그리고 선배 시인으로서 첫째, 반어법에 대해 경고하며 사물의 깊이를 추구하라고 충고하고 둘째, 덴마크 작가 야콥센의 책들을 읽어보라고 권한다. 릴케는 자신에게 창작의 본질을 가르쳐준 사람으로 시인 야콥센과 조각가 오귀스트 로댕을 꼽으면서 특히 로댕은 당시 생존한 모든 예술가들 중에서 최고라고 덧붙인다.

로댕은 우리에게 널리 알려진 조각가이지만 옌스 페테르 야콥센(Jens Peter Jacobsen)은 조금 익숙지 않은 작가다. 그가 어떤 사람이기에 릴케가 푹 빠진 것일까? 릴케가 카푸스에게 권했던 《닐스 뤼네》라는 중편소설은 닐스라는 화가가 신앙에서 구원을 찾지 못한 채 사랑하는 사람들마저 모두 잃고 전쟁터에서 죽어가면서도 끝끝내 신과의 화해를 거부하고 자기 신념을 지키는 모습을 그리고 있다. 야콥센에 대한 릴케의 예찬은 다음 편지에도 이어진다.

그는 《닐스 뤼네》에는 인생의 아주 은밀한 향기부터 그 가장 무거운 열매가 지닌 충만하고 큰 맛까지 모두 다 들어 있는 것 같다면서 운명 자체가 마치 폭넓은 직물과도 같아 그 안에서 한 올의 실은 한없이 부드러운 손길에 이끌려 다른 한 올의 실 옆에 놓이고 다른 수백 올의 실이 그것을 안아 지닌다고 말한다. 그러고는 그 책을 읽은 후에는 《마리 그루베 부인》 과 그밖에 야콥센의 편지, 일기, 단상, 그리고 시를 읽어야 한다고 말한다.

릴케는 훌륭한 독서 지침을 하나 알려준 것이다. 먼저 당신이 좋아하는 책을 읽고 그 책이 마음을 울리면 그 사람의 또 다른 책을 읽어라. 그리고 그 사람의 책을 모조리 읽은 다음에는 그 사람이 인용한 다른 사람들의 책들을 읽어라. 이는 고전을 읽는 가장 훌륭한 독법인 것 같다.

한편 릴케는 전혀 다른 분야의 거장인 로댕을 또 한 명의 위대한 예술가로 꼽는다. 로댕은 릴케가 존경하는 스승이기도 했다. 릴케는 비서로서 한 집에 같이 살면서 엄청난 일벌레이던 로댕의 작업을 지켜본다. 그리고 예술가가 된다는 것이 무엇인지를 깨닫는다.

여기서 한 가지 부탁드린다면 미학적이고 비평적인 글은 되도록 읽지 마십시오. 그런 글들은 생기 없이 경직되어 돌처럼 딱딱하고 무의미한 편파적 견해이거나 오늘은 이러쿵 내일은 저러쿵 하는 노회한 언어유희일 뿐입니다. 예술작품은 끝없는 고독에서 나오는 것으로 비평으로는 도저히 다가갈 수 없습니다. 오직 사랑만이 예술작품을 이해하고 간직할 수 있으며 그 부당함에 대해 불평할 수 있는 것입니다. 모든 설명이나 서평이나 소개의 글은 무시하십시오. 당신 자신과 당신의 느낌이 옳다고 생각하고 거기에 따르십시오. 설사 당신이 틀렸더라도 당신은 내적인 삶이 지닌 자연스러운 성장을 시간이 지남에 따라 서서히 다른 인식으로 이끌어갈 것입니다. 당신의 판단이 아무 방해도 받지 않고 독자적이고 은밀하게 발전하도록 내버려두십시오. 그런 발전은 모든 진보와 마찬가지로 깊은 내면에서 우러나와야 하며, 강요되거나 재촉당해서는 안 됩니다. 모든 것은 만삭이 될 때까지 잉태되었다가 태어납니다. 모든 인상과 감정의 싹이 가슴속, 어둠 속, 무의식 속, 이성으로는 닿지 못할 어떤 불가사의 속에서 완성되게 하고 겸허한 마음과 인내심으로 새로운 명징성이 태어날 시간을 기다리십시오. 그것이 바로 예술적으로 살아가는 길입니다. 예술을 이해하거나 직접 창작할 때도 그렇습니다.

거기에는 시간을 척도로 재는 것은 없습니다. 즉 세월은 소용없습니다. 10년은 아무것도 아닙니다. 예술가가 된다는 것은 계산하거나 헤아리지 않는다는 뜻입니다. 나무처럼 자란다는 의미입니다. 나무는 수액을 재촉하지 않고 봄의 폭풍 속에도 의연히 서서 그 폭풍 뒤에 여름이 오지 않을까 불안해하지 않습니다. 여름은 그래도 오니까요. 그러나 여름은 마치 영원이 눈앞에 놓여 있는 것처럼 근심 없이 조용히 참는 자에게 찾아옵니다. 저는 그것을 매일 고통 속에서 배웁니다. 나는 그 고통들이 고맙습니다. 인내만이 전부입니다.

"인내만이 전부입니다." 예술가가 된다는 것은 이 한마디로 요약되는 것 같다. 아니, 예술가만이 아니라 우리 모두의 삶이 이 한마디로 요약되는 것 같다. 마케터든 디자이너든 인내와 열정의 시간을 보내고 나면 뭔가 다른 사람이 보지 못하는 것을 보게 된다. 그리고 그 길이 바로 내 길임을 깨닫게 된다. 자기 분야에서 나만의 시각을 열고 외부의 시선에 예민해지지 않는 것이 비결이다.

로댕도 참 오래 기다린 사람이었다. 그는 미술학교에 3년 연속으로 떨어지고 작품마다 퇴짜를 맞다가 마흔에야 겨우 이름을 알리기 시작했다.

릴케는 그런 로댕에게서 보는 법을 배웠다고 말한다. 도대체 어떻게 보는 법일까? 로댕은 항상 그런 말을 한다. "나는 무엇인가를 창조하지 않는다. 내가 만들어내는 건 창조물이 아니다. 나는 그저 자연을 발견할 뿐이다." 바꿔 말하면 예술은 자연에 대한 연구라는 것이다. 사실 로댕은 속에 있는 것을 밖으로 표출해내는 작가라는 이야기를 많이 듣는다. 그래서 예술은 더디게 가기를 원한다. 빨리 가는 건 예술이 아니라는 것이다. 그는 언제나 망설이다가 결국 자신이 확실하게 파악했다고 생각해야 비로소 작업을 하는 작가였다. 그래서 그는 한 방울, 한 방울 돌로 파고드는 물같이 느리고 조용한 힘이 필요하다고 말한다.

고독의 다른 이름, 성장

이제 시간은 조금 흘러 1903년 7월 16일 릴케는 소란스러운 파리를 떠나 브레멘 근교의 보르프스베데에서 네 번째 편지를 쓴다. 이 고요한 곳에서 그는 젊은 카푸스에게 마음속에 해결되지 않고 남아 있는 모든 것에 대해 인내심을 가지고 의문 자체를 즐기라고 충고한다. 지금은 주어지지 않을지도 모를 답에 집착하는 대신 계속 의문을 품고 있으면 먼 어느 날 자기도 모르는 사이에 해답 안에 들어가 있을지도 모른다는 것이다. 질문을 품고 살다 보면 경험을 통해 자기의 해답을 갖게 되리라는 이 말은 성급하게 정답을 찾아 빠르게 인생을 질주하고 싶어하는 젊음들에게 더할 나위 없는 충고다.

이런 편지가 씌여진 보르프스베데는 릴케에게 매우 인상적이고 중요한 곳이다. 릴케는 이곳에서 《보르프스베데》라는 책도 쓰고 아내인 클라라

베스트호프도 만난다. 그는 보르프스베데에서 한 통의 편지를 더 쓰면서 '남자의 내면에도 모성이 들어 있다'는 이야기를 한다. 여기서 '모성'은 생산과 창조로 이해해야 한다. 남성은 여성처럼 생명을 잉태하는 힘은 없지만 위대한 작품들을 창작해내는 힘이 있다는 것이다.

릴케는 시를 잉태해 분만하기 위해서는 고독이 필요하다고 생각한다. 고독을 사랑하고 고독이 만들어낸 고통을 즐기다 보면 고통이 아름다운 비탄의 소리를 내게 되고 그 소리가 시가 된다는 것이다. 그러면서 그는 가까운 사람이 멀어져도 괴로워하지 말라고 한다. 자신의 세계가 넓어지면서 가깝다고 느꼈던 사람도 멀어진 것이니 자신의 정신적 성장을 기뻐하고 축하하라는 것이다. 이것이 바로 릴케가 얘기하는 고독이었다. 누구와도 같이 갈 수 없는 자신만의 길에 들어서는 것, 그것이 바로 고독의 선물인 성장이다.

릴케는 1903년 12월 23일 크리스마스 이틀 전에 로마에서 보낸 편지에서도 고독을 이야기한다. "축제 분위기 속에서 당신의 고독은 평소보다 참기 어렵더라도 그 위대함을 깨닫는다면 고독이 기쁠 것입니다. 위대하지 않은 고독은 어떤 것인가. 이렇게 자문해보십시오. 고독은 한 가지밖에 없으며 그것은 위대하고 참기가 쉽지 않습니다."

고독은 릴케를 이해하기 위한 핵심적인 단어다. 릴케의 고독이란 무엇일까? 많은 사람들이 현대인의 특징으로 바쁜 것을 꼽으면서 바쁘지 않으면 존재 가치가 없는 것처럼 얘기한다. 그런데 이렇게 바쁘게 시간을 쓰다 보면 결국 자기한테 남아 있는 시간은 아주 적다. 그 적은 시간조차도 술집을 기웃대고 이성을 흘깃대고 세상의 이목에 신경 쓰느라 자기를 위해서 쓰지 못하는 것이 바로 현대인이다. 이렇게 자기만의 시간이 하나도 없는데도 자기 인생을 산다고 하겠는가. 자기 인생을 살기 위해서는 자기 내면을 들여다보는 시간이 필요하다. 고독한 시간 말이다. 고독은 다른 사람이 대신해줄 수 없다. 그러니까 홀로 내면으로 침잠해 들어가 자신을 들여다보는 성찰의 시간을 가져야 한다. 그것이 바로 릴케의 생각이었다.

성찰의 시간은 진로를 결정하는 데도 중요한 역할을 한다.《젊은 시인에게 보내는 편지》의 카푸스는 시인이 꿈인데도 육군사관학교에서 장교 수업을 받고 있다. 그렇게 자신의 꿈과는 다른 길을 어쩔 수 없이 걸어가는 사람들이 너무 많다. 가장 좋은 것은 자기가 원하는 일을 하면서 평생 즐기는 것이지만 자기가 원하는 일이 아직 보이지 않을 때는 지금 하고 있는 일을 열심히 하는 것이 중요하다. 그러면 그 일 자체가 들려주는 이야기들이 있을 것이다.

창조적인 삶의 관건, 사랑

릴케 앞에 '기도하는 시인'이라는 수식어가 따라다니는 것에서도 알 수 있듯이 릴케를 이해하기 위한 또 하나의 키워드는 '신(神)'이다. 여기서 신은 기독교적인 개념은 아니다. 릴케가 생각하는 신은 우리 안에 들어와 있는 신, 그러니까 예술가의 내면에 이미 현시되어 있는 신, 완벽한 전체로서의 신을 뜻한다. 릴케가 비서로 일하던 로댕의 집은 겨우 이슬과 비를 피할 수 있을 정도로 초라했다. 그럼에도 로댕은 마치 자기 집의 지붕이 하늘인 것처럼 유유자적한다. 그는 마치 자신의 일 속에서 창조주와 같은 기쁨을 누리는 것 같았다. 마치 천지를 창조하는 하느님처럼. 릴케는 로댕을 우상화했던 것이 아니다. 다만 신이 이미 인간에게 무언가를 주어 우리 안에 신으로서 거주하고 있으니 우리는 우리 내면을 탐구해 이 신적인 요소로 창조를 해야 한다는 것이었다.

천재가 아니었던 릴케는 자기 내면에서 끊임없이 신을 찾으며 꾸준하게 노력한 시인이었다. 릴케는 카푸스의 편지에도 늘 최선을 다해서 답장을 해주었고 그의 소네트에 대한 진지한 평가도 잊지 않았다. 1904년 5월 14일 로마에서 보낸 릴케의 일곱 번째 편지를 살펴보자.

저는 당신의 소네트를 옮겨 적었습니다. 그 소네트는 소박하고 아름다운 데다 형태도 고요하고 단아했기 때문입니다. 지금까지 당신이 보내준 시들 가운데 그야말로 최고입니다. 그래서 저는 다른 사람이 옮겨적은 자신의 작품을 다시 음미해보는 것이 얼마나 중요하고 새로운 경험인지를 잘 알고 있기에 옮겨 적은 시를 당신에게 보내드립니다. 다른 사람의 시로 생각하고 읽어보십시오. 그러면 당신의 시가 어떤지 가슴 깊이 느껴질 것입니다.

이 소네트와 당신의 편지를 읽어보는 것이 제게는 커다란 즐거움이었으므로 당신에게 고맙다는 말을 전하고 싶습니다.

그리고 고독한 가운데 그 고독에서 벗어나기를 바라는 뭔가가 당신 내면에 있다고 해서 혼란스러워하지는 마십시오. 당신이 그런 바람을 침착하고 냉철하게 하나의 도구처럼 이용한다면 당신의 고독이 널리 확산되는 데 도움이 될 테니까요. (……)

수련기는 언제나 길고 고립된 시간인 만큼 사랑은 오랜 세월 삶의 내부까지 깊이 파고드는 고독입니다. 고독은 사랑하는 사람을 위한 승화되고 심화된 독거입니다. 사랑은 처음에는 아무것도 아닙니다. 하지만 헌신하고 전념하며 제2의 누군가와 하나가 되는 것은 개개인이 성숙해지고 자기 내부에서 그 무언가가 되고 세계가 되는 숭고한 계기입니다. 타인을 위해 세계가 되라는 것은 개개인에게 과도한 요구입니다. 젊은이들은 단지 그런 의미에서, 즉 자신을 갈고닦는 일로써만 사랑을 이용해야 합니다.

안타깝게도 릴케의 칭찬을 받은 카푸스가 대단한 작가로 성장했다는 이야기는 전해지지 않는다. 앞서 릴케의 편지를 엮어 책으로 출간하면서 카푸스가 남긴 글에서 그 이유를 짐작할 수 있다. "왜냐하면 시인이 따뜻하고 부드럽고 눈물겹게 염려하면서 내가 빠져들지 않도록 지켜주려던 그 영역으로 삶이 저를 몰고 갔기 때문입니다." 그는 통속소설을 써서 어느 정도 인기는 얻지만 릴케만큼 위대해지지 못했다.

그런데 이 편지에서는 소네트에 대한 평가뿐만 아니라 사랑에 대한 릴케의 생각도 엿볼 수 있다. 그는 '고독은 사랑하는 사람을 위한' 것이라는 왠지 모순된 말에 덧붙여 "어린 시절 당신에게 주어졌던 그 위대한 사랑(……)은 아직도 당신의 추억 속에 강하고 힘 있게 자리하고 있을 것입니다. 왜냐하면 그 사랑이 당신에게는 최초의 고독이었으며 당신이 자신의 삶에 대해 최초로 행했던 내면의 일이기 때문입니다"라고 말한다.

릴케의 사랑에서 핵심은 각자에게 끔찍하게 따라붙는 고독을 서로 인정하고 지켜줘야 한다는 것이었다. 그러니까 고독이 서로를 보호해주고, 서로의 경계를 그어놓는 사랑이어야 한다. 사랑이 서로를 구속하지 않고 각자 자기 인생을 살아가도록 그 다름을 서로 보호해주어야 우리는 창조적일 수 있다. 릴케가 그렇게 많은 여인들에게 편지를 보낼 수 있었던 것도 고독으로 서로를 보호해주는 관계, 그 자유로운 사랑 덕분에 가능했다.

지금 이 순간을 즐겨라, 카르페 디엠

스위스 역사학자인 야코프 부르크하르트(Jacob Burckhardt)는 이런 이야기를 했다. 과거가 아무리 친절해도 그다음 세대가 읽을 때는 불친절할 수밖에 없다고. 우리와는 전혀 다른 시대에 전혀 다른 문화를 이루며 전혀 다른 어투로 대화했던 조상들의 기록들은 필연적으로 잘 읽히지 않기 마련이라는 뜻이다. 릴케의 《젊은 시인에게 보내는 편지》도 100여 년이 지나다 보니 이해가 안 되는 부분들이 있다. 그럼에도 시공간의 제약을 뚫고 우리에게 무언가를 전해주는 울림이 있다. 그것이 바로 고전의 힘이 아닐까 한다.

릴케는 1904년 8월 12일 스웨덴 보레비 고르 프레디에서 카푸스에게 여덟 번째 편지를 띄운다.

> 당신은 이미 스쳐 지나간 여러 가지 커다란 슬픔을 맛보았습니다. 그리고 그렇게 스쳐 지나간 것조차도 고통스럽고 마음 상하는 일이었다고 말합니다. 그러나 그런 크나큰 슬픔이 당신의 한가운데를 뚫고 지나가지는 않았는지 한번 생각해보십시오. (……) 우리는 먼 훗날 그 일이 일어나도 자신이 그 내부에서 변화되고 그것과 유사하다는 것을 가슴속 깊이 느끼게 됩니다. 그것은 정말 필요합니다. 그리하여 우리에게 낯선 것은 아무것도 없으며 이미 오래전부터 우리의 일부가 되게 해야 합니다.

릴케는 슬픔을 일컬어 무언가 새로운 것, 미지의 것이 우리 안에 들어오는 순간이라고 말한다. 슬픔과 고독은 우리 삶에서 결코 빼놓을 수 없는 아주 중요한 체험이라는 것이다. 슬픔과 고독을 견디지 못하고 OECD 국가 중에 자살률 1위를 달리고 있는 우리나라 젊은이들이 새겨들어야 할 말이다.

우리나라의 자살률이 높은 것은 경제적 기적을 이루는 과정에서 모든 즐거움과 기쁨을 유보했던 결과가 아닌가 싶다. 정신없이 달려 원하는 것을 이뤘지만 물질적으로는 채워지지 않는 결핍이 남은 것이다. 늘 미래만을 향하는 삶은 행복할 수가 없다. 행복은 현재적인 개념이기 때문이다. 실제로도 행복도를 조사할 때마다 상위권에 오르는 국가의 국민들을 보면 지금 이 순간에 충실하다. 아주 사소한 것조차 즐기고 느끼고 감탄하는 것이 생활화되어 있으면 삶은 아주 행복해지는 것 같다. 경제적인 풍요와는 상관없이 말이다. 그래서 릴케도 늘 '지금이 아니면 느낄 수 없는 것, 바로 여기에 집중하라'는 이야기를 많이 했다. 그러니 행복하고 싶다면 지금 이 순간을 즐겨라, 카르페 디엠(Carpe diem).

타인이 아닌 자기 자신이 되라

그렇다면 릴케는 슬픔과 고독을 이기는 방법을 알고 있었을까? 릴케는 고독을 "자기 방에 있다가 어떤 준비도 없이 느닷없이 산꼭대기에 세워"지는 느낌이라고 말한다. 갑자기 벽도 지붕도 사라지고 홀로 깊은 산속에 서 있는 불안한 느낌. 그래서 뭔가 파멸에 몰릴 것 같은 느낌. 그렇지만 우리는 그런 것도 체험해보아야 한다고 릴케는 말한다. 그리고 이렇게 덧붙인다.

"우리는 우리 존재를 되도록 넓게 생각해야 합니다. 모든 것, 심지어는 전대미문의 것까지도 그 안에 들어가도록. 그것이야말로 우리에게 요구되는 유일한 용기입니다. (……) 어째서 당신은 어떤 불안감이나 고통이나 우울함을 당신의 삶에서 쫓아내려 합니까? 그런 것들이 당신에게 무엇을 가져다줄지 모르면서 말입니다."

릴케는 불안도, 고통도, 우울도 삶의 조건으로 받아들이며 즐기라고 카푸스에게 친절하게 충고한다. 사실 누군가의 고민에 이렇게까지 진지하게 함께 고민해준다는 것은 쉬운 일이 아니다. 내게도 종종 고민을 들고 찾아오는 사람들이 있다. 그분들의 고민은 여러 종류다. 인생의 고민도 있고, 글쓰기의 고민도 있고. 언젠가 한번은 고민을 해결해주어야겠다는 마음을 먹은 적이 있는데, 결국은 그게 굉장히 어리석은 생각이라는 결론을 내리고 말았다. 기술적인 부분은 조언해줄 수 있지만 인생 자체에 대해서는 해답이 없다. '언젠가 시간이 돼서 산달이 되면 알게 될 것이다. 질문을 가져라. 질문을 품고 잊지 않으면 언젠가 그 해답 안으로 들어가게 될 거다'라는 릴케의 말이 너무나 가슴에 와 닿는다. 그저 잘 들어주기만 하면 스스로 얘기하면서 정리하는 경우가 참 많기 때문이다.

조언을 구하는 카푸스에게 릴케는 1904년 11월 4일 스웨덴의 후른보리 욘세레트에서 여전히 친절한 편지를 띄운다. 다른 사람의 비판과 비평에서 자유롭지 못한 채 사관학교에 다니며 시를 쓰고 싶어하는, 모순된 상황 속에서 허우적대는 카푸스에게 릴케는 충실한 멘토가 되어 '의구심을 잘 길들이면 아주 좋은 특성으로 만들 수 있으니 잘 빚어보라'고 조언한다. 다시 말해 다른 사람을 닮으려고 하지 말고 자기 자신이 되라는 충고를 하는 것이다. 릴케의 조언은 한결같았다. 그의 조언이 카푸스에게 도움이 되었을지 마지막 편지를 펼쳐보자. 이제 시간은 4년을 건너뛰어 1908년 12월 26일, 편지를 띄운 장소는 파리다.

> 카푸스 씨, 당신이 보내주신 그 아름다운 편지를 받고 제가 얼마나 기뻤는지 모르실 겁니다. 진실되고 진정되게 전해준 소식은 너무나 반가웠고, 오래 생각하면 할수록 정말 좋은 소식이었습니다. (……) 한마디로 당신이 그런 엉터리 문학에 빠질 위험을 이겨내고 거친 현실 속에서 고독하고 용기 있게 살아가시니 마냥 기쁩니다. 다가오는 해에도 당신이 그렇게 계속 살아가고 더 강해졌으면 합니다.

이 책의 제목은 '젊은 시인에게 보내는 편지'였지만 결국 카푸스는 시인의 꿈을 이루지 못한 것으로 보인다. 그러나 꿈은 이루지 못했어도 젊은 그의 방황이 아름답다. 현실에 만족하지 않고 꿈을 찾아 달려드는 젊음은 아름답다.

혁명가인 체 게바라는 말했다. "우리 모두 리얼리스트가 되자! 그러나 가슴속에는 현재 이루어질 수 없는 꿈 하나를 별처럼 품자." 가슴에 별을 품은 리얼리스트, 이런 모순적 상황이 바로 우리 인간의 조건이다. 가슴속의 별이 언젠가는 현실이 되기를 바라며 리얼리스트가 되어 현실 속에서 분투하는 것, 그것이 바로 인간, 아니 젊음의 조건이다.

chapter 2

다산은 무엇을 꿈꾸었는가?

• 『다산문선』 '배움'에 대하여 •

천하에는 두 가지 큰 기준이 있다. 옳고 그름이 그 하나요, 이롭고 해로움이 그 둘이다. 이 두 가지 큰 기준에서 네 가지 등급이 나온다. 옳음을 고수하고 이익을 얻는 것이 가장 좋고 옳음을 따르다 해를 입는 것이 그다음이다. 그름을 추종하여 이익을 얻는 것이 세 번째고 가장 추한 것이 그름을 따르다 해를 입는 것이다. 기억하라, 그름을 추종하여 이익을 얻으려 하지만 끝내는 해를 입고야 말 것이다. 기억하라, 옳음을 따르다 보면 해를 입을 때도 있지만 그 또한 나쁜 것이 아니다.

─다산 정약용

우리 역사에 위대한 지식인과 사상가는 무척 많다. 그중 방대한 글을 남기고 엄청난 학문적 스펙트럼을 보여준 사람으로 단연 다산(茶山) 정약용(丁若鏞)을 꼽을 수 있다. 다산의 책을 읽어가다 보면 그의 고민이 지금 우리의 고민과 다르지 않은 데다 설득력 있는 통찰까지 담고 있어서 무척이나 인상적이다.

그는 정치적 지지자였던 정조가 승하하자 마흔의 나이에 귀양을 떠나 18년간 길고 긴 유배 생활을 했다. 가난하고 힘겨운 세월 그를 지켜주었던 것은 오직 붓과 책이었고, 이를 통해 그는 조선조 최고의 학자가 되었다. 그에게 고난을 주었던 당시의 세도가들은 모두 죽고 이제는 누구도 그들의 이름을 기억해주는 사람이 없다. 다만 다산과 그 형제들의 이름이 남았을 뿐이다. 다산이 이름을 길이 남길 수 있었던 이유, 그것은 붓과 책이었다. 나는 그것이 다산의 운명이었다고 생각한다. 그리고 늘 스스로에게 되물었다. 나의 운명은 무엇인가?

패기 있는 청년 다산

1762년생인 다산은 네 살에 천자문을 익히고 일곱 살부터 한시를 짓는 등 어린 시절부터 대학자로서의 싹을 보였다. 다산이 열 살 이전에 썼던 시들은 《삼미집》이라는 시집으로 묶여 나왔다. 여기서 삼미(三眉)란 어린 시절 앓은 마마로 눈썹 사이에 흉터가 남아 마치 눈썹이 세 개 같다고 해서 다산 스스로 붙인 호였다.

　다산은 당시 엘리트 코스를 차근차근 밟아 28세에 문과에 급제한다. 장원은 아니고 2등이었다. 이 시기에 다산은 한양에 있던 자신의 집을 사랑방 삼아 동년배의 남인 관료들과 죽란시사라는 문예 창작 모임을 결성했다. 다산의 〈죽란시사첩서(竹欄詩社帖序)〉는 그를 비롯해 채홍원, 정약전, 한치응, 이유수 등 죽란시사 회원 15명의 이름, 시사의 결성 동기와 의의를 적은 산문이다.

　이 열다섯 사람은 거의 비슷한 나이로 서로 가까이에 살면서 태평한 시대에 이름을 떨쳐 좋은 문벌에 오르게 되었다. 또 그 뜻과 취향마저

서로 비슷하니, 함께 시 동인을 맺어 즐기며 태평한 시대를 장식하는 것도 또한 훌륭하지 아니한가. (……) 살구꽃이 막 피면 한 번 모이고, 복숭아꽃이 막 피면 한 번 모인다. 한여름에 참외가 익으면 한 번 모이고. 초가을에 막 서늘해지면 서지(西池)에서 연꽃 구경하러 한 번 모인다. (……) 모일 때마다 술과 안주, 붓과 벼루를 장만하여 술을 마시고 시를 읊도록 한다.

다산이 가장 행복했던 시절의 글 같다. 이 글을 쓸 무렵 다산은 포부가 가득한 젊은이로서 군주의 총애를 받으며 좋은 친구들을 사귀었다. 이 시 모임은 1797년 다산이 곡산부사로 부임하기 전까지 활발하게 활동했다. 이 시절 다산의 시들은 젊고 호방하고 화려하다.

다산 시의 특징을 몇 가지 정리하면 우선 사실적이고 세세하고 정교하다. 그다음으로 파리를 조문하는 내용 등의 우화시가 눈에 띈다. 그리고 중국을 따르지 않는 주체성이 두드러진다. 다산이 아들들에게 보내는 편지를 보면 중국의 고사들을 인용하는 것은 별로 좋지 않다며 한국의 중요한 고전들을 열거하기도 한다. 그러면서 자신은 조선 사람이니 조선 시를 쓸 것이라고 말한다. 한국인으로서의 자부심이 드러나는 글을 살펴보자.

만리장성의 남쪽, 오령의 북쪽에 세운 나라를 중국이라 하고 요하의 동쪽에 세운 나라를 동국이라 한다. 동국 사람들은 모두 중국에 유람하는 것을 감탄하고 자랑하며 부러워한다. 내 소견으로는 '중국'이 왜 '중앙'이 되는지 그 까닭을 모르겠다. 또 '동국'이 왜 '동쪽'이 되는지 그 까닭을 모르겠다.

해가 정수리 위에 있는 때를 '정오(正午)'라고 한다. 그러니 정오를 기준으로 해서 해가 뜨고 지는 시각이 같으면 내가 서 있는 곳이 바로 동서의 한가운데라는 것을 알 수 있다. 북극은 지면에서 약간 도가 높고, 남극은 지면에서 약간 도가 낮기는 하지만 전체의 절반만 된다면 내가 서 있는 곳이 바로 남북의 한가운데라는 것을 알 수가 있다. 이렇게 하여 이미 동서남북의 한가운데를 얻었으면 어디를 가도 중국 아닌 곳이 없다. 어찌 우리나라를 '동국'이라고 한단 말인가. 이미 어디를 가도 중국 아닌 곳이 없다면, 어찌 따로 '중국'이라고 한단 말인가. (……) 나의 벗 혜보가 사명을 띠고 연경에 가면서 자주 중국에 노닌다고 얼굴에 뽐내는 빛이 있었다. 그래서 내가 짐짓 중국과 동국이라는 이름을 따져서 그를 자제시키고 이어서 이같이 격려한다.

연경에 사신으로 가는 친구 한치응에게 주는 글이다. 시사 회원이었던 한치응에게 다산은 연경에 간다고 뽐내지 말라면서 성인의 도가 이루어진 곳이 중국이고 그렇지 않은 곳이 오랑캐인데 중국이라고 해서 성인의 도가 다 이루어진 것은 아니라고 말한다. 아울러 왜 우리더러 동국이라고 하는지, 왜 우리가 중국이 될 수 없는지를 기백 있게 따지고 있다. 유머러스하고 장난기 넘치는 모습이 엿보인다.

위대한 사상가의 인생 2막

하지만 다산은 또 다른 친구인 이중협과 헤어질 때는 감성적인 모습을 드러낸다. 촉망받는 관료로서의 젊은 기개로 가득 찬 앞의 글과는 사뭇 달리 읽히는 아래 글에는 인생에 대한 깊은 깨달음이 깃들어 있다. 대체 무엇이 이런 차이를 만들어냈을까?

즐거움은 괴로움에서 나오니, 괴로움은 즐거움의 뿌리다. 괴로움은 즐거움에서 나오니, 즐거움은 괴로움의 씨앗이다. 괴로움과 즐거움이 서로 낳는 이치는 동과 정, 음과 양이 서로 그 뿌리가 되는 것과 같다. 사리에 통달한 사람은 그러한 이지를 알아서 괴로움과 즐거움이 서로 의존하고 있는 이치를 살피고, 흥하고 망하는 운수를 헤아린다. (……) 내가 처음 강진 성안에 있을 때는 언제나 답답하여 마음이 시원하지 않았다. 그러다가 다산(茶山)으로 옮겨와 산 뒤부터는 안개와 노을을 마시고 꽃과 나무를 구경한 덕분에 귀양살이의 시름을 시원하게 잊어버렸다. 이게 바로 즐거움이 괴로움에서 나온 것이다. 얼마 뒤에 강진의 병마절도사 이중협이 우거진 숲, 그윽한 시냇가로 나를 찾아왔다. 돌아간 뒤에도 날마다 편지를 보내는가 하면, 조각배로 밀물을 타고 뱃놀이를 하거나, 한 마리 말을 타고 봄놀이를 즐기기 위해 찾아왔다. 한 달도 거르지 않고 자주 찾아왔는데, 이처럼 한 지가 3년이나 되었다.

그러다가 임기가 다 차서 이곳을 떠나게 되자 술자리를 마련하여 내게 작별을 고했다. 이제부터는 종이나 먹이 있어도 누구와 더불어 글을 써서 주고받으랴. 앞으로도 말발굽 소리 울리면서 다산 골짜기로 나를 찾아올 사람이 있겠는가? 그걸 생각하니 서글프다. 이게 바로 괴로움이 즐거움에서 생기는 것이다.

그러나 괴로움은 즐거움의 뿌리이기도 하다. 내가 살아서 한강을 건너

고향으로 돌아가게 되고, 이 군도 그때 벼슬을 쉬게 되어 남주(藍洲),
벽계(碧溪) 사이로 나를 다시 찾아와서 산나물과 생선회로 즐겁게 밥
상을 마주하게 된다면 이게 바로 괴로움에서 다시 즐거움이 생기는 것
이다. 나의 벗이여, 슬퍼 말게나.

　정조가 승하한 후에 다산은 살아남은 것이 기적으로 보일 정도로 심한
박해에 시달린다. 정조는 정학(正學)인 성리학이 살면 자연히 사학(邪學)
은 사라질 것이라 생각해서 천주교에 소극적으로 대처했던 반면 정조 사
후 정순왕후 김씨는 척사를 내세우며 서학을 탄압했다. 천주교 집안이었
던 다산 일족은 신유박해로 다산의 셋째 형 정약종, 조카 정철상, 매부 이
승훈이 처형당하고, 황사영 백서사건으로 조카사위 황사영이 죽고 둘째
형 정약전과 다산이 귀양을 갔으며, 기해박해로 조카 정하상이 죽는 등 모
진 탄압을 받았다. 그렇게 마흔의 나이에 귀양을 떠난 다산은 18년간 길
고 긴 유배 생활을 하면서 오직 책과 붓에 의지해 살아가게 된다. 이중협
은 다산이 강진에서 사귄 사람으로, 강진의 병마절도사였다. 그는 다산을
자주 찾아와 마음을 트고 3년간 교제하게 된다. 유배지에서의 교류가 다
산에게 얼마나 커다란 즐거움과 기쁨이 됐을까. 그래서인지 이중협이 3년
임기를 마치고 떠날 때 다산은 커다란 슬픔을 느낀다. 그러나 괴로움은 즐
거움에서 나오고 즐거움은 또 괴로움을 만들어낸다고 이야기하면서 다산
은 어수선한 마음을 추스른다.
　유배의 여정과 다산의 고뇌를 조금 더 들여다보자. 1801년 다산 형제는
함께 유배 길에 오른다. 11월 21일 율정에서 길이 갈려 형제는 헤어지게
된다. 한 사람은 강진으로 또 한 사람은 흑산도로 가는 새벽에 다산은 〈율

정별(栗亭別))이라는 시를 지었다.

띠로 이은 주막집 새벽 등잔불이 파르라니 꺼지려 하는구나
잠자리에서 일어나 샛별을 바라보니 이별할 일이 참담해라
(……)
나 또한 어리석은 바보 아이
망령되이 무지개를 붙잡고 싶어했다네
아이란 놈 무지개를 좇아갈수록 무지개는 더욱 멀어져
다다르면 또 다른 서쪽 언덕, 서쪽 또 서쪽이고 마네
그러나 그리운 것이 어찌 형뿐이겠는가?
한강 남쪽의 사평촌에서 처자와 헤어질 때
꿋꿋하고 늠름한 얼굴빛으로 들을 넘고 내를 건너 떨쳐왔지만
마음이야 처자식과 어찌 달랐겠는가?

　1801년 강진으로 유배를 떠난 다산은 처음에는 동문 주막에 딸린 작은
방에 살면서 사의재(四宜齋)라는 당호를 붙였다. 생각, 행동, 용모, 언어 등
네 가지를 조심하자는 뜻으로 붙인 이름이었다. 하지만 다산은 천주교도
로 강진 사람들의 배척을 받다가 백련사에서 혜장선사를 만나 1805년 강
진읍 뒷산에 있는 보은산방으로 거처를 옮기게 된다. 다산은 혜장선사와
사귀면서 유배 생활의 동반자가 되어줄 다도를 익힌다.
　1806년 다산은 거처를 제자인 이학래의 집으로 옮겼다가 1808년에는
도암에 있는 다산초당으로 옮겼다. 다산초당으로 거처를 옮긴 것은 외가
였던 해남 윤씨들 덕분이었다. 귤동에 살던 윤단이 손자들을 가르치기 위

해 정약용을 초빙하면서 산정을 내주었고 여기 다산초당이라는 이름이 붙었다. 이때부터 다산은 좀 더 여유로운 유배 생활을 하게 된다. 그러니까 다산이 유배 와서 이 작은 집 한 채를 얻기까지 무려 8년이 걸린 셈이다. 편히 자고 일어나 정진할 수 있는 반듯한 장소 한 곳을 얻기가 그렇게 어려운 과정이었다.

아무도 없는 산속에서 기약 없는 유배 생활을 하며 세상으로부터 잊혀가는 다산. 책을 쓰고, 제자를 기르고, 차를 다리는 행위들이 외로움을 이기고 자신을 잊어버린 세상과 화해하기 위한 처절한 수련이었을 것이다. 다산은 어떻게 생의 정점에서 돌연 찾아온 불행을 견뎌낼 수 있었을까? 그는 이 외로움을 이겨내며 붓과 책으로 무엇을 말하려고 했을까?

독서, 인간의 으뜸가는 깨끗한 일

첫째는 공부였다. 다산이 유배 중에 보낸 편지들은 대부분 수신인이 두 아들이었다. 홍씨와 결혼해 6남 3녀를 두었지만 4남 2녀가 어려서 죽고 2남 1녀만이 남았다. 유배를 떠날 당시 큰아들 정학연은 19세였고 둘째 아들 정학유는 16세였다.

> 오늘날 높은 벼슬자리에 있는 훌륭한 집안 자제들이 관직에 올라 집안을 크게 일으키는 것은 누구라도 할 수 있는 일이다. 그러나 너희는 지금 폐족이다. 만약 폐족의 처지에 잘 대처해서 처음의 가문보다 더 온전히 아름답게 만든다면 이 또한 기특하고 아름다운 일이 아니겠느냐. 폐족의 처지에 잘 대처한다는 말이 무슨 뜻이겠느냐. 오직 독서하는

것 한 가지뿐이다. 독서야말로 인간의 으뜸가는 깨끗한 일이다. 호사스러운 부호가의 자제는 그 맛을 알 수가 없고, 외진 시골의 수재들도 그 오묘한 이치를 알 수가 없다. 오직 벼슬아치 집안의 자제로 어려서부터 듣고 본 바가 있고, 중년에 재난을 만난 너희들 처지와 같은 자라야 비로소 독서할 수 있는 것이다. 저들이 독서를 하지 못한다는 것이 아니라 뜻도 모르고 그냥 읽기만 하는 것은 독서라고 할 수 없다는 말이다. (……) 가(稼. 정학연)야, 너는 재주와 총명이 나보다 조금 못하지만 네가 열 살 때 지었던 글은 내가 스무 살이 되어서도 짓지 못했던 것이다. 몇 해 전에 지은 글 가운데도 오늘날 내가 지을 수 없는 글이 더러 있다. 이는 네가 공부한 길이 멀리 우회하지 않았고 견문도 조잡하지 않았기 때문이 아니겠느냐? 네가 곡산에서 돌아온 뒤부터 나는 네게 과거 준비를 하라고 했는데, 그때 너를 아끼던 문인이나 시인들이 모두 내가 욕심이 많다고 탓했었다. 나 또한 스스로 겸연쩍었다. 이제는 네가 과거에 응시할 수 없게 되었으니, 과거 준비할 걱정은 없어진 셈이지. 나는 네가 벌써 진사(進士)도 되고, 문과에도 급제했다고 생각한다. 문자를 알고 있으면서 과거에 얽매이지 않는 것과 진사가 되고 급제한 경우 가운데 어느 쪽을 택하겠느냐? 너는 진정으로 독서할 기회를 만난 셈이다. 앞에서 내가 '폐족의 처지에 잘 대처한다'고 말한 것이 바로 이것이 아니겠느냐?

포(圃. 정학유)야, 너는 재주와 역량이 네 형보다 한층 못한 듯하지만 성품이 자상하고 사려가 깊었지. 참으로 독서하는 일에 전념한다면 네 형보다 도리어 낫지 않겠느냐? 요즘 보니 네 문장이 차츰 나아지고 있기 때문에 나도 그런 줄 아는 것이다.

폐족이 됐다는 것은 조상이 죄를 지어 자식들이 벼슬을 할 수 없게 되었다는 뜻이다. 과거를 보지 못하게 되어 실망했을 아들들에게 다산은 이제 과거를 잊고 오직 스스로의 인격을 도야하기 위한 공부를 하라고 말한다. 평생 솔선수범해 공부하는 자세를 보여주었던 다산은 아들들에게 몸소 스승이 되어주기도 한다. 두 아들은 당대 최고의 학자였던 아버지를 따라갈 수는 없었지만 어쨌든 아버지의 뜻을 이어 열심히 공부했다. 특히 큰아들에 비해 재능이 떨어졌던 둘째 아들은 《농가월령가(農家月令歌)》를 남기며 역사책에 이름을 올리기도 한다. 두 아들은 추사 김정희, 다산의 제자인 황상, 다도로 유명한 초의선사 등과 교류하며 다산이 바라던 대로 훌륭하게 성장했다.

어떻게 공부할 것인가?

다산은 올바른 독서를 위해 중요한 마음가짐이 있다고 했다. 마음이 어지러우면 수많은 책을 읽는다 해도 그것이 머리에 들어오지 않으며, 마음을 가지런히 하고 책을 읽을 때 비로소 독서는 자기 것이 된다고 강조한다. 무엇보다 그 마음가짐의 핵심은 효도와 공경이라고 이야기한다.

독서에는 반드시 바탕을 먼저 세워야 한다. 무엇을 바탕이라고 하는가. 학문에 뜻을 두지 않으면 독서할 수 없으니, 학문에 뜻을 두려면 반드시 바탕을 세워야 한다. 무엇을 바탕이라고 하는가. 효도와 공경이 바로 그것이다. 모름지기 효도와 공경에 먼저 힘써 바탕을 세운다면 학문은 저절로 몸에 배게 된다. 학문이 몸에 배면 독서는 따로 이야기할 필요가 없다.

한편 다산은 유배지에서 아이들을 가르치면서 〈소학주관(小學珠串)〉이라는 책을 쓰기도 했다. 그 서문에는 공부하는 방법이 재미있는 이야기와 함께 소개된다. 하나하나의 단편적인 지식들을 구슬로 꿰듯이 체계를 잡아야 사물의 이치를 깨닫고 지혜가 넓어진다는 것이다.

촉 땅의 사내아이가 슬슬주(瑟瑟珠) 구슬 1000개를 얻었다. 아이는 구슬을 보고 사랑스러워서 가슴에 품기도 하고, 옷깃에 차기도 했다. 입에 물기도 하고 손에 움켜쥐기도 하다가 동쪽 낙양에 가서 구슬을 팔려고 했다.

그렇게 길을 나섰는데 지쳐서 앞가슴을 헤치다가 품었던 구슬이 떨어지고, 물을 건너면서 몸을 굽히다가 옷깃에 찼던 구슬이 흩어졌다. 기뻐할 일이 있어서 웃거나 할 말이 있어 말을 하면 입에 물었던 구슬이 튀어나왔다. 갑자기 벌이나 전갈, 살무사같이 사람을 해치는 동물들을 만나서 도망치다가 손에 잡았던 구슬들도 놓쳐버렸다. 그래서 낙양에 절반도 못 미쳐서 슬슬주가 다 없어졌다.

아이가 실망해서 돌아와 늙은 장사꾼에게 그간의 사정을 말하자 늙은 장사꾼이 이렇게 말했다. "아이고, 정말 아깝구나. 왜 진작 날 찾아오지 않았느냐. 슬슬주는 간직하는 방법이 있단다. 원객(園客)의 시를 끈으로 삼고 마지막 돼지새끼의 털을 바늘 삼아 푸른 것을 꿰어서 푸른 꿰미로 만들고 붉은 것은 꿰어서 붉은 꿰미로 만든단다. 이제 검푸른 것, 검은 것, 붉은 것, 누런 것 등을 같은 색끼리 꿰고는 오 지방에서 자란 무소가죽 상자를 만들어 간직한단다. 이게 바로 슬슬주를 간수하는 방법이지. 지금 내가 슬슬주 1만 섬을 얻었다 하더라도 꿰미로 꿰지 않으면 어디 간들 잃어버리지 않겠는가." 요즘 학문하는 방법도 이와 마찬가지다. 구경(九經)과 구류백가(九流百家)에 나오는 수많은 책의 이름과 항목들이 모두 슬슬주다. 이것을 꿰미로 꿰지 않는다면 이 또한 얻는 대로 곧 잃어버리지 않겠는가.

〈소학주관〉은 유배지에서 만난 어린아이들을 위한 책이지만, 그 내용은 결코 가볍지 않다. 사랑스러운 슬슬주를 색실에 꿰어 간수하는 것은 오직 붓과 책에서 길을 찾은 다산 자신을 위한 엄정한 수련이자 학문을 통해 백성을 이롭게 하겠다는 뜻을 세상에 전하기 위한 간절한 구애에 다름이 아니다. 다시 말해 이 소박한 공부법이야말로 다산을 위대한 사상가로 만들어준 공부의 왕도였던 것이다.

누가 봐도 비범했던 다산이 치열한 자기탐색과 수련을 통해 터득한 이 공부법이 과연 평범한 사람에게도 유효한 것일까? 다산은 양계를 시작한 아들에게 '계경(鷄經, 닭에 대한 경전)'을 써보라고 권했다. 아들에게 문재(文才)가 있어서가 아니라 생계를 위해 닭을 치게 되었지만 이왕 시작한 일이니 아주 잘해보라는 격려였다. 닭에 대한 책을 읽고, 연구하고, 홰와 먹이도 바꿔가면서 실험하다 보면 멋진 사육법을 얻게 될 것이니, 그것을 적어두라는 뜻이었다. 부족한 아들에게 편지를 보내, '가장 평범한 사람도 한 분야를 파면 그 일에 대해서만은 가장 잘 아는 사람이 된다'고 격려해주었다. 얼마나 간단하고 핵심적인 조언인가!

다산의 글 중에서 또 하나 인상적인 것이 〈하피첩(霞帔帖)〉이다. 이 〈하피첩〉이 만들어지는 과정을 보면 다산이 얼마나 다정한 사람이었는지, 얼마나 자상한 아버지였는지를 엿볼 수 있다.

> 내가 강진에서 귀양살이를 하고 있을 때 병든 아내가 헌 치마 다섯 폭을 보내왔다. 시집올 때 가져온 훈염(시집갈 때 입는 활옷)으로 붉은 빛이 담황색으로 변해서 소첩으로 만들기에 알맞았다. 치마폭을 잘라서 조그만 첩으로 만들어 손 가는 대로 타이를 말을 써서 두 아이에게 보낸다. 아이들이 뒷날 이 글을 보고 감회가 새로워 어버이의 자취와 손길을 생각한다면 그리운 마음에 틀림없이 뭉클할 것이다. 이 소첩을 '하피첩'이라 이름 지었는데, 이는 붉은 치마를 의미한다.

〈하피첩〉에서 '하'는 '붉은 노을'이라는 뜻이다. 아내 홍씨가 시집올 때 입었던 치마의 색깔이 저녁노을처럼 붉었던 모양이다. 그러나 아내가 시집온 것이 벌써 34년 전의 일이라 옷 색깔은 바래고 말았다. 아내는 적적할 남편을 위해 잘 보관해두었던 오래된 치마를 유배지로 보내고 다산은 이 옷을 잘라 풀을 바르고 배접해서 첩을 만든다. 낙담했을 아들들에게 좋은 조언들을 담아서 말이다. 바로 이 첩이 〈하피첩〉이었다. 다산은 남은 천에는 〈매조도(梅鳥圖)〉를 그려 시집간 딸에게 전해준다.

〈하피첩〉에는 여러 경구들이 많은데 그중 "다 완전하다 해도 구멍 하나만 새도 깨진 항아리가 된다. 모든 말을 미덥게 하다가도 한마디만 거짓말을 하면 도깨비처럼 되니 말을 늘 조심하거라"라는 말과 "근과 검. 부지런함과 검소함. 이 두 글자는 좋은 밭이나 기름진 땅보다 나으니 일생 동안 써도 닳지 않을 것이다"라는 말이 특히 가슴에 와 닿는다.

다산은 이외에도 다양한 분야를 넘나들면서 500여 권의 책을 펴냈다. 그중 《촌병혹치(村病或治)》라는 좀 생소한 책의 서문을 읽어보자.

내가 장기에 귀향 온 지 몇 달 뒤에 아들이 의학책 몇 십 권과 약초 한 상자를 부쳐왔다. 유배지라서 책이 전혀 없음으로 이 책밖에 볼 게 없었고 병이 들면 결국 이 약으로 치료를 했다. 하루는 지방관이 내게 부탁했다. "장기에서 병이 들면 무당을 불러다가 푸닥거리 하는 풍속이 있습니다. 그래도 효험이 없으면 뱀을 잡아 먹고, 뱀을 먹어도 효험이 없으면 체념하고 죽어버릴 수밖에 없습니다. 공은 어찌 그동안 읽으신 의학책을 가지고 이 외진 고장에 은혜를 베풀지 않습니까?" "좋다, 내가 네 말대로 의학책을 만들겠다." 이렇게 대답한 뒤에 그 책들 가운데 비교적 간편한 여러 처방을 가려 뽑아서 기록했다. 아울러 주로 쓰이는 약재를 가려 뽑아 각 병에 대한 설명 끝에다 붙였다. 보조 약재 가운데 4, 5품에 해당되는 것은 기록하지 않았고 멀리서 생산되거나 보기 드문 약재 가운데 시골 사람들이 그 이름도 모르는 것 역시 기록하지 않았다. 책이 다 해야 마흔 장 남짓밖에 되지 않으니 간략한 셈이다. 이 책 제목을 '촌병혹치'라고 했다. 촌이라고 한 것은 비속하게 여겼기 때문이고, 혹이라고 한 것은 의심스럽게 여겼기 때문이다. 그렇지만 참으로 잘 쓰기만 하면 사람의 목숨을 살릴 수도 있을 것이다. 세상에 어떤 의원들은 약재의 성질과 기운을 구별하지 않은 채 찬 약과 더운 약을 뒤섞어 나열하기도 한다. 이쪽과 저쪽이 서로 모순되어 효험을 보지 못하는 그런 의원들과 비교한다면 차라리 내 처방이 나을지 어찌 알겠는가. 약을 간략하게 뽑아서 반드시 필요한 처방만 가렸으니 그 효과가 완전하고 빠르지 않겠는가. 간략하게 하려면 반드시 먼저 널리 고찰해야 하는데, 참고한 책이 몇 십 권밖에 되지 않은 것이 한스럽다. 만약 내가 뒷날 다행히도 귀양에서 풀려나 돌아가게 된다면 이 책을 바탕으로 좀 더 깊게 연구할 것이다. 그때는 '혹'이라는 이름을 고칠 수도 있을 것이다. 상편은 술병으로 끝내고 하편은 색병으로 끝낸다. 세상을 깨우치고 건강을 지켜내는 내 깊은 뜻을 부친 것이다.

'촌병혹치'에서 촌은 '시골 촌'이고 병은 '병 병'이다. 다산 시대에도 시골 사람들은 많은 병에 시달렸지만 의원은 많지 않았고 돌팔이도 적지 않았다. 그래서 다산은 차라리 자기가 아는 의학서들에서 아주 간단한 처방들을 뽑아 소개하면 도움이 되지 않을까 해서 이 책을 집필한다. 하지만 구할 수 있는 의학서가 제한되어 있어서 자신의 처방에 별로 자신이 없었던지 책 제목에 '혹시 혹' 자를 붙였다. 사실 다산은 의학자가 아니었다. 하지만 어린 시절 천연두로 죽을 뻔했던 다산은 자신을 살려준 한의사 이헌길을 기려 《몽수전(夢叟傳)》을 쓰고 이후 천연두에 대해 《마과회통(麻科會通)》을 쓰는 등 의학에 남다른 관심을 갖는다. 다산의 학문적 스펙트럼이 얼마나 넓은지, 그가 얼마나 철저하게 이용후생을 추구했는지 알 수 있는 대목이다. 다산은 의학 외에 과학기술에도 해박했다. 그래서 수원성을 건설할 때는 거중기를 사용함으로써 비용을 40퍼센트 정도 절감했고 수원성에 자주 행차하던 정조를 위해서는 배다리를 만들기도 했다.

스스로를 조심하고 경계하라

선비들은 이름 앞에 호를 붙였고 집이나 정자에도 이름을 붙였다. 정리하면 어린 시절에 부모가 이름을 붙이고 자라는 동안 아명이나 별칭으로 불리다가 성장하면 호를 붙이고 결혼 등 인생의 전환점에는 자를 갖게 된다. 그리고 죽은 다음에는 시호가 내려졌다. 정약용에게는 다산 외에도 삼미, 여유당(興猶堂) 등 여러 개의 호와 자가 있었다. 시호는 문도공(文度公)이었다.

> 수오재(守吾齋)는 큰 형님이 자기 집에 붙인 이름이다. 나는 처음에 이 이름을 듣고 이상하게 생각했다. 나와 굳게 맺어져 있어 나와 떨어질 수 없는 사물 가운데 나보다 더 절실한 것은 없다. 그러니 굳이 지키지 않아도 어디로 가겠는가.

'수오'는 나를 지키는 것이다. 여기서 나란 나의 본성을 의미한다. 나의 정체, 사실 나는 잘 모른다. 그래서 평생을 나를 찾아다니는 것, 그것이 바로 삶인 것 같다. 그런데 수오재라는 당호를 쓰는 큰 형님은 바로 다산의 이복형, 정약현이었다. 다산의 아버지는 첫 번째 부인이 죽자 해남 윤씨와 결혼해서 정약전, 정약종, 정약용을 두었다. 다산의 삼형제는 모두 천주교에 연루되어 화를 당하고 정약현만이 사위였던 황사영의 백서사건까지 무사히 피하고 유일하게 마천의 본가를 지킨다. 그래서일까, 수오재라는 당호가 예사롭지 않게 느껴진다. 그럼 정약용 자신은 어떤 당호를 썼을까?

자기가 하고 싶지는 않지만 어쩔 수 없이 해야 하는 일은 그만둘 수가 없는 일이다. 자기가 하고 싶어도 남이 알지 못하게 하기 위해서 하지 않는 일은 그만둘 수가 있는 일이다. 그만둘 수 없는 일은 언제나 그 일을 하고는 있지만 (……) 아주 부득이한 일이 아니면 그만두었다. 아주 부득이한 일이더라도 남이 모르게 하려던 일은 그만두었다. 참으로 이렇게 된다면 천하에 무슨 일이 있겠는가. 내가 이렇게 뜻을 정한 지가 6, 7년이 되었다. 이러한 마음가짐을 현판에 써서 내가 사는 집에 달려고 했지만 잠시 생각해보고는 그만두었다. 초천(苕川)에 돌아와 처마 위에 써서 붙이고, 또 이렇게 쓴 까닭을 붙여서 어린아이들에게 보인다.

다산의 당호인 여유당은 노자의 《도덕경》의 한 대목인 "여함이여, 겨울 시냇물을 건널 때처럼 조심하고, 유함이여, 사방에 다 듣는 사람이 있는 것처럼 그렇게 경계하라"에서 앞 글자를 따 '겨울 냇물을 건널 여'에 '사방을 두려워할 유'를 붙여 스스로 근신하고 경계한다는 의미를 지니고 있었다. 이렇게 근신하고 경계하는 태도는 자식에게 보내는 편지에도 드러난다. 다산은 편지 한 장을 쓸 때마다 모름지기 두 번 세 번 읽어보면서 축언하기를, 이 편지가 네거리에 떨어져 원수진 사람이 열어보더라도 네가 죄를 입지 않게 하소서, 그리고 이 편지가 수백 년 뒤까지 유전되어 많은 안목 있는 사람들이 보게 되더라도 네가 비난받지 않게 하소서라고 한 뒤에 봉합해야 군자가 근신하는 태도라고 이야기한다. 다산은 처음 유배를 떠나 주막에 머물 때도 작은 방에 사의제라는 당호를 붙여 근신하는 태도를 잊지 않으려 노력했다. 이는 그 시대에 요구되던 자기 삶에 대한 이해였을 것이다.

다산은 무엇을 꿈꾸었는가?

시대는 인물을 낳는다. 조선 후기가 어떠했기에 다산 같은 인물이 요구되었던 것일까? 왜란과 호란을 겪은 조선은 극심한 가난, 궁핍, 부패 등에 시달리며 전란의 상처에서 완전히 벗어나지 못하고 있었다. 정치적으로는 세도정치가 싹트고 있었고 당쟁은 격화되었다. 문화사회적으로는 천주교를 앞세운 서구 문물이 중국을 통해 우리나라로 몰려들고 기존의 성리학을 탈피한 실학사상이 꽃피고 있었다. 이 시기에 또 한 번의 개혁과 번영을 꿈꾸던 두 군주 영조와 정조가 등장한다. 다산은 영조 때 태어나서 정조 때 역량을 발휘했다. 그러나 정조의 죽음과 함께 다산의 꿈도 물거품이 되고 말았다. 시대를 앞서나간 개혁가 정약용은 어떤 세상을 꿈꾸었을까?

백성이 해로운 곳을 피하는 것은 마치 불이 습한 곳을 피하는 것과 같다. 논밭이 적어서 사람의 힘이 남아돈다는 것을 알았거나 힘은 배로 드는데 곡식의 생산량이 적다는 것을 알았거나 추수 때 나누어주는 곡식이 적은 것을 알았기 때문에 쟁기와 따비를 짊어지고 처자를 데리고 떠나면서 "저 살기 좋은 땅으로 가겠다"고 말한 것이다.

그러므로 위에서 명령을 내리지 않더라도 한 여의 가구 수가 고르게 될 것이며, 위에서 명령을 내리지 않더라도 백성의 논밭이 고르게 될 것이다. 백성이 마음대로 오가기를 8, 9년이 지나지 않아서 나라 안의 논밭이 고르게 될 것이다.

백성에게 논밭을 가지고 구역을 설정해주는 것은 마치 양에게 우리가 있는 것과 같다. 이제 그들을 마음대로 오가게 한다면 마치 새나 짐승이 서로 몰려다니는 것과 같게 된다. 백성이 새나 짐승처럼 몰려다니는 것은 사회를 어지럽히는 원인이 된다.

그러나 이 제도를 시행한 지 8, 9년쯤 되면 백성의 분포가 대충 고르게 될 것이다. 이 제도를 시행한 지 10여 년이 되면 백성의 분포가 아주 고르게 될 것이다. 백성이 아주 고르게 분포된 뒤에 비로소 호적을 만들어 그들의 집을 등록시키고 문서를 만들어 그들이 옮겨 다니는 것을 관리한다.

같은 실학자인 박지원의 북학파가 상공업을 중시했다면 정약용은 선비로서 백성의 삶과 직결된 농업에 관심을 쏟았다. 목민관으로 일하면서 백성들의 고단한 삶을 가까이서 지켜본 다산으로서는 그들의 삶과 직결되는 농업에 관심을 쏟지 않을 수가 없었다.

농업경제 시대에 농사는 국가의 기간산업이었다. 따라서 어떻게 토지를 나누어주고 세를 걷어 백성을 잘살게 할지가 가장 중요한 기술적 문제였다. 이는 결국 국가 경영과 관련된 문제였다. 가장 오래된 토지제도는 정전제(井田制)다. 정전제는 사방 1리가 되는 땅을 '우물 정' 자처럼 아홉 개로 나눠서 가운데 하나는 공전으로 삼아 공동 경작으로 세금을 충당하고 나머지 여덟 개는 사전으로 삼는 것이다. 그런데 이렇게 땅을 나눌 경우 토지의 비옥도가 달라 불평등이 발생하게 된다. 그래서 균전제(均田制)라는 것이 등장한다. 균전제에 따르면 국가 소유인 땅을 개인에게 골고루 나눠주게 된다. 그러나 이 경우 집집마다 자식의 수가 다르고 이사를 오가는 집이 생기면서 어떤 때는 땅이 모자라고 어떤 때는 남아돌게 된다. 그래서 이번에는 한전제(限田制)라는 것이 등장한다. 이는 토지 소유를 제한해서

한 사람이 토지를 많이 갖지 못하게 하는 것이었다.

다산이 주장하는 토지제도는 이 모두를 보완한 여전제(閭田制)였다. 그에 따르면 우선 산골짜기와 시냇물을 중심으로 구역을 정하고 그 구역을 '여'라고 부른다. 대략 세 개의 여가 모여서 리가 되고 다섯 개의 리가 모여서 방이 되고 다섯 개의 방이 모여서 읍이 된다. 가장 작은 단위인 '여'에는 여장을 두어 공동 생산을 한다. 이때 각자의 노동량을 모두 기록했다가 나중에 이에 따라 수확을 차등 배분한다. 처음에는 열심히 일해도 땅이 좁고 토지가 척박해서 소출이 적으면 사람들이 떠나갈 것이다. 이렇게 10년 정도 자유롭게 이동하다 보면 안정될 것이고 이때 세액을 정하면 백성들이 안락하게 잘살 수 있을 것이다.

다산은 조선 후기 국가 재정의 근간이었던 삼정, 즉 전정, 군정, 환곡이 문란해져 백성들의 삶이 피폐해지는 것을 지켜보면서 이런 새로운 토지제도를 제안했다. 삼정 중 전정은 토지에 부과되던 모든 조세를 일괄해 수취하던 제도를 의미하고 환곡은 구휼제도로 흉년이나 춘궁기에 백성들에게 곡식을 빌려주었다가 풍년이나 추수기에 받아가는 제도였다. 마지막으로 군정은 군사행정인 군적과 군사재정인 군포와 관련된 일을 총칭했다.

다산은 당시 군정의 비합리성을 풍자하는 〈애절양(哀絶陽)〉이라는 시를 짓기도 했다. 시의 소재가 되어준 것은 1803년 유배 중이던 다산이 전해 들은 엽기적인 사건이었다. 어느 백성이 태어난 지 3일 된 아이가 군적에 올라 이정에게 군포 대신 소를 빼앗기자 칼로 자신의 남근을 잘라버렸다는 것이었다. 울컥하는 기분을 참지 못한 다산은 이 시를 지어 군적에 올라서는 안 되는, 죽은 사람이나 어린아이에게까지 군포를 거둬들이는 부패한 사회상을 비판했다.

노전 마을 젊은 아낙 그칠 줄 모르는 통곡 소리

관문으로 달려가며 하늘에 울부짖네.

출정 나간 지아비가 돌아오지 못하는 수는 있어도

사내가 제 양물을 잘랐다는 소리는 들어본 적이 없네.

시아버지 3년상 벌써 지났고 갓난아이는 배냇물도 안 말랐는데

삼대 이름이 모두 군적에 실렸네.

아무리 하소연해도 관가 문지기는 호랑이 같고

이정은 으르렁대며 외양간 소마저 끌고 갔다네

남편이 칼을 들고 방에 들어가니 피가 방안에 흥건하다네

스스로 부르짖길, "아이 낳은 죄로구나."

다산은 시를 지어 부조리를 비판하는 데서 멈추지 않고 실학자의 면모를 발휘해 〈신포의(身布議)〉라는 글을 짓는다. 군정의 불합리를 개혁할 정책적 대안을 제안하기 위해서였다.

신이 황해도의 풍속을 보니 한 마을마다 이른바 군포라는 것이 있습니다. 한 마을에 살고 있는 백성이라면 귀천을 가리지 않고 모두 돈을 내어 그 돈의 이자로 그 마을의 군포를 충당하는 풍속입니다. 군적 가운데 이가니 최가니 적혀 있는 것은 모두 실제로 없는 사람들이었습니다. 신이 병마사를 만나보니 병마사가 이렇게 말했습니다. "거짓 이름으로 군포를 바치는 자는 마땅히 가려내 엄하게 금지해야 한다." 그래서 신은 이렇게 말했습니다. "이를 금지해서 무엇하겠는가. 나라에서 거둬들이는 세금이 줄어들기 때문인가, 거둬들이는 것이 번거롭기

때문인가, 민심이 괴롭게 여기기 때문인가. 이 세 가지에 걸림이 없으니 금지할 필요가 없다." 신은 황해도의 이 풍습이 참으로 좋은 법이라고 생각합니다. 나라에서 고르지 못한 법을 백성에게 선포했지만 백성은 스스로 한 가지 방법을 임시로 만들어 그 괴로움을 고르게 나누어 살아가니 이는 법을 만든 쪽의 부끄러움입니다. 오직 양반이 된 뒤에만 군포를 면제받게 됩니다. 그럼 이 백성이 밤낮으로 생각하는 것은 오직 양반이 되는 길뿐입니다. 향안에 기록되면 양반이 되고 거짓 족보를 만들면 양반이 됩니다. 고향을 떠나 멀리 이사하면 양반이 되고 유언을 쓰고 과거 시험장을 드나들면 양반이 됩니다. 이렇게 양반이 조금씩 늘어나서 해마다 많아지고 달마다 성해지니 점차 온 나라가 다 양반이 되고야 말 것입니다. 양반이 되면 자기 손으로 쟁기를 들고 토지의 이익을 높이지 않으며, 소를 몰거나 말을 타고 시장에서 장사하여 화물을 유통시키지 않습니다. 자기 손으로 도끼를 잡거나 화로와 마치를 잡아 기구를 만들지도 않습니다. 양반이 많아지면 노동력이 줄어들고 노동력이 줄어들면 토지의 생산력도 높아지지 못합니다. 토지의 생산력이 높지 못하면 나라가 가난해지고 나라가 가난해지면 선비를 힘쓰도록 격려할 수가 없습니다. 선비가 힘쓰지 않으면 백성들은 더욱 곤궁하게 됩니다. 이렇게 되는 근본 원인을 살펴보면 바로 군포 때문입니다. 그래서 신은 양인에게만 거두는 군포제도를 폐지하지 않으면 태평성대의 정치를 일으킬 수 없다고 생각합니다.

군포는 군역의 의무를 면제받는 대신 내야 했던 세금이다. 그런데 양반이 아닌 양인만 부담하다 보니 양인들은 군포를 면하기 위해 양반이 될 수 있는 편법들을 꾀하게 되고 결국 양반의 수가 늘어나면서 국가 전체가 가난해질 수밖에 없다는 것이 다산의 주장이었다. 양반은 생활을 위해 재화나 서비스를 생산해내는 계급이 아니었기 때문이다. 그러니 양반에게도 군포를 걷자는 것이 다산의 제안이었다. '군포'는 이 시대에도 여전히 해결되지 않은 문제다. 그래서 우리는 다산의 말에 귀를 기울여야 한다.

오직 마음으로 실천하라

선비는 평생을 배우는 학인(學人)이다. 그러면 이렇게 배워서 무엇을 할까? 지행합일(知行合一) 또는 학행일치(學行一致), 즉 삶 속에서 실천한다. 그래서 선비에게 또 다른 중요한 덕목은 수기(修己), 즉 자기를 다스리는 것이다. 요컨대 선비란 학문을 익혀서 자기를 다스림으로써 이득이 되지 않아도 마땅히 지킬 것을 지키고 마땅히 할 일을 하는 사람들인 것이다.

하지만 실제 조선 시대를 살펴보면 사대부는 많지만 참다운 선비정신을 구현하는 사람은 많아 보이지 않는다. 오히려 당파와 계파 간의 피 터지는 경쟁과 투쟁이 두드러진다. 과거와 음서라는, 좁은 등용문을 통과하기 위해서는 어쩔 수 없었을 것이다. 하지만 좀 더 자세히 들여다보면 과거와는 전혀 관계없이 오로지 학문을 학문으로서 즐기는 사람들도 많았다. 이들을 뭉뚱그려서 산림(山林)이라고 부른다. 우암 송시열이나 남명 조식이 대표적인 경우로, 특히 남명은 평생 벼슬을 하지 않고 제자들을 양성해냈다. 다산의 삶과 글에는 진정한 선비정신이 담겨 있다. 그러나 다산은 세상이 부르면 기꺼이 정치에 몸을 담았다. 그렇다면 선비 정약용이 말하는 정치란 무엇일까?

정(政)의 뜻은 바로잡는다는 말이다. 다 같은 백성인데 누구는 토지의 이로움을 남들 것처럼 아울러 가져 부유한 생활을 하고 누구는 토지의 혜택을 받지 못하여 가난하게 살 것인가. 그래서 토지를 계량하여 백성에게 골고루 나누어주어 그 질서를 바로잡으니 이것이 바로 정이다. 다 같은 우리 백성인데 누구는 풍요로운 땅이 많아서 남은 곡식을 버릴 정도고 누구는 척박한 땅도 없어서 모자라는 곡식을 걱정해야만 할 것인가. 그래서 배와 수레를 만들고 저울의 규격을 세워, 그 고장에서 나는 소산물을 다른 곳으로 옮기고, 있고 없는 것을 서로 교환하여 바로잡으니 이것이 바로 정이다. 다 같은 우리 백성인데 누구는 강대한 세력을 가지고 제멋대로 삼켜서 커지고 누구는 연약한 위치에서 자꾸만 빼앗기다가 멸망해갈 것인가. 그래서 군대를 조직하고 죄 있는 자를 규탄하여 멸망할 위기에 있는 자를 구제하고 세대가 끊긴 자를 이어가게 하여 바로잡으니 이것이 바로 정이다. 다 같은 우리 백성인데 누구는 상대를 업신여기고 불량한 데다 악독하면서도 육신이 멀쩡하게 지내고 누구는 온순하고 부지런한 데다 정직하고 착하면서도 복을 제대로 받지 못하는가. 그래서 형벌로 징계하고 상으로 권장하여 죄와 공을 가르는 것을 바로잡으니 이것이 또한 정이다. 다 같은 우리 백성인데 누구는 멍청하면서도 높은 지위를 차지하여 악을 퍼뜨리고 누구는 어질면서도 아랫자리에 눌려 있어 그 덕이 빛을 못 보게 할 것인가. 그래서 붕당을 없애고 공평하고 바른 도리를 넓히며 어진 이를 등용하고 못난 자를 몰아내 바로잡으니 이것이 바로 정이다.

다산이 보기에 차별과 불평등을 바로잡는 것은 결국 정치였다. 그러나

평등이 지나치게 강조되면 전체주의나 공산주의로 이어져 모두가 평등하게 가난해진다. 그래서 자유를 통한 성장이 필요하다. 하지만 자유와 성장은 지금 우리가 직면하듯이 자칫 양극화를 불러올 수 있다. 자유와 평등, 성장과 양극화 사이에서 균형을 찾는 것, 이것이 바로 권력자의 책무다. 그러면 그런 책무를 짊어진 왕을 정약용은 어떻게 생각했을까?

아버지가 자식을 사랑하지 않는다고 해서 자식이 아버지를 원망하면 되겠는가? 안 될 말이다. 그러나 자식이 효도를 다하는데도 아버지가 자식을 사랑하지 않기를 마치 고수가 우순(虞舜)을 대하듯 한다면 자식이 원망하는 것도 옳다. 임금이 신하를 돌보지 않는다고 해서 신하가 임금을 원망하면 되겠는가? 안 될 말이다. 그러나 신하로서 충성을 다했는데도 임금이 신하를 돌보지 않기를 마치 회왕(懷王)이 굴평(屈平)을 대하듯 한다면 신하가 원망하는 것도 옳다. 부모가 미워하더라도 노력할 뿐이지 원망해서는 안 된다는 말이 있는데도 그대는 원망하는 것이 옳다고 하는가. (……) 회왕이 아양을 부리는 첩과 아첨하는 신하의 꾐에 빠져서 굴평을 쫓아냈을 때 굴평이 태연하게 아무런 근심 없이 "나는 하고 싶은 말을 숨기지 않고 다하여 신하로서의 직분을 충실히 이행했을 뿐이다. 임금이 깨닫지 못한 것이야 내게 무슨 상관이랴"라고 했다면 그런 굴평도 심장이 차갑고 창자가 단단한 인물이다. 자기 임금 보기를 길 가는 사람 보듯 하고, 자기 나라가 망하는 것을 마치 한 판의 바둑에 지는 것처럼 여기는 사람이 되었을 것이다. 그러나 굴평은 근심과 슬픔을 안고 맴돌며 또 돌아보며 〈이소(離騷)〉니 〈구가(九歌)〉니 〈원유(遠游)〉니 하는 글을 쓰고 또 썼다. 그것이 바로 천리다. 그러므로 공자도 이렇게 말했다. "시로 원망을 나타낼 수도 있다." 꼭 원망해야 할 때 원망하지 못하는 것을 공자 같은 성인도 근심했다. 그래서 시의 궁극적인 뜻을 살핀 끝에 시가 원망을 나타낼 수도 있다는 사실을 좋게 여겼던 것이다. 사마천은 말했다. "《시경(詩經)》의 〈소아(小雅)〉는 원망하고 비방하는 뜻이 있지만 질서를 어지럽히지는 않았다." 맹자는 말했다. "부모의 허물이 지나친데도 원망하지 않는다면, 부모와의 사이에 지나치게 간격을 둔 것이다." 결국 성인도 상대방의 입장을 이해한 끝에 원망하는 심정을 인정했다. 충신과 효자의 입장에서는 원망이 바로 자기의 충정을 나타내는 길이다. 그러기에 원망을 설명할 수 있는 자라야 비로소 시를 말할 수 있고, 원망을 아는 자라야 비로소 충효에 대한 감격을 설명할 수 있다. 만약에 재물을 좋아하고 자기 처자식만 사랑하여 안방에서 비난을 일삼는 자거나 또는 재능도 없고 덕도 없어서 밝은 세상에 버림받고 속닥속닥 윗사람 헐뜯기나 좋아하는 자라면 정의와 정도를 어그러뜨리는 짓만 일삼는 자다. 따질 필요나 있으랴.

선비이자 인간으로서 다산의 이중성이 잘 드러난다. 아무리 뜻이 있어도 선비 역시 인간이므로 충성을 받아주지 않는 왕을 원망할 수밖에 없다는 것이다. 이 글에 등장하는 고수는 순임금의 아버지였다. 고수는 장님이라는 뜻으로, 아둔함을 상징하는 이름이었다. 그는 순임금의 어머니가 죽자 후처를 얻는다. 후처와의 사이에서 상(象)이라는 아들이 태어나는데 고수와 후처와 상은 수없이 순을 죽이려는 시도를 한다. 가령 순에게 지붕을 고치라고 하고는 순이 지붕으로 올라간 사이에 사다리를 치우고 불을 지르는 식이었다. 다산은 그런 일들을 당하면서도 자기 아버지를 원망하지 않는 순임금은 사람이 아니라고 생각한다. 감정이 있는 인간으로서 그럴 수는 없다는 것이다. 임금과 신하, 부모와 자식 사이에 아무리 충성을 다하고 효도를 다해도 받아들여지지 않는다면 원망이라도 하는 것이 인간답지 않느냐는 것이 다산의 생각이었다.

다산은 명분론에 붙잡힌 허명뿐인 선비가 아니라 인간의 본질을 이해하고 있었던 너무나 인간적인 사람이있다. 따라서 선비의 본질에는 의리를 지키되 인정을 잃지 않고, 명분을 내세우되 실리를 버리지 않는 것도 포함된다. 이것이 바로 선비의 아량과 포용력이라는 것이다. 다만 선비는 곡학아세(曲學阿世), 즉 정도에서 벗어난 학문으로 세상에 아첨하는 일만은 삼가야 했다. 늘 둘 사이에서 균형을 잡으며 중용을 지키는 선비의 길, 다산이 강조한 것은 그것이 아니었을까.

chapter 3

천 개의 운명과 변신… 모험을 선동하라!

• 『그리스 로마 신화』 '도전'에 대하여 •

도전하지 않는 삶은 가치가 없다. 그러나 도전하는 인생은 그리 만만치가 않다. 도전하면 피곤하다. 그렇다고 그냥주어진 대로 살면 삶이 가치 없어진다.

– 우디 앨런

《그리스 로마 신화》는 옛날이야기다. 그것도 남의 나라 옛날 이야기다. 왜 우리는 남의 나라 옛날이야기에 열광하는 것일까? 가장 그럴듯한 답은 세계와 진정한 유대관계를 갖기 위해서다. 진정한 의미의 글로벌리제이션(globalization)은 단순히 언어를 배우는 것이 아니라 사람과 사람 사이의 문화적 문맥을 읽어내는 것이다. 자기 것만 읽으면 독선과 독단에 갇히게 되지만 다른 사람들의 것을 읽으면 메시지와 통찰을 얻게 된다.

여행이 멋진 이유는 그동안 보지 못한 풍광과 세속을 만나게 해주기 때문이다. 책은 여행이다. 다른 나라, 다른 문화, 다른 문법을 많이 접할수록 삶은 풍부해진다. 책의 꽃은 고전이다. 그리고 고전의 시작은 신화다. 그래서 우리는 신화를 읽는다. 내가 여행한 곳 중에서 가장 충격적이었던 곳은 그리스였다. 엄청난 기대를 가지고 찾았지만, 그곳엔 돌기둥밖에 없었다. 나는 그곳에서 거대한 신전은 사라져도 이야기는 남는다는 깨달음을 얻었다. 그리스의 위대함은 이야기에 있다는 생각이 들었다.

신화는 신의 이야기가 아니다

태초에 이야기가 있었다. 보이지 않는 것을 보이는 것으로 이해하기 위해서였다. 그것은 알 수 없는 우주를 이해하기 위한 즐거운 상상이었고, 인간이 무엇인지를 느끼기 위한 노력이었다. 이렇게 상상해보자. 어느 날 한 남자가 한 여인을 보고 사랑에 몸을 떨게 되었을 때, 도대체 그 기묘하고 치명적인 감정이 어디서 생겨났을까 궁금해졌다. 그래서 에로스와 아프로디테가 만들어졌다. 한 남자가 한 여자를 보는 순간 에로스가 심장에 작은 사랑의 화살을 꽂아 넣었기 때문에 어쩔 수 없이 그녀에게 굴복할 수밖에 없는 사랑의 노예가 된 것이다. 아름다운 아프로디테가 '나'를 정복하고 말았다. 또 이것은 어떤가? 마음속에 분노와 증오가 걷잡을 수 없이 치밀어 올라 어쩔 줄 모를 때, 그리하여 해서는 안 될 어리석은 일을 저지르고 말았을 때, 그 후회와 회한 속에서 오랜 세월을 보내지 않으면 안 되게 되었을 때, 그들은 복수의 여신들인 에리니에스를 만들어냈다. 죄 지은 자를 결코 놓친 적이 없는 뱀의 머리카락에 핏물이 고인 눈을 가진 이 무서운 신들을 창조해낸 것이다. 그리스인들은 눈에 보이지 않는 모든 추상적인 개념을 누구나

볼 수 있도록 의인화시켜 신이라 불렀다. 그리하여 신과 인간의 행적은 장대한 서사시가 되었다. 신화 속의 신들은 '몸을 입고 나타난 자연과 우주의 힘'이었던 것이다.

오늘날 우리의 심장에 꽂힌 에로스의 화살은 사라졌다. 화살이 꽂힌 흔적조차 없다. 그런 일은 결코 벌어진 적이 없기 때문이다. 에로스 따위는 존재하지 않는다. 그럼에도 오늘날에도 우리는 누군가를 못 견디게 사랑하고, 그리움으로 밤을 지새운다. 왜 그럴까? 오늘날에도 우리는 누군가에게 혹은 무엇인가에 알 수 없는 분노와 증오를 품고, 기어이 해서는 안 될 실수를 저지르곤 한다. 왜 그럴까? 에로스는 화살을 쏜 적이 없고, 에리니에스는 핏물을 흘리며 누군가를 증오하지도 않고, 보복하기 위하여 내 뒤를 쫓지 않는다. 그런 일은 실제로 일어나지 않았다. 그러나 사랑과 그리움, 그리고 분노와 증오와 보복은 지금 여기에서 너와 나를 가리지 않고, 강남역 사거리와 광화문 앞에서 요동치며 날마다 벌어지고 있다. 그러므로 신화는 죽은 옛것이 아니라 살아서 진행되는 지금의 날것인 것이다.

신화는 인간을 벗긴다. 아무것으로도 가려지지 않은 인간의 원시를 보여준다. 신화는 신들의 이야기가 아니다. 인간에게 일어날 수 있는 수치스럽고 치욕적인 날것들을 신에게 뒤집어씌운 이야기들이다. 동시에 인간의 미덕과 통찰이 무엇을 할 수 있는지를 보여준다. 신화란 인간의 무의식에 대한 이야기로서 벌거벗은 인간이 무엇인지를 상징을 통해 들려준다.

왜 인간은 신에게 도전하는가?

인간은 무엇으로 사는가? 끊임없는 고민과 좌절. 그것은 인간이 무언가에 도전하기 때문에 맛보는 것은 아닐까? 그렇다면 인간은 왜, 무엇에 도전하는가?《그리스 로마 신화》는 이 물음에 생각을 주는 책이다. 인간이 왜 도전하고, 성공과 좌절의 경험이 우리에게 무엇을 남기는지를 여실히 보여주는 이야기다. 대개 신화 속의 도전에는 패턴이 있다. 아주 평범한 인간, 그것도 아주 불운할 가능성이 높은 인간이 주인공이 된다. 그는 어느 순간 모험에 초대받고 고행을 시작한다. 수많은 고난을 헤쳐 나가면서 그는 스스로 영웅이 되고 자기가 떠났던 초라한 곳으로 돌아와 그곳을 변화시킨다. 또 다른 도전의 패턴은 뛰어난 인간이 무모하게 신에게 도전했다가 예정된 패배를 맞고 철저하게 파멸하는 것이다.

신에게 도전한 첫 번째 주인공은 태양의 신 헬리오스의 아들인 파에톤이다. 어머니와 살던 파에톤은 헬리오스를 찾아가 자신의 아버지가 맞는지 묻는다. 헬리오스는 자신이 아버지라면서 원하는 것은 뭐든 들어주겠다고 하고 파에톤은 헬리오스의 태양마차를 몰아보기로 한다. 파에톤의 태양마차는 제대로 달리지 못하고 천상과 지상에 불을 붙였고, 분노한 제우스는 파에톤에게 벼락을 내려 죽게 한다. 피 끓는 젊은이로서는 어쩔 수 없는 도전이었다.

신에게 도전한 두 번째 주인공은 테베의 왕비 니오베다. 그녀는 재산도 많은 데다 씩씩한 아들 일곱에 아름다운 딸 일곱을 두고 있는, 그야말로 모든 것을 가진 여인이었다. 그녀는 자식으로 아폴론과 아르테미스밖에 두지 못한 레토가 자기보다 못하다고 뽐냈다. 화난 레토는 아폴론에게 니오베의 아들들을, 아르테미스에게 니오베의 딸들을 모두 죽이게 했다. 니오베의 남편 암피온은 이런 비극 앞에 자살했고 비탄에 빠진 그녀는 바위가 되어버렸다. 자기에 대한 자랑이 결국 부메랑으로 되돌아온 이야기다.

신에게 도전한 반인반수도 있다. 얼굴은 사람이지만 하반신은 염소인 사티로스, 마르시아스가 어느 날 냇가에서 피리를 하나 줍게 된다. 아테나 여신이 만들었다가 피리 부는 모습이 아름답지 않다고 버린 것이었다. 마르시아스는 그 피리로 열심히 연습을 하고는 음악의 신인 아폴론에게 도전한다.

드디어 아폴론과 마르시아스의 대결이 시작되었다. 미다스는 심판을 공정하게 하려면 잘 들어야 하기에 귓속에서 삐죽 솟아난 귀털을 모조리 뽑고 무사이 여신들 옆에 앉았다. 아폴론의 수금 솜씨가 빼어나기는 했지만 마르시아스의 피리 가락 역시 아테나 여신이 조화를 부린 것이라 만만치가 않았다. 무사이 여신들도 그 피리 가락에 고개를 갸웃거릴 정도였다. 아폴론은 초조해져 마르시아스에게 고함을 질렀다. "마르시아스, 내가 바로 머리끝부터 발끝까지 아폴론이다. 자, 너도 나처럼 악기를 거꾸로 들고 연주해보아라. 그리고 그 연주를 반주로 노래도 불러보아라."
아폴론은 수금을 거꾸로 들고 뜯으면서 올림포스 신들을 찬양하는 노래를 불렀다. 그러나 피리는 거꾸로 불 수도 없고 피리를 불면서 동시에 노래를 부를 수도 없었다. 무사이 여신들이 저희의 우두머리인 아폴론의 손을 들어준 것은 물론이다. 마르시아스는 이제 산 채로 살가죽이 벗겨질 판이었다. 이때 미다스가 나섰다.
"신들은 인간을 때리시되 양손으로는 때리지 않는다고 해서 나는 신들이 자비로우신 줄 알았습니다. 신들이 인간을 벌하시되 이유 없이는 벌하시지 않는다고 해서 나는 신들이 정의로우신 줄 알았습니다."

"신들이 자비롭다고 누가 그러더냐. 인간이 아니더냐. 신들은 인간이 무릎을 꿇을 때만 자비롭다. 다른 신들이 정의롭지 못할 때만 정의롭다. 너희가 무릎을 꿇지 않고 감히 신들과 겨룰 때는 신들의 마음속에 아무런 자비도 없다. 사티로스의 가락과 음악의 신의 가락도 가려듣지 못하는 네 귀가 귀냐. 네게 귀 같은 귀를 붙여주마."

아폴론의 말이 끝나자마자 미다스의 귀는 당나귀 귀로 변했다. 그리고 아폴론이 산 채로 살가죽을 벗기려 하자 마르시아스가 비명을 질렀다.

"살려주세요. 진짜로 내 살가죽을 벗기시는 겁니까? 잘못했습니다. 한 번만, 제발 한 번만 용서해주십시오. 내기에서 졌다고 이러시는 것은 너무하지 않습니까?"

그러나 아폴론은 아랑곳하지 않고 그의 살가죽을 벗겼다.

르네상스 시대로 접어들어 그리스 로마 신화가 다시 주목받으면서 마르시아스는 예술가들에게 숭배받게 된다. 예술가들은 마르시아스 같은 처지가 되더라도 신의 경지에 도달하고 싶다는 엄청난 갈망을 품기 때문이다. 단테도 《신곡》에서 "아폴론이여, 내 가슴속에 들어와서 마치 마르시아스를 사지부터 껍질을 벗겨놓은 것처럼 내게도 영감을 주십시오"라고 갈구한다.

신에게 도전하는 인간과 반인반수의 결말은 비참하다. 그럼에도 우리는 왜 신의 권력과 재능을 탐하는 것일까? 그것은 오만 때문이다. 세상에는 두 가지 오만이 있다. 하나는 과거의 성공을 우상화하는 오만이다. 그 끝은 파멸이다. 모든 성공한 것들의 파멸 속에는 우상화된 오만이 숨어 있다. 이때 오만은 성장을 멈추게 하는 치명적인 악덕이다. 또 하나의 오만은 신으로부터 가혹한 징벌을 당하더라도 '신의 경지에 다다르려는 오만'이다. 이는 껍질이 벗겨지는 극한의 고통을 거부하지 않음으로써 인간의 창조적 진보를 계속하게 하는 걷잡을 수 없는 에너지의 원천이 되기도 한다. 그리스인들이 품은 야생의 사유는 마르시아스의 이야기를 만들어냈다. 이 대목에서 피리의 절대 고수가 되기까지 몇 번이고 껍질이 벗겨지는 것도 마다하지 않는 마르시아스의 예술 혼과 만나게 된다. 신을 닮으려고 하는 것은 신성모독이 아니다. 진정한 신앙은 신이 우리에게 준 것에 자부심을 가지고 삶을 다 바쳐 그것이 빛나도록 하는 것이다. 고통을 딛고 창조적인 진보를 향해 한 걸음 나아가는 것이 진정한 도전임을 신화는 이야기한다.

불운을 넘어 위대함으로 도약하는 비결

이번에는 신화에 나오는 대표적인 영웅들을 만나보자. 물론 이들은 영웅이지만 완벽한 사람들은 아니다. 완벽한 인간은 관심을 끌지 못한다. 그는 인간이 아니기 때문이다. 영웅들은 처음부터 위대한 영웅이 아니었다. 평범한, 어쩌면 평범하지도 못한 사람들이다. 그들은 왕이나 신의 자식이기는 하지만 편모 슬하에서 자라거나 나라에서 쫓겨나 불운하게 살아가다가 어느 날 영웅의 모험에 초대받는다. 그들은 기꺼이 또는 강제적으로 모험에 참여해 시련을 통해 성장한다. 그리고 다시 자기가 떠났던 비극적 배경으로 돌아와 대중의 지도자가 된다. 이 단계에 이르면 우리는 그를 영웅이라고 부른다. 영웅은 나보다 큰 것에 나를 바친 사람들이다.

첫 번째 영웅은 메두사를 죽인 페르세우스다. 아르고스의 왕이었던 아크리시오스는 '손자에게 죽으리라'는 불운한 신탁을 받고 딸을 청동의 집에 가둔다. 그런데 이 아름다운 다나에에게 반한 제우스가 황금 소나기로 쏟아져 내리면서 페르세우스가 잉태된다. 다나에는 페르세우스와 쫓겨나 작은 섬에 도착하고 그 섬에서 성장한 페르세우스는 어머니를 탐내는 왕의 계략으로 메두사의 목을 베기 위한 여정에 오른다. 페르세우스는 아테나의 도움으로 메두사를 죽이고 천하무적이 된다. 메두사의 목이 아주 강력한 무기가 되어주었던 것이다. 그는 괴물의 밥이 될 뻔한 안드로메다 공주를 구해내고 어머니 곁으로 돌아와 못된 왕도 처치한다. 페르세우스는 할아버지의 오해를 풀기 위해 아르고스로 돌아갔다가 우연히 원반 던지기 경기에 참가하게 된다. 그가 던진 원반은 바람에 잘못 날아가 관중석의 노인을 맞히게 되고 원반에 맞은 노인은 그 자리에서 죽음을 맞는다. 그 노인은 바로 페르세우스의 할아버지였다. 이후 페르세우스는 미케네를 창시한 역사적 인물로 남게 된다. 페르세우스의 모험담은 그리스 신화에서 가장 뛰어난 플롯을 자랑한다.

페르세우스에 버금가는 영웅으로 테세우스가 있다. 그의 아버지는 아이게우스로 에게 해는 그의 이름을 붙인 것이다. 그는 아버지가 바위 밑에 넣어둔 칼과 가죽신을 꺼내 아버지를 찾아가면서 수많은 악당과 괴물들을 죽이고 영웅의 이름을 얻게 된다. 마침내 아버지의 나라 아테네에 도착한 테세우스에게는 또 하나의 관문이 기다리고 있었다. 이아손과 헤어진 마녀 메데이아가 아이게우스의 아내가 되어 있었던 것이다. 메데이아는 마법의 힘으로 테세우스의 정체를 알아내고는 아이게우스를 꾀어 이 낯선 청년에게 독약이 들어 있는 술을 건네게 한다. 그러나 테세우스가 술을 마시려는 순간 아이게우스가 칼을 알아보고 술잔을 팽개친다. 메데이아는 간계가 탄로 나자 아시아로 도망쳤다. 테세우스는 아버지로부터 친자식으로 인정받아 왕위 계승자로 결정되었다. 그러나 당시 아테네에는 또 다른 문제가 있었다. 크레타왕 미노스에게 해마다 처녀와 총각을 각각 일곱 명씩 바쳐야 했던 것이다. 미노스 왕은 황소의 몸에 인간의 머리가 달린 미노타우로스에게 이 선남선녀들을 먹이로 주었다. 난폭한 미노타우로스는 다이달로스가 특별히 설계한 미궁에 갇혀 살았고 이 미궁은 누구든 한 번 들어가면 혼자서는 빠져나오지 못했다. 테세우스는 자진해서 산 제물로 희생자 무리에 끼어들었다. 배는 여느 때처럼 검은 돛을 올리고 출항했다. 테세우스는 출항 직전에 자신이 살아 돌아오면 검은 돛 대신 흰 돛을 올리겠다고 아버지와 약속했다. 배는 크레타에 이르렀고 미노스 왕의 딸 아리아드네는 테세우스에게 첫눈에 반하고 말았다. 테세우스 역시 마찬가지였다. 아리아드네는 테세우스에게 칼 한 자루를 주며 그것으로 미노타우로스와 싸우라고 했고 실 한 타래를 주며 그것으로 미궁을 빠져나오라고 했다. 덕분에 테세우스는 미노타우로스를 죽이고 무사히 미궁에서 빠져나왔다. 그는 아리아드네와 자기가 구한 처녀 총각들을 데리고 배에 올라 아테네를 향해 돛을 올렸다. 그런데 도중에 낙소스 섬에 들른 테세우스는 아리아드네가 잠들어 있는 동안 그녀를 그 섬에 버리고 떠나버렸다. 이 와중에 테세우스는 아버지와의 약속을 잊어버렸고 아이게우스는 검은 돛을 보고는 아들이 죽은 것으로 생각해 자살하고 말았다. 테세우스는 부왕의 뒤를 이어 아테네의 왕이 되었다.

테세우스가 아리아드네를 버린 이유에 대해서는 여러 설이 있다. 아테나와 크레타는 원수지간이었기 때문에 아테나 여신이 헤어질 것을 종용했다는 이야기도 있고 아리아드네가 잠든 사이에 풍랑이 불어 테세우스가 떠내려갔다가 다시는 돌아오지 못했다는 이야기도 있다. 어쨌든 배신이 있었고 테세우스는 그 대가를 단단히 치른다. 젊어서는 아버지를 죽게 했고 만년에는 아리아드네의 동생 파이드라를 아내로 맞았다가 아들인 히폴리토스를 잃게 된다. 히폴리토스를 좋아하던 파이드라가 사랑을 거부당하자 그를 모함해 죽였던 것이다. 위대한 영웅이었지만 비참한 말로를 맞는 테세우스를 통해 결국 인간의 한계를 깨닫게 된다.

도전과 시련을 통해 탄생한 세 번째 영웅은 아이네이아스다. 아프로디테와 트로이인 앙키세스 사이에서 태어난 아이네이아스는 트로이가 멸망하자 아버지를 등에 업고 어린 아들의 손을 잡고 망명에 나선다. 오랜 항해와 방랑 끝에 일행과 이탈리아 해안에 도착한 아이네이아스는 아직 그곳이 약속의 땅인 줄을 모른다.

아이네이아스는 다시 함대로 돌아가 이탈리아 해안을 따라 항해하다가 이윽고 티베르 강 하구에 이르러 닻을 내렸다. 시인 베르길리우스는 그를 방랑의 목적지까지 데려다놓고는 시의 여신 무사이를 불러 그 나라의 사정을 알려달라고 기도한다.

무사이 여신이 들려주는 그 나라 정세에 따르면 당시 그곳의 통치자는 사투르누스로부터 3대째 내려온 라티누스였다. 늙은 라티누스에게는 왕위를 이을 아들 대신 라비니아라는 아름다운 딸 하나가 있었다. 라비니아는 이웃의 여러 왕들로부터 청혼을 받았다. 그중에는 루툴리 족의 왕 투르누스도 있었다. 그는 라비니아의 부모가 보기에도 흡족한 신랑감이었다. 그러나 라티누스는 꿈속에서 아버지인 파우누스에게서 라비니아의 신랑감은 다른 나라에서 올 것이라는 계시를 받았다. 그리고 그는 이 결혼으로 전 세계를 정복할 민족이 태어날 것이라고 예언했다.

아이네이아스 일행이 하르피아이와 싸울 때 이 반인반조(半人半鳥)의 괴물 중 하나가 트로이인들 앞에 모진 재난이 기다리고 있다고 예언한 바 있다. 그 괴물은 아이네이아스 일행이 방랑을 끝마치기 전에 배가 고파 식탁까지 먹어치울 만큼 기아에 시달릴 것이라고 예언한 바도 있다. 이 예언은 곧 이루어졌다.

아이네이아스 일행은 풀밭에 앉아 굳은 빵을 무릎에 올려놓고 그 위에 숲에서 따온 나무 열매를 얹어 먹고 있었다. 그들은 먼저 나무 열매를 먹은 다음 무릎에 올려놓았던 빵까지 먹어치웠다. 이를 지켜보던 아이네이아스의 아들 이울루스가 "이런 식탁까지 다 먹어치웠네?"라고 농담을 하며 웃었다.

아이네이아스는 이 말을 듣고 예언의 의미를 깨달았다.

"아, 여기가 바로 약속의 땅이구나. 이곳이야말로 우리의 집, 우리의 나라다."

아이네이아스는 사람을 풀어 그 땅에 어떤 종족이 살고 있는지, 그 종족의 지배자가 누군지 알아오게 했다. 먼저 그는 부하 100명을 뽑아 예물을 들고 라티누스의 마을로 보내 우의와 동맹을 바라는 자기 뜻을 전하게 했다.

아이네이아스의 부하들은 라티누스로부터 후한 대접을 받았다. 라티누스는 이 트로이 영웅이야말로 꿈속에서 계시받은 사윗감이 분명하다고 생각했다. 그리하여 그는 우의와 동맹의 요청에 쾌히 응하는 한편 마구간의 준마에 자기 사자들을 태우고 예물을 잔뜩 실어 아이네이아스에게 보냈다.

이후 아이네이아스는 투르누스 일족과 치열한 싸움을 벌이고 결국 승리하여 라비니움이라는 작은 나라를 세운다. 아이네이아스의 아들 이울루스는 인구가 늘어나자 조금 넓은 곳으로 옮겨가 알바롱가 왕조를 세운다. 오랜 세월이 지나면서 알바롱가의 마지막 황녀 레아 실비아가 전쟁의 신 아레스와의 사이에서 로물루스와 레무스를 낳고 이들이 로마제국을 건설한다.

옛사람들은 옛 땅에서 쫓겨나 시련을 겪다가 새로운 땅에 새로운 나라를 세우지만 이제 더 이상 새로운 땅은 없다. 따라서 21세기 청년들은 자기 회사를 세우는 것이 자기 나라를 세우는 것이다. 뜻을 세우고 고난을 거쳐서 좋은 회사를 만들고 훌륭한 CEO가 되면 그것이 바로 현대의 아이네이아스가 되는 길이다. 여기 나라의 기초를 세운 인물이 한 명 더 있다. 바로 카드모스다.

카드모스의 누이인 에우로페가 해변에서 놀다가 아름다운 흰 황소로 둔갑한 제우스에게 납치당한다. 이렇게 에우로페가 사라지자 아버지는 카드모스에게 누이를 찾지 못하면 돌아오지 말라고 말한다. 그는 여기저기 떠돌다가 누이를 찾는 것을 포기하고 동행한 어머니와 함께 트라키아에 눌러앉는다. 그는 어머니가 죽자 델포이에 신탁을 구한다. 암소를 길잡이로 삼아 따르다가 암소가 지쳐 쓰러지는 땅에 도시를 건설하라는 신탁이 내려졌다. 신탁대로 카드모스는 약속의 땅에 이르지만 부하들이 괴물 뱀에게 죽임을 당한다. 카드모스가 직접 뱀을 퇴치하자 어디선가 그 뱀의 이빨을 땅에 뿌리라는 목소리가 들려온다. 카드모스가 이빨을 뿌리자마자 무장한 전사들이 자라나 서로 싸우더니 다섯만이 남았다. 그 다섯은 카드모스와 함께 도시를 건설한다. 카드모스는 이 도시를 테베라고 이름 붙였다. 뱀의 이빨에서 나온 용사들은 테베 귀족의 조상이 되었다.

이렇게 영웅들은 불운함에서 위대함으로 도약한 사람들이다. 이 도약의 순간이 중요하다. 나에게 어떤 일이 생기면, 그 일이 나를 모험으로 초대하면, 내 마음이 그 모험에 응하면 두려워하지 말고 따라나서라. 조지프 캠벨은 그런 얘기를 한다. 내 마음속에 울리는 무엇인가가 생겨나면, 정말 그 일이 내 일이라고 생각하면 사자의 입속에 머리를 집어넣는 마음으로 시작해라. 칼날 같은 길을 따라가라. 그 위험한 길이 네 길이다.

위대한 사랑의 조건

그리스 로마 신화는 로맨틱하고 애절한 사랑부터 비열하고 파렴치하고 부도덕한 사랑까지 우리가 아는 온갖 종류의 사랑을 다루고 있다. 사랑은 개인이 아닌 관계의 부분이다. 물론 짝사랑은 혼자서 할 수 있으나, 상대가 나타나서 내게 강한 임팩트를 주지 않았다면 짝사랑이란 말도 무의미한 것이다. 신화는 사랑 이야기를 통해 '관계'의 실체를 보여주곤 한다.

우선 부부인 오르페우스와 에우리디케의 러브스토리부터 시작해보자. 두 사람의 결혼식에 혼인의 신이 선물도 없이 빈손으로 참석한다. 결혼을 축하하는 횃불은 활활 타오르지 않고 연기를 자욱하게 뿜어낸다. 마치 에우리디케의 죽음으로 단명할 그들의 사랑을 예고하듯이. 그러나 죽음도 이들의 사랑을 갈라놓지는 못했다. 오르페우스는 애절하게 수금을 연주하며 저승까지 에우리디케를 따라간다. 그리고 아내를 데리고 이승으로 돌아가도 좋다는 허락을 받는다. 여기에는 한 가지 조건이 붙는다. 두 사람이 지상에 도달할 때까지 오르페우스가 아내 에우리디케를 돌아보면 절대로 안 된다는 것이었다. 오르페우스는 지상에 거의 다다랐을 무렵 그만 하데스의 조건을 잊고 뒤를 돌아보았고 바로 그 순간 에우리디케는 다시 저승으로 끌려들어갔다. 이후 오르페우스는 에우리디케와의 슬픈 추억에 잠겨 여자라면 거들떠보지도 않고 살았다. 트라키아 처녀들은 오르페우스에게 화가 났다. 결국 디오니소스 축제 때 잔뜩 흥분한 처녀가 "저기 우리를 모욕한 사내가 있다"고 소리를 지르며 오르페우스에게 돌을 던졌다. 하지만 돌은 오르페우스의 수금 소리에 기가 꺾여 그의 발치에 떨어지고 말았다. 다른 처녀들이 던진 돌도 마찬가지였다. 처녀들은 소리를 질러 오르페우스의 수금 소리가 들리지 않게 한 뒤에 창을 던졌다. 창에 맞은 오르페우스의 몸은 금방 피로 물들었다. 발광한 처녀들은 오르페우스의 몸을 갈가리 찢고 머리와 수금은 헤브로스 강에 처넣었다. 무사이 여신들은 갈가리 찢긴 그의 몸을 수습해 레이베트라에서 장사지냈다. 오르페우스는 망령이 되어 다시 에우리디케를 만났다.

만일에 에우리디케가 육체를 가지고 있었다면 오르페우스가 뒤를 돌아보지 않아도 발소리가 들렸을 것이다. 그런데 죽은 사람이기 때문에 아무 소리도 나지 않았고 결국 오르페우스는 뒤를 돌아볼 수밖에 없었다. 이 이야기에는 엄청난 상징성이 있다. 은둔의 철학자로 알려진 모리스 블랑쇼(Maurice Blanchot)는 이를 "닿는 순간 사라지는 이 미칠 듯한 부재"라는 말로 표현했다. 오비디우스는 《변신 이야기》에서 오르페우스가 뒤를 돌아보며 사라지는 아내에게 손을 내밀었지만 손끝에 닿는 것은 바람뿐이었다고 묘사한다. 이 공허감이야말로 예술가들의 한계를 의미한다. 예술가가 영감을 받아 그려낸 무언가는 그의 머릿속에 떠올라 그의 가슴을 울렸던 바로 그것이 아니라는 의미다. 그러니까 뭔가 잡을 듯했지만 결국 잡지 못하고 놓쳐버린 안타까움, 이것이야말로 예술가들의 타고난 비극일 수밖에 없다.

하지만 이것이 비단 예술가들만의 고뇌일까? 이는 모든 인간들의 고통이기도 하다. 삶은 에우리디케처럼 사라질 것이다. 붙들 수 없는 것이다. 삶을 통해 얻었던 진귀한 체험들과 보석 같은 깨달음 역시 얻었다고 믿는 순간 사라져버리고 마는 허무한 것일지도 모른다. 할 수 없다. '에우리디케의 얼굴에 머물던 오르페우스의 마지막 시선', 그 시선으로 살 수밖에 없다. 그것이 단명한 삶을 시로, 노래로 살아야 하는 필멸의 인간이 지닌 운명이다.

두 번째 러브스토리의 주인공은 케팔로스와 프로크리스다. 그들의 사랑은 어처구니없는 사랑이다. 어쩌면 가장 보편적인 사랑의 모습이기도 하다. 날마다 산에서 사냥을 하는 잘생긴 사냥꾼 케팔로스를 새벽의 여신 에오스가 남몰래 사랑하고 있었다. 결국 에오스는 케팔로스를 납치하지만 케팔로스는 아내인 프로크리스에 대한 사랑을 버리지 않는다. 결국 에오스는 "네가 네 사랑에 대해 그렇게 믿음이 강하지만 네 아내도 그럴까?"라고 말하고는 케팔로스를 포기한다. 그의 아내인 프로크리스에게는 아르테미스 여신에게서 받은 선물이 두 가지 있었다. 어떤 사냥감보다 빠른 개와 절대로 과녁에서 빗나가지 않는 투창이었다. 그런데 이 투창이 끔찍한 비극을 가져온다.

해가 중천에 떠오르고 사냥에 지치면 케팔로스는 시원한 물이 흐르는 개울가 나무 그늘을 찾아 옷을 벗어버리고는 풀 위에 누워 서늘한 바람을 맞았다. 그는 이따금 이런 혼잣말을 하곤 했다.

"오라, 감미로운 아우라여. 와서 내 가슴 위로 지나가다오. 내 뜨거운 가슴을 식혀다오."

그러던 어느 날 지나가던 사람이 산들바람에게 속삭이던 케팔로스의 목소리를 들었다. 그는 어리석게도 케팔로스가 어느 처녀에게 속삭이는 것으로 착각하고 케팔로스의 아내 프로크리스에게 달려가 고자질했다. (……) 프로크리스는 마음을 졸이며 다음 날 아침까지 기다렸다. 아침이 되자 케팔로스는 여느 때처럼 사냥을 갔다. 프로크리스는 몰래 남편의 뒤를 밟아 밀고자가 가르쳐준 곳에 몸을 숨겼다. 사냥하다 지친 케팔로스는 늘 그렇듯이 그곳에 가서 풀 위에 몸을 눕히고 중얼거렸다.

"오라, 감미로운 아우라여. 와서 내 가슴 위로 지나가다오. 그대는 알리라. 내가 그대를 얼마나 사랑하는지. 그대가 있기에 이 숲도, 홀로 이 숲을 헤매는 것도 즐겁구나."

케팔로스는 이렇게 중얼거리다 덤불 속에서 무엇인가가 흐느끼는 소리를 들었다. 아니, 들은 것 같았다. 케팔로스는 들짐승일 거라고 생각했다. 그래서 그 덤불을 향해 창을 던졌다. 케팔로스는 프로크리스의 비명을 듣고 자기가 던진 창이 과녁을 정확히 꿰뚫었음을 알았다. 케팔로스는 후다닥 그쪽으로 달려갔다. 그곳에는 사랑하는 아내가 피를 흘리며 온 힘을 다해 자기가 남편에게 선물했던 창을 뽑으려고 애쓰고 있었다. (……) 프로크리스는 겨우 눈을 뜨고 힘겹게 말했다.

"당신이 나를 사랑한 적이 있다면, 그리고 내가 당신의 사랑을 받을 자격이 있다면 제발 내 마지막 소원을 들어주세요. 저 얄미운 아우라와는 결혼하지 말아주세요."

이 말로 모든 오해가 풀렸다. 하지만 오해가 풀린들 무슨 소용이 있으랴. 프로크리스는 숨을 거두었다.

"네가 네 사랑에 대해 그렇게 믿음이 강하지만 네 아내도 그럴까?" 에오스가 케팔로스에게 남긴 이 말은 모든 관계의 아픔을 담고 있는 것 같다. 사랑에는 절대적인 믿음이 필요하지만 우리는 늘 작은 것에 걸려 넘어진다. 사소한 오해로 위대한 사랑도 깨져버리는 것이다.

삶을 필사적으로 불태워라

그리스 로마 신화는 읽을 때마다 다르게 보이고, 또 다르게 읽힌다. 예를 들면 맨 처음 페르세우스 이야기를 읽을 때는 나도 페르세우스같이 되고 싶다는 생각만 했었다. 그런데 이제는 페르세우스에게 죽임을 당한 메두사가 보이기 시작한다. 악명 높은 괴물이었으나, 알고 보면 그녀는 포세이돈에게 농락당하고 아테나에게 저주받은 희생자다. 테세우스 이야기에서는 아리아드네가 보인다. 신화를 읽으면서 뭘 느껴야 하는지, 또 무엇을 얻어야 하는지는 사람마다 다르다.

피그말리온의 이야기도 읽을 때마다 감상이 달라진다. 키프로스에 살던 피그말리온은 여자들에게 좋지 않은 감정을 갖고 있었다. 키프로스 여인들은 나그네를 박대했다가 아프로디테의 저주를 받아 나그네에게 몸을 팔게 되었기 때문이다. 뛰어난 조각가였던 피그말리온은 솜씨를 발휘하여 상아로 여인상을 만들었다. 그리고 이 여인상에 갈라테이아라는 이름을 붙이고 아프로디테 축제일에 이런 여인을 아내로 맞게 해달라고 기원했다. 그의 마음을 헤아린 아프로디테는 조각상에 생명을 불어넣어 주었고 피그말리온은 인간이 된 갈라테이아와 결혼했다. 영국의 극작가 버나드 쇼(George Bernard Shaw)는 이 신화를 토대로 《피그말리온》이라는 희곡을 발표했고 이를 토대로 〈마이 페어 레이디〉라는 영화가 만들어졌다. 피그말리온 이야기는 피그말리온 효과라는 용어를 탄생시키기도 했다.

조각가인 피그말리온이 조각상으로 자신의 아름다운 이상형을 만들었다면 우리는 도대체 무엇으로 이상형을 만들어갈까? 피그말리온 효과의 대표적인 인물이 루 잘로메(Lou Andreas Salomé)가 아닌가 생각한다. 니체, 릴케, 프로이트 등에게 연정을 불러일으켰고 그 당시 지식인들의 사랑을 한 몸에 받았던 여인. 그런데 루 잘로메는 자기가 만난 모든 남자들로부터 지식과 예술을 배움으로써 자기 인생을 조각했던 여인이다. 우리에게는 삶이라는 재료가 주어졌고 이 재료를 토대로 꿈을 만들어가는 것은 우리 몫이다.

피그말리온이 조각의 달인이었다면 발명의 달인도 있다. 바로 그리스 신화에 등장하는 최고의 장인 다이달로스다. 그는 미노스 왕의 미궁을 설계했다가 왕의 미움을 받아 아들 이카로스와 감옥에 갇힌다. 그는 새의 깃털을 모아 날개를 만들어 아들과 탈출에 성공한다. 하지만 아들은 그의 경고를 어기고 태양 가까이로 솟구쳤다가 깃털을 붙였던 밀이 녹으면서 바다에 떨어져 죽고 말았다. 아들의 죽음은 아버지의 악덕에 대한 징벌이었을지도 모른다.

다이달로스는 대장장이의 신 헤파이스토스의 자손으로, 아테나 여신에게 직접 기술을 전수받은 최고의 장인이었다. 그는 조카인 페르딕스를 제자로 받아들였다가 그의 재능을 시기해 절벽에서 밀어버렸고 아테나가 떨어지는 페르딕스를 자고로 변하게 했다. 이후 다이달로스가 바다에 떨어져 죽은 이카로스의 장례를 치를 때 자고 한 마리가 지켜보며 즐거워했다고 한다.

과학자와 엔지니어와 발명가의 시조였던 다이달로스의 불행은 '왜?'라고 묻지 않는 그의 태도에서 기인한 것이기도 했다. 예를 들어 미노스 왕의 부인인 파시파에가 황소와 사랑을 나눌 수 있도록 암소를 깎아준 것이 다이달로스였다. 그 결과 미노타우로스라는 괴물이 태어났다. 그는 주문자의 의도는 묻지 않고 맹목적으로 만들기만 했다. 이런 태도는 현대에도 문제가 되었다. 물리학자인 로버트 오펜하이머(Robert Oppenheimer)는 원자폭탄을 만드는 맨해튼 프로젝트에 참여했다가 자기의 연구가 사람을 죽이는 데 쓰이는 것을 보고 탄식했다. 이것 역시 '왜?'라고 묻지 않아 벌어진 일이었다. 자신의 노력이 인류의 행복과 평화에 쓰이는지, 아니면 인류의 불행과 파멸에 쓰이는지 묻지 않았다는 것, 사유하지 않았다는 것, 이것이 죄였던 것이다. 진정 존경받는 과학자나 기술자가 되고 싶다면 나의 능력과 기술이 어디에 어떻게 쓰일지를 생각하는 사유하는 다이달로스가 되길 바란다.

그리스 로마 신화에는 과학자의 시조인 다이달로스뿐 아니라 현대의 직장인을 상징하는 시시포스도 등장한다. 호메로스가 가장 현명한 사람이라고 칭했던 시시포스는 사후에 의미 없는 일을 반복해야 하는 벌을 받았다. 왜 그는 이런 벌을 받아야 했던 것일까?

어느 날 시시포스는 제우스가 요정 아이기나를 납치하는 장면을 목격했다. 그는 아이기나의 아버지인 강의 신 아소포스를 찾아갔다. 그리고 자신의 부탁을 들어주면 딸이 있는 곳을 가르쳐주겠다고 했다. 시시포스는 코린토스의 왕이었는데 당시 그곳은 물이 귀해 백성들이 몹시 고생하고 있었다. 그러니 코린토스에 마르지 않는 샘을 하나 만들어달라는 것이 그의 부탁이었다. 아소포스는 그의 부탁을 들어주었다. 시시포스는 제우스가 아이기나를 납치해간 섬을 가르쳐주었고 아소포스는 그곳으로 가서 딸을 구해냈다. 제우스는 저승의 신 타나토스에게 당장 시시포스를 잡아오라고 명령했다. 그러나 제우스의 보복을 미리 예상하고 있던 시시포스는 타나토스를 쇠사슬로 묶어 놀보 된 감옥에 가두었다. 명이 다한 사람을 저승으로 데려가는 저승사자가 갇혀버렸으니 당연히 죽는 사람이 없어졌다. 명계의 왕 하데스가 이 터무니없는 상황을 제우스에게 고했고 제우스는 전쟁의 신 아레스를 보내 타나토스를 구출해냈다. 이제 어쩔 수 없이 타나토스에게 끌려가면서 시시포스는 아내 메로페에게 자신의 시신을 광장에 내다버리고 장례식도 치르지 말라고 은밀히 일렀다. 명계에 도착한 그는 하데스에게 호소했다.

"아내가 저의 시신을 광장에 내다버리고 장례식도 치르지 않았습니다. 이렇게 죽은 자를 조롱하는 것은 명계의 지배자이신 대왕을 능멸하는 것입니다. 제가 다시 이승으로 가서 아내의 죄를 단단히 따져묻고 돌아오겠습니다. 사흘만 시간을 주십시오."

하데스는 그를 다시 이승으로 보내주었다. 그러나 그는 약속을 지키지 않았다. 한 번 죽으면 그것으로 끝임을 아는 시시포스에게 이승에서의 삶은 너무나 소중했다. 하데스가 몇 번이나 타나토스를 보냈지만 그때마다 그는 갖가지 말재주와 임기응변으로 빠져나갔다. 그러나 아무리 현명하고 신중하다고 해도 인간이 어찌 신을 이길 수 있을까. 마침내 그는 타나토스에게 붙잡혀 명계로 끌려왔다. 명계에서는 가혹한 형벌이 그를 기다리고 있었다. 하데스는 명계에 있는 높은 바위산을 가리키며 그 기슭에 있는 큰 바위를 꼭대기까지 밀어 올리라고 했다. 그는 온 힘을 다해 바위를 산꼭대기까지 밀어 올렸다. 그러나 바로 그 순간 바위는 그대로 굴러떨어져 원래 자리로 돌아갔다. 그는 다시 산기슭으로 내려가 바위를 밀어 올려야 했다. 그리하여 그는 하늘이 없는 공간에서 측량할 길이 없는 시간과 싸우며 아직도 영원히 바위를 밀어 올리고 있다.

시시포스가 산꼭대기에 바위를 밀어 올리며 느꼈을 절망은 매일 출퇴근을 반복하며 똑같은 일상을 되풀이하는 직장인의 절망과 비슷할 것 같다. 시시포스에 대해서는 알베르 카뮈(Albert Camus)의 해석이 가장 철학적이다. 그의 처방은 이렇다. "반항하라. 쉽게 평화를 갈구하지 마라. 나와 세계 사이의 팽팽한 대립에 굴복하지 말고 대립하라. 자유로워져라. 희망과 내일이 없는 조건 속에서 순수한 불꽃 외에 다른 어떤 것에도 무관심해라. 이것이 자유의 원리다. 열정을 가져라. 열정이란 주어진 모든 것을 소진하는 것이다. 삶을 필사적으로 불태우고 최대한 많이 살아라. 이것이 일상을 반복하는 사람들을 위한 도전장, 도전의 원칙이다."

chapter 4

미친 듯이 사랑하고 미친 듯이 이별하라

• 『젊은 베르테르의 슬픔』 '고뇌'에 대하여 •

실패란 무엇에 대한 두려움에서 기인한 결과다. 두려움은 사랑에 의해서만 치유될 수 있다. 먼저 자기 자신을 사랑하라. 지금 하고 있는 일을 사랑하라. 다른 사람을 사랑하라. 무엇보다 우리가 살고 있는 이 초록별 지구를 사랑하라.

– 웨인 다이어

　삶은 무자비하게 당신을 무너뜨릴지도 모른다. 그래서 사랑을 해야 한다. 느껴야 한다. 사랑이야말로 우리가 지구에 온 이유니까. 가슴이 모험을 하게 하라. 통째로 삼켜지는 듯한 짜릿함을 느껴라. 사랑이 깊을수록 그 끝은 더욱더 비극적일 수밖에 없으니.

　육체적인 욕망부터 정신적인 고귀함까지, 남녀 간의 시기와 질투부터 인류를 향한 배려와 이해에 이르기까지 사랑은 다양한 모습으로 우리를 찾아온다. 여기서 살펴볼 사랑의 고전은 요한 볼프강 폰 괴테(Johann

Wolfgang von Goethe)의 《젊은 베르테르의 슬픔》이다. 18세기 중후반 유럽의 베스트셀러였던 이 작품은 당시 죄악시되던 자살을 다룸으로써 당대 사회에 커다란 충격을 던져주었다.

괴테가 사회의 금기를 깨는 작품을 쓰기까지의 과정도 소설만큼이나 흥미진진하다. 괴테는 "나는 내가 체험하지 않은 것은 단 한 줄도 쓴 적이 없다. 다만 어떤 한 줄도 내가 체험한 그대로는 아니다"라고 말했다. 그러니까 베르테르의 이야기 역시 괴테의 이야기이되, 베르테르는 괴테가 아니다. 괴테의 체험이 그의 안에서 순화되고 편집되고 재창작되어 베르테르가 탄생했기 때문이다. 그렇다면 일단 베르테르의 전신인 괴테의 삶을 들여다보자.

"친구여, 내가 여행을 떠나려고 하네"

1749년 괴테는 프랑크푸르트암마인에서 황실 고문관인 아버지와 시장의 딸인 어머니 사이에서 태어나 유복하게 자라났다. 그는 라이프치히 대학에 다니면서 자유분방한 생활을 하다가 1768년 병에 걸려 고향으로 돌아오게 된다. 그는 스물세 살이 되던 해에 베츨라라는 아름다운 마을에 가게 되고 《젊은 베르테르의 슬픔》에 등장하는 가상의 마을 발하임은 베츨라 근처의 가르벤하임을 모델로 했던 것으로 보인다. 여기서 괴테는 케스트너라는 친구를 사귀게 되고 그의 약혼녀인 샬로테 부프에게 한눈에 반하게 된다. 그런데 케스트너에게는 예루살렘이라는 친구가 있었다. 예루살렘도 괴테처럼 어느 여인을 짝사랑하면서 힘겨워하다가 케스트너를 찾아와 권총을 빌려달라고 한다. "친구여, 내가 여행을 떠나려고 하네. 자네 권총을 빌려주겠나?" 그렇게 빌려간 권총으로 예루살렘은 자살을 한다. "친구여, 내가 여행을 떠나려고 하네. 자네 권총을 빌려주겠나?"라는 말은 《젊은 베르테르의 슬픔》에도 그대로 등장한다. 괴테는 예루살렘의 비극과 자신의 경험을 뒤섞어 스물다섯이 되던 해에 이 작품을 발표했다. 그리고 단번에 전 유럽을 풍미하는 작가가 된다.

괴테는 마흔쯤에 결혼을 하고도 수많은 여인과 염문을 뿌리다 여든이 넘은 1832년에 사망한다. 팔방미인이었던 그는 작가만이 아니라 정치인, 과학자, 화가 지망생으로도 활동하면서 인생의 시련과 사랑의 실연을 모두 작품의 소재로 승화시키는 면모를 보인다. 60여 년에 걸쳐 집필한 《파우스트》는 그를 세계적인 문호로 자리매김해주었다.

젊은 청춘의 사랑

《젊은 베르테르의 슬픔》은 1771년 5월 4일 베르테르가 빌헬름이라는 친구에게 쓴 편지로부터 시작되는 서간체의 소설이다.

> 떠나기를 잘한 것 같네. 친구여, 사람의 마음이란 참으로 묘하더군. 그렇게도 사랑했고 그토록 떨어지기 싫었던 자네와 헤어지고도 이렇게 즐거워지다니! 그러나 자네는 이런 나를 틀림없이 용서해주겠지. 다른 사람들과의 온갖 교제는 나 같은 인간의 마음을 괴롭히기 위해 운명이 마련해둔 것이 아니었을까? 가엾은 레오노레! 하지만 내겐 잘못이 없었다네. 그녀의 여동생이 지닌 독특한 매력이 내게는 재미있었던 것인데 그동안 레오노레의 가슴속에는 나에 대한 정열이 불타올랐던

것이니까. (……)

그건 그렇고 나는 이곳에서 아주 잘 지내고 있다네. 천국과도 같은 이곳에 있으니까 고독은 내게는 귀중한 향유와도 같네. 이제 넘쳐흐를 듯한 청춘의 계절이 자칫 얼어붙을 것 같은 내 마음을 따스하게 해주네. 수풀도 산울타리도 마치 하나의 꽃다발 같아. 나는 차라리 풍뎅이가 되어 취할 듯한 향기의 바다를 떠다니며 온갖 자양분을 빨아먹고 싶을 정도라네.

레오노레의 동생을 사랑하던 베르테르는 레오노레 역시 자신을 사랑한다는 사실을 알고 불편한 마음으로 떠나올 수밖에 없었음을 은연중에 암시하면서 자신의 일상과 감정에 대해 시시콜콜 이야기한다. 그리고 한 달쯤 지나 베르테르는 좋아하는 사람이 생겼다고 편지로 알린다. 도대체 베르테르가 정신을 못 차릴 정도로 좋아하는 사람은 누구일까?

이곳의 젊은 친구들이 시골에서 무도회를 연다고 하기에 나도 참가하기로 했네. (……) 내가 마차에서 내리자 하녀가 대문으로 나오더니, "잠시만 기다려주세요. 로테 아가씨가 곧 나오실 겁니다" 하고 말했어. 나는 안뜰을 지나 멋지게 지어진 집을 향해 걸어갔지. 그리고는 계단을 올라가서 문을 밀고 현관 안으로 들어가자 여태껏 보지 못했던 아주 황홀한 광경이 눈앞에 펼쳐졌다네. 현관 홀에는 열한 살부터 두 살까지의 아이 여섯이 중간키의 아름다운 아가씨를 에워싸고 있었네. 그 아가씨는 팔과 가슴에 분홍색 리본이 달린 산뜻한 흰색 옷을 입고 있었지. 그녀는 검은 빵을 들고 서서 아이들에게 나이와 식욕에 따라 빵을 잘라서 나눠주고 있었어. 아이들은 아직 빵을 자르지도 않았는데 작은 손을 쳐들고 있다가 빵을 받으면서 천진스럽게 "고맙습니다!" 하고 외치는 거야. 빵을 받고 곧장 달려가 버리는 아이도 있었으나 성격이 차분한 아이는 로테 누나가 타고 갈 마차와 다른 손님들을 구경하기 위해 조용히 대문 쪽으로 걸어갔어. "여기까지 들어오시게 해서, 그리고 여자 분들을 기다리게 해서 정말 죄송해요." 그녀가 말했지. "나가기 전에 여러 가지 집안일을 하다 보니 아이들에게 식사를 나눠주는 것을 잊고 있었어요. 아이들은 제가 빵을 잘라주지 않으면 받으려고 하지 않아요." 나는 아무렇지도 않게 인사를 했지만 내 영혼은 온통 그 모습, 그 목소리, 그 몸짓에 사로잡혀 있었다네. 그녀가 장갑과 부채를 가지러 방으로 뛰어가고 나서야 나는 가까스로 놀란 마음을 진정시킬 수 있었지.

사랑은 인생의 발화점이다. 이 지점에서 우리는 폭발한다. 이 굉장한 사건이 나와 다른 사람을 섞어버리면서 나와 그 사람의 경계가 없어지고 그의 눈 속에서 참으로 아름다운 나를 보게 된다. 사랑이라는 경험이 우리를 영적 차원으로 승화시키는 것이다. 이때 우리는 가장 아름다운 자기의 모습에 접근해간다. 첫눈에 로테에게 반해버린 베르테르는 무도회에서 그녀와 커플이 되어 춤을 추고 사랑이 시작된다. 로테에게는 이미 결혼을 약속한 약혼자가 있었기에 처음부터 이루어질 수 없는 사랑이었다. 베르테르는 로테를 사랑하면서 그 비극적인 운명을 어느 정도는 예감하는 듯하다.

드디어 젊은이가 다시 말을 꺼냈네. "당신은 불쾌한 기분을 악덕이라

고 하셨지만 지나친 말 같군요." "전혀 그렇지 않습니다" 하고 내가 대
답했지. "자기 자신뿐만 아니라 친근한 사람까지 기분 나쁘게 만드는
일은 당연히 악덕입니다. 우리가 서로를 행복하게 해줄 수 없는 것만
으로도 모자라서 각자 마음속에 간직할 기쁨마저 빼앗아야겠습니까?
불쾌한 기분에 젖었으면서도 주위 사람들의 기분을 망치지 않기 위해
불쾌감을 감추고 홀로 참아내는 훌륭한 사람이 있다면 한번 만나보고
싶군요! 오히려 불쾌한 기분이란 자신을 가치 없다고 생각하는 마음
속의 불만이 아닙니까? 자기혐오 아닙니까? 그런 자기 불만은 한심한
허영심이 일으키는 질투심과 언제나 결합되어 있죠. 자기가 행복하게
해준 것도 아니면서 우리는 행복한 사람들을 견뎌내지 못하지요." 내
가 흥분해서 말하는 것을 보고 로테는 살짝 미소를 지었다네. 프리데
리케의 눈이 눈물로 촉촉한 것을 보고 나는 말을 계속했지. "누군가의
마음을 훔치는 힘이 있다고 해서 그 사람의 마음에서 저절로 싹트는
소박한 기쁨을 빼앗는다면 정말 슬픈 일입니다. 그러한 폭군의 질투심
어린 심술 탓에 자신에게 주어진 한순간의 기쁨이 망가져버렸다면 세
상의 어떤 선물이나 친절로도 돌이킬 수 없습니다."

그 순간 내 가슴은 너무나 벅차올랐다네. 지난 일들이 마음속에 밀려
오며 눈에는 눈물까지 솟구쳤다네.

"매일매일 자신에게 이런 말을 해보면 어떨까요?" 내가 큰 소리로 말
했네. "네가 친구들에게 해줄 수 있는 일은 오로지 그들의 기쁨을 함
께 기뻐해줌으로써 그 행복을 더해주는 것뿐이다. 만일 친구의 영혼
이 불안한 걱정에 시달리고 괴로움에 갈기리 찢겼다면 친구에게 진정
제라도 한 방울 건넬 수 있을까? 꽃피는 젊은 시절에 당신에게 짓밟힌

처녀가 마지막으로 무서운 병에 걸려 비참하게도 병석에서 텅 빈 눈으로 망연하게 허공을 더듬으며 창백한 이마에는 간간이 죽음의 땀만 흘러내린다고 합시다. 당신은 저주받은 사람처럼 침대 앞에 서서 어떻게 해도 돌이킬 수 없다는 사실을 뼈저리게 느낄 것입니다. 그리하여 눈앞의 죽어가는 여인에게 한 방울의 강장제, 한순간의 생기를 불어넣을 수만 있다면 모든 것을 바치고 싶다는 불안한 심정에 마음속 깊이 경련을 일으킬 것입니다."

이런 말을 하고 있는 동안 일찍이 그런 자리에 있었던 시절의 추억이 물밀듯이 덮쳐 왔다네. 나는 손수건을 꺼내 눈물을 감추며 자리를 떴네. "이제 그만 가요." 로테의 목소리에 나는 정신을 차렸지. 돌아오는 길에 나는 로테에게 굉장히 책망을 받았네. "당신은 무슨 일에나 지나치게 몰두합니다. 그건 당신을 파멸시킬지 몰라요. 주의하세요." 오오, 나의 천사여! 난 그대 때문에 살아야만 해요!

《젊은 베르테르의 슬픔》은 호불호가 갈리는 고전이다. 그런데 이 작품의 진정한 맛을 느끼기 위해서는 당시의 보폭에 맞춰 슬로 푸드처럼 천천히 음미해야만 한다. 그렇게 아주 천천히 마음의 움직임을 따라가는 것이 인스턴트 사랑에 익숙한 요즘 사람들에게는 익숙지 않을 것이다.

그런데 《젊은 베르테르의 슬픔》 앞부분은 사랑, 죽음, 자연 등 20대 젊은이의 고뇌들을 다루고 있다. 베르테르가 어떤 사람인지를 보여줌으로써 나중에 로테와의 사랑이 운명임을 미리 복선처럼 깔아두는 것이다. 이후 그는 로테를 너무 사랑해 모든 일을 손에서 놓아버리고 오직 사랑만 하게 된다. 사랑의 열병에서 헤어 나오지 못하는 베르테르에게 서서히 운명의 그림자가 다가온다. 로테의 약혼자인 알베르트가 돌아온 것이다.

알베르트는 여러 모로 베르테르와는 다르다. 베르테르가 격정적이고 순수하고 하나에만 몰입하는 사람이라면 알베르트는 이성적이고 객관적이고 세속적이다. 베르테르는 연애하고 싶은 사람이라면 알베르트는 결혼하고 싶은 사람이랄까? 베르테르는 자기가 가지지 못한 것을 가진 알베르트를 칭찬하면서도 질투한다.

자살은 죄악인가?

연적인 베르테르와 알베르트는 친구처럼 지내며 서로를 존중하면서도 서로를 경계한다. 그들 사이의 긴장이 점점 고조되면서 중대한 사건이 벌어진다. 그리고 이 사건은 베르테르의 자살에 대한 복선이 된다.

> "(……) 조심을 한다고 해도 무슨 소용이 있습니까. 위험이란 결코 예측할 수 없는 것이지요! 다만……." 그런데 빌헬름, 나는 이 사람이 정말 좋지만 그가 말하는 '다만'만은 질색일세. (……) 이번에도 그는 깊게 파고들어 횡설수설 설명하더군. 나는 그의 말에 귀 기울이지 않고 다른 생각에 잠겨 있다가 불쑥 총구를 내 오른쪽 눈 위에 갖다댔다네. "바보같이! 무슨 짓이오?" 알베르트가 권총을 뺏으면서 말하더군. "총알도 없는데요, 뭐." 내가 말했지. "그래도 그렇지, 대체 무슨 짓입니까?" 그가 답답한 듯이 말했네. "어떻게 인간이 자살할 마음을 가지는지 상상조차 되지 않아요. 생각만 해도 화가 나요."
> "당신 같은 사람들은" 하고 내가 소리쳤네. "어떤 일에 대한 이야기를

하면서 바로 '그건 바보짓이다. 그건 현명한 일이다. 그건 좋다. 그건 나쁘다!'고 말하지요. 그런데 그게 뭡니까? 당신들은 어떤 행위의 밑바닥을 모두 파헤쳐보셨습니까? 어째서 그런 일이 일어났는지, 어째서 그런 일이 일어나야 했는지 명확히 밝혀보았던가요? 그랬더라면 그토록 성급한 판단을 내리지는 않았겠지요."

"그러나 당신도 인정하겠지요." 알베르트가 말했네. "어떤 행위는 어떤 동기에 의해서 일어나건 죄악이 된다는 점 말이에요."

나는 어깨를 으쓱해 보이면서 그럴듯하다고 말했다. "그렇지만" 하고 나는 계속 말했다. "거기도 예외가 있습니다. 분명 도둑질은 죄악입니다. 그러나 자신과 가족이 굶어 죽지 않도록 도둑질을 했다면 그는 동정을 받아야 합니까, 아니면 벌을 받아야 합니까? 어떤 남편이 정당한 분노에 따라 바람난 아내와 비열한 유혹자를 살해했다면 대체 누가 그에게 돌을 던질 수가 있겠습니까? 또 어떤 처녀가 열락에 빠져 억누를 수 없는 사랑의 기쁨에 자신을 맡겼다면 누가 그녀에게 돌을 던질 수가 있겠습니까? 지나치게 꼼꼼하고 차가운 우리 법률마저 감동하여 처벌을 면해주겠죠."

"그건 전혀 다른 이야기지요." 알베르트가 대답했네. "격정에 휩쓸리는 인간은 모든 사고능력을 잃어버리기 때문에 만취자나 미친 사람으로 보아야 합니다."

"아, 이성적인 인간들이란!" 나는 미소를 지으면서 소리쳤네. "당신들은 격정! 만취! 광증!이라고들 하지요. 당신들 같은 도덕군자들은 만취자를 비난하고 미치광이를 혐오하면서 저 제사와 같이 그 옆을 지나갑니다. 그리고 바리새 사람처럼 하느님이 당신들을 그런 사람으로 만들지 않은 것에 감사하지요. 나는 몇 번이나 취해보았어요. 나의 격정은 광증과 다를 바 없지만 나는 후회하지 않습니다. 무언가 위대한 일이나 불가능한 일을 해낸 비범한 인간은 옛날부터 만취자나 미치광이 대접을 받았다는 것을 내 나름으로 터득했기 때문입니다."

베르테르와 알베르트의 성격이 극명하게 대비되는 대목이다. 둘은 자살을 놓고 아주 격정적으로 대립한다. 자살은 신이 내려준 생명을 스스로 포기하는 것이기 때문에 죄악이라는 것이 알베르트를 비롯한 당대 사람들의 생각이었다. 그러나 괴테는 그렇게 생각하지 않는 듯하다. 병에 걸려서 죽으면 어쩔 수 없다고 여기듯이 자살하는 사람에게도 자살할 수밖에 없는 병이 있다는 것이다. 예를 들어 사랑에 몸부림치다 죽게 된다든가, 사랑에 배신당해 죽을 수밖에 없다면 그것은 정신적으로 질병에 걸려 죽는 것이기에 죄악이 아니라는 것이었다.

자살에 대한 괴테의 생각은 그의 작품 속 인물들에게 투영되어 나타난다. 알베르트와 부딪치던 베르테르는 결국 가을의 문턱에 들어선 9월 10일 여름 한철의 뜨거운 사랑을 정리하고 로테에게 작별을 고한다.

청춘을 위로하려 들지 마라

청춘은 쉽게 위로를 원치 않는다. 청춘은 격정과 고뇌를 거쳐서 성숙된다. 심장이 부서지는 고통을 느낀다는 것은 아주 좋은 일이다. 그것은 우리가 무엇을 시도했다는 의미니까. 원하는 것, 가슴의 언어를 좇다 보면 고통이 따를 수 있지만 그것이 바로 삶이다.

청춘의 격정과 고뇌를 다룬 《젊은 베르테르의 슬픔》은 당대 새로운 문학사조였던 질풍노도 문학을 대표했다. 그래서인지 《젊은 베르테르의 슬픔》에 대한 평가는 엇갈릴 수밖에 없었다. 프랑스혁명이 일어나기 전의 이성주의 시대를 살았던 사람들은 새로 불어오는 슈트름운트드랑(Sturm und Drang), 즉 질풍노도 운동을 이해하지 못했다. 이성주의 시대를 대표하는 리히텐베르크, 레싱, 칸트 등은 질풍노도 운동에 우려를 표하기까지 했다.

시대는 바뀌었지만 여전히 질풍노도라는 단어를 부정적으로 보는 사람들이 많다. 그러나 나는 이 단어를 듣는 순간 '야, 이건 나를 위한 단어구나'라는 생각을 했었다. 대개는 질풍노도 시기라고 하면 젊은 시절을 꼽지만 내 경우는 젊은 시절이 아닌 마흔세 살 때였다. 그때 회사를 그만두고 미지의 삶을 선택했기 때문이다. 내가 불혹의 나이에 진로로 질풍노도를 겪었다면 젊은 베르테르는 사랑의 열병으로 질풍노도를 겪고 있다. 가슴 아픈 이별 이후에도 베르테르는 로테를 잊지 못하고 이듬해 1월 20일에 편지를 쓴다. 떠났다고 잊히는 사랑이 아니었으니까. 로테에 대한 그리움이 쌓여가는 가운데 그는 어느덧 로테의 곁에 돌아가 있다.

《젊은 베르테르의 슬픔》은 계절의 변화에 따라 이야기가 전개되는 특징을 보인다. 봄과 여름에 사랑이 싹터서 불타오르다가 가을과 겨울에 베르테르가 로테의 곁을 떠나 지루하고 모멸적인 삶을 살아가는 것이다. 그리고 그사이에 로테에게는 커다란 변화가 있었다. 그녀는 알베르트와 결혼해 행복한 신혼을 보내고 있었던 것이다. 사랑이 칼로 뚝 베어낼 수 있는 것이 아니기에 베르테르는 여전히 그녀를 열정적으로 사랑한다.

베르테르가 떠나 있는 동안 로테의 마을에도 큰 변화가 있었다. 베르테르가 좋아했던 호두나무가 잘린 것이다. 잘려나간 호두나무는 여러 의미를 담고 있다. 당시 계몽주의, 이성주의에 대한 반동으로 질풍노도 운동이 벌어지기까지 중요한 역할을 한 사람이 루소(Jean Jacques Rouseau)였다. 루소의 주요 주장은 문명의 사슬을 끊고 자연으로 돌아가라는 것이었다. 따라서 자연을 상징하는 호두나무는 베르테르에게 굉장히 중요한 상징적 의미를 가졌다. 베르테르는 그런 호두나무가 베어진 것을 보고 자기가 믿었던 무언가가 어이없이 잘려 나간 느낌을 받았을 것이다. 이는 결말에 대한 강력한 복선이 된다.

상처 없이는 더 아름다운 사랑을 할 수 없다

그리고 또 하나의 복선이 있다. 젊은 작가 괴테는 《젊은 베르테르의 슬픔》에서 약간 복잡한 삼각관계를 만들어낸다. 베르테르는 자신이 강가에서 마주친, 꽃을 찾아 헤매는 하인리히라는 남자가 실은 로테 아버지 밑에서 서기로 일하다가 로테에게 사랑을 고백하고 파면당한 후에 미쳐버렸다는 이야기를 알베르트로부터 들었던 것이다. 베르테르는 하인리히에게서 자신의 운명을 감지하고 더욱더 걷잡을 수 없는 감정의 격랑에 휩싸인다. 그리고 12월 6일자 편지 뒤로는 1, 2부와 달리 '편집자가 독자에게'라는 제목이 붙은 완전히 다른 구성의 글이 실려 있다.

새로운 화자로 등장한 편집자가 전해 들은 중요 사건 중에는 어느 과부 집 머슴이 여주인을 사랑하다 쫓겨나자 자신의 뒤를 이어 그 집에 들어온 새 머슴을 살해한 이야기도 있었다. 베르테르는 살인범과 자신을 동일시하며 공개적으로 그를 옹호하다가 알베르트에게 한 소리를 듣게 된다. 그런데 재미있게도 베르테르는 이날 남긴 쪽지에 "불행한 자여, 자네를 살려줄 수는 없네. 우리가 살아날 수 없다는 것을 나는 잘 알고 있네"라고 적고 있다. 여기서 "우리가 살아날 수 없다는 것을 나는 잘 알고 있네"라는 대목은 '너'와 '나', 이루어지지 않는 사랑 속에 놓인 모든 사람들이 어떻게 될지를 알고 있다는 의미다.

노란 조끼에 파란 연미복을 입은 베르테르에게 죽음이 다가오고 있는 듯하다. 그리고 12월 20일 편지에는 베르테르가 무슨 짓을 하려고 하는지가 시사되어 있다. "어머니께는 아들을 위해 기도해달라고, 또 여러 가지로 걱정을 끼쳤지만 용서해달라고 말씀드려주게. 내가 기쁘게 해드려야할 사람들을 슬프게 하는 것이 내 운명인 것 같네. 그럼 잘 있게, 내 친애하는 친구여. 하늘의 모든 축복이 자네에게 내리길."

이즈음 로테와의 관계도 견디기 힘든 단계로 치닫는다. 결혼 전이나 후나 베르테르에게 변함없는 사랑을 보여주었던 로테는 베르테르를 멀리하기로 마음먹는다. 로테는 여행을 떠나보라고도 하고 다른 여자를 만나보라고도 하지만 베르테르는 듣지 않는다. 로테에게서 자기를 단념해달라는 이야기를 듣고 집으로 돌아온 베르테르는 그다음 날 로테에게 편지를 쓴다. 이 편지는 나중에 봉인된 채로 그의 책상 위에서 발견되어 로테에게 전해진다.

결심했습니다, 로테. 난 죽으려고 합니다. 당신을 마지막으로 만나는 날 아침에 나는 어떤 낭만적인 과장도 없이 조용히 편지를 쓰고 있습니다. 그리운 사람이여, 당신이 이 글을 읽을 무렵에는 인생의 마지막 순간까지 당신과 대화를 나누는 것 외에는 어떤 즐거움도 맛보지 못했던 불안하고 불행한 사나이의 굳어버린 시체는 이미 싸늘해져 무덤 속에 누워 있을 것입니다. 나는 무서운 하룻밤을 지냈습니다. 하지만 한편으로는 자비로운 하룻밤이기도 했습니다. 내가 죽으려는 결의를 굳혀서 결정을 내린 밤이었으니까요. 어제 당신과 헤어질 때 내 마음은 무섭도록 흥분해 있었고 착잡한 감정이 내 마음에 사무쳤습니다. 아무런 희망도 기쁨도 없이 당신 곁에 머무는 내 신세가 처참하게 느껴졌습니다. 간신히 방 안에 들어오자마자 나는 무릎을 꿇었습니다. 오, 하느님! 당신이 내리신 최후의 위안은 아주 쓰디쓴 눈물이었습니다! 수많은 계획과 희망들이 가슴속에서 소용돌이쳤지만 결국에는 단 하나의 생각이 아주 굳게 뿌리를 내렸습니다. 죽어버리자는 생각이! 나는 누웠지요. 다음 날 아침 고요히 잠에서 깨어났을 때도 그 생각은 굳건히 가슴속에 박혀 있었습니다. 나는 죽을 것이다! 절망은 아니었습니다. 지금까지 모든 것을 참고 견디다가 당신을 위해 이 목숨을 희생하겠다는 확신이었습니다. 그렇습니다, 로테! 무엇 때문에 숨기겠어요? 우리 세 사람 중 하나는 사라져야 하는데, 내가 그 사람이 되려고 합니다! 아아, 내 그리운 사람이여! 갈기갈기 흐트러진 이 가슴속에 때때로 어떤 생각이 사납게 날뛰기도 했습니다. '당신 남편을 죽여버릴까! 당신을 죽여버릴까! 나를 죽여버릴까!' 하는 생각. 그것으로 족합니다. 어느 아름다운 여름날 저녁 그 언덕에 오르게 되면 나를 기억해주세요. 그렇게도 자주 골짜기를 통해 그 언덕을 오르던 나를 기억해주세요. 그리고 무성한 풀들이 석양의 햇빛을 받으며 이리저리 바람에 흔들릴 때면 멀리 교회 묘지에 있는 내 무덤도 한번 바라봐주세요. 이 편지를 쓰기 시작했을 때는 침착했는데 지금 나는 어린아이처럼 울고 있습니다. 이 모든 광경이 너무나 생생하게 떠오르기 때문입니다.

한때는 사랑으로 온 세상이 환했지만 이제는 점점 암흑으로 변해간다. 마치 꽃봉오리가 폈다가 떨어져 시드는 것 같다. "사랑이야말로 저항할 수 없는 욕망으로 욕망하는 것"이라는 버트런드 러셀(Bertrand Russell)의 말처럼 베르테르는 자신도 어찌할 수 없는 사랑의 욕망과 열병에 빠져들어 한때는 꿈같은 행복을 누렸지만 이제 그에게는 절망밖에 남지 않았다. 그럼에도 사랑을 포기하는 순간 우리는 더 이상 살아갈 수 없다. 그래서 러셀은 "이 세상에 모든 조심성 중에서 사랑에 소심하는 것이야말로 행복을 포기하는 가장 치명적인 것"이라고 말한다. 사랑은 그렇게 힘들고 어렵고 절망적이지만 사람에 대한 사랑, 그 상처가 두려워 사랑을 포기한다면 우리는 더 이상 구원받을 수 없다.

그래서 모든 사랑하는 사람은 겁쟁이일 수밖에 없다. 그러나 상처 없이는 더 아름다운 사랑을 해낼 원동력이 생기지 않는다. 에리히 프롬은 "정말 중요한 건 사랑하는 힘"이라고 말했다. 그러니 사랑할 수 있는 힘을 키워라.

"봄바람이여, 어찌하여 나를 깨우는가"

한 걸음 한 걸음 종말을 향해 다가가는 베르테르. 사랑은 광적일 수밖에 없음을, 그리고 거기에는 그럴듯한 이유도 있음을 베르테르가 여실히 보여준다. 격정적이고 순수한 불꽃으로 타올랐던 사랑은 스러져가면서 그 파괴성을 적나라하게 드러낸다. 사랑에 아파하는 것은 예나 지금이나 마찬가지인 것 같다.

그녀는 자신이 무슨 말을 하는지, 무슨 짓을 하는지도 모르는 채로 베르테르와 단둘이만 있는 것을 피하기 위해 자기 친구들을 데리러 사람을 보냈습니다. 베르테르는 가져온 책들을 거기에 놓고 다른 책들에 대해 물었습니다. 로테는 친구들이 와주기를 바라기도 하고 다른 한편으로 안 와주었으면 하기도 했습니다. (……)

"뭐 읽으시는 것 없으세요?" 하고 그녀가 말했습니다. 그는 아무것도 들고 있는 것이 없었습니다. "그러면 저기 서랍에" 하고 그녀가 말을 시작했습니다. "당신이 번역하신 오시안의 노래가 들어 있어요. 저는 아직 읽지 못했어요. 실은 당신이 직접 읽어주셨으면 했거든요. 그 뒤로 그럴 기회도 없었고, 기회를 만들려고 하지도 않았어요." 베르테르는 미소를 지으며 그 원고들을 꺼내 왔습니다. 그것을 손에 들자 온몸이 전율했습니다. 그것을 들여다보는 그의 눈에는 눈물이 가득 했습니다. 그는 앉아서 읽기 시작했습니다.

"깊어가는 밤하늘의 별이여, 그대는 서쪽에서 아름답게 반짝이며 구름 사이로 찬란한 얼굴을 들어 장엄하게 언덕 위를 흘러가는구나. 그대는 거친 황야 그 어디를 비추는가? 사나운 바람도 멎고 멀리서 속삭이는 시냇물 소리가 들려온다. 바위에 부서지는 물소리도 멀리서 들려오고 밤벌레 소리도 들녘에 가득하다. 아름다운 별빛이여, 그대는 어느 곳을 비추는가? 그대는 조용히 웃음 지으며 떠나가지만 물결은 흥겹게 그대를 안고 사랑스러운 머리카락을 감기는구나. 잘 가라, 고요한 빛이여. 나타나라, 오시안의 장엄한 영혼의 빛이여!

그것이 이제 힘차게 모습을 드러내니, 헤어졌던 친구들이 흘러간 옛날처럼 로라 언덕에 모였다. 핑갈(오시안의 아버지)이 짙은 안개처럼 자신의 용사들을 거느리고 나타난다. 보라! 노래하는 저 음유시인들을. 백발의 울린! 늠름한 리노! 다정한 가수 알핀! 그리고 그대, 조용히 탄식하는 미노나! 그리운 친구들이여, 셀마의 언덕에서 축제가 열린 이후 그대들은 얼마나 변했는가. 그날 우리는 언덕 너머로 불어오는 봄바람에 나직이 살랑대는 풀잎처럼 노래로 다투었다.

그때 마침 미노나가 아름다운 모습을 나타냈으니, 아래로 내리뜬 눈엔 눈물이 넘쳐흐르고, 언덕에서 불어오는 심술궂은 바람에 머리카락은 한없이 나부꼈다. 미노나의 상냥한 목소리가 울리자 용사들의 마음은 침울해졌다. 그들은 이따금 살가르의 무덤을 보기도 하고, 창백한 콜마의 음산한 집을 보기도 했기 때문이다. 아, 슬프다. 콜마, 좋은 목소리를 가진 그녀는 언덕 위에 홀로 버려졌다. 살가르는 돌아오겠다고 약속했지만 주위에는 밤의 어둠만이 밀려왔다. 언덕 위에 홀로 앉은 콜마의 목소리를 들어보라."

크리스마스이브에 절대 찾아오지 말라는 로테의 당부를 무시하고 마지막으로 그녀의 집을 찾은 베르테르. 그는 그녀의 부탁으로 오시안의 시를 읽는다. 오시안은 3세기경 고대 켈트족의 음유시인이자 전사다. 구전으로 전해 내려오던 그의 시는 1762년 스코틀랜드 시인인 제임스 맥퍼슨(James Macpherson)에게 발견되어 《핑갈》 등 세 권의 책으로 출판된다. 이 시들은 질풍노도 운동에 심취해 있던 사람들에게 반향을 일으키고 괴테 역시 이 시에 푹 빠지게 된다. 《젊은 베르테르의 슬픔》에는 베르테르가 이 시들을 독일어로 번역한 것으로 나와 있다. 그래서 로테가 베르테르에게 '당신이 번역한 오시안의 시를 직접 읽어달라'고 하는 것이다.

베르테르가 낭송하는 시들은 모두 격정적이라서 두 사람 모두 감정적으로 고조된다. 하지만 유부녀인 로테는 절제할 수밖에 없고 죽음을 앞둔 베르테르는 터뜨릴 수밖에 없는 엇갈린 상황이 벌어진다. 오시안의 시를 모두 낭독한 베르테르는 격정을 숨기지 못한 채 로테의 손을 잡고 입을 맞춘다. 로테도 마음의 격정을 누르지 못한 채 그의 손을 가슴에 끌어안고 슬픔에 젖는다.

봄바람이여, 어찌 나를 깨우는가. 너는 장난을 치면서 하늘나라의 이슬로 촉촉이 적시려 한다. 그러나 내가 시들어갈 시간이 멀지 않았고 내 잎들을 앗아갈 폭풍도 가까웠다. 내일이면 나그네가 돌아와 이리저리 들판을 둘러보며 나를 찾을 것이다. 찾다가 찾다가 끝내는 만나지 못하리.

로테는 뭔가 심상치 않은 일이 다가오고 있음을 감지하지만 자신의 힘으로는 그 운명의 소용돌이에서 벗어나기 어렵다는 사실을 깨달았을 것이다. 베르테르는 로테에게 마지막 작별 인사를 하고 돌아와서 알베르트에게 하인을 보내 여행을 떠나려고 한다며 권총을 빌려달라고 한다. 로테는 불안한 가운데 직접 남편의 권총을 하인에게 전해준다.

지금과 마찬가지로《젊은 베르테르의 슬픔》이 쓰일 당시에도 자살은 물론이고 유부녀에 대한 사랑 역시 죄악으로 여겨졌다. 그러나 괴테는 그 두 가지에 모두 도전한다. 그는 당시는 물론이고 지금까지도 금기시된 사회 규범에 과감히 도전장을 내밀었고, 이제 그의 작품은 고전이 되었다. 질풍노도 운동에 동조했던 괴테는 '육체는 영혼의 감옥'이라는 플라톤의 생각에 따라 육체를 죽임으로써 영혼을 자유롭게 해주는 것, 그것도 자유의지에 의해서 그렇게 하는 것이 어떻게 죄악일 수 있을까라고 우리에게 속삭인다. 괴테는 이루어지지 못하는 내 사랑이 후세에는 이루어지리라는 소망을 품고 죽는 것이 어째서 죄악인지 물으며 죄악이라고 욕하기 전에 인간의 마음을 이해해달라고 독자들에게 호소한다.

"그럼 로테, 로테여, 안녕"

알베르트의 권총을 빌리고 짐을 정리하고 죽을 준비를 마친 베르테르는 죽기 직전에 잊지 못할 로테에게 또다시 편지를 쓴다. 베르테르는 생의 마지막 한 시간 동안 무슨 생각을 했을까? 베르테르의 마지막 독백이다.

로테여, 나는 지금 입은 옷차림 그대로 묻히고 싶습니다. 이것은 당신의 손길이 닿아 정결해진 옷이니까요. 당신 아버지께도 그렇게 부탁해두었습니다. 나의 영혼이 이미 관 위를 맴돌고 있습니다. 내 주머니는 뒤지지 말기를 바랍니다. 색이 바랜 연분홍 리본은 내가 아이들 가운데 있는 당신을 처음 보았을 때 당신이 가슴에 달고 있던 것입니다. 아, 그 아이들에게 천 번이라도 키스해주십시오. 그리고 그들의 불행한 친구의 운명에 대해서 이야기해주세요. 귀여운 아이들. 그들은 내 주위로 모여들곤 했지요. 나는 당신에게 얼마나 단단하게 매여 있었던지. 처음 본 순간부터 당신을 놓을 수가 없었습니다. 이 리본은 같이 묻어주십시오. 내 생일날 당신에게 받은 것이니까요. 나는 무엇이든 얼마나 탐욕스럽게 원했던가요. 아, 그러나 그 끝을 생각지도 못했습니다. 걱정 말아요. 제발 걱정 마세요. 총알은 재여 있습니다. 12시 종소리가 울립니다. 그럼 로테! 로테, 잘 있어요. 잘 있어요.

《젊은 베르테르의 슬픔》이 인기를 끌면서 고뇌하는 베르테르에게 공감한 젊은 세대의 자살이 급증했다. 이 때문에 이 책은 유럽 일부 지역에서 금서가 되었고 재판본은 대폭 수정을 거쳐야 했다. 이 책을 읽으면 '자살 바이러스가 퍼진다'는 이유로 '베르테르 효과'라는 말까지 생겼다. 이는 유명인이 자살하면 그 사람과 자신을 동일시해 자살하는 사람이 늘어나는 현상을 일컫는 말이다. 이성을 앞세워 이리저리 계산하기보다는 감성에 휩쓸리며 사랑을 위해 죽음도 불사했던 젊은 베르테르. 그러면 오늘의 청춘들에게 무슨 말을 해줄까.

가끔 나는 대학교에 가서 학생들과 미래와 진로에 대해 이야기를 나누곤 한다. 그러면 가끔 이런 질문을 하는 학생들이 있다. "선생님이 우리 나이라면 정말 뭘 하고 싶습니까?" 그러면 나는 주저하지 않고 말한다. "사랑을 하세요, 사랑을." 달콤함과 씁쓸함, 기쁨과 슬픔, 환희와 고뇌. 사랑에는 인간이 성숙하는 데 필요한 모든 것이 들어 있다.

그렇게 공부를 했는데도 당장 취직이 안 된다거나 원하던 곳에 취업하지 못했다고 징징거리며 아파하지 마라. 그리고 죽을 만큼 우리의 오늘에 푹 빠져보라. 아파하기 이전에 죽을 결심으로 오늘이라는 이름의 방아쇠를 나에게 당겨보라. 우리의 인생은 길고 언젠가는 그 꿈이, 아니면 또 다른 꿈이 이루어져 있을 테니까. 대신 지금은, 사랑하기 좋은 지금은 미친 듯이 사랑하고, 미친 듯이 이별하라고 말하고 싶다. 사랑은 타이밍이라고, 사랑에도 때가 있는 법이니까.

chapter 5

끊임없이 묻고 답하며 찾는 삶

• 『허클베리 핀의 모험』 '성장'에 대하여 •

청춘이란 인생의 어떤 시기가 아니라 마음가짐이다. 장밋빛 볼, 붉은 입술, 부드러운 무릎이 아니라 강인한 의지, 풍부한 상상력, 불타오르는 열정을 말한다. 청춘이란 인생의 깊은 샘에서 솟아나는 신성한 정신이다. 그러나 영감이 끊어져 정신이 싸늘한 냉소의 눈에 덮이고 비탄의 얼음에 갇힐 때 스물이라도 인간은 늙는다. 머리를 높이 쳐들고 희망의 물결을 붙잡는 한, 여든이라도 인간은 청춘으로 남는다.

— 사무엘 울만

어린 시절, 세상은 무엇 하나 익숙하지 않은 낯선 곳이다. 그 낯선 세상에서 일상은 모험이고 도전이다. 우리는 그런 모험과 도전을 통해 자신의 세계를 구축하고 어른이 된다. 소년의 성장을 통해 미국의 성장을 우회적으로 그리는 작품이 바로 마크 트웨인(Mark Twain)의 《허클베리 핀의 모험》이다. 소년이 주인공인 탓인지 우리는 이 작품을 순수하게 어린이를 위한 동화라고만 생각하는 경향이 있다. 하지만 미국의 문호 어니스트 헤밍웨이(Ernest Hemingway)가 "미국의 모든 현대 문학은 마크 트웨인의《허클베리 핀의 모험》에서 비롯되었다"고 말했을 정도로 이 작품은 당대 미국의 사회상과 현실을 잘 담고 있다. 트웨인은 허클베리 핀이라는 소년을 전면에 내세워서 물질주의 위주의 교육을 거부하고 노예제도를 유머러스하게 풍자한다. 특히 거짓말을 밥 먹듯이 하는 헉 핀이 노예인 짐을 만나면서 삶의 부조리를 깨닫고 아무 행동도 하지 않는 사람들 사이에서 행동하는 모습을 담으면서 이 책은 생의 진한 페이소스(Pathos)를 전한다. '산다는 것', 즉 성장의 진정한 의미를 트웨인은 끊임없이 캐묻고 있다.

행복은 어디에 있는가?

마크 트웨인은 1835년 미주리 주에서 태어났다. 본명은 새뮤얼 클레멘스(Samuel Langhorne Clemens). 그는 치안판사의 4남 3녀 중 다섯째 아들로 태어났지만 아버지가 일찍 죽으면서 더 이상 정규 교육을 받지 못한다. 그래도 타고난 문학적 재능을 바탕으로 열일곱 살부터 시와 콩트를 쓰기 시작하면서 문인으로 첫발을 내딛는다. 그는 생계를 위해 미시시피 강을 오가는 증기선의 수로 안내인을 하면서 그 아름다움에 빠져든다. 그의 작품들이 대부분 이 강을 배경으로 하는 것도 그래서다.

《허클베리 핀의 모험》, 《톰 소여의 모험》, 《왕자와 거지》 등 작품을 보면 알겠지만 마크 트웨인은 유머와 재치가 넘치는 동시에 냉철한 사회 비평가이기도 했다. 트웨인이 살고 있던 시대는 청교도적 윤리관이 중요한 동시에 노예제도는 물론이고 여성차별도 공존하는 시대였다. 그는 허클베리 핀처럼 당시 사람들이 당연하게 생각했던 것에 문제를 제기하는 깨어 있는 영혼을 가지고 있었다. 트웨인이 생각하는 당시 미국 사회의 본질은 무엇이었을까? 그의 말을 들어보자.

> "어떤 사람은 지위를 숭배하고, 또 다른 사람은 영웅을 숭배한다. 그리고 또 다른 사람들은 권력을 좇고, 또 어떤 사람들은 신을 숭배한다. 모든 사람들이 이렇게 다른 의견을 가지고 있지만 공통적인 사실 하나는 한결같이 모두 돈을 숭배한다는 것이다."

독립 이후 미국은 마치 아이가 쑥쑥 크듯이 급속도로 발전했다. 성장기 미국의 풍경은 오늘날과 다름이 없었다. 사람들은 모두 훌륭한 옷을 입고 다녔다. 벌거벗은 사람은 사회에 아무런 영향력을 줄 수 없다는 것을 아주 잘 인식했기 때문이다. 모든 것을 '상업적 관계'로 이해하려는 뚜렷한 특성, 이는 인간의 욕망에 대한 자유로운 성취의 길이 열린 덕분에 가능했을 것이다. 그러나 여기에 미국 사회의 한계가 있다. 자본주의의 핵심은 햇빛이 날 때 우산을 빌려 주었다가 비가 내리는 순간 돌려달라고 하여 이익을 높이는 메커니즘이다. 그런 곳에서 우리는 행복할 수 있을까?

결국 트웨인은 허클베리 핀의 깨달음과 성장을 보여주면서 젊은 미국이 어떻게 성장해야 하는지를 제시하려고 했다. 트웨인의 비판의식은 헉 핀에게 그대로 투영되어 있다. 헉 핀은 트웨인의 분신인 것이다. 그럼에도 트웨인은 이 책이 가져올 후폭풍을 염려했던 것 같다.

《허클베리 핀의 모험》을 펼치면 대뜸 경고의 글이 나오니 말이다. "이 이야기에서 어떤 동기를 찾으려고 하는 자는 기소할 것이다. 이 이야기에서 어떤 교훈을 찾으려고 하는 자는 추방할 것이다. 지은이의 명령에 따라서 군 사령관. G. G." 자, 이 경고를 가슴에 새기고 책을 들여다보자.

절박함이 이끄는 삶

《허클베리 핀의 모험》은 이렇게 시작된다. "여러분은 내가 누군지 모를 것이다. 만약《톰 소여의 모험》이라는 책을 읽지 않았다면 말이다." 이 말대로 《허클베리 핀의 모험》은《톰 소여의 모험》이 끝난 이후의 이야기다. 《톰 소여의 모험》에서 톰과 혁은 도둑들이 동굴에 감춰놓은 돈을 찾아 부자가 된다. 이후 혁은 더글러스 과부댁에 양자로 들어가 양복도 입고 학교도 다니고 문명인 수업도 받게 된다. 누더기를 입고 설탕통에서 자유롭게 살던 혁에게는 지옥이 따로 없었을 것이다.

결국 혁은 산으로 달아나 혼자 살게 된다. 그때 술주정뱅이 아버지가 혁이 부자가 되었다는 소문을 듣고 혁을 찾아오고 혁은 아버지에게 붙잡혀 숲 속 오두막에 갇히게 된다. 혁의 아버지는 오늘도 술에 잔뜩 취해 정부를 욕하기 시작한다.

> "(……) 이 나라에 그런 검둥이에게도 투표를 하게 해주는 그런 주가 있다고? 정말 기절초풍하겠네. 내가 그랬지. 투표 같은 건 아예 안 할 거라고. 내가 딱 그랬다니까. 모두 듣는 앞에서 말이야. 이놈의 나라가 망하든 말든 알게 뭐람. 그래도 나는 죽을 때까지 절대 투표 따위는 안 한다고 했지. 그런데 그 검둥이가 꼼짝도 않는 거야. 그래, 밀어내지 않으면 나한테는 길도 내주지 않겠다는 거지."

이 술주정은 당시 미국 사회에서 흑인들의 위치를 말해준다. 노예는 인간이 아니라 물건이라서 소유물을 팔듯이 팔게 되어 있었다. 그 이후 '자유주'라는 것이 생기면서 남북이 노예를 두고 갈등하게 된다. 재미있게도 오래된 얘기가 아니라 19세기 중엽, 그러니까 지금으로부터 150년밖에 안 된 이야기다. 흑인 노예의 운명을 쥐고 있는 것이 백인 주인이라면 헉의 운명을 쥐고 있는 것은 바로 술주정뱅이 아빠다. 노예들이 탈출하듯 헉도 자유를 찾아 탈출을 계획한다. 절박함이 삶을 이끄는 것이다. 헉은 아버지가 자신을 찾으려는 생각을 하지 않도록 아예 죽은 척 일을 꾸민다. 철두철미하게.

온 마을 사람들이 헉을 찾아다니는 동안 헉은 잭슨 섬에 숨어들어 이 소동을 아주 느긋하게 지켜본다. 그러던 어느 날 헉은 잭슨 섬에 또 다른 누군가가 있다는 사실을 알고 두려움에 휩싸인다. 과연 누구일까? 왓슨 양의 노예인 짐이었다. 그는 왓슨 양이 자신을 다른 곳에 팔아버리려는 것을 알고 도망쳤다. 잭슨 섬에서 우연히 마주친 짐과 헉, 이제 본격적인 모험이 시작된다.

미시시피 강을 따라 종단하다

미국과 캐나다의 국경인 미네소타 주에 자리한 이타스카 호. 여기서 발원한 미시시피 강은 미국을 북에서 남으로 거의 직선에 가깝게 종단한다. 헉은 마을 사람들이 짐을 잡기 위해 섬을 수색하리라는 정보를 입수하고는 바로 미시시피 강을 따라 뗏목 여행을 시작한다. 소년의 눈에 비친 남북전쟁 이전의 미국 사회. 여전히 노예제도가 존속하는 가운데 북쪽에는 상공업 위주의 경제가, 남쪽에는 목화 중심의 농업경제가 양립하고 있다. 헉은 양분된 미국 사회에 들끓는 갈등과 폭력을 목격한다. 살인 사건을 보고, 강도를 만나고, 협박을 당하고, 사기를 당하고. 그때마다 헉은 거짓말로 술술 둘러대면서 위기를 모면한다.

소년의 거짓말, 어떻게 해석해야 할까? 사실 거짓말도 그 자체로는 악덕이다. 자기의 이익을 위해서, 다른 사람에게 피해를 입히기 위해서 거짓말을 하는 것은 당연히 나쁜 일이다. 그러나 어린 소년이 외부의 억압에 맞서 생명을 지키기 위해 또는 친구를 지키기 위해 거짓말을 한다면 우리는 이를 임기응변이라고 부른다.

거짓말로 위기를 모면하며 미시시피를 따라 흘러 내려가던 헉에게 또한 번의 위기가 닥치게 된다. 증기선과 뗏목이 부딪힌 것이다. 헉과 짐은 강에 뛰어들었고 강기슭으로 올라와 보니 짐이 보이지 않았다. 헉은 걷고 또 걸어서 어느 집에 도착하고 이 집에서 보살핌을 받게 된다. 그런데 이 집은 뭔가 예사롭지 않았다. 버크라는 꼬마부터 어른까지 모두 총을 들고 세퍼드슨 집안사람들을 원수라고 부르며 복수의 칼날을 벼르고 있었다. 30여 년간 구원이 쌓이고 쌓여서 어느새 철천지원수가 되어버린 두 집안. 애초에 발단이 무엇이었는지조차 까마득하지만 두 집안사람들은 계속 서로를 죽이며 보복에 보복을 거듭한다. 그리고 결국에는 꼬마 버크마저도 죽고 만다. 재미있게도 이 원수 집안의 아들과 딸이 서로 사랑에 빠져 도주하는 일이 벌어진다. 그들이 어떻게 되었는지는 책에 나오지 않는다. 하지만 《로미오와 줄리엣》처럼 이 둘에 의해서 원한과 복수가 해결되지 않았을까 희망을 가져본다.

한편 헉은 다른 흑인들의 도움으로 늪에 숨어 있던 짐과 다시 만나 뗏목 여행을 재개한다. 자신을 억압하는 세상의 모든 것으로부터 벗어나기 위해. 그러나 아직 갈 길은 멀다. 이제 뗏목에는 헉과 짐 외에 두 남자가 더 타고 있다. 지금까지는 헉이 짐과 함께 뗏목을 타고 떠내려오면서 얼핏얼핏 보았던 미시시피 강가의 폭력적이고 잔인한 삶을 그렸다면 이제부터는 무대가 바뀌고 본격적인 모험이 시작된다.

헉은 우연히 만난 젊은이와 노인을 뗏목에 태우게 되는데 이들은 사실 희대의 사기꾼들이다. 사기꾼들에게 주도권을 빼앗긴 헉이 어떻게 위기를 모면하고 통쾌한 반전을 선사하는지 이야기는 더욱 흥미진진해진다.

위선을 고발하다

헉과 짐의 뗏목에 올라탄 젊은 남자가 사실 자신은 공작이라고 거짓말을 한다. 그러자 역시 사기꾼인 노인이 기막힌 얘기를 들려준다. 자신이 루이 16세와 마리 앙투아네트 사이에서 태어난 루이 17세라는 것이었다. 노인은 눈물을 뚝뚝 흘리며 말도 안 되는 이야기를 지어냈다. 물론 사기꾼 공작은 노인의 말을 믿지 않았다. 하지만 무어라 딱히 반박할 수 없었다. 그렇게 뗏목에 오른 네 명의 서열은 서서히 굳혀져가고 있었다.

그 영감이 어쩌나 서럽게 울고불고하는지 나랑 짐은 도대체 어찌해야 할지 모르겠는 거야. 그 영감이 너무 불쌍해서. 또 한편으로는 그런 귀한 사람과 함께 있게 돼서 무척이나 기쁘고 자랑스러웠어. 그래서 우리는 앞서 공작에게 했던 것과 마찬가지로 그 영감을 위로하려고 했지. 하지만 그 영감은 아무 소용없다고, 이제는 그저 얼른 죽어서 모든 고통을 끝내고 싶다고 말했어. 하지만 그 고통을 잠시라도 잊게 해주는 방법이 없지는 않은데 그건 사람들이 자기를 신분에 맞게 대해주는 것이라고. 그러니까 자기한테 이야기할 때면 한쪽 무릎을 꿇고, 자기를 항상 폐하라고 부르고, 식사 때마다 시중을 들고, 앉으라는 허락이 없으면 자기 앞에서 앉아서는 안 된다고 했어. 그래서 짐과 나는 그 영감을 폐하라고 부르고 이것저것 시키는 대로 해주었으며 그가 앉으라고 할 때까지 그냥 서 있었지. 그러자 그 영감은 기분이 좋아졌는지 아까보다는 더 신나고 명랑해졌어. 하지만 공작은 영 마음에 들지 않는지 뗍은 표정이었지. (……) 왕이 나중에 이렇게 말했어.

"빌지워터, 좋든 싫든 이 좁은 뗏목 위에서 오래 머무를 수밖에 없을 것 같은데. 그러니 자네가 그렇게 심술을 부려봐야 무슨 소용이 있겠나. (……) 모든 것을 운명에 맡기고 최대한 활용한다, 이게 내 좌우명이지. 우리가 여기서 만났다고 나쁠 것은 없다네. 먹을 것도 충분하고 생활도 편안하니까. 그러지 말고 다들 악수나 하세, 응? 그리고 서로 친구로 지내는 거야."

두 사람은 참을 만한 사기도 치고 참을 수 없는, 정말 최악의 사기도 친다. 가령 참을 만한 사기는 이런 것이다. 어느 마을에 헉 일행이 들어갔는데 마을 사람들이 모두 예배를 보고 있었다. 설교하는 사람이 열정적으로 설교를 하고 신도들은 열정적으로 "아멘"이라고 외치고 있었다. 왕이 그들 앞으로 나아가 울면서 고백했다. 자기는 아주 악독한 해적인데 부하들을 더 모집하기 위해서 이 동네 저 동네를 떠돌고 있다고. 그러다 오늘 우연히 이 예배당에 들어와 설교를 듣게 되었는데 너무나 감동적이라서 이제는 해적질을 못 하겠다고. 그래서 그만 돌아가서 모든 해적을 회개시키고 집으로 돌려보내야겠다고. 그러자 신도들이 노인에게 잘 생각했다며 다독여준다. 그리고 한 사람이 "우리 이 사람을 위해 모금을 합시다"라고 말한다. 금방 87달러가 걷히고 왕은 그 돈을 주머니에 넣고 유유히 휘파람을 불면서 사라진다.

작가는 왕의 사기 행각을 병렬시킴으로써 사회의 병폐와 위선을 고발하고 있다. 종교인들은 교회 안에서는 아주 경건하고 입바른 소리를 해대지만 피부색이 다르다는 이유로 노예들을 형제로 인정하지 않는 속물적인 근성을 그대로 드러내 보인다. 작가는 허클베리 핀이라는 소년의 순수한 눈으로 이 세상의 모순을 독자들에게 고발하고 있고 그런 의미에서 이 책은 1950~60년대 문명비판 소설의 선구라 할 수 있다.

어쨌든 이 정도는 귀여운 축에 드는 사기다. 왕과 공작은 이것과는 비교도 할 수 없는 파렴치한 사기를 계획한다. 희대의 유산 사기 사건이 그것이다.

성장하는 헉 핀

두 사기꾼은 우연히 뗏목에 태워준 한 남자로부터 어느 부자가 죽었다는 이야기를 듣게 된다. 영국에서 그의 형제들이 찾아와 유산 문제를 처리할 것이라는 이야기였다. 사기꾼들은 영국에서 찾아온 형제로 변장하고 유산을 가로채기로 의기투합한다.

그리고 곧 영국 신사인 윌크스 형제가 마을에 도착한다. 바로 왕과 공작이었다. 동네 사람들은 이들이 가짜인 줄도 모르고 벌떼처럼 몰려오고 사기꾼들은 생전처음 보는 사람의 관 앞에서 그리고 조카들 앞에서 감동적인 눈물 연기를 펼친다. 아카데미상 감이다.

왕은 제법 경건하고 독실한 듯이 아멘이라고 말했어. 그러고는 다시 대성통곡을 했지. 가슴이 터질 것처럼 말이야. 왕의 이야기가 끝나자마자 군중 가운데 누군가가 '영광의 찬가'를 부르기 시작했고 결국 모두들 함께 찬송을 부르는 바람에 마치 교회에서 나오는 것처럼 정말 마음이 훈훈해지고 기분이 좋아지더군. 음악이란 좋은 거야. 그런 되지도 않은 이야기를 들은 직후인지라 음악이 기분을 상쾌하게 해준다는 사실을 더욱 실감했지. 왕은 또다시 청산유수로 지껄이기 시작했어. (……) 왕은 그 마을 사람들이며 심지어 개에 이르기까지 일일이 이름을 들먹이며 이것저것 물어댔어. 그리고 마을에서 벌어진 자잘한 사건이라든가 조지 가족이나 피터에게 벌어진 이런저런 온갖 사소한 일들까지 말했어. 그는 모두 피터가 편지로 알려준 것처럼 말했지만 그건 거짓말이었어. 아까 우리가 증기선까지 태워준 젊은이에게 캐낸 이야기였거든. 그러자 메리 제인이 아버지가 남긴 편지를 갖고 왔고 왕은 그걸 큰 소리로 읽으면서 또다시 서글프게 울었어. 거기에는 말이야, 집과 금화 3000달러는 딸들에게 준다, 무두 공장을 비롯해서 다른 집과 땅과 금화 3000달러는 하비와 윌리엄에게 준다고 쓰여 있었어. 그리고 나머지 6000달러는 지하실 어디엔가 숨겨놓았다고 적혀 있었어. 그래서 두 사기꾼은 자기들이 그 돈을 가져와서 공평하게 처리하겠다고 했지. 그러더니 나더러 촛불을 들고 따라오라고 했어. 우리는 지하실에 들어서자마자 문을 닫았고 그들은 주머니를 찾자마자 바닥에 쏟았는데 모두가 노란 놈들이었어. 그야말로 장관이었지.

둘 중에 조금이라도 양심이 있는 사람은 공작이다. 아무래도 악당의 서

열대로 왕과 공작이 정해진 것 같다. 공작은 현금만 가지고 도망가자고 하지만 욕심 많은 왕은 부동산까지 챙기자고 고집을 부린다. 왕과 공작이 폭주하자 헉은 더 이상 참을 수가 없다. 하지만 청년과 노인이 장악하고 있는 힘의 균형관계에서 압도적인 약자인 소년이 할 수 있는 일은 별로 없었다. 그런데도 헉은 양심의 목소리에 귀를 기울여 망자의 딸에게 모든 것을 털어놓는다. 그리고 금화 주머니도 훔쳐다가 시체가 들어 있는 관에 숨겨버린다.

이제 사기꾼들은 사라진 금화도 찾아야 하고 영국에서 찾아온 진짜 형제들도 처리해야 하는 위기에 처했다. 때마침 진짜 형제로 보이는 사람들이 방문하면서 사람들은 어느 쪽이 진짜고 어느 쪽이 가짜인지를 가려야 했다. 사람들은 이 두 형제들에게 필적 감정에 이어 죽은 사람의 몸에 새겨진 문신에 대해서까지 묻는다. 자, 사기꾼 왕은 뭐라고 대답할까?

죽은 사람 가슴에 무슨 문신이 있는지 왕이 무슨 수로 알겠어. (……) 그는 약간 창백해졌지. 무리도 아니었어. 주위는 쥐 죽은 듯이 조용해졌고 모두가 몸을 앞으로 내밀고는 왕을 바라보았지. 이제 왕도 손을 들겠지. 나는 생각했어. 더 이상은 방법이 없었으니까. 그런데 정말 그랬을까, 믿어지지 않겠지만 그는 끝내 포기하지 않았어. 내 생각에 사람들을 끝까지 속여보자는 생각이었던 모양이야. 사람들이 지쳐 떨어지면 공작과 둘이 슬그머니 도망칠 수 있을 거라는 생각을 했던 거지. 어쨌거나 그는 그대로 앉아서 도리어 미소를 짓더니 이렇게 말했어.
"음, 아주 어려운 질문이군요. 좋아요. 고인의 가슴에 어떤 문신이 새겨져 있는지 분명히 말씀드리지요. 그거는 아주 작고 가느다란 푸른색 화살이지요. 가까이서 보지 않으면 잘 보이지도 않아요. 자, 어떻습니까? 대답해보시죠."

그러자 새로 온 형제들은 드디어 왕을 잡았다는 듯이 시체 매장을 도운 두 사람에게 맞느냐고 물었다. 대답은 예상대로 틀렸다는 것. 사람들이 웅성웅성하자 새로 온 형제들은 종이 위에 고인의 문신을 직접 그렸다. 그런데 어찌 된 일인지 두 사람은 이 문신도 틀렸다면서 고인의 가슴에는 아무것도 없었다고 증언한다. 순간 마을 사람들은 모두 충격에 휩싸였다. 그래서 문신을 확인하기 위해 관을 파냈더니 시체 위에 금화 6000달러가 들어 있었다. 사람들이 놀라서 경황이 없는 사이에 허클베리 핀이 도주하고 사기꾼들도 헉을 따라온다. 사기를 치지 못한 사기꾼들은 결국 짐을 팔아먹게 되고 헉이 짐을 구해내는 것이 이 소설의 세 번째 터닝포인트가 된다.

"좋아, 그러면 지옥에 가자"

사기꾼 왕이 몰래 짐을 팔아넘긴 후에 헉의 마음속에는 그동안 애써 미뤄 왔던 갈등이 터져 나오기 시작한다. 짐에게 자유를 찾아주는 것이 과연 옳은 일인가 하는, 당시의 평균적인 미국인이라면 누구나 품었을 법한 갈등이다. 그러면 치열한 전투가 벌어지는 헉의 마음속으로 들어가 보자.

어떻게 해야 할지 도무지 알 수 없었어. 나중에야 한 가지 생각이 떠오르더군. 좋아, 편지를 써야겠어. 놀랍게도 이렇게 생각하자마자 내 고통이 마치 깃털처럼 가벼워지면서 모두 사라져버렸어. 그래서 나는 기쁜 마음으로 종이와 연필을 꺼내 이렇게 썼지.

"왓슨 양. 달아난 검둥이 짐은 피크스빌에서 2마일 하류에 있어요. 펠프스 씨가 붙잡고 있으니 현상금을 보내주시면 녀석을 넘겨줄 겁니다. 헉 핀 올림."

헉은 편지를 쓰자마자 기분이 좋아졌고 생전처음으로 모든 죄가 씻겨나간 기분이었다. 하지만 여전히 마음속의 불편함은 사시지 않았다. 그는 편지를 바닥에 내려놓고 생각에 잠겼다. 편지를 보내면 짐은 어떻게 되는 것일까? 다시 노예가 되는 것일까? 그는 생각을 거듭했다. 더불어 짐과 함께 강을 따라 내려온 여행을 다시 떠올린다.

줄곧 짐의 모습이 눈앞에 어른거렸어. 낮이고 밤이고 때로는 달밤일 때도 있고 때로는 폭풍이 몰아칠 때도 있었지. 우리는 이야기를 나누고 노래를 부르고 웃음을 터뜨리면서 함께 뗏목을 타고 내려왔어. 그래서인지 나는 짐의 나쁜 모습보다 오히려 반대의 기억들만 떠오르는 것 같았지. 내 불침번까지 대신 서준 일이 떠올랐어. 나를 굳이 깨우지 않고 더 자게 해주었던 거지. (……) 그때 문득 나는 사방을 두리번거리다가 그 편지를 보게 되었지. 편지는 가까운 곳에 놓여 있었어. 나는 그걸 집어 들었어. 나는 덜덜 떨고 있었지. 둘 중 하나를 정하고 나면 되돌릴 수가 없잖아. 나는 그 사실을 잘 알고 있었어. 나는 잠시 생각하고는 이렇게 혼잣말을 했지.

"좋아. 그러면 지옥에 가자."

그러고 나서 나는 편지를 찢어버렸다. 그야말로 끔찍한 생각이고 끔찍한 말이었지만 이미 말해버린 것은 그대로 하기로 했어. 그리고 더 이상 생각을 바꾸지 않기로 했지. 나는 그 모든 생각을 머릿속에서 몰아냈어. 그리고 다시 나쁜 짓을 하기로 했지. 그것이야말로 내 성미에 맞아떨어지고 나는 원래 그런 환경에서 자랐으니까. 나는 무슨 수를 써서라도 짐을 다시 훔쳐내 노예 상태에서 벗어나게 할 거야. 그리고 혹시 그보다 더 끔찍한 일이 생각나면 그 일도 할 거야. 이왕 발을 들여놓은 이상 끝까지 가도 그만이라고 생각했기 때문이지.

"좋아, 그러면 지옥에 가자." 가슴을 뭉클하게 하는 한마디다. 소년이었던 헉이 훌쩍 성장했음을 보여주는 한마디이기도 하다. 헉이 들여다본 어른의 세계에서 노예는 주인에게 묶인 채 도망가면 안 되는 존재다. 그래서 헉은 탈출한 노예인 짐과 함께 있으면서 당연히 죄의식을 갖는다. 사회가 원하는 것과 내가 옳다고 생각하는 것 사이의 괴리는 소년이 감당하기에는 너무나 벅찬 것이었다. 그러다 결국 헉은 '짐은 내 친구야. 내가 도와줘야 돼. 맞서 싸워야 해. 지옥이라도 가겠어'라고 각성하게 된다.

죄수 탈출 작전

헉에게 짐은 노예가 아니라 소중한 친구로 자리 잡고 있었다. 헉은 일단 짐을 구출해야겠다는 생각에 짐이 붙잡혀 있는 농장으로 찾아간다. 그런데 어찌 된 일인지 농장 여주인이 헉을 너무나 반갑게 맞아주는 것이었다. 알고 보니 그녀는 톰 소여의 이모로, 마침 이곳에 오기로 한 톰을 기다리고 있었다. 헉은 톰 행세를 하게 되고 얼마 후 진짜 톰 소여가 나타난다.

나는 마을을 향해 마차를 타고 출발했지. 도중에 반대쪽에서 마차가 오는 것이 보였어. 나는 톰 소여라고 확신했지. 나는 마차를 세우고 그가 다가오기를 기다렸어. 내가 서라고 했더니 마차가 내 마차 옆에 멈춰 섰지. 그러자 녀석은 입을 마치 트렁크마냥 벌리고 다물 줄을 모르는 거야. 녀석은 마치 목마른 사람마냥 침을 두세 번 삼키고는 이렇게 말하더군.

"내가 너한테 아무 잘못도 하지 않았잖아? 너도 알잖아? 그런데 도대체 뭘 바라고 이 세상에 되돌아와서 나를 괴롭히는 거야?" (……)

"난 살해당하지 않았어. 그냥 그런 척했을 뿐이지. 못 믿겠으면 여기 와서 날 만져봐."

그러자 톰은 시키는 대로 했다. 그러고는 나를 다시 만난 것을 무척이나 기뻐했어. (……) 톰의 마부에게 기다리라고 하고 우리는 거기서 약간 떨어진 데로 갔어. 나는 녀석에게 지금 내가 어떤 처지인지 이야기해주면서 너라면 어떻게 할지 물어보았지. 녀석은 잠깐만 방해하지 말아달라고 말했어. 녀석은 생각하고 또 생각하더니 이윽고 이렇게 말했지.

"좋았어. 방법을 생각해냈어. 우선 내 트렁크를 네 마차에 싣고 가서 네 것이라고 하는 거야. 그리고 너는 지금부터 아주 천천히 되돌아가는 거야. 그래야만 읍내에 나갔다 왔을 만한 시간에 맞춰 그 집에 도착할 테니까. 그럼 나는 읍내로 가서 잠깐 기다리다 너보다 15분에서 30분 정도 늦게 그 집에 도착하는 거야. 너도 처음에는 나를 모르는 척해도 돼."

"좋아. 그런데 한 가지 문제가 있어. 나밖에 모르는 일인데, 뭐냐 하면

여기 검둥이가 하나 있어. 내가 그 녀석을 노예의 신분에서 빼내려고
하거든. 그 녀석이 누군가 하면 바로 짐이야. 왓슨 양의 검둥이 짐 말
이야."

"뭐? 짐이 어떻게?"

녀석은 말을 멈추더니 또다시 생각에 잠겼어. 내가 말했지.

"네가 무슨 말을 할지 알아. 그런 일은 지저분하고 천박하다는 거지?
하지만 나도 천박한 놈이긴 마찬가지야. 나는 그 녀석을 훔칠 거야. 너
는 모르는 척만 하고 있어. 알았지?"

톰이 눈을 반짝이며 말했다.

"그럼 네가 짐을 훔치는 걸 도와주겠어."

그 말에 얼마나 놀랐는지! 마치 총이라도 맞은 것처럼 철렁했어. 이렇
게 어처구니없는 말은 들은 적이 없었지. 내가 보기에 톰 소여도 어지
간히 타락했구나 싶었어. 나는 도무지 믿을 수가 없었어.

《허클베리 핀의 모험》을 세 부분으로 나누었을 때 마지막 부분에 해당
하는 모험이 드디어 시작된다. 농장에 잡힌 짐을 구해야 하는 헉. 하지만
혼자는 힘들다. 그래서 헉의 절친한 친구인 톰 소여가 등장한다. 둘은 아
주 환상적인 파트너십을 선보인다. 헉이 톰이 되고 톰은 톰의 동생 시드가
되어 톰의 이모 부부를 감쪽같이 속이는 것이다.

하지만 짐을 탈출시키는 과정에서 톰이 자꾸 책대로 해야 된다고 우기
면서 둘은 약간의 갈등을 겪는다. 예를 들면 오두막에 갇힌 짐을 어떻게
탈출시킬까 고민하면서 헉이 판자를 뜯어내자고 하면 톰은 '그게 뭐냐, 너
무 쉽다'고 반박하는 식이다. 결국 완벽한 탈출을 위해 땅을 파기로 결정

하고 나서도 헉은 삽으로 파면 되겠다고 하고 톰은 오랫동안 칼 같은 걸로 파고 나와야 진짜 탈출이라고 우긴다. 책을 교본 삼아 온갖 종류의 탈출기에 대해 얘기하는 것이다.

톰 소여는 헉보다 조금 세련된 머리를 갖고 있는 것 같다. 톰은 마치 셜록 홈스 같다. 냉정하고 정교하고 머리가 체계적으로 돌아가는 느낌이랄까. 반면 헉은 왓슨 같다. 뭔가 좀 엉성하다. 톰은 머릿속이 마치 책을 쓰듯이 돌아간다. 탈출을 해도 완벽한 탈출이어야 되고 흔적을 남기지 말아야 되고 계획적이어야 하고. 그러면 헉은 뭐 그럴 필요가 있나, 쉬운 대로 하면 되는 거지라는 식이다.

어쨌든 우여곡절 끝에 세 사람은 탈출에 성공한다. 하지만 톰 소여가 다리에 총을 맞고 말았다. 헉과 짐은 계획대로 뗏목을 타고 떠나는 것을 포기하고 헉은 의사를 부르러 갔다가 사일러스 이모부와 골목에서 딱 마주치게 된다. 헉은 이모네 집에 다시 끌려가게 되고 의사는 톰과 짐을 데리고 마을로 들어온다. 이제 톰과 헉 그리고 짐은 어떻게 되는 것일까?

"그놈이라니? 그 탈주 검둥이? 당연히 못 도망갔지. 사람들이 다시 끌고 왔으니까. 아주 멀쩡하게 말이야. 지금은 다시 그 오두막에 갇혀 있지. 빵과 물만 먹으면서 쇠사슬에 잔뜩 묶여서 말이야. 주인이 나타나든지 아니면 팔아버리겠지."
톰은 침대에서 벌떡 일어났어. 녀석의 눈이 이글이글 불타는 것 같았고 콧구멍이 아가미처럼 벌렁거렸지. 그러고는 녀석이 내게 소리를 지르듯이 말하는 거야.
"저 사람들이 도대체 무슨 권리로 짐을 가둬뒀다는 거야? 빨리 가. 1

분도 지체하지 말고. 짐을 풀어줘. 짐은 노예가 아냐. 그 녀석도 이 땅 위를 걸어 다니는 다른 사람들과 마찬가지로 자유롭단 말이야."

"시드가 대체 무슨 소리를 하는 거니?"

"이모, 정말이에요. 아무도 안 가겠다면 내가 가겠어요. 나는 처음부터 짐의 일을 알고 있었어요. 여기 있는 톰 형도 마찬가지고요. 왓슨 양이 두 달 전에 돌아가시면서 짐을 팔아버리려고 했던 것을 부끄럽게 생각한다고 하셨어요. 그래서 유언으로 짐을 풀어준다고 했던 말이에요."

"아니, 그럼 너는 도대체 무엇 때문에 그놈을 풀어주려고 했니? 그 녀석이 벌써 자유의 몸이 되었다면 말이야."

"그렇게 물으시는 것이 당연해요. 이모도 역시 여자니까요! 그건 모험을 하고 싶어서예요. 나는 피바다 속에 목만 내놓고라도 걸었을 텐데. 어, 맙소사, 폴리 이모!"

폴리 이모가 천사처럼 상냥하고 만족스러운 얼굴로 방 입구에 서 있었어! 샐리 이모는 뛰어가서 폴리 이모를 끌어안고 눈물을 흘렸어. 나는 얼른 침대 밑으로 기어들어갔지. 이제 큰일이다 싶었거든. 살짝 내다보니 폴리 이모가 샐리 이모를 떨어뜨리고는 안경 너머로 톰을 바라보며 서 있었어. 꼭 톰을 갈아먹을 듯이 말이야. 그러더니 폴리 이모가 말했어.

"하하. 그래. 이제 너는 머리를 최대한 굴리는 것이 나을 거다. 내가 너라면 당연히 그럴 거다, 톰."

"무슨 소리야? 저 애가 그렇게 달라졌어? 아니, 얘는 톰이 아니라 시드잖아. 톰은, 톰은, 아니 톰은 어디 갔지? 방금 전까지 있었는데."

"네가 말하는 애는 톰이 아니라 헉 핀이야. 우리 톰 같은 장난꾸러기를

오랫동안 기른 내가 첫눈에 못 알아보겠니. 침대 밑에서 얼른 나오지
못해, 헉 펀."
나는 시키는 대로 침대 밑에서 기어나왔지. 샐리 이모처럼 어리둥절한
표정을 나는 이제껏 본 적이 없어. (……) 폴리 이모가 내가 누구이고
어떤 녀석인지 다 설명해주었어. 그다음에는 내가 나서서 어쩌다 펠프
스 아주머니가 나를 톰 소여로 착각하게 되었는지 설명했다.

끊임없이 묻고 답하며 찾아가라

헉이 짐을 풀어주자고 했을 때 톰이 쉽게 허락했던 이유가 나온다. 그동안
헉과 톰 그리고 짐이 그렇게 고생했는데 정작 짐에게 자유를 준 것은 왓슨
양이었다. 왓슨 양의 유언 덕분에 친구들의 고생이 헛수고가 되어버렸다.

　다들 실컷 고생만 하고 너무 허무하게 끝난 것처럼 보이지만 사실은 이
대목이 대단히 중요하다. 어떻게 보면 흑인들은 남북전쟁으로 노예제가
폐지되면서 자유인이 되었다고 생각할 수도 있다. 그래서 흑인들 사이에
는 우리가 '쟁취한 자유'가 아니라 '수동적 자유', 다시 말해 백인이 찾아준
자유라는 인식이 있었다. 오랫동안 심리적으로 부채 의식 같은 것이 있었
던 셈이다. 그런데 이 소설을 보면 짐이 가만히 있다가 왓슨 양 덕분에 해
방된 것이 아니다. 짐은 스스로 자유를 찾아 나와 온갖 고난을 겪었다. 짐
은 자기 힘에 의해 그리고 친구의 도움에 의해 온갖 고난을 이겨내고 자유
를 찾았고 왓슨 양은 그저 그렇게 쟁취된 자유를 인정해준 것에 지나지 않
는다. 작가는 남북전쟁 이면에 가려져 있던 자유를 향한 노예들의 투쟁을

기리고 있는 셈이다.

짐은 자유를 얻었다지만 혁은 어떻게 되는 것일까? 아버지가 살아 있는 한, 혁에게 자유는 없을 것 같은데. 사실 책 중간에 보면 홍수에 판잣집이 떠내려오는 이야기가 나온다. 그런데 그 집에 시체가 한 구 있었다. 짐이 시체를 보고는 혁에게 보지 못하게 했었다. 그 시체가 바로 혁의 아버지였고 짐은 나중에 그 사실을 털어놓는다. 혁 역시 폭압적인 아버지에게서 영원히 벗어나 자유로워진 것이다.

《허클베리 핀의 모험》은 여기서 끝나지만 30년쯤 세월이 흐르고 40대가 된 혁과 톰은 어떤 모습일까? 사실 그렇게 자란 톰과 혁이 바로 지금의 미국인들이다. 미국인들은 이 소설이 자기들을 키우고 가르쳤다고 생각한다. 한 나라의 국민을 키운 책. 우리에게는 그런 책이 있을까?

마크 트웨인이 말했듯이 "교육은 모르는 것을 가르쳐주는 것이 아니라 사람들이 행동하지 않을 때 행동하도록 가르치는 것이다." 그의 명언을 여실히 증명하는 것이 바로 허클베리 핀의 이야기다. 철저한 아웃사이더로, 학교가 아닌 미시시피 강가에서 세상을 배운 허클베리 핀. 그는 기성 체제에 안주하는 대신 물음을 끊임없이 캐묻고 자신의 답을 찾아간다. 자신의 길을 가려는 그 열정과 도전정신, 이것이 삶을 산다는 것의 진정한 의미가 아닐까?

chapter 6

아무것도 바라지 않고 아무것도 두려워하지 않는

• 『그리스인 조르바』 '자유'에 대하여 •

혼자 순이온으로 갔다. 메뚜기 한 마리가 어깨에 앉았다. 그 순간 나는 소나무가 되었다. 아
몬드나무에게 신이 무엇인지 물었다. 그러자 아몬드나무가 꽃을 피워냈다. 나는 젊은 여인
의 얼굴에서 노파의 얼굴을 읽어내려는 태도가 잘못됐다는 것을 깨달았다. 나는 그리스라는
노파의 얼굴에서 이제는 사라져버린 소녀의 생기와 젊음을 다시 창조해야 한다는 것을 깨달
았다.

— 니코스 카잔차키스

우리는 현대의 시시포스다. 끊임없이 굴러 내리는 바위를 언덕으로 밀
어 올려야 했던 그처럼 우리는 돈의 노예로, 시간의 노예로 매일매일 쳇바
퀴처럼 반복되는 삶을 살아간다. 그런 노예의 삶을 거부하는 그리스인 조
르바. 그에게 자유란 화산에서 거침없이 뿜어 나오는 용암과 같았다. 그
를 통해 무엇을 가짐으로써 얻는 자유가 아니라 아무것도 바라지 않고, 따
라서 아무것도 두려워하지 않음으로써 얻는 자유에 대해 이야기해보고 싶
다. 치열한 삶의 목소리로, 과장되지 않은 맨얼굴의 언어로.

사실 내가 처음 그리스인 조르바를 만난 것은 고등학교 때였다. 그때는 조르바를 이해하기에는 내 삶이 너무 일천했다. 그러다가 몇 년 전에 조르바를 다시 만났다. 두 번째는 마치 심장이 밖으로 빠져 나오는 것 같은 운명적인 만남이었다.

"나는 내일 죽을 것처럼 삽니다"

니코스 카잔차키스(Nikos Kazantzakis)는 고대 문명의 발상지인 크레타 섬의 이라클리온에서 19세기 말엽에 태어났다. 태어날 당시 그는 "이 아이는 주교가 될 거예요"라는 얘기를 들었고 이후 자라면서 정말 자기는 주교가 될 거라고 생각했다. 그러나 그리스 정교회는 카잔차키스를 받아들이지 않았고 그는 장례식조차 정교회 양식으로 치르지 못했다. 주교의 운명을 타고났음에도 파문으로 끝맺은 모순적인 삶을 보면서 그가 진정으로 원했던 것은 신의 구원이 아니라 왼쪽에는 악의 날개, 오른쪽에는 선의 날개를 달고 세상을 나는 것은 아니었을까 하는 생각을 해본다. 신에게조차 얽매이지 않는 자유를 위해서 투쟁한 인간 니코스 카잔차키스. 그가 투쟁적인 인간상을 부르짖은 이유를 알기 위해서는 당시의 시대적 배경부터 알아야 한다.

카잔차키스가 어린 시절 크레타는 터키에 종속되어 있었고 카잔차키스의 아버지와 할아버지는 모두 크레타의 독립을 위해 싸웠다. 특히 아버지인 미할리스는 카잔차키스의 기억 속에 영웅으로 남아 있었다. 그의 아버지는 아홉 살이던 카잔차키스에게 학살당한 그리스인의 발을 만져보게 한다. 그때 그는 물어본다. "이 사람들은 왜 죽었나요?" 아버지는 대답한다. 이 사람들을 죽인 것은 자유라고.

어린 시절 터키 치하의 크레타에서 기독교인 박해와 독립전쟁을 겪은 카잔차키스는 20대에 파리에서 또 다른 사상적 스승을 만나게 된다. 그의 이름은 바로 니체였다. 니체의 사상은 대표적인 저서인《차라투스트라는 이렇게 말했다》로 대변된다. 차라투스트라가 창시한 조로아스터교의 교리는 아주 단순하다. 선한 신과 악한 신이 서로 싸우고 이 세상에는 선과 악이 공존하며 강한 자가 선의 기준을 정한다는 것이다. 결국 우리는 강요된 선 속에서 살아가는 셈이다. 그래서 니체의 초인이란 스스로 선과 악을 구별하고 자기의 선을 따르는 사람을 일컫는다. 그리고 그 초인이 인류를 지배하는 것이 우리에게 이롭다는 것이《차라투스트라는 이렇게 말했다》의 핵심 메시지다.

카잔차키스는 니체 외에도 베르그송과 붓다의 사상에도 심취한다.《그리스인 조르바》와 함께 그의 철학적 색채가 짙게 배어 있는《최후의 유혹》은 로마 교황청의 금서 목록에까지 오르게 된다. 카잔차키스는 기독교에서 내세우는 하느님의 선조차도 강요된 기준, 강자의 기준이라고 주장함으로써 결국 파문당할 수밖에 없었다.

이후 카잔차키스는 작가로서, 정치가로서 평생 조르바와 같은 삶을 지향한다. 그는 조르바로 상징되는 원시를 문명과 결합시키고 선과 악 사이에서 균형을 잃지 않는 자기만의 기준을 세우려 했던 사람으로 남게 된다. 카잔차키스의 일생은 조르바의 한마디로 요약된다. 어느 날 조르바는 살구나무 묘목을 심고 있는 노인에게 다가가 왜 묘목을 심느냐고 물었다.

노인이 대답했다. "나는 결코 죽지 않을 것처럼 삽니다."

그러자 조르바가 말했다. "나는 내일 죽을 것처럼 삽니다."

늙은 광부와의 만남

이제 책 속으로 들어가 보자. 글의 화자인 '나'는 크레타로 향하는 길에 우연히 조르바라는 늙은 광부를 만나게 된다. 얼핏 조르바는 제멋대로 사는 사람으로 보인다. 그러나 조르바는 가치관이 아주 뚜렷한 사람으로 세상과 몸으로 부딪히며 인생을 배워왔다. 그래서 《그리스인 조르바》를 읽는 순간 우리는 '아, 이런 삶도 존재하는구나, 이렇게 살아도 참 좋겠구나' 하는 깨달음을 얻게 된다. 선과 악이 공존하는 가운데 다른 사람이 강요한 윤리가 아니라 나의 윤리대로 살아가는 자유인, 그가 바로 조르바다.

그러면 나와 조르바가 만나는 장면 속으로 들어가 보자. '나'는 항구 도시 피레에프스에서 크레타 섬으로 가는 배를 기다리고 있다. 여기서 '나'는 니코스 카잔차키스 자신일 수도 있고 이 책을 보는 독자일 수도 있다. '나'는 그만 책을 집어던지고 행동하는 삶을 살고 싶은 30대 중반의 사나이다.

'나'의 곁으로 키가 크고 몸이 가는 60대 노인이 다가온다. 그는 자신을 요리사라고 소개하고는 생전 듣지도 보지도 못한 수프를 만들어주겠다면서 자신을 탄광에 데려다달라고 한다. 알렉시스 조르바라는 노인이 몸에 지니고 있는 작은 보따리에는 악기가 들어 있다. 기타처럼 생겼지만 몸통 가운데가 들어가는 대신 만돌린처럼 동그란 곡선을 이룬 악기 산투르. 이것만큼 조르바를 잘 드러내는 악기도 없다.

첫 만남부터 조르바에게 아주 강렬한 인상을 받은 '나'는 조르바와 함께 크레타로 향하는 배에 오르게 되고 배에서 조르바의 왼손 집게손가락이 반 이상 잘려나간 것을 보게 된다.

궁금해하는 '나'에게 조르바는 항아리를 만들 때 거추장스러워서 잘라 버렸다고 알려준다. 그는 절대 상식적인 사람이 아니다. 조르바의 조르바다운 특성을 가장 잘 보여주는 에피소드가 바로 이 이야기다.

결국 중요한 것은 물질적인 소유가 아니라 정신적이고 영적인 자유다. 요리사, 도공, 광부, 잡화상 등 여러 직업을 전전했던 조르바는 이미 그런 진리를 알고 있다. 하지만 크레타의 독립군으로 터키와의 전투에 가담했던 조르바에게는 여전히 많은 의문이 남아 있다. 왜 씨앗은 친절하고 정직한 곳에서는 꽃을 피우지 못하고 뜨거운 피와 더러운 거름을 필요로 하는지. 왜 진창에서 피투성이로 굴러보지 못한 사람은 구원받을 수 없는지. 그래서 조르바는 60에도 여전히 혼자 떠돌아다닌다. 삶 속에서 괴로워하며 더듬더듬 자기 길을 찾아가기 위해, 그렇게 구원을 찾기 위해.

세상이 변해야 된다는 신념

'나'와 조르바가 이런저런 이야기를 나누는 동안 배는 크레타 섬에 도착하고 두 사람은 본격적으로 갈탄 광산 사업을 시작한다. 주인공 나는 젊은 지식인답게 갈탄 광을 통해서 이상 사회를 실현시킬 꿈을 꾼다. 하지만 이런 구상에 대해 조르바는 한마디로 턱도 없다고 말한다. '나'와 조르바의 사고방식과 가치관은 완전히 다르다. 하지만 '나'는 조르바와의 사이에 끊을 수 없는 끈을 공감한다. '나'는 조르바의 이야기에 마음으로는 동의하지만 가슴으로는 거부한다. '나'는 우리가 짐승이라는 걸 알고 '나'의 내면에서 일어나는 것이 이기심이라는 걸 안다. 그러면서 짐승은 우리의 현실이고 인간은 우리의 숙제라고 생각한다. 그리고 덧붙인다. 짐승이라고 해서 짐승으로 남을 수 없는 것이 우리 인간이라고.

'나'는 30대의 젊은 지식인으로 아주 자신만만하다. 책도 많이 읽었고 생각도 깊고 세상은 이렇게 변해야 한다는 신념도 확실하다. 하지만 조르바 앞에 서면 뭔가 작아진다. '나'는 자기가 읽었던 책에 갇히고 자기가 쓰는 언어에 매여서 누군가에게 배운 삶을 살고 있다. '나'에게 진짜 필요한 것은 진실한 삶이고 '나'는 조르바에게서 그것을 본다. 삶의 진창 속에서 뒹굴고 있는 조르바. 인간을 미워하고 증오하고 불신하면서도 누구보다도 인간을 깊이 이해하는 조르바. 가식, 허위, 억압 등에서 벗어나 진짜 삶을 맛보고 싶다는 절실한 갈망이 있었던 '나'는 여기 매력을 느낄 수밖에 없다. 그럼에도 문득 '내'가 도덕에 걸리고 윤리에 걸리고 체면에 걸리고 수치심에 걸려서 스스로 거기 갇힐 때마다 조르바가 버럭 소리를 지르면서 한바탕 설교를 늘어놓는다.

"(……) 두목, 사람들을 그냥 둬요. 그 사람들 눈뜨게 해주려고 하지
말고요. 그래, 뜨게 했다고 칩시다. 뭘 보겠어요? 비참해요. 두목, 눈감
은 놈은 감은 대로 둬요. 꿈꾸게 내버려두란 말이에요."
그는 생각이 안 풀리는지 말하다 말고 머리를 긁었다.
"아휴, 만일에, 그 만일에 말이죠."
"만일에 뭐요? 어디 들어봅시다."
"음, 만일 그 사람들이 눈을 떴을 때 당신이 지금의 어두운 세계보다
더 나은 세계를 보여줄 수 있다면…… 보여줄 수 있어요?"
모르겠다. 나는 무엇을 타파해야 하는지는 잘 알고 있었다. 그러나 그
폐허 위에 무엇을 세워야 하는지는 알지 못했다. 그것을 확실하게 알

고 있는 사람은 없다고 나는 생각했다. 낡은 세계는 확실하고 구체적이다. 우리는 그 속에 살면서 순간순간 그 세계와 싸운다. 그 세계는 존재한다. 미래의 세계는 아직 오지 않았다. 환상적이고 유동적이다. 사랑, 증오, 상상력, 행운, 하느님 같은 보랏빛 바람에 둘러싸인 구름이다. 아무리 위대한 선지자라도 이제는 확실한 예언을 들려줄 수 없다. 암호가 모호할수록 선지자는 위대하다.

조르바가 비웃음을 띠고 나를 바라보고 있어서 골이 났다.

"나는 보다 나은 세계를 보여줄 수 있어요!" 내가 대답했다.

"헤헤, 있다고요? 어디 이야기나 들어봅시다."

"설명할 수 없어요. 당신은 이해하지 못할 테니까."

"보여줄 것이 없는 것이겠죠."

조르바는 학교 앞에도 가보지 못했지만 세상을 보는 눈은 정확하다. 말도 잘한다. 그리고 말이 통하지 않는 러시아 친구들하고는 몸으로 말을 한다. 사랑을 나눌 때처럼. 사랑할 때는 맨 처음에는 말로 하고 말이 통하지 않으면 글로 쓰고 글이 통하지 않으면 창가에서 노래를 부른다. 노래마저 통하지 않을 때 바로 춤이 등장한다. 그래서 춤은 원시의 강력한 언어다. 그런데 조르바는 도대체 어떤 춤으로 말을 하는 것일까?

그는 펄쩍 뛰어올라 오두막을 뛰쳐나가더니 신발과 코트와 조끼를 벗고 바짓가랑이를 무릎까지 걷어 올리고는 춤을 추기 시작했다. 그의 얼굴에는 갈탄이 시커멓게 묻어 있었지만 눈만은 번쩍거렸다.

이윽고 그는 춤에 완전히 빠져들어 손뼉을 치는가 하면 공중으로 뛰어

오르고, 발끝으로 돌다가 무릎을 꿇는가 하면 다리를 구부리고 다시 공중으로 뛰어올랐다. 마치 고무로 만든 사람처럼 그는 갑자기 자연의 법칙을 정복하고 날아가려는 듯이 공중으로 뛰어올랐다. 그를 보고 있으면 늙은 몸속에 그 몸을 들어다 어둠 속에 유성처럼 날리고 싶어 안달하는 영혼이 들어 있는 것 같았다. 공중에 오래 머무르지 못하고 땅에 떨어질 때마다 그의 몸은 몹시 흔들렸다. 그래도 그의 불쌍한 육신은 다시 더 높이 뛰어올랐다가 쉴 새 없이 다시 땅에 떨어졌다.

조르바는 얼굴을 찌푸렸다. 그의 얼굴은 놀라우리만치 비장했다. 그는 소리도 더 이상 지르지 않았다. 이를 악문 그는 불가능을 이루기 위해 악전고투하고 있었다.

"조르바! 조르바! 그만해요. 그만하면 됐어요."

(……) 이윽고 조르바가 가쁜 숨을 몰아쉬며 땅바닥에 주저앉았다. 그의 얼굴은 행복에 빛나고 있었다. 잿빛 머리카락은 이마에 들러붙었고 갈탄 가루와 뒤섞인 땀방울이 뺨과 턱으로 흘러내렸다. 나는 걱정스러운 눈으로 그를 내려다보았다.

잠시 후 그가 중얼거렸다.

"이제 좀 살겠네요. 피를 좀 쏟아낸 기분입니다. 이제 말할 수가 있겠어요."

특별한 안무 없이 자기 멋대로 뛰고 구르는 춤. 지금 조르바는 갈탄 사업을 성공시켜야 한다는 부담감에 시달리는 '내'게 너무 스트레스를 받지 말라고, 우리의 목적은 다른 데 있다고 춤으로 말하고 있다. 우리는 함께 인생을 즐길 수 있다고.

조르바에게 춤은 기쁨뿐 아니라 슬픔을 표현하는 수단이기도 하다. 그는 어린 아들이 죽었을 때도 그 앞에서 춤을 췄다. 주위 사람들이 모두 말리는데도 그는 춤을 춘다. 그의 행동은 비상식적이다. 보통 사람들의 상식이 통하지 않는 행동. 조르바에게 춤은 유희나 놀이 같은 엔터테인먼트가 아니다. 그저 가장 진실한 자기표현의 수단일 뿐이다. 그래서 슬퍼도 춤을 추고, 기뻐도 춤을 춘다. 마음에서 솟아오르는 무언가를 몸으로 표현하는 것이다. 슬픈 순간의 춤은 일종의 살풀이인 것이다.

빠르게 무언가를 이루어야 한다는 욕망

춤출 때는 허랑방탕해 보이는 조르바지만 위험한 탄광에서는 누구보다 일에 열심이다. 조르바는 산투르를 연주할 때는 산투르가 되고 광산에서 일할 때는 곡괭이가 되는 아주 열정적인 사람이다. 갈탄 광에 있으면 갈탄이 되고 갱도에 있으면 갱도가 되어 다른 사람들은 절대 듣지 못하는 위기를 듣는 사람, 그가 바로 조르바다. 그래서 그는 광산이 무너지는 순간 누구보다 먼저 위험을 감지하고 사람들을 대피시킨다.

그런 우여곡절 속에 광산 사업은 별 진척 없이 훌쩍 한 해가 지나고 그해 마지막 날이 됐다. 생각 많은 '나'는 마음이 뒤숭숭하다.

나는 침대에 엎드려 눈을 감았다. 마음이 심란해서 아무 말도 하고 싶지 않았다. 잠을 이룰 수가 없었다. 그날 밤이 되기까지 내가 해왔던 행동들에 변명을 붙여야 할 것 같았다. 내 인생을 돌아보니 미적지근한 데다 모순과 주저로 점철된 몽롱한 반생이었다. (……)

날이 밝았지만 눈은 뜨지 않았다. 나는 한 명 한 명이 한 방울씩 물로 떨어져 대해와 만나서 어둡고 위험한 해협을 뚫고 가는 한 가지 열망에 정신을 집중해보았다. 나는 장막을 찢고 새해가 내게 가져다줄 미래를 보고 싶었다.

"안녕하시오, 두목. 새해 복 많이 받으시오!"

조르바의 목소리가 무자비하게 나를 땅 위로 끌어내렸다. 내가 눈을 떴을 때 조르바는 오두막 문으로 큼지막한 석류 하나를 던지고 있었다. 루비 같은 석류 알이 내 침대에까지 날아와 몇 알 주워 먹었다. 목구멍이 시원했다. (……)

조르바는 기분이 좋은지 아침부터 떠들썩했다. 그는 세수하고 면도한 다음 가장 좋은 옷을 입었다. 초록색 바지, 손으로 짠 윗옷, 그 위에 양가죽으로 댄 옷을 입었다. 그리고 러시아식 아스트라한 모자를 쓰고 수염을 꼬았다.

"두목, 오늘은 회사 대표로 교회에 나가려고요. 놈들이 우리를 떠돌이 프리메이슨쯤으로 안다면 탄광에 이로울 것이 없거든요. 게다가 돈이 드는 것도 아니고 시간 때우기에도 안성맞춤이지요."

조르바는 허리를 구부리며 윙크했다.

"거기서 아마 과부도 만나게 될지 모르죠."

하느님, 회사의 이익 그리고 과부가 조르바의 머릿속에서는 아무 모순도 없이 자연스럽게 뒤섞였다. 나는 오두막을 나서는 그의 경쾌한 발소리를 듣고 잠자리에서 일어났다. 마법의 사슬은 끊어지고 새로운 사슬이 내 영혼을 옭아맸다.

옷을 입고 바닷가로 나가보았다. 빨리 걸으니 위험이나 죄악에서 멀어진 것처럼 마음이 가벼웠다. 아침에 오지도 않은 미래를 엿보려던 내 헛짓이 신에 대한 모독 같았다.

어느 날 아침 나무 등걸에 붙어 있던 나비의 번데기를 보았던 것이 떠올랐다. 나비는 번데기를 뚫고 나올 준비를 하고 있었다. 잠시 기다리던 나는 오래 걸릴 것 같아 견딜 수 없었다. 나는 허리를 구부리고 입김으로 번데기를 데워주었다. 그 덕분에 빠른 속도로 기적이 일어나기 시작했다. 집이 열리면서 나비가 천천히 기어 나왔다. 날개가 뒤로 구겨지는 나비를 보고 느꼈던 공포는 영원히 잊을 수 없을 것이다. 가엾은 나비는 날개를 펴려고 파르르 몸을 떨었다. 나도 입김을 불어주었지만 허사였다. 번데기에서 나와 태양 아래에서 천천히 날개를 펴야 했던 것이다. 그러나 이미 늦어버렸다. 내 입김 때문에 나비가 때가 되기도 전에 집을 나선 것이다. 나비는 필사적으로 몸을 떨었으나 몇 초 뒤에 내 손바닥 위에서 죽었다.

나비의 연약한 시체만큼 내 양심을 무겁게 짓누른 것은 없었다. 오늘에야 나는 자연의 법칙을 거스르는 것이 얼마나 무서운 죄악인가를 깨닫는다. 서두르지 말고 안달하지 말고 이 영원한 리듬에 몸을 맡겨야 한다는 것을. 나는 바위에 앉아 새해 아침을 생각했다. 그 불쌍한 나비라도 내 앞에 나타나 날개를 움직이며 내 갈 길을 일러준다면 좋을 텐데.

《그리스인 조르바》 가운데 가장 가슴 아프고 아름다운 대목이다. 사실 사람들은 때를 기다리지 못하고 안달하며 되지 않을 일에 힘을 쏟다가 실망하는 경우가 많다. 자연의 일부로서의 인간을 생각하게 하는 이야기다. 하지만 자연의 법칙을 거스르지 말고 우주의 리듬에 맞춰서 살아가는 것이 현대인들에게는 힘든 일이다. 억지로라도 빠른 시일 내에 뭔가를 이루고 싶어하는 욕망과 욕심이 부작용과 부자연스러움을 낳고 결국 우리는 슬픔과 후회 속으로 끌려들어 가게 된다. 자연인으로의 조르바, 그도 무서워하고 두려워하는 것이 있다. 그가 자연인이기 때문에 두려워하는 것, 그것은 무엇일까?

죽음을 두려워하지 않는다

'나'와 조르바의 탄광 사업은 잘되어가지 않는다. 자유로운 영혼들이 하는 탄광 사업이니 잘될 리가 없다. 사실 이 두 사람에게 사업의 성패는 중요하지 않다. 그들에게는 사업 과정에서 맞닥뜨리는 어려움과 난관들을 헤치고 나아가는 것이 중요하다.

보통 사람들은 사업에 성공해서 떼돈을 버는 것을 목적으로 하지만 두 사람은 결과에 이르기까지의 과정이 삶이라는 사실을 너무나 잘 알고 있다. 그래서 그들은 갈탄 사업이 잘 풀리지 않자 계속 매달리는 대신 벌목 사업으로 업종을 바꾸게 된다. 벌목 사업에는 많은 장비가 필요하다. 그래서 조르바는 시내로 장비를 사러 나간다. 사흘이면 돌아오겠다던 조르바는 깜깜 무소식에다 엿새 만에야 달랑 편지 한 장을 보낸다.

두목, 자본가 나리,

건강이 이만저만하신지 여쭤보려고 펜을 들었습니다. (……) 그런데 요즘 아주 겁나는 문제가 있어서 두목에게 물어봐야겠습니다. 바로 마음에서 생긴 겁니다. 이것 때문에 밤이고 낮이고 마음이 불편해요. 두목, 그게 무엇인고 하니 바로 나이를 먹는다는 겁니다. 하늘이여, 우리를 지켜주소서. 아, 죽는다는 것은 아무것도 아니에요. 깩 하고 죽고 촛불이 꺼지고, 뭐 그런 거 아닙니까? 그러나 늙는다는 것은 창피한 일입니다.

나이 먹어가는 것을 인정하는 건 정말 창피한 노릇입니다. 그래서 사람들이 눈치채지 못하게 별짓을 다하는 거죠. (……) 더워서 바닷물에라도 뛰어들고 나면 감기에 걸려 기침이 나옵니다. 그래도 두목, 나는 창피해서 기침을 꾹꾹 삼켜버리고 맙니다. 내가 기침하는 것을 본 적이 있습니까? 없어요. 없을 겁니다. 두목은 내가 다른 사람들 앞에서만 그러는 줄 아시겠지만 아니에요. 나 혼자 있을 때도 그럽니다. 나는 조르바 앞에서도 창피하거든요. 어떻게 생각하세요? 나는 조르바 앞에서도 창피하다는 겁니다.

천하의 조르바는 죽음을 두려워하지 않는다. 딱 눈감고 죽어버리면 되니까. 그러나 그도 나이 먹는 것은 두렵다. 나이 먹은 표시가 날까 봐, 나이로 인해 자유롭지 못한 육체가 될까 봐. 그렇다면 갑자기 조르바가 나이를 의식하게 된 이유가 무엇일까? 시내의 어느 바에서 술을 한잔하던 그에게 작고 마르고 검은 여인이 다가온다. 그러고는 "앉아도 되죠, 할아버지?"라고 묻는다. 할아버지라는 말에 충격을 먹은 조르바는 샴페인 두 병에 온갖 것을 다 주문하게 된다. 젊었을 때는 손가락 하나로 여인을 유혹했으나 나이가 드니 이렇게 많이 사줘야 되는구나 생각하면서. 조르바는 그렇게 '나'의 돈을 탕진해버리고는 편지를 보낸 것이다.

조르바는 편지를 끝맺으면서 자신은 자유를 원하는 자만이 인간이라고 생각하는데 여자는 자유를 원하지 않는다. 그런데 여자도 인간일까라고 묻는다. 사실 조르바는 여자든 남자든 자유를 원하지 않는다면 인간이 아니라고 생각하는 것이다.

조르바는 정말 시시콜콜 궁금한 것이 많다. '나' 역시 마찬가지다. 둘은 그게 무슨 뜻이에요? 왜죠? 왜 그러죠?라고 서로에게 끊임없이 묻는다. 세상의 모든 사물에 대해서 왜, 어째서라고 묻는 조르바. 그는 책에 적힌 지식이 딱딱한 죽은 지식이라고 말하고 '나'는 바로 그 조르바에게서 살아 있는 지식과 지혜를 배운다. 다른 사람의 눈이 아니라 자기 눈으로 모든 것을 새롭게 바라볼 수밖에 없는 사람이 바로 조르바다. 그러니 그는 보통 사람과 다른 것들을 체득할 수밖에 없다. 그는 벌거벗은 원시의 사고를 할 수밖에 없다.

팔과 가슴으로 사는 삶

벌목 장비를 사러 가서 돌아오지 않는 조르바를 기다리는 '나'. 그리고 또 한 사람이 조르바를 기다린다. 바로 오르탕스 부인이다. 그녀는 조르바가 머물던 여인숙의 주인이다. 조르바가 크레타 섬에 오기 전, 그녀는 네 나라의 제독에 둘러싸였던 화려한 카바레 여가수 시절만 그리워했다. 한마디로 그녀는 과거 속에 사는, 현재가 없는 여인이었다. 거기에 이방인으로 섬사람들에게 따돌림까지 받고 있었다. 그런 그녀를 다시 여인이게 해주고 현재를 가지게 도와준 사람이 바로 조르바였다.

조르바와 오르탕스 부인의 관계가 사랑인지 아닌지. 젊은 사람들이 보기에는 나이 든 사람들의 추태로 보일지도 모른다. 하지만 사랑의 핵심에

는 서로가 베터 퍼슨(better person), 즉 좀 더 좋은 사람이 되게 해주는 것
도 포함된다. 왠지 이 사람하고 있으면 내 마음속에 선함이 가득 차고 인
류에 대한 사랑이 가득 차고 기쁨이 가득 차는 것. 그런데 오르탕스 부인
에게 삶을 제공한 사람이 조르바이니 이보다 더한 사랑이 어디 있을까. 일
반 사람들이 생각하는 사랑이 아니다. 조르바의 사랑은 철학이 있는 사랑
이다. 과거가 있는 이 여인의 마음에 불을 지펴놓은 조르바는 꼼짝없이 그
녀와 결혼해야 할 위기에 처해 있다.

　한편 '나'는 이 마을의 젊고 아름다운 과부에게 빠져 있다. '나'는 그 과
부의 아름다운 뒷모습을 따라 그녀의 집에 들어가서 살그머니 그녀를 안
아주고 그렇게 사랑이 이루어지는 것을 마음속으로만 상상한다. '나'는
행동하지 못하고 상상만 하는 자신을 창피해하고 바보라고 생각한다. 조
르바가 욕망을 억누르며 억압하는 것만큼 바보짓은 없다고 말했기 때문
이다. 조르바의 인생철학은 어쩌면 니체나 베르그송보다 한 수 위인 것 같
기도 하다.

　나는 이토록 거침없고 대담한 사나이에게 경탄하지 않을 수 없었다.

　누군가 건드릴 때마다 그의 정신은 점점 불타오르는 것 같았다.

　"전쟁해봤어요, 조르바?"

　"그걸 내가 어떻게 알아요." 그가 얼굴을 찌푸리며 말했다. "기억이 안

　나는데 무슨 전쟁 말이오?"

　"아, 내 말은 나라를 위해서 싸워본 적이 있느냐고요."

　"다른 이야기를 하면 안 됩니까? 그런 터무니없는 수작은 깨끗이 끝내

　고 깨끗이 잊은 지 오래거든요!"

"조르바, 터무니없는 수작이라니요. 부끄럽지 않아요? 조국을 그렇게 부르다니!"

조르바가 고개를 들고 나를 바라보았다. 나 역시 침대에서 고개를 들고 그를 바라보았다. 석유 등잔이 내 머리 위에서 타고 있었다. 그는 한동안 나를 바라보더니 수염을 쥐어뜯으면서 말했다. "도대체 뭣하자는 수작입니까? 교장 선생이나 할 말이군요. 이렇게 말하면 어떨지 모르지만 당신에게는 아무리 이야기해봐야 우이독경이겠죠."

"무슨 소리예요? 나도 알 만한 건 아는 사람인데. 그건 좀 잊지 맙시다." 내가 항변했다.

"그래요. 당신은 그 잘난 머리로 다 알아듣죠. 당신은 이렇게 말하겠죠. '이건 옳고, 저건 그르다. 이건 진실이고 저것은 아니다. 그 사람은 옳고 저놈은 틀리다.' 그래서요? 당신이 그런 말을 할 때마다 나는 당신 팔과 가슴을 봅니다. 팔과 가슴은 뭘 하는지. 그저 침묵하죠. 한마디도 하지 않아요. 마치 피 한 방울도 흘리지 않는 것 같다, 이겁니다. 그래, 도대체 뭘로 이해한다는 건가요? 머리로? 웃기지 맙시다!"

조르바는 자신보다 많이 아는 사람들에게 '너희들은 말뿐이다!'라고 일갈한다. 이 말을 하는 동안 네 심장이 뛰고 있느냐, 네 팔다리가 부들부들 떨리느냐? 네 몸이 네 말에 반응하고 공조하느냐? 말로만 하지 말고 몸으로 해라. 몸으로 하면 모든 것이 따른다. 이런 의미일 것이다. 사실 리더십은 모범이다. 모범이 곧 리더십이다. 그리고 믿음이 없다면 거룩한 십자가나 낡은 기둥에서 떼어낸 나뭇조각이나 다를 것이 없다.

위대한 질문

조르바는 항상 '나'에게 질문을 많이 한다. "자유란 무엇입니까?" "사람은 왜 죽는 걸까요?" 아이처럼 천진난만하게 심오한 질문들을 툭툭 던지는 조르바야말로 철학자다. 아마 이런 질문에서 철학이 시작되기 때문일 것이다. 사실 최초의 철학자로 꼽히는 탈레스는 이런 말을 한다. "만물의 근원은 물이다." 대단치도 않은 말로 그는 최초의 철학자에 등극한다. 내 지인의 말처럼 아마도 '위대한 질문'을 던진 덕분일 것이다. 인류는 언젠가부터 이 거대한 우주가 도대체 무엇으로 만들어졌을까라는 위대한 질문을 시작하게 되었다. 그것이 바로 철학의 시작이었다.

사실 조르바는 주어진 삶에서 절대로 후퇴하지 않는다. 그는 항상 질문한다. 이 질문이 바로 그럴듯한 답을 이끌어내는 위대한 질문인 것이다. 그러나 우리는 너무 답에 익숙한 삶을 살고 있다. 이제는 질문에 익숙한 사회, 질문이 더 위대한 사회로 옮겨갔으면 한다.

조르바는 화자인 '나'에게 '그 잘난 머리를 가진 당신들이 입으로 떠드는 동안 팔과 가슴은 침묵한다!'고 비수를 꽂는다. 도대체 조르바는 어떻게 살아왔기에. 조르바가 말하는 팔과 가슴으로 사는 삶이 무엇인지 살펴보자.

어느 날 석양 무렵 나는 불가리아 마을로 내려와 마구간에 숨었지요. 그게 하필 신부의 집이었단 말입니다. 신부도 신부 나름이지 잔인하고 무자비한 불가리아 비정규군 신부였어요. 밤이 되니까 이자는 법복을 벗더니 양치기 복장으로 갈아입고는 총을 들고 이웃 그리스인들의 마을로 가는 거예요. 이자는 새벽에 진흙과 피투성이가 되어 돌아와서는 다시 신도들을 위해 미사를 드린답시고 교회로 가는 거예요. 내가 도착하기 며칠 전에는 잠자는 그리스인 교장 선생을 살해한 적도 있습니다. 그래서 나는 신부네 집 마구간에서 기다렸던 겁니다. 저녁때 신부가 양에게 풀을 먹이려고 마구간으로 오더군요. 나는 양목을 따듯 목을 그었어요. (……)

며칠 뒤 다시 마을로 들어갔습니다. 정오쯤 되었던가? 이번에는 행상으로 꾸몄지요. 총은 산에 숨겨두고 동료들을 위해 빵과 소금과 장화를 사러 갔던 겁니다. 거기서 나는 집 앞에서 놀던 애들 다섯을 만났습니다. 모두 맨발에 검은 옷을 입고 구걸을 하더군요. 계집아이가 셋이고 사내아이가 둘이었습니다. 제일 큰 놈은 열 살이나 되었을까. 어린 것은 갓난아기였습니다. 제일 큰 계집아이가 아기를 안고 울지 않도록 입을 맞추고 달래고 있었습니다. 왜 그랬는지 모르겠지만, 아마 신의 뜻이었겠지요. 나는 애들에게 다가가서 불가리아어로 물었습니다. '뉘 집 아이들이냐?' 가장 큰 사내아이가 고개를 들더군요. '신부 댁 애들입니다. 아버지는 며칠 전에 마구간에서 목이 잘렸답니다.' 이러는 것이 아니겠어요. 눈물이 핑 돌고 지구가 빙글빙글 돌더군요. 내가 벽을 지고 앉자 그제야 멈추더군요. '이리 오너라, 애들아. 가까이 오렴.' 나는 이렇게 말하며 지갑을 꺼냈어요. 터키 파운드랑 그리스 돈이 가득했지요. 나는 무릎을 꿇고 그 돈을 몽땅 바닥에 쏟았지요. '자, 가져가거라. 마음대로 가지렴.' 내가 소리쳤습니다. 애들이 우르르 땅에 엎드리더니 허겁지겁 돈을 집더군요. '너희 거야. 모두 너희 거야. 그러니 마음대로 가져가거라.' 그러고는 물건을 사 담은 바구니도 애들에게 줘버렸지요. '이것도 가져가거라.' 몽땅 털어주었지요. 나는 마을을 빠져나오자마자 셔츠 앞을 헤치고 애써 엮은 성 소피아 성당의 장식을 떼어 갈기갈기 찢어버리고는 있는 힘껏 도망쳤지요. 지금도 도망치고 있어요."

조르바는 벽에다 등을 대고 내 쪽으로 돌아앉았다.

"아, 이로써 나는 구원받은 겁니다."

"조국으로부터 구원받았다는 겁니까?"

"그럼요. 내 조국이지요."

그는 조용하고 단호한 목소리로 대답했다. 그리고 잠시 후 이렇게 덧붙였다.

"내 조국으로부터 구원받고, 신부들로부터 구원받고, 돈으로부터 구원받았습니다. 나는 짐을 덜어내기 시작했어요. 가지는 족족 덜어버리는 거죠. 나는 그런 식으로 내 짐을 덜었습니다. 자, 이런 걸 뭐라고 하던가요? 나는 해탈하는 방법을 찾은 겁니다. 나는 인간이 되는 겁니다."

신부는 밤 사이에 이웃 그리스 마을에서 총을 쏘고 전쟁을 한다. 그리고 낮에는 경건하게 기도를 하고 미사를 집전하는 신부가 된다. 조르바는 그 모습을 확인하고 그 신부를 죽인다. 분노가 분노를 낳고 보복이 보복을 부르는 아주 끔찍한 전쟁의 양상은 현대에도 바뀌지 않았다. 조르바가 했던 여러 일들 가운데 아마도 가장 후회스러운 일이 아닐까. 해야 한다는 당위성이 물론 강하기는 했지만. 이 속에서 우리는 과거부터 지금까지 벗어날 수 없는 운명처럼 우리를 따라다니는, 문명의 옷을 입은 야만을 보게 된다. 조르바도 당사자로서 이런 비극적인 운명을 겪게 된다.

조르바는 자기가 죽인 신부의 아이들을 만나 자신이 갖고 있던 돈을 모두 털어주고는 자신이 조국과 신부들과 돈으로부터 모두 구원받았다고 선언한다. 일종의 자기 합리화다. 그는 이런 비극을 겪고 새로운 차원으로 나아간다. 조르바는 말한다. "내게는 저건 터키 놈, 저건 불가리아 놈, 이건 그리스 놈 이렇게 구분하던 시절이 있었어요. (……) 요새는 이 사람은 좋은 놈이냐, 나쁜 놈이냐, 이렇게 구분하지요." 아직 해탈이라는 것은 멀리 있지만 좀 더 인간으로서 성숙해진 것이다.

"내 인생이 바뀌었어요!"

그사이 광산업은 거덜이 나고 이제 두 사람은 새로 벌목 사업을 벌인다. 조르바는 정말 열정적으로 일했다. 드디어 마을 사람들을 모아놓고 케이블 고가선을 시험하는 날이 왔다. 하지만 첫 번째, 두 번째, 세 번째, 네 번째 시험 운전이 모두 실패하면서 고가선이 우르르 쓰러져버리고 사람들은 하나둘 도망가버린다. 그간의 노력이 모두 수포로 돌아간 것이다. 하지만 나와 조르바는 너무 멀쩡하다.

"조르바! 이리 와봐요! 내게 춤 좀 가르쳐주세요!"
조르바가 펄쩍 뛰어 일어났다. 그의 얼굴이 황홀하게 빛나고 있었다.
"춤이라고요, 두목? 정말 춤이라고 했소? 좋아요! 이리 와요!"
"조르바, 갑시다. 내 인생은 변했어요. 자, 놉시다!"
"처음엔 제임베키코를 가르쳐드리죠. 이건 아주 거친 군대식 춤이지요. 게릴라일 때, 전투에 나가기 전에는 늘 이 춤을 추곤 했지요."
그는 구두와 자주색 양말을 벗고 셔츠 바람이 되었다. 조금 후에는 그것마저 벗어버리고는 나를 끌어당겼다.

"두목, 내 발을 잘 봐요. 잘 봐요!"

그는 발을 내뻗으며 발가락만으로 땅을 살짝 치더니 그다음 발을 세웠다. 두 발이 맹렬하게 엉키자 땅바닥에서는 북소리가 났다. 그가 내 어깨를 흔들었다.

"해봐요! 자, 같이!"

우리는 함께 춤을 추었다. 조르바는 엄숙하고 끈기 있게 내게 춤을 가르쳐주었다. 그리고 부드럽게 틀린 부분을 고쳐주었다. 나는 차츰 대담해졌다. 내 가슴은 새처럼 날아오르는 기분이었다.

"브라보! 아주 잘하시는군요!"

조르바는 박자를 맞추느라 손뼉을 치며 외쳤다.

"브라보, 젊은이! 종이와 잉크는 지옥으로나 보내버려! 재산, 이익, 좋아하시네. 광산, 인부, 수도원 좋아하시네. 이거 봐요. 당신이 춤을 배우고 내 말을 배우면 우리가 서로 나누지 못할 이야기가 어디 있겠소!"

그는 맨발로 자갈밭을 짓이기며 손뼉을 쳤다.

"두목! 당신에게 할 말이 아주 많아요. 당신만큼 사랑해본 사람이 없어요. 하고 싶은 말이 쌓이고 쌓였지만 내 혀로는 부족해요. 춤으로 보여드리지. 자, 갑시다!"

그가 공중으로 뛰어올랐다. 팔다리에 날개가 달린 것처럼 바다와 하늘을 등지고 날아오르자 그는 마치 반란을 일으킨 대천사 같았다. 그는 하늘에 이렇게 외치는 것 같았다. "전능하신 하느님, 당신이 날 어쩌시려오? 죽이기밖에 더 하겠소? 그래요, 죽여요. 상관하지 않을 테니까.

나는 분풀이도 실컷 했고, 하고 싶은 말도 실컷 했고 춤출 시간도 있었
으니……. 더 이상 당신은 필요 없어요!"

조르바의 춤을 바라보면서 나는 처음으로 무게를 극복하고 날아오르
려는 인간의 처절한 노력을 이해했다. 나는 조르바의 인내와 그 날램,
긍지에 찬 모습에 감탄했다.

그의 빠르고 맹렬한 스텝은 모래 위에 인간의 신들린 역사를 기록하고
있었다.

모든 사업이 쫄딱 망하던 날 '나'는 조르바가 자신의 언어라고 주장하는
춤을 가르쳐달라고 한다. 점잔만 뺐던 '내'가 드디어 춤바람이 났다. 어떻
게 '나'와 조르바는 사업이 망했는데도 이렇게 즐거울 수가 있을까? 모든
것이 실패하고 더 이상 희망이 없는 바로 그 순간에 찾아드는 해방감과 성
숙이 두 사람을 지배했던 것 같다. 그래서 '나'는 이런 얘기를 한다. "내 혈
관 속에는 힘이 넘쳐흐르고 가슴은 선한 마음이 가득 차는 기분이었다. 양
이었던 사람이 사자가 되었다. 인생의 슬픔은 잊히고 고삐는 사라졌다. 짐
승이고, 하느님이고, 모두가 인간과 화합하는 우주의 일부가 되는 기분이
었다. 조르바, 갑시다! 내 인생이 바뀌었어요! 자, 놉시다!" '내'가 아니라
마치 조르바가 말을 하는 것 같다. 어떻게 보면 미친 것과 해탈은 백짓장
한 장 차이일지도 모르겠다.

진정한 자유란 무엇인가?

조르바와 '나'는 서로를 너무 좋아하게 됐고 너무 좋아하는 나머지 서로 닮

아간다. 우연한 첫 만남이 사실은 서로가 서로를 선택한 만남이었을지도 모르겠다. '나'에게 조르바는 큰 의미가 있지만 조르바에게 '나'는 어떤 존재가 되었을까?

'나'는 조르바를 통해 원시를 만났다면 조르바는 '나'에게서 무얼 얻었을까? 아마 원시인 조르바는 '나'에게서 문명을 갖다 쓰게 된 것이 아닐까? 그래서 아마 두 사람은 원시와 문명을 나누지 않았을까? 결국 두 사람의 만남은 선과 악, 원시와 문명, 이런 대극적 가치들을 통합할 기회가 아니었을까.

만남에는 반드시 이별이 따르는 법. '나'와 조르바에게도 이별의 순간이 찾아온다. '나'는 그리운 사람 곁을 스스로 떠나기로 한다. 왜 떠나는 것일까?

조르바는 그 큰 머리를 똑바로 세운 채 꼼짝도 하지 않고 술만 마셨다. 그는 다가오는 발소리를 듣는 것도 같았고 존재의 심연으로 사라지는 발소리를 듣는 것도 같았다.

"조르바, 무슨 생각을 하시죠?"

"두목, 무슨 생각이냐고요? 아무것도, 아무것도 생각하지 않아요. 두목, 건강하시길!"

또 잔을 채운 그가 소리쳤다.

우리는 잔을 부딪쳤다. 우리 둘 다 이 쓰라린 감정이 그리 오래가지 않는다는 것을 알고 있었다. 우리는 울음을 터뜨리거나 술에 취해버리거나 미친놈처럼 춤이라도 춰야 했다.

"산투르를 켜요! 조르바!"

내가 제안했다.

"두목, 내가 전에 이야기하지 않았던가요? 산투르를 켜려면 마음이 느긋해야 해요. 한 달, 아니면 두 달? 그 정도는 지나야 켤 수 있겠죠. 그때야 우리 두 사람이 영원히 이별한 이야기를 노래할 수 있겠지요?"

"영원히요!"

나는 깜짝 놀라 소리쳤다. 나는 이 엄청난 말을 혼자 생각해본 적은 있지만 이렇게 말이 되어 나올 것은 생각한 적이 없었다. 그래서 몹시 놀랐다.

"그래요, 영원히지요. 다시 만나자느니 수도원을 짓자는 것은 병든 놈을 일으켜 세울 때 하는 말이죠. 나는 그런 말은 믿지 않아요. 그런 것은 바라지 않으니까. 우리가 그런 위로나 주고받을 만큼 나약한 계집들입니까? 물론 아니지. 그러니 우리는 영원히 헤어지는 겁니다."

조르바는 힘들게 침을 삼키면서 말했다.

"난 당신과 함께 있을 수도 있어요. 당신과 함께 어디든 갈 수 있어요. 난 자유로우니까요."

나는 조르바의 처절한 애정에 당황해서 말했다.

조르바가 고개를 가로저었다.

"아니에요. 두목은 자유롭지 않아요. 당신이 묶인 줄은 다른 사람들이 묶인 줄과 다를지 모르죠. 그것뿐이에요. 두목, 당신은 긴 줄에 묶여 오고 가면서 그걸 자유라고 생각하겠지요. 그러나 당신은 그 줄을 잘라버리지 못해요. 그런 줄은 자르지 않으면……."

"언젠가는 자를 거예요."

내가 오기를 부렸다. 조르바의 말이 내 상처를 정통으로 건드렸기 때문이다.

"두목, 어려워요. 아주 어렵습니다. 그러려면 바보가 되어야 합니다. 바보, 아시겠어요? 모든 것을 도박에 걸어야 해요. 하지만 당신에게는 좋은 머리가 있으니 잘 해나가겠지요. 인간의 머리란 상점 주인과 같은 거예요. 계속 계산합니다. 얼마를 지불했고 얼마를 벌었으니까 이익은 얼마고 손해는 얼마다! 머리란 좀스러운 상점 주인이지요. 가진 것을 모두 걸어볼 생각은 하지 않고 꼭 예비금을 남겨두니까요. 이러니 줄을 자를 수는 없지요. 아니, 아니야! 더 붙잡아맬 뿐이지. 줄을 놓쳐버리면 머리라는 바보는 허둥댑니다. 그러면 끝장이죠. 그러나 인간이 이 줄을 자르지 않는다면 살맛이 나겠어요? 노란 카밀레 맛이죠. 멀건 카밀레 차 말이오. 럼주 맛이 아니지요. 이 줄을 잘라야 인생을 제대로 보게 되는데!"

"나는 이제 자유로워." '내'가 이렇게 얘기하니까 조르바는 "당신은 자유롭지 않아. 당신을 묶어놓은 줄이 다른 사람의 줄보다 좀 길 뿐이야"라고 말한다. 그러자 '나'는 "이 끈을 언젠가 끊을 거야"라고 말하고 조르바는 "어려울걸. 바보가 돼야 돼. 바보가 되지 않고는 자유로워질 수가 없어"라고 한다. 바보가 되기 위해서는 삶의 진창에서 뒹굴어야 할지 모른다. 어쩌면 모든 것을 잃어야 할지도 모른다. 그렇게 뒹굴고 잃어야 깨끗하게 비워져 자유로울 수 있다.

최후의 변화

그렇게 두 사람이 헤어지고 5년이라는 시간이 훌쩍 지난다. 두 사람은 3년 정도는 편지로 소식을 주고받기도 한다. 그런데 조르바는 시베리아에서 추위를 견디지 못하고 결혼을 한다. 대공황의 와중에 조르바는 '나'에게 녹옥한 덩어리가 있으니까 보러 오라고 한다. 그런데 '나'는 화가 나면서도 가고 싶다고 고백한다. 녹옥이 여행의 목적이 될 수는 없는데도 마음은 조르바에게 가고 싶은 '나'. 그러나 '나'는 끝끝내 조르바를 만나러 가지 않는다. 녹옥, 그러니까 조르바의 초대를 거부한 것이다.

> 펠로폰네소스 산 뒤로 해가 질 무렵 시내에서 내 우편물을 가져다주는 농가의 계집아이 술라가 테라스로 올라왔다. 술라는 편지 한 장을 내밀고는 달아났다……. 나는 알고 있었다. 적어도 알 것 같았다. 편지를 뜯어보고 나는 날뛰지도 소리 지르지도 않았다. 크게 놀라지도 않았다. 내 생각 그대로였다. 나는 원고를 무릎 위에 올려놓고 지는 해를 바라보면서 그 편지를 받으리라고 정확하게 알고 있었던 것이다.
> 나는 조용히 편지를 읽었다. 세르비아의 스코플리예 가까운 마을에서 보낸 것으로 엉망진창인 독일어로 쓰여 있었다. 나는 그 편지를 번역했다.
> "저는 이 마을 교장으로 이곳 동광 주인인 알렉시스 조르바가 지난 일요일 오후 6시에 세상을 떠났다는 슬픈 소식을 전하기 위해 이 편지를 보냅니다. 그는 이런 말을 남겼습니다.
> '교장 선생, 이리 좀 오시오. 그리스에 친구가 하나 있소. 내가 죽거든

편지를 써서 죽는 순간까지 정신이 말짱했고 그 사람을 생각했다고 전해주시오. 그리고 나는 무슨 짓을 했건 후회는 않더라는 말도 해주시오. 그 사람의 행운을 빌고 이제 철이 들 때가 되지 않았느냐고 하더라고 전해주시오.

잠깐만 더 들어요. 신부 같은 것이 와서 내 참회를 듣고 종부 성사를 하려거든 빨리 꺼지라고 이르고 온 김에 저주나 잔뜩 내려주라고 해요. 내 평생 별짓을 다 해보았지만 아직도 못 한 것이 있어요. 아, 나 같은 사람은 천 년을 살아야 하는 건데…….'

이게 그분의 유언입니다. 유언이 끝나자 그는 침대에서 일어나 이불을 걷어 올리며 일어서려고 했습니다. 부인인 류바와 저와 몇몇 이웃이 달려가 말렸습니다. 그러나 그는 우리 모두를 거칠게 밀어붙이고는 침대에서 뛰어내려 창문가로 갔습니다. 거기에서 그는 창틀을 붙잡고는 먼 산을 바라보면서 눈을 크게 뜨고 웃다가 말처럼 울었습니다. 이렇게 창틀에 손톱을 박고 서서 죽음을 맞았습니다.

미망인 류바가 선생님께 대신 편지를 써달라고 했습니다. 그리고 존경의 뜻을 전해달라더군요. 고인이 평소에 선생님 이야기를 자주 했고 자기가 죽은 뒤에 산투르를 선생님께 드리라고 했답니다.

그래서 미망인께서는 선생님께서 이 마을을 지날 일이 있으시면 손님으로 하룻밤을 묵으시고 아침에 산투르를 가져가라고 하십니다."

어떤 삶에 던져지든 그 진흙탕 속에서 뒹구는 것을 마다하지 않았던 조르바. 선과 악이 공존하는 삶의 한가운데서 뭔가를 깨달아가며 생의 도약을 하던 사람. 현실 도피란 없는 사람. 나에게 주어진 것은 모두 내가 감당해야 하는 것이고 그것이 바로 삶이라는 철학을 가진 사람. 생각하는 대로 살고 사는 대로 생각하는, 아마도 뇌와 심장이 누구보다 가까웠을 사람. 마초 중에 마초고 고집도 세지만 묘하게 중독성이 있던 사람. 마냥 불사신 같던 조르바가 죽었다. 생전에 하고 싶은 일을 모두 해본 조르바는 죽음의 순간 아직 자기가 해보지 못한 것이 많다고 아쉬워한다. 그럼에도 그에게 죽음은 환희였을 것이다.

조르바가 남긴 산투르는 왠지 우리 모두에게 남겨진 선물 같다. 치열하게 경쟁하며 살아봤자 결국 모든 것은 밥을 위한 싸움이다. 과연 그런 삶을 살아야 되는가. 우리는 산투르가 울려 퍼지는 가운데 우리를 되돌아보게 된다.

우린 포도가 포도즙이 되는 건 물리적 변화고 포도즙이 포도주가 되는 것은 화학적 변화고 포도주가 성체로 쓰이는 것은 최후의 변화라고 얘기한다. 우리의 목표는 성화, 즉 메토이소노다.

라만차의 풍차를 향해 거침없이 질주했던 돈키호테. 우스꽝스럽고 무모한 도전의 대명사이지만 조르바가 말했듯이 바보가 되지 않으면 자신의 모든 것을 걸고 도박을 할 수가 없고, 그러면 진정한 자유도 얻을 수 없다. 남들은 바보짓이라고 할지도 모르지만 가끔은 솟구치는 마음의 진실을 따라가는 것도 좋을 것 같다.

날 데려가시겠소? 그럼 난 당신의 사람이 되겠소.

난 정말 일을 잘하는 사람이오.

일할 때는 날 건드리지 마시오. 뚝 부러질 것 같으니까.

일에 몸을 빼앗기면 머리부터 발끝까지 일 그 자체가 될 만큼 긴장한

단 말이오.

그러니 당신이 날 건드리면 난 부러질 밖에.

그러나 결국 당신은 내가 인간이라는 것을 인정해야 할 거요.

인간이 뭔지 아시오? 자유요, 자유.

자유가 뭔지 아시오? 확대경으로 보면 세균이 물속에 우글거리지.

어쩔 테요. 갈증을 참을 테요, 확대경을 부숴버리고 물을 마실 거요?

난 물을 마실 거요. 그게 자유요.

그는 내가 찾아다녔으나 만날 수 없었던 바로 그 사람이었다.

아직 모태인 대지에서 탯줄이 떨어지지 않은 사나이였다.

그래, 뱀 같은 사람이지.

온몸을 땅에 붙이고 있는 뱀이야말로 대지의 비밀을 가장 잘 아는 동물이니까.

그야말로 온 대지 온 사방에서 생명을 다시 얻을 수 있는 사람이지.

내가 말했다. 이리 와봐요, 내게 춤 좀 가르쳐주세요.

내 인생은 변했어요. 자, 놉시다!

그가 말했다. 두목, 당신만큼 사랑해본 사람이 없어요.

그로 인해 나는 묘비명에 이렇게 썼다.

나는 아무것도 원치 않는다. 나는 아무것도 두려워하지 않는다.

나는 자유다.

chapter 7

비범한 사람들이 많으면 세상은 정의로울까?
• 『죄와 벌』 '정의'에 대하여 •

인간들은 공격적인 본성을 가지고 있다. 그러나 이와 동등하게 인간이 그런 공격성을 극복할수 있는 역량도 가지고 있다고 느낀다. 인간의 진화는 육체적인 것에서 문화, 도덕, 정신적인 것으로 진행되어왔다.

– 제인 구달

우리는 불의의 바퀴에 깔린 희생자들의 상처를 묶는 붕대에 불과해서는 안 된다. 그 불의의 바퀴가 멈추도록 바퀴에 쐐기를 박을 수 있어야 한다. 스스로 지키지 않는 정의는 결코 우리를 보호해주지 않는다.

아프가니스탄에서 싸우던 미군 병사들이 네 명의 염소치기를 만난다. 그들은 비무장의 무고한 민간인들이지만 그들을 살려주면 미군의 작전이 노출된다. 자, 어떻게 해야 할까? 이들을 죽여서 탈레반에게 정보가 노출되는 것을 막아야 할까, 아니면 그럼에도 이들을 살려주어야 할까? 결과를 놓고 보면 민간인 네 명을 죽이는 것이 훨씬 좋은 선택일 수 있다. 그러나 억울하게 죽은 민간인들의 정의는 어디서 찾아야 될까? 이게 우리의 고민이다.

정의의 문제는 늘 그 시대의 눈에 따라 달라진다. 그러나 분명한 것은 선한 사람은 악을 응징함으로써 선을 표방하지 않는다는 것이다. 선한 사람은 오직 세상 속에 선을 확대하고 선이라는 추상적 개념을 구체적 사례로 구현함으로써 사람들을 일깨우고 참여하게 만든다. 폭력을 응징하는 폭력이 정의가 아니듯, 테러를 응징하는 테러 또한 선이 아니다. 뒷골목 조무래기 깡패도 자신의 세력 확장을 위해 그렇게 한다. 그래서 힘은 곧 선이 아니며, 아름다움이 아닌 것이다. 보복은 보복을 낳고 피가 피를 부르는 것은 모든 종교의 가르침이며, 역사의 교훈이었다. 잘못 사용된 힘처럼 위험한 죄악은 없다.

한때 《정의란 무엇인가》라는 책이 엄청난 베스트셀러가 된 적이 있다. 우리 사회가 정의의 문제를 심사숙고해야 할 시대적 포인트에 이르렀기 때문에 그 책이 그렇게 큰 반향을 일으켰던 것 같다. 이 책에서 샌델은 정의의 기본 원칙에 대해 이렇게 말한다. 행복한가? 자유로운가? 공평한가? 그러나 이건 샌델의 기준이고 각자가 정의에 대해 나름의 기준과 사유를 가져야 건강하고 성숙한 사회가 만들어질 것이다.

정의를 주제로 하는 고전 중에 도스토옙스키의 《죄와 벌》이 있다. 1860년대 대의를 위해 살인을 저지른 대학생을 통해 시대 보편적인 정의의 문제를 고민하는 책이다. 이 고전을 이해하기 위해 우선 그 탄생 배경부터 탐색해보자.

지식인 범죄자의 탄생

1821년 의사의 아들로 태어난 도스토옙스키는 젊은 시절 공상적 사회주의에 관심을 갖고 F. M. C. 푸리에(François Marie Charles Fourier)의 공상적 사회주의를 신봉하는 M. V. 페트라셰프스키의 서클에 가담했다. 그는 1849년 봄 다른 회원들과 함께 체포되어 사형 선고를 받았다. 다행히 총살 직전에 황제의 특사로 징역형으로 감형되어 시베리아 옴스크 감옥으로 보내졌고 1850년 1월부터 강제 노동에 시달리며 4년이란 세월을 보냈다. 그러던 어느 날 여느 때처럼 고된 일과를 마치고 침상에 누운 순간 그에게 문학적 영감이 떠올랐다. 이때의 영감은 1860년에야 실행에 옮겨진다. 오랫동안 머릿속에 품었던 이야기의 주인공으로 걸맞은 실존 인물이 등장했던 것이다.

당시 도스토옙스키는 형인 미하일이 창간한 월간지 〈브레미야〉에 글을 기고하고 있었다. 기삿거리를 뒤지던 도스토옙스키는 프랑스 법정에서 이례적인 사건을 접하게 되었다. 재기 넘치고 박식하며 자의식이 강한 살인마였던 피에르 프랑스와 라스네르가 바로 그 주인공이었다. 라스네르는 싸움 상대가 죽자 자신이 타고난 범죄자임을 깨달았다. 그는 사람을 죽이고 죄책감이 아니라 성취감을 느꼈다. 감옥에서 풀려난 그는 강도짓을 하며 사람들을 살해하다가 다시 감옥에 갇혔지만 쇠창살 안에서 자신의 죄를 반성하며 시간을 허비하지 않았다. 그는 감방에서 문학과 정치와 종교에 관해 조용히 사색하며 지적인 완성을 향해 나아갔다.

라스네르에게 매료된 도스토옙스키는 그를 모델로 《죄와 벌》의 타락한 주인공 로지온 로마노비치 라스콜리니코프를 탄생시켰다. 라스네르와 라스콜리니코프는 모두 살인을 돈벌이 수단으로 생각하지만 실상 라스네르는 라스콜리니코프만큼 돈에 쪼들리지는 않았다. 가난에 관해서라면 라스네르보다는 도스토옙스키가 훨씬 잘 알았다. 도스토옙스키는 끊임없이 빚에 시달렸기 때문이다. 1865년 그는 돈 문제를 잊고 집필에 집중하기 위해 독일 비스바덴으로 떠났다. 거기서 그는 또다시 도박에 빠져 금세 빈털터리가 되고 말았다. 그렇게 모든 것을 잃은 순간 《죄와 벌》이 탄생했다. 머릿속 여기저기에 흩어져 있던 생각들이 빈털터리가 되는 것과 동시에 하나의 이야기 틀로 짜인 것이다. 도스토옙스키는 궁핍 속에서 집필에만 몰두했다. 그리고 1866년 1월 《죄와 벌》 1부가 〈러스크베스트니크〉라는 문예지에 실렸다. 《죄와 벌》이 연재되는 12개월 동안 〈러스크베스트니크〉의 정기 구독자 수는 500명이나 늘어났다. 《죄와 벌》은 이듬해인 1867년에 두 권의 책으로 출간되었고 도스토옙스키는 이후 《백치》, 《악령》, 《카라마조프의 형제들》 등 후기의 대작들을 남기며 러시아뿐만 아니라 세계 문학과 사상에 광범위한 영향을 미쳤다. 그는 특히 니체부터 현대의 실존주의자에게 많은 영향을 주었다.

삶은 외부가 아닌 자신 속에 있다

《죄와 벌》의 주인공인 라스콜리니코프는 앞서 밝혔듯이 프랑스의 지식인 범죄자를 모델로 하는 가공의 인물이다. 아주 창백하지만 지성적인 그는 인간의 대의를 위해서, 말하자면 버러지나 이 같은 존재를 제거함으로써 사회 정의에 기여하자는 생각을 가진 위험한 젊은이다. 한마디로 그는 자기의 대의에 대한 신념이 있는 젊은이다.

　책은 신경이 바짝 곤두선 라스콜리니코프의 모습을 보여준다. 그는 지금 어디론가 향하고 있는데 자신의 집에서 그곳까지는 정확하게 730걸음이다. 그는 그 집 문 앞에 가서 초인종을 누른다.

노파가 수상히 여기는 눈초리로 청년을 바라보았다. 그녀는 몸집이 작고 비쩍 마른 데다 눈빛은 심술궂고 예리했다. 코는 작고 구부러졌으며 희끗희끗한 머리에는 기름을 잔뜩 바르고 있었다. 닭다리처럼 길고 가느다란 목에는 낡은 플란넬 스카프를, 어깨에는 날씨와 어울리지 않는 누렇게 바랜 모피 조끼를 걸치고 있었다.

"라스콜리니코프라는 학생입니다. 한 달 전에도 왔었죠."

"기억하고 있어요. (……) 들어와요." (……)

그는 재빠르게 방안을 둘러보며 구조를 기억해두려고 했지만 특별히 눈을 끄는 것은 없었다. (……)

"무슨 용건이지요?" 노파는 방안으로 들어오더니 그의 앞을 가로막고 서서 그의 얼굴을 똑바로 바라보며 엄숙하게 물었다.

"전당 잡힐 물건을 가져왔습니다. 자, 이겁니다."

라스콜리니코프는 주머니에서 구식 은시계를 꺼내들었다. 뒷면에 지구의가 새겨져 있고 시곗줄은 쇠줄이었다.(……)

"이런 시계는 얼마나 쳐주나요, 알료나 이바노브나?"

"1루블 50코페이카. 선이자를 떼는 조건으로."

"1루블 50코페이카라니요."

(……) 라스콜리니코프는 아니꼬운 생각에 그대로 나와버리고 싶었지만 곧 마음을 고쳐먹었다. 달리 갈 곳도 없는 데다 여기 다른 목적으로 왔다는 것을 깨달았던 것이다.

"좋아요, 그렇게 해주세요."

노파는 주머니에 손을 넣어 열쇠를 찾더니 커튼 뒤의 방으로 들어갔다. 라스콜리니코프는 방 한가운데 홀로 남게 되자 서랍장이 열리는 소리에 귀를 기울이며 상상하기 시작했다.

'윗 서랍인 모양이군. 열쇠는 전부 쇠고리에 끼워서 오른쪽 주머니에 넣겠구나. 다른 열쇠보다 세 배나 큰 톱니 모양의 열쇠는 서랍장 열쇠가 아니야. 문갑이나 궤짝이 따로 있겠지. 궤짝 열쇠는 대체로 그러니까. 그건 그렇고 내가 왜 이따위 한심한 생각을 하고 있는 거야?'

노파가 돌아왔다.

"그러면 1루블에 한 달 이자가 10코페이카니까 1루블 50코페이카에 대해서는 15코페이카, 지난번 2루블에 대해서는 이자가 20코페이카예요. 이자만 35코페이카니까 학생이 받아갈 돈은 1루블 15코페이카예요. 자, 받아요."

"뭐라고요? 겨우 1루블 15코페이카라고요?"

"그래요."

라스콜리니코프는 실랑이를 관두고 돈을 받았다. 그는 노파만 유심히 바라볼 뿐, 나가려고도 하지 않았다. 아직 할 말이 남은 것 같았지만 대체 그것이 무엇인지 자신도 잊은 것 같았다.

"아, 어쩌면 며칠 안에 물건을 하나 더 가져올 수도 있습니다. 은으로 만든 훌륭한 담뱃갑인데요, 친구가 돌려주면 바로 가져오겠습니다."

"그래요? 그건 그때 얘기해요."

"예. 그럼 이만. 그런데 늘 혼자 계세요? 여동생은 집에 안 계신 모양이죠?"

그는 현관으로 나가면서 최대한 자연스럽게 물었다.

"내 동생한테 무슨 볼일이라도 있나요?"

"아, 아니에요. 그냥 물어본 겁니다. 당신은 좀 이상하게 생각하시는 것 같군요. 자, 그럼 안녕히 계세요."

라스콜리니코프는 허둥대며 밖으로 나왔다. 마음의 혼란은 더욱 커졌다. 계단을 내려올 때는 무엇인가에 놀란 듯이 몇 번이나 걸음을 멈추었다. 그는 가까스로 거리로 나오더니 이렇게 중얼거렸다.

"얼마나 험오스러운 짓인가. 내 머릿속에 그런 무서운 생각이 떠올랐다니. (……) 이 끔찍한 생각을 꼬박 한 달 동안이나 하다니, 정말 싫다. 아, 끔찍해."

작가의 인생처럼 병적이고 음산한 분위기지만 그것만이 전부는 아닌 것 같다. 이런 음침함 속에 드러나는 도스토옙스키의 매력을 이해하기 위해서는 사형 취소 직후에 형한테 보냈던 편지를 읽어보아야 한다. "형, 나는 기운을 잃지도 정신을 잃지도 않았습니다. 어느 곳에서 살든 그것 역시 삶이고 삶은 우리 안에 있는 것이지 외부에 있는 것이 아니라는 것을 깨달았어요. 어떤 재난이 몰아닥친다 해도 의기소침하지 않고 흔들리지 않는 것. 그것이 인생이고 바로 거기에 인생의 과제가 있는 것 아니겠습니까?" 도스토옙스키는 어둡고 음산한 가운데도 기대와 희망을 잃지 않는다.

자, 그러면 그의 어둡고 음산한 작품을 좀 더 들여다보자. 다들 짐작하겠지만 라스콜리니코프는 전당포 노파를 살인하려는 음모를 꾸미고 있다. 그는 왜 노파를 죽이려는 것일까? 그의 작전은 성공했을까?

인간의 두 종류, 나폴레옹과 이

앞서 라스콜리니코프는 알료나 이바노브나를 찾아가 시계를 맡기면서 자기의 위험한 계획을 점검하고 돌아온다. 이제 그는 그 계획을 실행에 옮기기 위해 다시 한 번 노파의 집을 찾아가게 된다.

'지금이라도 돌아가는 것이 낫지 않을까?'

그러나 이런 생각도 잠시 그는 곧 노파의 집 앞에 서서 동정을 살피기 시작했다. 빠른 심장 소리는 좀처럼 가라앉지 않았다. (……) 그는 더 이상 견디지 못하고 서서히 손을 내밀어 초인종을 울렸다. 30초쯤 기다려보다가 이번에는 더 크게 초인종을 울렸다. (……) 그리고 다시 세 번째로 초인종을 울렸으나 이번에는 침착하게 조금도 조급한 기색 없이 초인종을 울렸다. (……) 드디어 빗장을 벗기는 소리가 들렸다. 저번처럼 문이 빠끔히 열리고 날카로우면서도 수상쩍어하는 눈동자가 어둠 속에서 그를 쏘아보았다. 라스콜리니코프는 당황해서 큰 실수를 저지르고 말았다.

그는 노파가 단둘이 있는 것에 겁을 먹거나, 아니면 자신의 차림새가 노파의 의심을 살지도 모른다는 생각에 노파가 갑자기 문을 닫아걸지 못하도록 문을 홱 잡아당겼던 것이다. 그 바람에 문고리를 꼭 쥐고 있던 노파가 계단 앞으로 끌려나올 뻔했다. (……) 라스콜리니코프는 소스라치게 놀란 노파를 밀치면서 집 안으로 걸어 들어갔다.

"안녕하세요, 알료나 이바노브나."

그는 태연하게 말하려고 했지만 목소리는 조금씩 떨리기 시작했다.

"물건을 가져왔어요. 저기 밝은 곳으로 가서 보시는 게 좋겠군요." 그
는 이렇게 말하고는 허락도 받지 않고 곧장 안으로 들어갔다. 노파가
뒤쫓아 들어왔다.

"세상에, 도대체 무슨 일이죠? 당신 누구요?"

"농담하지 마세요. 라스콜리니코프입니다. 일전에 약속드린 물건 가
지고 왔습니다." 그는 노파에게 담보물을 내밀었다.

노파는 물건을 힐끗 보더니 다시 불청객을 노려보았다. (……)

"왜 그렇게 보세요? 마치 모르는 사람처럼요. 마음에 들면 전당을 맡
아주세요. 아니면 다른 데로 가보겠습니다."

그는 미리 생각해두었던 것은 아니지만 저절로 그런 말을 하게 되었
다. 불쾌한 기색으로 단호하게 내뱉은 그의 말투가 그녀를 안심시켰
다.

"아이 참, 젊은이가 성급하기는. 이게 뭐요?" 그녀가 물건에 눈을 돌
리면서 물었다.

"은제 담뱃갑입니다. 저번에 말씀드렸죠?"

(……) 노파가 물건을 집어 들었다. (……)

"아이고, 은 같지는 않은데. 아주 꽁꽁 묶었군."

노파는 끈을 풀기 위해 밝은 창 쪽으로 돌아섰다. 그녀는 라스콜리니
코프를 등지고 있었다. 그는 외투 단추를 벗기고 고리에서 도끼를 빼
냈다. 하지만 아직 꺼내들지는 못하고 오른손으로 쥐고만 있었다. 손
이 뻣뻣하게 굳어가면서 저리는 것 같았다. 그는 도끼를 떨어뜨리지는
않을까 겁이 나기도 했다.

"어쩜 이렇게 단단히 묶어놓았담." 노파가 짜증스럽게 내뱉으며 그를

향해 몸을 돌리는 순간 라스콜리니코프는 도끼를 빼들더니 아무렇게
나 거의 기계적으로 노파의 정수리를 내리쳤다.

라스콜리니코프가 아무 원한도 없이 살인에 나선 이유는 뭘까? 그 답을
알려면 그가 어떤 생각을 가지고 있는지를 살펴보아야 한다. 그는 인간을
두 부류로 나눈다. 나폴레옹과와 이과. 이과는 말 그대로 사람의 몸에 기
생하며 피를 빠는 이를 의미한다. 반면 나폴레옹과에 속한 비범한 인물들
은 선악을 초월한 존재들로, 새로운 윤리, 법, 질서를 만들어내기 위해 살
인, 방화, 파괴 등이 허용된다.

이는 벌벌 떨면서 기존의 질서를 쫓아가는 대다수의 평범한 사람들을
은유한다. 라스콜리니코프는 전당포 노파 같은 사람은 이 같은 평범한 사
람들 가운데서도 가장 비루하고 끔찍하고 간악하기 때문에 존재 가치가
없으니 자신처럼 나폴레옹과에 속한 사람이 인류를 위해 죽여도 무방하다
고 생각한다. 그래서 그는 그 생각을 실행한다.

그는 매우 이성적인 인물이기도 하고, 아주 이상한 생각에 사로잡힌 영
웅주의자이기도 하다. 그런데 라스콜리니코프는 현장에서 뜻하지 않게 두
번째 살인을 저지르게 된다. 전당포 노파의 여동생이 느닷없이 살해 현장
에 나타났던 것이다.

이후 라스콜리니코프는 완전범죄를 꿈꾸며 도끼를 장작더미 위에 도로
갖다놓고 훔쳐온 물건들을 벽장에 숨긴다. 그러나 서서히 사람을 죽인 것
에 대한 가책과 당황과 혼란에 빠져들면서 그의 신경 체계는 무너지기 시
작한다. 그 와중에 라스콜리니코프에게 경찰서로 출두하라는 소환장이 날
아오고 라스콜리니코프는 두근거리는 마음을 안고 경찰서로 향하게 된다.

주인집 여자의 돈을 갚지 않아 경찰서로 소환된 것이었지만 라스콜리니코프는 자기가 살인 사건의 범인으로 의심을 받는다고 생각한다.

불행에 불행을 더하는 사람들

그렇다면 도스토옙스키는 어째서 법대생인 라스콜리니코프를 살인자로 설정했을까? 그 이유를 이해하기 위해서는 당시 러시아의 상황을 살펴봐야 한다. 우선 《죄와 벌》이 집필되던 시기는 1860년대 중반이다. 그런데 그보다 5년 전쯤에 러시아에 농노해방이 일어나게 된다. 해방된 농노들이 대거 도시로 흘러들어 도시 빈민을 이루게 되고 제정러시아는 백척간두의 위기에 놓인다. 곳곳에서 지주에 대한 살해 협박이 난무하고 실제로 도스토옙스키의 아버지도 농노에게 살해되었다. 혼돈 속에서 사회와 정의에 대해 고민이 많았을 작가는 자신과 같은 고민에 휩싸인 주인공을 내세운 것이다. 대의를 위해 살인하는 창백한 살인자 라스콜리니코프는 그렇게 탄생했다.

하지만 라스콜리니코프는 만인을 위한 살인을 저지른 뒤에 정신착란에 시달리는 등 왠지 떳떳하지 못하다. 이렇게 라스콜리니코프의 머리가 복잡한데 누군가 그를 찾아온다. 여동생인 두냐의 약혼자 루진이다. 라스콜리니코프는 루진을 너무나 싫어한다. 왜 그럴까? 루진은 돈도 있고 직업도 변호사지만 아주 속물이다. 라스콜리니코프는 동생이 가난한 집을 돕기 위해 결혼하려는 것을 알고 루진에게 적개심을 보인다. 사실 루진 같은 가진 자는 없는 자를 무시하고 이용해먹는다. 그런데 여기 없는 자가 한 명 더 등장한다.

여주인공인 소냐의 아버지이자 퇴역 관리인 마르멜라도프다. 그는 알코올 중독자이고 그의 아내는 폐병 환자다. 그들의 큰 딸인 소냐는 가족을 부양하기 위해 거리로 나선다. 마르멜라도프는 이미 술집에서 라스콜리니코프와 안면을 트고 그를 친구로 생각하고 있다. 그런데 어느 날 그가 술에 취해 거리를 걷다가 마차의 말발굽에 밟히게 되고 라스콜리니코프의 도움을 받는다.

　그녀는 현관으로 몰려드는 사람들과 그들이 든 짐짝 같은 것을 보자마자 이렇게 외쳤다.
　"대체 그게 뭐죠? 뭘 들고 오는 거예요?" (……)
　"큰길에서 마차에 치었습니다. 술에 취해서요." 누군가 입구에서 소리쳤다.
　그러자 카체리나 이바노브나가 새파랗게 질려서 고통스럽게 숨을 몰아쉬었다. 아이들은 완전히 질려버리고 말았다. 가장 어린 리다는 울음을 터뜨리며 언니인 폴리아에게 매달려 떨고 있었다. (……) 카체리나 이바노브나는 이런 일로 기절할 사람은 결코 아니었다. 그녀는 즉시 남편의 머리 밑에 베개를 받쳤다. 아무도 생각지 못한 일이었다. 그녀는 남편의 옷을 벗겨 상처를 살펴보았다. 그러고는 물에 적신 수건으로 남편의 상처를 닦아내고 찬찬히 보살폈다. (……)
　"폴리아, 소냐에게 빨리 뛰어가거라. 아버지가 마차에 치었으니 얼른 집으로 오라고 전해. 어서." 카체리나 이바노브나가 외쳤다. (……)
　그 사이에 방안은 입추의 여지가 없을 정도로 사람들이 빽빽이 들어찼다. 경찰은 한 사람만 남고 모두 가버리고 그마저도 잠시 후에 계단에서 몰려드는 구경꾼을 밀어내며 떠나가려 했다. (……) 카체리나 이바노브나는 울컥 화가 치밀었다.

"제발, 죽을 때만이라도 조용히 죽게 해줘요." (……)

그때 집 주인인 리페베흐젤 부인이 나타났다. (……)

"아이고, 세상에. 당신 남편이 술에 취해서 마차에 치었다면서요. 어서 병원으로 옮겨요. 절대로 내 집에서 죽으면 안 돼요." 그녀는 양손으로 손뼉을 치면서 이렇게 말했다.

"(……) 당신 눈에는 이 사람이 죽어가는 게 안 보이나요? 사람들이 들어오지 못하게 해주세요. 그렇지 않으면 잘 알고 지내는 공작님과 지사님께 당신의 행실을 낱낱이 말씀드리겠어요.(……)"

(……) 카체리나 이바노브나의 웅변도 기침으로 단번에 딱 멈추어지고 말았다. (……)

"옷을 벗겨야겠어요. 온통 피투성이예요. 여보, 몸을 움직일 수 있겠어요?" 그녀는 큰 목소리로 말했다.

마르멜라도프는 아내의 얼굴을 알아보았다.

"신부님, 신부님 불러줘." 마르멜라도프가 희미한 목소리로 말했다.

(……) 독일인 노의사가 수상한 듯이 주위를 둘러보면서 들어왔다. 그리고 부상자에게 다가가 진찰을 하고 조심스럽게 머리를 짚어보았다. (……)

"지금까지 살아 있는 것이 신기하군요. 곧 숨을 거둘 겁니다." 의사가 라스콜리니코프에게 귓속말을 했다. (……)

또 발소리가 나며 현관 앞에 모인 사람들이 흩어지더니 사제가 모습을 나타냈다. (……) 의사는 즉시 사제에게 자리를 양보하고 그와 의미심장한 눈빛을 주고받았다. (……) 그때 언니를 데리러간 폴리아가 사람들을 헤치고 들어왔다. (……) 한데 구경꾼들 속에서 소리도 내지 않고 젊은 여자가 들어왔다. 거리의 여자라는 것을 단번에 알 수 있을 만큼 천박한 차림새였다. (……)

"내 딸 소냐. 나를 용서해다오."

마르멜라도프는 소냐에게 손을 내밀려다가 침대에서 굴러떨어지고 말았다. 소냐는 비명을 지르며 아버지에게 달려갔고 그는 딸의 품에 안긴 채 숨을 거두었다. 카체리나 이바노브나가 소리쳤다.

"기어코, 기어코 소원을 이뤘군요. 이제 무슨 돈으로 저 사람을 묻는단 말이냐." 카체리나 이바노브나가 남편의 시체를 보고 외쳤다.

라스콜리니코프가 그녀에게 다가가서 입을 열었다.

"지난주에 남편께서는 나에게 그동안 어떻게 살아왔는지 이야기해주었습니다. 특히 부인에 대해서는 깊은 존경과 사랑을 보여주었죠. (……) 우리는 친구가 되었습니다. (……) 그러니 여기 25루블 받아주세요. (……)"

19세기까지 러시아는 유럽의 변방이자 낙후한 지역이었다. 그러나 이곳 상트페테르부르크는 표트르 대제가 야심적으로 개발한 도시였다. 농노해방 직후에 도시 빈민층이 형성되면서 상트페테르부르크의 센나야 거리는 여인숙과 술집이 밀집하고 실업자들이 모여드는 범죄와 매춘의 거리로 변한다. 그래서인지 사람들도 야박하기만 하다. 집주인은 자기 집에서 시체가 나갈까 봐 당장 병원으로 가라고 소리를 지르고 아내는 남편이 죽어가는데도 눈물 한 방울 흘리지 않는다. 가난은 사람들을 지치게 만들고 인간성의 경계로까지 몰아붙인다.

만인을 위한 살인은 정의로운가?

한편 범인 수색 과정에서 예심판사 포르피리가 라스콜리니코프를 찾아
온다.

"(……) 세상에는 평범한 사람과 비범한 사람이 있는데 비범한 사람은
법률에 관계없이 범죄를 저지를 권리가 있다고 주장했지요?"
라스콜리니코프는 일부러 자기의 논문을 왜곡하는 그를 마음속으로
비웃었다. (……)
"대체로 잘 이해했지만 정확하지는 않군요. 나는 비범한 사람이 불법
한 행위를 저질러도 된다고 주장하지는 않았습니다. 단지 그렇게 암시
한 것에 불과합니다. 내가 말한 비범한 사람은 어떤 종류의 장애를 초
월하는 권리를 지녔습니다. 그렇다고 공식적인 권리는 아니라 자기 양
심을 뛰어넘을 권리입니다. 그것도 그의 사상이 인류를 위한 신념으
로 인정받을 때나 인정되는 거죠. 내 논문을 명백하게 이해하지 못하
신 것 같은데 자세히 설명해드리죠. (……) 리쿠르고스, 솔론, 마호메
트, 나폴레옹 같은 사람들은 새로운 법을 만들고 그 법으로 사회 질서
를 파괴한 것만으로도 이미 범죄를 저질렀어요. 그들은 피를 흘려야
할 상황이 닥치면 서슴없이 피를 쏟게 했습니다. 이렇게 보면 지금까
지 인류를 위한 개혁가나 입법가들은 모두 소름 끼치는 살인자입니다.
(……) 누구든 위인까지는 못 되더라도 남보다 조금이라도 뛰어난 사

람은 본질적으로 범죄자를 면하지 못하니까요.(……)"

"(……) 대체 비범한 사람과 평범한 사람을 어떻게 구분해야 할까요?"

"(……) 많은 사람들이 자신을 비범하다고 생각합니다. 그러나 그들은 오래가지는 못합니다. 그들은 선천적으로 유순해서 금세 자책하고 반성할 테니까요."

"그렇군요. (……) 그런데 또 한 가지 문제가 있습니다. 사람을 죽여도 좋을 비범한 권리를 가진 사람들이 많을까요? (……) 그런 사람들이 많으면 곤란하지 않겠습니까?"

"그것도 염려할 것 없습니다." 라스콜리니코프는 같은 어조로 이야기를 계속했다. "새로운 사상을 제창하는 선구자, 아니 새로운 이론을 만들 수 있는 사람은 극소수에 불과합니다. (……) 위대한 천재, 인류의 참된 완성자는 몇 억 명의 인간이 살다 죽어간 뒤에야 태어날지도 모릅니다. (……)"

(……) "당신이 범죄에 대해 어떤 견해를 가지고 있는지 이제는 완전히 이해했습니다. 그런데 (……) 어떤 청년이 스스로를 리쿠르고스나 마호메트라고 생각하고 장애가 된다고 판단한 것들을 제거하기 시작한다면 어떻게 될까요? (……)"

"그런 일이 확실히 있을 수도 있죠. 허영심에 날뛰는 청년들이 많으니까요. (……) 하지만 우리 사회는 이미 교도소, 판사, 강제노동 등으로 충분히 질서를 잡고 있지 않습니까?" (……)

"그렇다면 그 사람의 양심은 어떻게 되나요?"

"양심이 있는 인간이라면 스스로 죄를 뉘우치겠지요. 그야말로 가장 큰 벌일 테니까요." (……)

"(……) 혹시 그 논문을 쓰는 동안에 아주 조금이라도 스스로를 비범한 사람이라고 생각한 적은 없습니까?"

"그랬을 수도 있죠." 라스콜리니코프는 경멸 어린 말투로 대답했다.

이 대목은 라스콜리니코프가 전당포 노파를 살해하는 이론적 바탕이 된다. 예심판사 포르피리는 독자들이 궁금해하는 물음을 파고든다. 포르피리의 질문대로 '법을 초월할 권리를 가진 비범한 사람들이 많아진다면 세상은 어떻게 될까'는 사실 도스토옙스키가 독자들에게 던지는 질문이기도 하다.

지쳐가는 영혼

라스콜리니코프는 내면의 고통이 깊어가지만 마음을 나눌 사람은 어디에도 없다. 범죄자가 되고 보니 주위 사람들에게 접근하기도 어렵다. 라스콜리니코프는 스스로를 고립시키고 어머니와 동생 두냐, 그리고 친구인 라주미힌으로부터 멀어진다. 그는 그들이 다가갈수록 더 멀어진다. 그러나 결국 그는 혼자 견디지 못하고 누군가를 찾아간다. 바로 소냐다.

라스콜리니코프는 그녀를 아주 순결하고 깨끗한 믿음을 간직하고 있다고 표현한다. 겉으로 보면 가장 바닥에 있지만 사실은 가장 성스러운 거리의 여인을 찾아가는 것이다. 그는 그녀의 발에 입을 맞춘다.

"그렇다면 정성을 다해 하느님께 기도를 드리고 있었다는 말인가요?"

그가 물었다.

소냐는 한동안 아무 대답도 하지 않았고 그는 그녀 옆에 서서 대답을 기다렸다.

"물론이에요. 하느님이 안 계셨다면 어떻게 살 수 있겠어요." 그녀는 그를 흘긋 바라보고는 그의 손을 잡으며 말했다.

'그래, 역시 그랬군.' 그는 생각했다.

"하지만 당신이 하느님을 아무리 믿어도 하느님은 당신에게 아무것도 해준 것이 없지 않나요?" 그가 날카롭게 물었다. (……)

"그런 말씀 하지 마세요. 당신은 그런 말을 할 자격이 없어요." 소냐는 단호한 표정으로 그를 쏘아보았다.

'그랬구나. 역시 그랬어.' 그는 가슴속으로 몇 번이고 되풀이해서 말했다.

"하느님은 어떤 기도든 다 들어주시는 분이에요." 소냐가 다시 고개를 떨구며 작은 목소리로 말했다. (……) 라스콜리니코프는 진정한 성인을 만나고 있다는 느낌에 사로잡혔다. 서랍장 위에는 책이 한 권 놓여 있었다. (……) 러시아어로 번역한 신약성서였다.

"이거 어디서 났어요?" 그가 그녀에게 물었다. 그녀는 계속 같은 자리에 서 있었다. (……)

"리자베타가 갖다 줬어요. 제가 부탁했거든요."

리자베타라니, 무척이나 기묘한 느낌이 들었다. 소냐와 관계되는 것은 시간이 갈수록 이상하게만 보였다. 그는 책을 들고 촛불 쪽으로 갔다. 그는 책장을 넘기기 시작했다. (……)

"라자로의 부활 부분이 어디 있지? 찾아서 좀 읽어줘요." (……)

"교회에서 읽고 오셨을 거 아니에요."

"가본 적이 없어요. 당신은 자주 가나요?"

"아니요." 소냐가 낮은 목소리로 대답했다.

"그럼, 내일 아버지 장례식에도 가지 않겠군요."

"당연히 가야지요. 실은 지난주에도 기도 드리고 왔어요."

"누구를 위해?"

"리자베타요. 도끼에 맞아서 죽었죠."

소냐의 말에 라스콜리니코프는 현기증을 느꼈다.

"리자베타와 가까운 사이였어요?"

"네. 정말 정직한 분이었어요. 가끔 여기 들렀어요. 그런데 이제 올 수 없게 되었어요. 그분과 책도 읽고 이야기도 했는데. 그분은 분명 하느님을 만났을 거예요."

마지막 이 말은 라스콜리니코프에게 묘한 감명을 주었다. (……)

"어서 빨리 읽어줘요."

"왜 읽어드려야 하죠? 당신은 하느님을 믿지도 않잖아요." 그녀가 괴로운 듯이 숨을 몰아쉬면서 나지막이 말했다.

"읽어줘요. 꼭 들어보고 싶어서 그래요. 리자베타에게도 읽어주었잖아요." 그가 말했다.

소냐는 책을 들고 책장을 넘겼다. 손은 떨고 있고 소리는 나오지 않았다. 두 번이나 읽으려고 했지만 첫 구절을 발음할 수가 없었다. (……)

"라자로의 부활은 여기까지예요." (……)

"솔직히 말하면 따로 할 말이 있어서 왔어요." 라스콜리니코프는 얼굴을 찌푸리고 느닷없이 그렇게 말하고는 소냐에게 다가갔다. 그녀는 입을 다물고 그를 바라보았다. 그는 뭔가 중대한 결심이라도 한 것처럼 눈초리가 몹시 사납게 변해 있었다.

"나는 오늘 어머니와 누이동생을 버렸어요. 다시는 가족을 보러 가지 않을 거예요." 그가 덧붙였다.

"왜 그러셨어요?"

소녀가 놀라며 물었다. 어머니와 누이동생과의 만남은 짧았지만 그녀에게 깊은 인상을 남겼던 것이다.

"이제 나에겐 당신뿐이에요. 나와 함께 떠납시다. 이 말을 하러 온 거예요. 당신이나 나나 저주받은 삶이에요. 그러니까 같이 가요."

"어딜 간다는 거예요?"

그는 어딘가 제정신이 아닌 것 같았다.

"그거야 나도 모르지. 내가 아는 건 우리가 가야 할 길이 같다는 것뿐이에요."

소녀는 그를 뚫어지게 바라보았지만 그의 말을 하나도 이해할 수 없었다. 그러나 그가 한없이 불행하다는 것만큼은 분명히 느낄 수 있었다.

소냐에 대한 라스콜리니코프의 마음은 어떤 것일까? 아마 처음부터 사랑은 아니었을 것이다. 아마도 마음의 상처, 영혼의 타락, 자신은 구제받을 수 없다는 생각 등을 털어놓을 수 있는 유일한 상대가 아니었을까? 거리의 여인이 되어버린 소냐는 종교로 구원받을 수 있다. 의미심장하게도 라스콜리니코프는 소냐에게 성경 구절을 읽어달라고 하고 소냐는 라자로의 부활을 읽어준다. 라스콜리니코프는 살인자가 되어버린 자신의 구원을 바랐던 것은 아닐까?

라스콜리니코프의 심적인 갈등이 더해지는 가운데 포르피리의 수사망도 점점 조여온다. 그는 라스콜리니코프에 대해 전반적으로 조사하고 이제는 유력한 증인까지 등장한다. 그러나 라스콜리니코프의 자백을 받아낼 수 있을 만큼 물증과 증인이 확보된 순간에 갑자기 엉뚱한 사람이 나타나 범행을 자백한다. 페인트공이었던 니콜라이가 자신이 노파를 죽였다고 자백한 것이다.

그러나 반전은 여기가 끝이 아니다. 포르피리는 살인이 단순 범행이 아님을 알고 그 증인으로 인부를 내세운다. 작품이 계속되면서 반전에 반전이 거듭된다. 그러나 후반부에 가면 포르피리는 라스콜리니코프의 생각에 어느 정도는 공감하는 모습도 보인다. 그는 라스콜리니코프를 이해하는 동시에 그에게 연민도 보인다. 포르피리는 법을 대변하는 인물이다. 법이란 권리와 자유를 서로 나누는 과정에서 생기는 사회적 부조리를 해결하기 위해 우리가 정의의 최전선에 세워둔 첨병이다. 하지만 법으로 정의가 완벽하게 지켜지는 것일까?

자신의 존재를 확인하는 잘못된 방법

도스토옙스키의 소설 전체를 들여다보면 끊임없이 선과 악, 정의와 부조리가 계속 겹쳐지며 등장한다. 두냐에게 치근덕거리는 스미드리가일로프 역시 라스콜리니코프와 아주 다른 사람 같지만 사실은 똑같은 생각을 가지고 있다. 다시 말해 그는 비범한 존재는 선악을 초월해 악을 행할 수 있다고 믿고 아내를 살해하는 악행도 서슴지 않는다. 그의 악행을 지켜보면서 독자들은 라스콜리니코프의 대의에 의심을 품게 된다.

하지만 라스콜리니코프는 끊임없이 괴로워하면서도 자신이 나폴레옹 같은 사람은 아닐지 모른다고 생각할 뿐, 대의를 의심하지는 않는다. 그는 고통 속에서 소냐에게 자신의 범행을 고백한다.

"나는 왜 여기까지 왔을까? 당신은 아무것도 이해하지 못하고 괴로워 할 텐데. 여기로 오다니 정말 용서가 안 되는 일이에요."
"아니에요. 잘 오셨어요. 제가 알기를 잘한 거예요."
그는 괴로운 듯이 그녀를 바라보았다. (……)
"그래, 당신 말대로요, 소냐. 지금 이야기한 것은 헛소리나 다름없어 요. 당신도 알고 있듯이. 내 어머니는 빈털터리예요. 내 누이는 다행히 도 교육을 받았기 때문에 가정교사로 돈을 벌었고요. 두 사람은 나한 테 모든 희망을 걸었죠. 난 대학에 다니다가 끝내 학비를 대지 못해서 그만 휴학을 하게 되었어요. 10년이나 12년 후에는 교사나 관리가 되 서 연봉을 1000루블쯤 받게 될지도 몰라요. 하지만 그때까지 기다릴 수가 없었어요. 어머니는 늙어빠질 것이고 (……) 누이는 무슨 꼴을 당할지 모르니까요. (……) 그래서 결심한 거예요. 노파의 돈으로 어 머니의 생활비를 대고 대학을 졸업하자고. 새 인생을 살자고. (……)"
그는 힘없는 어조로 말을 마치더니 고개를 아래로 떨구었다.
"아니에요. 그런 일이 어떻게 있을 수 있어요?" 소냐가 애달프게 말했 다. (……)
"나는 이를 한 마리 죽였을 뿐이에요. 쓸모없고 더럽기만 한 이를."
"사람한테 이라뇨?" (……)
"그럼, 그럼 이렇게 생각해요. 이렇게 생각하는 편이 낫겠어요. 난 자만심이 강하고 질투심도 많으며 근성이 삐뚤어지고 비열하고 집념이 깊은 사내라고 말이오. 어쩌면 미친 사람이라고 생각하는 편이 나을지도 몰라요. (……) 소냐, 강한 자만이 권리를 갖는 거예요. 결단을 내릴 수 있는 자만이 세상을 지배하는 거예요. 허리를 굽히는 자만이 권력을 주울 수 있어요. 왜 이토록 불합리한 세상의 꼬리라도 흔들어보려는 사람이 없을까요? 그래서 결단을 내렸어요."

"이제 그만하세요. 말하지 마세요. 하느님께서 벌을 내려 당신에게 악마를 보내신 거예요."

"나는 생각하는 인간으로서 그 일을 한 거예요. (……) 오로지 나를 위해 죽였소. (……) 돈이 필요해서가 아니었어요. 내가 평범한 인간인지 아닌지 알고 싶었어요." (……)

"일어나세요. 지금 당장 거리로 나가서 당신이 피로 더럽힌 땅에 입을 맞추세요. 그리고 사람들이 다 듣도록 큰 소리로 '내가 사람을 죽였습니다'라고 말해요. 그러면 하느님이 당신에게 새로운 생명을 주실 거예요." (……)

"자수를 하고 감옥에 가라는 건가요?"

"고통으로 속죄해야 해요."

"어리석은 소리 말아요. 내가 왜 사람들 앞에 서야 하죠? 다들 자기가 지은 죄는 생각하지 않고 스스로 착하다고 믿는 비열한 자들이라고요."

"안 그러면 앞으로 어떻게 살아갈 작정이에요? 무엇을 믿고 무엇을 외치며 살아갈 건가요?" (……)

"익숙해지겠죠. 경찰이 곧 나를 체포할 거라는 말을 하기 위해서 당신을 찾아온 거예요."

"맙소사." 소냐가 겁에 질려 외쳤다.

"감옥에 가라고 할 때는 언제고 그렇게 놀라는 이유가 뭐죠? 나는 놈들에게 지지 않을 거예요. (……) 확실한 증거가 없으니까요. (……) 그래도 내가 감옥에 간다면 면회 와주겠어요?"

"물론이죠. 가고말고요."

두 사람은 폭풍으로 무인도에 표류한 사람처럼 슬픔에 잠긴 채 나란히 앉았다. 그는 소냐를 바라보면서 자신을 향한 그녀의 사랑이 얼마나 깊은지를 느꼈다. 이렇게까지 사랑받고 있다니 이상하게 쓰리고 아릿한 기분이었다. 그가 소냐를 찾아온 것은 그녀가 자신의 유일한 희망이자 출구라고 생각했기 때문이었다. 소냐를 만나면 자신의 고통을 덜 수 있을 것 같았다. 그러나 지금 그녀의 마음이 온통 자신에게 향해 있음을 느끼자 오히려 더 불행해진 느낌이 들었다.

이 책에서 라스콜리니코프가 가장 솔직해지는 순간이다. 선과 악을 가르는 정의란 무엇일까? 존 롤스(John Rawls)의 정의론을 보자. 롤스 이전 서양의 정의론은 대부분 공리주의적인 입장이었다. 그러니까 다수에게 공평한 일이라면 소수가 희생을 감수해야 한다는 것이다. 그러다 하버드 대학의 정치철학 교수였던 존 롤스가 정의의 원리에 대해서 두 가지 주장을 하게 된다. 하나가 평등의 원리다. 이는 정의의 기준이 누구에게나 공평해야 된다는 원리다. 따라서 다수를 위해 소수를 희생시키는 것은 정의의 원칙에 위배된다. 두 번째 정의의 원리는 기회 균등의 원리다. 이는 최소 수혜자에게 이익이 돌아가는 경우에만 불평등이 용인된다는 것이다.

이런 관점에 따르면 라스콜리니코프나 소냐같이 가난에 찌든 사람들은 최소 수혜자들이다. 라스콜리니코프가 최소 수혜자들에게 정의를 찾아주기 위해서 그들을 착취하고 있는 노파를 죽였다고 하면 그것이 과연 정의인가? 라스콜리니코프는 여전히 정의라고 생각한다. 그래서 그는 소냐의 발에 키스를 하면서도 머리로는 여전히 나는 이를 죽였다, 죽여야 될 사람을 죽였다고 생각한다. 허무주의적인 초인주의 같은 것이 엿보이는 대목이다.

진정한 정의의 실체, 사랑

한편 라스콜리니코프가 완전범죄라고 생각하는 순간 포르피리가 다시 찾아와 그를 뒤흔든다. 포르피리의 머릿속에는 라스콜리니코프가 범인이라는 자기 신념이 들어 있다. 그는 마치 그리스 신화에 등장하는 복수의 여신 에리니에스처럼 끝까지 라스콜리니코프를 놓아주지 않는다. 그는 죄를 지은 사람을 끝까지 추격해서 복수함으로써 정의를 구현하는 존재다.

갈수록 숨통을 죄어오는 포르피리에게 쫓겨 막다른 골목에 도달한 라스콜리니코프. 그가 마지막으로 향하는 곳은 어디일까?

"당신의 십자가를 얻으러 왔어요. 나한테 거리로 나가라고 말한 것은 당신이니까."
소냐는 깜짝 놀라서 그를 빤히 쳐다보았다. 그의 태도가 너무나 이상하게 보였던 것이다. (……) 그가 자신의 시선을 피하는 것 같았기 때문이다.

"당신 말대로 하는 편이 유리하긴 하겠지. 그런데 한 가지 화나는 일이 있는데 무언지 알아요? 짐승 같은 인간들이 나를 둘러싸고 훑어보면서 대답을 강요하거나 뒤에서 손가락질하는 거예요. 난 포르피리에게 가지 않을 겁니다. 그 사람이라면 질렸어요. (……) 그런데 십자가는 어디 있죠?" (……)

소냐는 아무 말 없이 서랍에서 십자가 두 개를 꺼냈다. (……)

"이제 내가 감옥살이를 하면 당신의 소원이 이루어지는 셈이네요. 그런데 왜 우는 거죠? 당신이 울면 내가 얼마나 괴로운지 알아요?"

그러나 그의 마음속에서는 감동이 일고 있었다. 그녀를 보는 동안 그의 가슴은 터질 것 같았다. '이 여자는 왜 나를 위해 우는 걸까? 어째서 어머니나 두냐처럼 나를 감싸는 걸까? 유모 노릇이라도 하겠다는 건가?'

"한 번만이라도 기도를 하세요." 소냐가 떨리는 목소리로 애원했다.

"당신이 원한다면 얼마든지. 무슨 짓이라도 하겠소."

그는 몇 번이나 성호를 그었다. 소냐는 숄을 집어 들어 머리에 덮어썼다. (……) 그는 소냐가 함께 따라 나오려는 것을 보고 놀라고 말했다.

"어딜 가려는 거예요? 동행은 필요 없어요."

(……) 소냐는 방에 혼자 남겨졌다. 라스콜리니코프는 작별 인사도 하지 않고 밖으로 나가버렸다. 어느새 그는 그녀 생각은 잊고 있었다. 그의 마음속에는 반항심만 부글부글 끓어오를 뿐이었다. (……)

'왜 그녀에게 갔을까? 혹시 내가 그녀를 사랑하는 걸까? 그럴 리가 없어. 그러면 정말로 십자가가 필요했던 걸까? 아니야. 난 그 여자의 눈물이 필요했던 거야. 그 눈물로 시간을 지체하고 싶었던 거야. 아, 비

열하다. 비열한 놈이야.'

(……) 그는 센나야 광장으로 들어섰다. (……)

"지금 당장 거리로 나가서 당신이 피로 더럽힌 땅에 입을 맞추세요. 그리고 사람들이 다 듣도록 큰 소리로 '내가 사람을 죽였습니다'라고 말해요. 그러면 하느님이 당신에게 새로운 생명을 주실 거예요.."

문득 소냐가 한 말이 떠오르자 몸이 떨리기 시작했다. 그리고 눈물이 넘쳐흘렀다. 그는 광장의 한복판에 무릎을 꿇고 환희와 감격을 느끼면서 땅에 입을 맞추었다. 그러고는 일어나서 또 한 번 절했다.

(……) 그는 50걸음쯤 떨어진 곳에서 몸을 숨기고 있는 소냐를 보았다. 그러니까 그녀는 그의 비장한 행진을 계속 뒤따르고 있었던 것이다. 그 순간 라스콜리니코프는 소냐가 자기를 영원히 떠나지 않으리라는 것을 깨달았다. 그의 마음이 벅찬 감동으로 끓어오르는 듯했다. 그러나 그는 이미 운명의 장소에 다다르고 있었다.

라스콜리니코프가 처음 범행을 고백했을 때 소냐는 그에게 자신의 십자가를 지고 기도를 하고 거리에 나가 땅에 입을 맞추고 죄를 고백하라고 한다. 그래서 그는 그녀의 말을 따른다. 그러나 라스콜리니코프가 자수한 것은 죄를 뉘우쳐서가 아니다. 그보다는 정당한 일을 하고도 벌벌 떠는 자신을 용서할 수가 없어서였다. 아직 본질적으로는 종교적 회개를 하지 않은 것이다.

어쨌든 그는 경찰서에 가서 자수를 하고 주변 사람들의 호의적인 증언과 정신병 진단으로 8년 형을 선고받고 시베리아로 보내진다. 하지만 그는 혼자가 아니다. 그의 곁에는 소냐가 있다.

부활절도 끝나고 따뜻한 봄날이 계속되었다. 소냐는 그가 앓고 있는 동안 두 번밖에 문병하지 못했다. 문병할 때마다 허가를 받는 것이 쉽지 않았기 때문이다. 대신 그녀는 병원 안뜰에서 잠시 그가 수용되어 있는 병동의 창문만이라도 바라보다가 돌아가곤 했다. 그런데 그날 거의 회복된 라스콜리니코프가 무심코 창가로 갔다가 소냐를 발견했다. 뜰을 서성이며 누군가를 기다리는 듯한 그녀의 모습은 그의 마음에 찌릿한 감동을 불러일으켰다. 그는 흠칫 놀라서 몸을 떨며 창가에서 물러났다. 이튿날 소냐는 나타나지 않았다. 그다음 날도 마찬가지였다. 그는 안절부절못하며 그녀를 기다렸다. 마침내 그는 퇴원했다. 그는 감옥으로 돌아가서야 그녀가 병들었다는 사실을 알게 되었다. 라스콜리니코프는 몹시 걱정되어 다른 사람을 통해 그녀의 병세를 알아보았다. 다행히 그녀의 병은 그리 심각하지 않았다. 소냐는 곧 그를 만나러 작업장에 가겠다는 쪽지를 보냈다. 라스콜리니코프는 쪽지를 읽고 심장이 터질 듯이 뛰었다.

그날도 맑고 화창한 날이었다. 그는 새벽 6시에 강기슭의 작업장으로 갔다. 오두막집에 있는 구운 돌을 빻는 일이었다. (……) 그런데 별안간 소냐가 나타났다. 그녀는 아무 소리도 없이 슬그머니 다가와서 그의 옆에 나란히 앉았다. 아침 추위가 아직 풀리지 않았는데도 그녀는 낡은 외투에 녹색 숄을 두르고 있었다. 얼굴에는 아직 병색이 남아 창백한 데다 여위어 있었다. 그녀는 상냥한 미소를 띠고 그에게 머뭇거리며 손을 내밀었다. (……) 어떻게 그렇게 되었는지 알 수 없지만 느닷없이 보이지 않는 힘에 의해 그녀의 발아래로 몸을 던졌다. 그는 울면서 그녀의 무릎을 안았다. 처음에 그녀는 너무나 놀라 새파랗게 질리고 말았다. 그녀는 와들와들 떨면서 그를 바라보다가 모든 것을 이해한 듯이 온화한 빛을 띠었다. 그녀의 눈은 한없는 행복으로 반짝였다. 그녀는 깨달았던 것이다. 그가 자신을 사랑하고 있다는 것을. 마침내 그 순간이 다가온 것이다.

두 사람은 아무 말도 하지 못하고 하염없이 눈물만 흘렸다. 두 사람 모두 안색은 창백하고 몸은 여위어 있었다. 그러나 그 창백한 얼굴에는 새로운 미래, 새로운 생활을 향한 부활의 서광이 환하게 내리비쳤다. 두 사람을 부활시킨 것은 사랑이었다. 두 사람의 마음은 서로에게 결코 마르지 않는 생명의 샘이 되었던 것이다.

그들은 참고 기다리기로 결심했다. 두 사람에게는 아직 7년이라는 세월이 남아 있었다. 그 세월만큼의 고통과 행복이 둘을 기다리고 있을 것이다. 라스콜리니코프는 완전히 다시 태어난 듯한 느낌이었다. 그는 완전히 새로워진 자신의 존재를 느끼고 있었다. 그리고 소냐가 오로지 자신의 생명 속에서 살아왔음을 이해하게 되었다.

그날 밤 감옥 문이 닫힌 뒤 라스콜리니코프는 널빤지 침대에 누워 그녀를 생각했다. 그날만큼은 평소 그의 적이었던 죄수들까지도 이미 적이 아닌 것 같았다. 그는 그들에게 다정하게 말을 걸었고 그들도 그를 상냥하게 대해주었다. (……) 그는 자기가 소냐를 얼마나 괴롭혔는지를 떠올려보았다. 그녀의 창백하고 여윈 얼굴이 떠올랐다. 하지만 그는 괴로워하지 않았다. 앞으로 얼마나 큰 사랑으로 그녀의 고통을 보상해야 하는지 알고 있었기 때문이다.

이제 라스콜리니코프는 소냐의 사랑에 고마움을 느끼고 무너져 내린다.

그리고 그녀의 신념이 나의 신념이 될 수도 있지 않을까라고 생각하는 대목에서부터 라스콜리니코프의 종교적 회개가 시작된다. 결국 잔인한 살인으로 시작된 이야기는 아름다운 사랑으로 끝을 맺는다.

나는 정의가 지진 같은 것이라고 생각한다. 모두에게 공평하다는 의미다. 그동안 정의는 법을 통해 집행되어왔지만 사실 법은 부자와 권력자에게는 늘 유리하고, 가난하고 힘 없는 하층민들에게는 늘 불리하게 작동되어왔던 것이 사실이다. 그런 현실을 묵인해왔던 우리는 모두 공범이다. 이제는 모든 사람에게 공평하게 정의가 집행되는 사회를 스스로 만들어가기 위해 우리 같은 평범한 사람이 나서야 하지 않을까.

1633년 로마의 종교 재판정에서 천문학자 갈릴레오 갈릴레이는 신성모독과 불복종이라는 죄목으로 유죄 판결을 받았다. 그로부터 360여 년이 지난 1992년 교황청은 갈릴레오 갈릴레이에게 내려졌던 그 당시의 판결이 잘못되었음을 인정했다. 과거의 법은 유죄를 판결했고 현재의 법은 무죄를 판결한다. 법은 정의를 판결하는 최소한의 기준이며 유동적인 기준이라는 의미다. 그렇다면 법을 대신할 정의의 기준으로 무엇이 있을까? 우리는 《죄와 벌》을 통해서 그것이 사랑이라는 믿음을 갖게 된다.

chapter 8

인간은 어떤 존재인가?

• 『데카메론』, '욕망'에 대하여 •

비참할 때 행복했던 때를 회상하는 것보다 더 고통스러운 것은 없는 법이지요. (……) 어느 날 우리는 란첼로토에 대해, 사랑이 그를 어떻게 옭아맸는지를 읽고 있었는데 (……) 연인이 열망하던 입술에 입을 맞추는 장면에 이르렀을 때 이 사람은 온통 떨면서 나에게 입을 맞추었지요. 그 책을 쓴 사람은 갈레오토였고, 우리는 그날 더 이상 한 페이지도 읽지 못했습니다.

– 《신곡》 '지옥' 편 중에서

세상을 밝히는 아름다운 단어는 무척 많지만 그중 으뜸은 사랑이 아닐까 한다. 이제 우리는 고대 그리스에서부터 1000년간 신이 지배하는 중세를 거쳐 인간을 재발견하는 르네상스 이탈리아로 넘어오게 된다. 조반니 보카치오(Giovanni Boccaccio)의 《데카메론》을 통해 인간이 어떻게 새롭게 발견되는지를 들여다보자.

고전 목록에서 《데카메론》이 빠지지 않는 이유는 뭘까? 아마도 건강한 '성적 욕망'을 다루고 있어서가 아닐까 싶다. 나는 《데카메론》을 읽을 때마다 구름 한 점 없이 화창한 여름날 빨랫줄에 널려 있는 속옷을 보는 듯한 느낌이 든다. 우리가 '성'이라는 단어에서 연상하는 음침하고 축축하고 냄새나는 것이 아니라 뽀송뽀송하고 빳빳하고 비누향이 향긋한 속옷 같은 유쾌함이 있다는 뜻이다.

추하고 끔찍한 이야기에서부터 고귀한 사랑 이야기까지, 기만과 위선의 가면에서부터 추호의 용서도 없는 엽기의 장면에 이르기까지 세속의 사랑 이야기들을 이리저리 읽으며, 우리는 인간이라는 존재가 무엇인지를 깨닫게 된다.

인간의 시대, 인곡의 탄생

조반니 보카치오의 《데카메론》은 단테(Alighieri Dante)의 《신곡》과 더불어 르네상스 문학의 태동이 되었다는 평가를 받는다. '부활', '재생'이라는 의미대로 르네상스가 시작되면서 신의 시대였던 서양의 중세 1000년이 청산되고 인간이 비로소 중심에 서게 되었다. 그러면서 잊혔던 그리스와 로마의 예술과 문학이 복원되고 사람들의 관심사도 신에서 인간으로 넘어온다.

이 시대의 대표적인 인물로는 마지막 중세인이자 최초의 르네상스인인 단테와 최초의 인문주의자인 페트라르카(Francesco Petrarca)가 있다. 이 두 사람은 보카치오에게 위대한 스승이 되어주었다. 우선 보카치오는 단테의 《코메디아(Comedia, 희극)》에 크게 감동하고는 도저히 인간이 쓸 수 없는 책이라고 극찬하며 거기에 'divina(신적인)'라는 수식어를 붙인다. 그렇게 단테의 책은 《신곡(La Divina Comedia)》이라는 이름을 얻게 된다.

보카치오는 35세 전후에 또 한 명의 위대한 스승인 페트라르카를 만나게 된다. 페트라르카를 만나기 이전의 보카치오는 너무도 세속적이고 경박한 사람이었다. 그러나 페트라르카라고 하는 위대한 선생을 만나면서 그는 인문학에 빠지게 되고 자신에 대해 자긍심을 갖게 되면서 훌륭한 작가로 성장하게 된다.

《신곡》은 지옥, 연옥, 천국, 각각 33곡에 서곡 1편 등 총 100곡으로 이루어졌고 《데카메론》은 10일간 10편의 이야기, 즉 100편의 이야기로 이루어져 있다. 이탈리아의 문예주의자 데상티스는 단테의 《신곡》과 대비되는 인간의 노래라는 의미로 《데카메론》을 '인곡(人曲)'이라고 불렀다. 단테가 높은 이상을 내걸었다면 보카치오는 현실을 냉정하게 받아들이면서도 대상과는 거리를 두고 미소와 풍자를 섞음으로써 근대 소설의 선구자가 되었다.

열흘간 펼쳐지는 백 개의 사랑 이야기

《데카메론》의 저자인 조반니 보카치오는 1313년에 태어났다. 상인이었던 아버지와 프랑스인이었던 어머니 사이에서 태어난 보카치오는 유년 시절을 파리에서 보내다가 여섯 살 때 어머니가 사망하면서 피렌체로 돌아와 아버지와 지내게 된다. 이후 나폴리의 바르디 은행에 근무하면서 나폴리 왕국을 다스리는 귀족들과 친분을 쌓게 되고 로베르토 왕의 사생아로 알려진 마리아라는 여인을 알게 되어 사랑에 빠진다. 이것이 스물세 살 때의 일이었다. 그런데 마리아는 많은 남자들과 염문을 뿌렸고 보카치오는 심하게 상처를 받는다.

1348년 피렌체를 중심으로 페스트가 돌던 시기에 보카치오는 《데카메론》을 집필하기 시작해 5년에 걸쳐 완성한다. 사실 《데카메론》은 보카치오의 순수 창작물이라기보다는 항간에 떠돌던 이야기들에 보카치오가 가필을 해서 편집한 작품이었다. 보카치오가 이 책을 쓰게 된 동기는 《데카메론》의 머리말에 드러난다.

괴로워하는 사람을 가엾게 여기고 위로하는 것이 인정입니다. (……) 괴로워하는 사람들 가운데 그런 위로가 필요했거나 또는 그런 위로를 받은 사람이 있다면 저도 그중 한 명입니다. 사실 저는 젊은 시절부터 지금까지 고귀한 분과의 사랑에 가슴을 태워왔기 때문입니다. (……) 제가 한창 괴로워할 때 친구들은 세상의 재미있는 이야기를 들려주거나 더없는 위안의 말을 건넸습니다. 그 덕분에 저는 죽지 않고 살아났다고 지금도 굳게 믿고 있습니다. 그러나 영원하신 하느님께서는 그 무엇보다 뜨겁게 타올랐던 저의 사랑에 종지부를 찍어주셨습니다. 내 사랑은 어떤 결의와 충고에도, 노골적인 치욕이나 위협에도 굴하지 않다가 마침내 사그라지기 시작했습니다. 이제 저는 모든 괴로움에서 놓여나 그 사랑을 즐거운 추억으로 간직하고 있습니다. (……) 그러나 고뇌는 사라졌다 해도 사람들이 베풀어준 은혜는 잊히지 않았습니다. 죽는 날까지 여러 호의를 잊지 않을 것입니다. 은혜에 보답하는 것은 미덕 중의 미덕이고 은혜를 잊는 것은 버려야 할 악덕입니다. (……) 저를 구해준 사람이나 사리분별이 밝아 위로 따위는 필요 없는 사람이 아니라 예전의 저처럼 구원이 필요한 사람들에게 위안이 되었으면 합니다. 비록 제가 줄 수 있는 위안은 보잘것없겠지만 어떤 사람에게는 긴요할 수도 있으니까요. (……) 100편의 이야기는 무서운 흑사병이

온 도시에 퍼졌을 때 일곱 명의 교양 있는 여성과 세 명의 젊은 남성이 한 자리에 모여 열흘 동안 나눈 이야기들입니다. (……) 우울증에 사로잡힌 부인들이 읽는다면 즐거움과 더불어 유용한 충고를 얻으실 것이고 버려야 할 일과 따라야 할 일을 구분할 수도 있겠지요. 그러다 보면 괴로운 마음도 덜어지겠지요.

《데카메론》의 부제인 '갈레오토 공 이야기'에는 중요한 의미가 들어 있다. 갈레오토가 도대체 누구이기에? 갈레오토는 켈트족의 아서 왕 전설을 다룬 '랜슬롯과 성배(Lancelot-Grail)'라는 이야기에 등장하는 허구의 왕 게일오트(Galehaut)의 이탈리아식 이름이다. 랜슬롯의 절친한 친구이자 아서 왕의 적이었던 갈레오토는 랜슬롯이 아서 왕의 부인 기네비어를 사랑한다는 것을 알고는 둘의 만남을 주선해준다. 이 만남에서 기네비어가 랜슬롯에게 입을 맞추면서 둘의 불륜이 시작된다. 단테는 《신곡》에서 실존 인물이었던 프란체스카 다 리미니와 파올로 말라테스타를 랜슬롯과 기네비어에 빗댄다.

프란체스카와 파올로의 불행은 말라테스타 가문과 다 리미니 가문의 정략결혼에서 시작되었다. 말라테스타 가문에는 형인 조반니와 동생인 파올로 형제가 있었다. 절름발이에 못생긴 조반니가 가문의 상속자였기 때문에 프란체스카와 결혼해야 했지만 그를 보내면 결혼이 깨질 것을 걱정한 말라테스타 가문은 대신 파올로를 프란체스카에게 보내 청혼하게 된다. 프란체스카는 파올로에게 반해 결혼을 승낙하고 말라테스타의 성에서 결혼식을 올리게 된다. 하지만 그녀와 첫날밤을 보낸 사람은 파올로가 아닌 조반니였다. 프란체스카와 파올로의 사랑은 나날이 커졌고 결국 둘은 함께 침대에 있다가 조반니에게 발각되어 죽임을 당하고 만다. 두 사람은 《신곡》의 〈지옥〉 편에서 랜슬롯과 기네비어의 이야기를 읽다가 불륜의 관계를 맺게 되고 결국은 지옥에서 검은 바람의 매를 맞는 모습으로 등장한다.

보카치오는 단테가 묘사한 갈레오토의 모습에 깊은 인상을 받고 《데카메론》에 '갈레오토 공 이야기'라는 부제를 붙임으로써 자유롭게 말할 권리도 없이 집 안에 갇혀서 때로는 사랑에 가슴 아파하는 당대 여자들에 대한 연민을 드러낸다.

그리스어로 데카는 10을 의미한다. 그래서 《데카메론》은 열흘간의 이야기다. 페스트가 창궐하는 피렌체를 피해 빈 별장에 모여든 일곱 명의 여자와 세 명의 남자가 매일 한 편씩 열흘간 나누는 100편의 이야기, 그 속으로 들어가보자.

악인과 성자 사이

첫째 날 등장인물들은 특별한 주제 없이 자유롭게 이야기를 풀어나간다. 첫 번째 이야기는 세상에서 가장 고약한 인간으로 불리던 차펠레토의 이야기다. 공증인이었던 차펠레토는 위조 서류를 만들고 거짓 증언을 하고 때로 살인도 마다하지 않았다. 하느님이나 성인을 욕하고 성당에는 나간 적도 없었다. 그런 그가 다른 사람의 빚을 받아주기 위해 부르고뉴에 갔다가 그만 병으로 드러눕고 만다. 그가 묵고 있던 집의 주인 형제는 고민에 빠져든다.

어느 날 형제는 차펠레토 씨가 누워 있는 방 바로 옆방에서 머리를 맞대고 의논했습니다.

"저 사람을 어떡하지?" 한 사람이 말했습니다. "이런 중환자를 쫓아내면 비난이 쏟아질 것이고 (……) 저 사람은 도저히 용서할 수 없는 악당이었어. 그러니 고해도 하지 않고 성례도 치르지 않을 테지. 그러면 어느 성당에서도 시신을 받아주지 않을 뿐만 아니라 성당 묘지에 묻어주지도 않을 거야.(……)"

차펠레토 씨는 옆방에서 두 사람의 대화를 모두 엿들었습니다. 그는 형제를 불러서 말했습니다.

"나 때문에 걱정을 하고 계시는 모양인데 해를 끼치지 않겠소. (……) 그리고 지금까지 하느님께 나쁜 짓을 많이 해왔으나 죽어가는 마당에 나쁜 짓을 한 번만 더 해야겠습니다. 그러니 덕이 높은 수도사나 훌륭한 사제를 불러주시지 않겠소?"

(……) 덕망 높은 수도사가 차펠레토 씨를 찾아왔습니다. 그는 차펠레토 씨의 머리맡에 앉더니 부드럽게 위로의 말을 하고는 고해를 한 지 얼마나 되었는지 물었습니다. 평생 고해라고는 한 번도 한 적이 없는 차펠레토 씨가 대답했습니다.

"일주일에 한 번은 고해를 하는 것이 제 습관인데 병들어 누운 지난 여드레 동안은 고해를 못 했습니다."

(……) 또한 그는 어머니의 몸에서 나온 그대로의 동정을 지키고 있다고 하여 수도사가 "오, 신이시여, 축복을 내리소서!"라고 외치기까지 했습니다. (……)

"마음 놓고 말하시오. 그대를 위해 기도드릴 테니." 수도사가 부드럽게 말했습니다.

"신부님이 저를 위해 기도해주시겠다고 하시니까 말씀드리지요. 저는 아주 어릴 적에 딱 한 번 어머니를 욕한 적이 있습니다."

(……) 차펠레토 씨는 엉터리 고해를 하고 바로 그날 밤에 숨을 거두었습니다. (……) 덕망 높은 수도사는 차펠레토 씨가 훌륭한 성자였다고 치켜세우며 설교했습니다. 그리하여 이 지방 사람들은 아무 의심 없이 차펠레토 씨가 덕이 높은 사람이라고 믿게 되었습니다. 그리하여 기도가 끝나자 차펠레토 씨의 유해에 입을 맞추려고 사람들 사이에 한바탕 난리가 벌어졌고 차펠레토 씨의 옷은 사람들 손에 갈기갈기 찢겼습니다. (……) 그의 덕에 대한 소문이 점점 더 퍼져서 불행한 일을 당하면 사람들은 으레 차펠레토 씨만 찾기 시작했습니다. 마침내 차펠레토 씨는 '성 차펠레토'라고 불리게 되었고 지금까지도 모든 이들이 그렇게 부르고 있습니다.

살아생전 나쁜 짓을 일삼던 차펠레토가 죽어서 성인이 되었다는 이야기를 첫 번째로 《데카메론》에 실은 이유가 무엇일까? 단테나 페트라르카나 보카치오처럼 르네상스 초창기 인물들에게 종교는 여전히 중요한 의미가 있었다. 그래서 보카치오는 종교에 대한 이야기로 책을 시작한 것 같다. 아니면 기만과 위선을 까발리겠다는 선전포고일지도 모르겠다. 차펠레토처럼 겉만 번드르르하고 속은 썩어 문드러진 악당들이 당대의 종교계를 지배하고 있다는 고발일 수도 있다. 혹은 지독히 나쁜 인생을 살았어도 신은 항상 구원과 용서를 베풀 준비가 되어 있음을 말하고 싶었던 것인지도 모른다.

권위 뒤에 숨은 인간들의 적나라한 욕망

중세, 종교 뒤에 숨어 있던 인간의 나신, 즉 인간의 자연스러운 욕망을 대담하게 표현해낸 보카치오의 《데카메론》은 이탈리아어로 쓰인 최초의 산문이었다. 중세 1000여 년간 라틴어가 공식어였고 이탈리아어는 교육받지 못한 하층민이 쓰는 언어였다는 사실을 감안하면 정말 의미 있는 일이었다. 이탈리아어로 쓰인 최초의 시는 단테의 《신곡》이었다.

이탈리아어로 글을 쓰다 보니 소재도 굉장히 다양했다. 왕, 귀족, 정치가, 기사, 수도원장, 성직자, 수녀, 법관, 철학자, 여관 주인, 종, 노예에 이르기까지 다양한 인간 군상들의 솔직하고 인간적인 성적 욕망을 아주 적나라하게 보여준다. 그래서 《데카메론》은 패설임에도 사람의 본질을 보여주었다는 점에서 고전의 자리를 계속 지키고 있는 것이다.

등장하는 인물도 많고 소재도 많다 보니 《데카메론》 안에는 나름의 순서가 있다. 매일 왕이나 여왕을 정하고 그 사람이 특별한 테마를 던져주면 돌아가며 하나씩 이야기를 하고 다음 날에는 다른 사람이 왕이나 여왕이 되어 주제를 정한다.

둘째 날의 주제는 갈등과 고뇌 끝에 행복을 찾은 사람들의 이야기다. 보카치오는 이 이야기를 통해 천성을 어기고 남의 성질을 고치려고 애쓰는 남자들의 위선을 드러낸다. 그리고 셋째 날에는 원하는 것을 손에 넣은 사람들이나 잃었던 것을 되찾은 사람들의 이야기를 소개한다. 첫 번째는 농부인 마제토의 이야기다.

우리가 사는 이 지방에 신성하기로 이름난 수녀원이 있었습니다.

(……) 당시에 그 수녀원에는 여덟 명의 젊은 수녀와 원장 수녀밖에 없었습니다. 남자는 키가 작은 정원사뿐이었습니다. 그런데 그 정원사는 급료가 너무 적다며 고향인 람포레키오로 돌아와 버렸습니다.

고향에 와보니 농부치고는 체격도 늘씬하고 얼굴도 호감이 가는 마제토라는 젊은이가 아는 체를 했습니다. 마제토는 정원사에게 지금까지 어디 있었느냐고 물었고 정원사는 자기가 일하던 수녀원에 대해 가르쳐주었습니다. (……) 마제토의 가슴에는 젊은 수녀들과 살아보고 싶다는 달콤한 소망이 솟아났습니다. (……) 그러나 그는 자기가 젊고 잘생겨서 채용되지 않을지도 모른다는 걱정이 앞섰습니다. 그래서 궁리 끝에 묘안을 떠올렸습니다.

"거기는 여기서 꽤 떨어져 있으니 나를 아는 사람이 없지. 그러니 벙어리 노릇을 하면 나를 채용해줄지도 몰라."

(……) 수녀원장은 일을 잘하고 귀머거리에다 벙어리인 마제토를 채용했습니다. (……) 수녀들은 그가 못 알아듣는 줄 알고 차마 입에 담지 못할 말을 예사로 퍼부었습니다. (……) 하루는 어느 수녀가 그의 손을 잡고 곳간으로 데려갔습니다. 그곳에서 그는 수녀가 바라는 짓을 해주었습니다. (……) 어느 날 한 수녀가 창문으로 그 광경을 보고는 다른 수녀들에게도 보여주었습니다. (……) 다른 수녀들도 한 패에 끼어들었습니다. (……) 수녀원장도 욕정에 사로잡히고 말았습니다. 원장은 마제토를 그녀의 방으로 데려가 며칠 동안이나 즐겼습니다. (……) 그리하여 원하는 사람들을 도저히 혼자 만족시켜줄 수 없었던 마제토는 어느 날 밤 수녀원장에게 혀 짧은 소리로 하소연했습니다.

"(……) 남자 열 명이 여자 한 명을 만족시키기도 어려운 법인데 저는 혼자 아홉 명에게 정을 나누어주어야 합니다. 이러다간 돈이 산더미처럼 쌓여도 몸이 지탱하지 못하겠습니다."

(……) 모든 사실을 알게 된 수녀원장은 (……) 다른 수녀들과 머리를 맞대고 궁리했습니다. 그리하여 수녀들의 기도와 수호성인 덕분에 마제토가 말을 하게 되었다고 소문을 내고 그를 관리인으로 임명했습니다. 그리고 그가 피로를 덜어낼 방법을 찾아 여전히 수녀들을 즐겁게 해줄 수 있었습니다.

(……) 그동안 수녀원장은 세상을 떠났고 마제토도 나이가 들어서 집으로 돌아왔습니다. 그는 늙은이가 되고 아버지가 되었지만 집안의 가장으로서 고통을 모른 채 청춘을 잘 보내고 돌아온 것입니다. 게다가 그는 돈까지 잔뜩 지니고 있었습니다. 마제토는 자신이 성공하여 고향에 돌아올 수 있었던 것은 순전히 예수님 덕분이라고 입버릇처럼 말했답니다.

기본적으로 《데카메론》을 읽을 때는 선악의 판단을 접어두어야 한다. 극한의 상황을 피해 숨어둔 사람들이 시간을 보내기 위해 나누는 재미있는 음담패설이기 때문에 선악의 판단은 무의미하다. 게다가 수녀들도 수도사이기 이전에 인간이라는 점을 감안한다면 우리의 상식을 깨는 수녀들의 행태가 낯설게만 보이지는 않을 것이다.

셋째 날 마지막 열 번째 이야기는 이교도 소녀인 알리베크의 이야기다.

옛날에 바버리의 카프사라는 도시에 어떤 부자가 살았습니다. 그의 여러 자녀 가운데 알리베크라는 매우 아름답고 상냥한 소녀가 있었지요.

소녀는 기독교 신자는 아니었지만 신자들이 신앙과 하느님에 대한 봉사를 예찬하는 말을 듣고 한 기독교 신자에게 어떻게 하면 하느님께 봉사할 수 있는지 물었습니다. 그 사람은 테베의 쓸쓸한 사막으로 떠난다면 속세에서 벗어나 봉사를 더 잘할 수 있다고 말했습니다.

순진한 열네 살의 소녀는 어느 날 몰래 테베 사막으로 떠났습니다. 온갖 고생과 굶주림을 참아가며 사막에 당도하여 (……) 루스티코라는 신앙심 두터운 선량한 은자의 오두막에 이르렀습니다.

(……) 루스티코는 다른 성자들과 달리 자기 오두막에 소녀를 머물게 했습니다. 이참에 자신의 믿음을 시험해보자는 심산이었지요. (……) 그는 유혹을 물리치기는커녕 순식간에 굴복하고 말았습니다. (……) 루스티코는 어떻게 하면 하느님께 봉사한다는 구실로 소녀의 마음을 사로잡을까 궁리했습니다. 그리하여 악마가 하느님의 나쁜 적임을 일러주고는 악마를 지옥에 몰아넣는 일이야말로 하느님에 대한 봉사라고 말했습니다. (……)

"내게는 악마가 있고, 너는 지옥을 갖고 있느니라. (……) 네가 나를 가엾게 여겨 그 악마를 지옥으로 몰아넣어준다면 너는 내게 커다란 만족을 주고 또한 하느님께 기쁨을 드리며 봉사하게 되느니라."

(……) 그는 소녀를 조그만 침대로 데려가서 하느님께 저주받은 그 악마를 지옥에 몰아넣으려면 어떻게 해야 하는지 가르쳐주었습니다.

(……) 그런데 루스티코의 악마와 알리베크의 지옥 사이에 이와 같은 갈등이 벌어지고 있을 무렵 카프사 시에 불이 나서 알리베크의 가족이 모두 죽고 말았습니다. 그리하여 알리베크가 유일한 상속자가 되었습니다.

그때 심한 낭비로 재산을 탕진한 네르발이라는 젊은이가 알리베크의 생존 소식을 듣고 그녀를 찾아 나섰습니다. (……) 네르발이 찾아오자 루스티코는 무척 기뻐하며 소녀를 인도했고 네르발은 싫다는 소녀를 데리고 카프사로 돌아와 아내로 삼았습니다. 둘이 막대한 재산을 상속했습니다. 그런데 그녀가 네르발과 잠자리를 하기 전에 마을 아낙네들이 알리베크에게 사막에서 무엇을 했느냐고 물었습니다. 알리베크는 악마를 지옥에 몰아넣는 봉사를 했다며 네르발은 그와 같은 봉사를 하지 못하게 한 큰 죄를 지었다고 말했습니다.

그러자 아낙네들이 "어떻게 악마를 지옥에 몰아넣었지?"라고 물었습니다.

소녀는 손짓 발짓으로 설명해주었고 아낙네들은 웃음을 터뜨렸습니다. (……) 아낙네들은 이 일을 온 시내에 퍼뜨리고 다녀서 하느님에 대한 가장 즐거운 봉사는 악마를 지옥에 몰아넣는 일이라는 속담까지 생겨났답니다.

수행하는 수도사나 수녀나 승려에게 이성은 끊임없이 극복해야 하는 유혹이고 장애물이다. 하지만 그들도 인간인지라 항상 유혹을 물리치는 것은 아니다. 예를 들면 지족선사는 황진이의 유혹에 넘어가고 말았다. 근현대로 넘어오면 경봉스님의 일화도 유명하다. 한 여인이 내를 못 건너겠다며 업어달라고 하자 경봉스님이 나서서 선뜻 그녀를 업어준다. 은근히 질투심이 일어난 다른 승려가 어떻게 스님이 여인을 업어줄 수 있느냐고 하자 경봉스님은 "아니, 너는 아직도 그 생각을 하고 있나? 나는 벌써 잊어버렸는데"라고 대답한다. 수행의 깊이를 드러내는 일화다.

집착하는 순간 사랑은 스스로를 배반한다

《데카메론》은 금서였다. 그러나 금지된 것일수록 더 매혹적인 법. 특히 수도사들에게 이 책은 베스트셀러로 자리매김했다. 인간의 은밀한 욕망을 담고 있어서 더욱 인기가 있었다. 일곱 명의 귀부인들은 어떻게 아무렇지도 않게 자신들의 욕망을 드러낼 수 있었을까?

페스트가 창궐하고 가족들이 죽어나가는 상황에서 일곱 명의 귀부인들은 상복을 입고 성당에서 예배를 드리며 자신도 언제 죽을지 모르는 이 마지막 나날들을 어떻게 보낼지 고민한다. 그 순간 세 명의 청년이 나타나 그들 모두는 교외로 나가게 된다. 죽음이 임박했기에 그들은 체면도 예의도 내숭도 던져버리고 예전에는 차마 못했던 솔직한 이야기를 털어놓을 수 있었을 것이다. 특히 이 책은 여인들을 위한 책이었다. 수동적인 사랑밖에 할 수 없었던 그녀들의 가려운 곳을 긁어주고 아픈 곳을 어루만져주는 책 말이다. 그래서 이 책 안에는 그녀들이 바라던 사랑 이야기가 모두 들어 있다.

넷째 날의 주제는 눈물나는 비극적인 사랑이었고 그 첫 번째 이야기는 젊은 미망인과 그 아버지의 이야기다.

살레리노의 탕크레디 공에게 (……) 딸이 하나 있었습니다. 유일한 자식이었지요. 기스몬다라는 이 딸은 부친에게 더할 나위 없는 사랑을 받았어요. (……) 그녀는 카푸아의 공작 아들과 결혼했다가 이내 사별하고 미망인이 되어 아버지에게 돌아왔습니다.

기스몬다는 용모가 뻬어나고 재기에 넘쳤으며 여자로서는 불필요하게 느껴질 만큼 두뇌가 명석했습니다. (……) 탕크레디 공은 딸을 너무 사랑하여 재혼시킬 생각도 하지 않았어요. 그러나 연인이 갖고 싶었던 기스몬다는 (……) 부친의 시중을 드는 청년을 한 명 골랐죠.

귀스카르도라는 청년은 신분은 낮았으나 품위가 있고 거동도 귀족적이어서 아주 마음에 들었습니다. 기스몬다는 은밀히 지켜보는 사이에 더욱 매혹되어 격렬한 연정을 품게 됐습니다. 젊은이도 그녀의 마음을 눈치채고 서로 똑같이 사랑하게 되었죠. (……) 얼마 후 탕크레디 공이 아무도 보지 못한 사이에 딸의 방에 들어갔다가 (……) 기스몬다와 귀스카르도가 하는 짓을 처음부터 끝까지 모두 보고 말았습니다. (……) 공은 방에서 몰래 나와 굴을 빠져나오는 귀스카르도를 붙잡아 (……) 감금시켰습니다.

이튿날 기스몬다는 아무것도 눈치채지 못했고 공은 여느 때와 같이 딸의 방에 가서 눈물을 흘리며 이야기했습니다.

"(……) 애정은 너를 용서하라고 말하고 분노는 엄벌에 처하라고 말한다. 그러니 내가 처리하기 전에 네가 이번 일을 어떻게 생각하는지 말해다오."

(……) 기스몬다는 귀스카르도가 이미 죽었을지도 모른다고 생각하고 자기도 자비를 구하지 말고 차라리 죽어버리기로 결심했습니다.

"(……) 저는 진심으로 귀스카르도를 사랑했고 지금도 사랑하고 있습니다. (……) 일이 이렇게 된 것은 제가 여자로서 연약해서가 아니라 아버지가 제 결혼에 별 관심이 없으셨고 또 그분의 덕이 높기 때문입니다. (……) 저는 살아 있는 육체를 지녔고 아직 젊습니다. (……) 제가 귀스카르도를 고른 것은 우연이 아니라 그가 누구보다 훌륭한 사람이라 여겼기 때문입니다. (······) 아버지가 귀스카르도에게 이미 취하신, 또는 이제 취하려는 조치와 똑같이 제게 하시지 않는다면 저는 제 손으로 그것을 실행해 보일 것을 분명히 말씀드립니다. 자, 나가셔서 시녀들과 눈물을 흘려주세요. 그리고 단번에 그분과 저를 잔혹히 죽여주세요."

공은 딸이 정말로 애인을 따라 죽을 결심을 했다고 생각하지 않았습니다. (······) 그리하여 귀스카르도를 감시하던 부하들에게 오늘밤 그를 목 졸라 죽이고 그 심장을 가져오게 했습니다.

다음 날 공은 크고 아름다운 황금 잔에 귀스카르도의 심장을 담아 딸에게 보냈습니다. (······)

"아, 정다운 내 심장이여. 내게 할 일은 아무것도 남아 있지 않습니다. 이제는 나의 영혼과 그대의 영혼이 하나가 되는 일뿐입니다."

기스몬다는 이렇게 말하고는 전날 만들어둔 독약을 귀스카르도의 심장이 들어 있는 잔에 부어 두려움도 없이 단숨에 마셔버렸습니다. 그러고는 침대로 올라가 연인의 심장을 가슴에 대고 조용히 죽음을 기다렸습니다.

(······) 공은 까무러칠 듯이 놀라 딸의 방으로 달려왔으나 때는 이미 늦었습니다. (······)

"아버지, (······) 마지막 선물로 귀스카르도의 시신을 버리신 곳에 저의 시체를 함께 묻어주세요."

기스몬다는 이렇게 부탁하고 숨을 거두었습니다.

딸도 대단하고 아버지도 대단하다. 하지만 두 사람의 입장이 모두 이해되기도 한다. 사랑에 빠진 당사자로서는 사랑을 포기할 수 없었을 것이고 자식을 사랑하는 부모로서는 자식을 포기할 수 없었을 것이다. 사랑으로 인한 부모와 자식의 갈등은 요즘에도 흔한 현실적인 이야기다.

《데카메론》속의 여인들은 자신의 욕망을 100퍼센트 충족시키려는 적극성을 보여준다. 보카치오는 사람들을 옭아맨 윤리나 도덕의 사슬을 풀어주고 싶어했던 것 같다. 그래서 이 책을 읽으면 통쾌함과 함께 일종의 해방감을 맛볼 수 있었다.

넷째 날 아홉 번째 이야기는 막장 치정극이다. 이 이야기를 통해 우리는 인간의 잔악한 본성을 엿보게 된다.

옛날 프로방스에 많은 성과 신하를 가진 로실리옹과 가데탕이라는 기사가 살았습니다. 가문도 좋고 무예도 출중했던 두 사람은 서로 가깝게 지냈답니다. (……) 가데탕은 로실리옹과 친한 친구 사이면서도 그의 아내를 깊이 사랑하게 되었습니다. (……) 로실리옹의 아내도 (……) 그에게 호의를 품게 되었습니다. (……) 둘은 밀회를 하며 자주 만나 사랑을 불태웠습니다. 그런데 두 사람은 신중하지 못했기 때문에 남편이 눈치채고 대단히 화를 냈습니다. 그리하여 가데탕에게 품었던 두터운 우정이 상대를 죽여버리지 않고는 못 견딜 만큼의 증오로 바뀌었습니다. (……)

로실리옹이 이런 굳은 결심을 하고 있을 때 마침 프랑스에서 마상 시합이 열리게 되었습니다. 그래서 로실리옹은 가데탕에게 이 문제를 의논하자며 자기 성으로 불러들였습니다. (……) 성에서 1~2킬로미터 떨어진 곳에서 매복하고 있던 로실리옹은 그를 발견하자 그대로 달려

들어 그의 가슴에 창을 꽂았습니다. (……)

로실리옹은 말에서 내리자 단도로 가데탕의 가슴을 가르고 심장을 꺼내 창끝에 달린 작은 깃발에 싸서 부하에게 들려 보냈습니다. (……)

로실리옹은 요리사를 불러오게 했습니다.

"이 멧돼지 심장으로 특별히 맛있는 요리를 만들어라. 그리고 내가 식탁에 앉으면 은접시에 담아 가져오너라."

(……) 로실리옹은 시간이 되자 부인과 식탁에 앉았습니다. (……) 부인이 먹어보니 아주 맛있어서 모두 먹어버렸습니다. 그러자 로실리옹이 말했습니다. (……)

"살았을 때 아주 좋아했으니. 죽어서도 좋겠지."

부인이 이 말을 듣고 잠시 생각하더니 입을 열었습니다.

"저에게 먹인 요리가 무엇입니까?"

(……) 자기가 먹은 것이 사랑하는 연인의 심장이라는 것을 알게 된 부인이 얼마나 비통한 기분이었을지는 말할 나위도 없는 일입니다. 잠시 뒤에 그녀는 이렇게 말했습니다.

"당신은 비열하고 악랄한 기사답지 못한 짓을 하셨군요. 당신의 분노는 그가 아니라 내가 받아야 했어요."

부인은 이렇게 말하고 일어서더니 주저하지 않고 창밖으로 몸을 던졌습니다. (……) 부인의 몸은 산산조각이 났고 로실리옹은 후회했습니다. 그리고 프로방스 주민이나 프로방스 백작에게 이 일이 알려질까 두려워 멀리 떠났습니다.

이튿날 아침 이 일이 널리 알려져 두 사람의 시체는 가데탕의 부하와 부인의 하인들에 의해 깊은 슬픔 속에서 부인이 다니던 성당 묘지에 묻혔습니다.

신으로, 종교로, 도덕으로 덮어도 결국 인간의 본성은 감출 수 없는 것일까? 물고 물리는 삼각관계에 빠지면 자연스럽게 자신의 연적에 대한 미운 마음이 들 수밖에 없다. 그러나 모질고 잔혹한 위계를 통해 관계를 단절시키는 데 성공한다 하더라도 그 과정이 아름답지 못하면 남은 둘이 잘되는 경우는 없다. 그 사람이 어떤 사람이며 상대에게 무슨 짓을 했는지 알기 때문이다. 결국 삼각관계는 완전히 파괴되고 잔인한 상처만 남게 된다.

사랑하지만 집착하지 않는 훈련이 필요하다. 오직 관계만을 원할 뿐, 관계를 통해 다른 것을 원치 않을 때 그것은 순수한 사랑이다. 그러나 사랑은 종종 집착으로 이어진다. 사랑이 집착으로 흐르지 않게 막는 것은 참으로 어려운 일이다. 사랑은 쿨한 것이 아니기 때문이다. 그러나 사랑은 소유가 아니니 집착하는 순간 스스로 자신의 사랑을 배반하는 것임을 알게 된다. 자신을 사랑으로 가득 채우되 집착하지 않는 것, 이 어려운 존재 방식이 인간 삶의 과제가 아닐까? 주어진 본성 속에서 개인에게 남겨져 있는 그 선택에 따라 우리는 성자도 악한도 될 수 있다. 인간에게 주어진 선택지, 그 스펙트럼은 너무나도 광범위한 것 같다.

마음을 움직이는 힘, 진심

다섯째 날에는 잔혹하고 불행한 사건을 이겨내고 해피엔딩을 맞는 연인들의 이야기가 이어진다. 특히 아홉 번째 이야기에는 사랑을 이어주는 매개체로 매가 등장한다.

옛날 피렌체에 페데리고라는 청년이 살았습니다. 그는 예의가 바르고 무예가 뛰어났습니다. (……) 그는 피렌체에서 가장 아름다운 조반나라는 부인을 연모하게 되었습니다. 그는 부인의 사랑을 얻고자 무술 대회나 화려한 연회를 열고 값비싼 선물을 바치는 등 돈을 아끼지 않고 썼습니다. 하지만 그녀는 아름다울 뿐만 아니라 그에 못지않게 정숙했으므로 눈 하나 깜짝하지 않았습니다. (……) 결국 재산을 탕진한 페데리고는 무일푼 가난뱅이가 되었습니다. 그에게 남은 것이라곤 간신히 먹고살 정도의 작은 농지와 귀한 매 한 마리뿐이었습니다. (……) 페데리고는 매를 데리고 농지가 있는 캄피로 이사했습니다. (……) 그곳에서 페데리고가 가난한 생활을 하는 동안 부인의 남편이 막대한 유산을 남기고 죽었습니다. 그 남편은 아들을 상속인으로 정했지만 만일 아들이 상속인 없이 죽으면 부인에게 전 재산을 물려준다고 했습니다.

그해 여름 부인이 아들을 데리고 시골에 갔는데, 마침 그곳은 페데리고의 농지와 가까웠습니다.

그곳에서 우연히 페데리고와 친해진 소년은 (……) 그의 매를 무척 갖고 싶었지만 차마 말을 꺼내지 못했습니다. 그러던 어느 날 아이가 병에 걸렸습니다. 부인은 하루 종일 외아들 곁에서 지극하게 간호하며 무엇이든 갖고 싶은 것이 있으면 말해보라고 했지요. 소년은 망설이다가 이렇게 말했습니다.

"페데리고 아저씨의 매를 갖다주면 병이 나을 것 같아요."

부인은 어떻게 해야 할지 생각했습니다.

그녀는 페데리고가 자기를 연모한다는 사실을 알면서도 냉정하게 대했던 것을 떠올렸습니다. 그래서 부인은 이렇게 중얼거렸습니다.

"어떻게 그 매를 갖고 싶다고 말하지? 그 매는 새를 잘 잡는 훌륭한 매이고 그분은 그 매 덕분에 생계를 이어나간다는데. 내가 어떻게 그런 일을 모르는 체하고 다른 즐거움은 남아 있지 않은 그분에게서 매를 빼앗는단 말이지?"

(……) 그러나 부인은 자식에 대한 사랑을 이기지 못하고 직접 그에게 찾아가서 부탁하기로 했습니다. (……) 페데리고는 부인을 집 안으로 맞아 뜰 쪽으로 데려갔지만 (……) 대접할 음식이 아무것도 없음을 알고 안절부절못했습니다. (……) 이때 문득 홰에 앉아 있는 매가 눈에 띄었고 (……) 그는 주저 없이 매의 목을 비틀어 하녀에게 넘겨주며 요리하라고 했습니다. (……)

아무것도 모르는 조반나 부인은 동행한 부인과 함께 그 매를 먹고 말았습니다. 식사를 마친 뒤 부인은 잠시 세상 이야기를 하다가 자신이 찾아온 용건을 말했습니다.

"페데리고 님, (……) 염치없는 부탁이지만 제게 그 매를 선물하시면 그 선물 덕분에 아들의 목숨을 구할 수 있을 것 같습니다. 그 은혜는 언제까지나 잊지 않겠습니다."

부인의 이야기를 들은 페데리고는 이미 매를 죽여버린 뒤이므로 너무 안타까워 울음을 터뜨렸습니다.(……)

"(……) 저는 당신을 극진히 대접해야겠다는 생각에 매를 잡아 요리했습니다. 그런데 당신이 매를 달라고 하시니 이게 무슨 운명의 장난이란 말입니까?"

(……) 부인은 페데리고의 호의와 친절에 감사하며 슬픈 마음으로 아

들에게 돌아갔습니다. (……) 결국 소년은 며칠 뒤 어머니의 비통한 울음 속에 세상을 떠나고 말았습니다.

(……) 눈물로 세월을 보내던 부인은 아직 젊은 데다 막대한 유산까지 있었으므로 친정 오빠들로부터 여러 번 재혼을 권유받았습니다. (……)

"저는 혼자 살고 싶어요. 그러나 꼭 재혼해야 한다면 남편으로 페데리고 씨를 택하겠어요. 페데리고 씨가 아니라면 누구에게도 가지 않겠습니다."

처음에는 반대하던 오빠들도 페데리고의 훌륭한 인품을 인정하고 그렇게 해주었습니다.

이리하여 페데리고는 사랑하는 부인을 아내로 삼고 많은 재산을 관리하며 행복하게 살았습니다.

《데카메론》답지 않게 슬프지만 청순한 사랑 이야기다. 페데리고의 진심은 결국 부인의 마음을 움직이고 해피엔딩을 가져온다. 사실 이 이야기는 바로 앞에 나오는 나스타지오의 이야기와 무척 대조적이다. 나스타지오의 이야기는《데카메론》에서 가장 유명한 이야기에 속한다.

로마냐의 옛 서울 라벤나에 나스타지오라는 젊은 귀족이 살고 있었다. 그는 한 여인을 무척 사랑했지만 너무나 냉담했던 여인은 그의 마음을 받아들이지 않는다. 그는 결국 절망에 빠져 훌쩍 그 도시를 떠나게 되었고 어느 날 밤 숲에서 기이한 장면을 보게 된다. 갑자기 벌거벗은 여인이 나타나고 그 뒤로는 사냥개 두 마리와 검은 말을 탄 기사가 쫓아온다. 여자는 결국 남자에게 따라잡히고 남자는 여자의 등을 칼로 갈라서 심장과 내

장을 꺼내 개한테 먹였다. 놀란 나스타지오에게 기사는 자신들이 지옥의 유령들이라고 말한다. 그리고 그 여인은 살아생전에 자신의 사랑을 무시하고 경멸한 죄로 자신에게 끊임없이 쫓기며 심장을 뜯어 먹히는 형벌을 받고 있다고 말한다. 이 이야기를 들은 나스타지오는 자기가 사랑하는 여인과 친지들을 숲으로 초대한다. 그들은 저녁 식사를 하다가 유령들을 목격하게 되고 겁을 먹은 여인은 나스타지오와 결혼하기로 한다.

보티첼리는 이 이야기를 모티브로 검은 말을 탄 기사가 여인을 죽이는 장면, 여인의 등을 갈라 심장을 꺼내는 장면, 다시 그 여인이 살아나는 장면, 결혼식을 하는 장면 등 네 점의 그림을 그린다. 이 잔혹하고 아름다운 그림을 보며 우리는 누군가의 진심을 무시하고 경멸하는 것이 얼마나 무서운 죄인지를 깨닫게 된다.

농담의 힘

여섯째 날에는 농담과 임기응변으로 위기를 모면하는 사람들의 이야기들이 소개된다. 특히 네 번째 이야기는 우리에게도 몹시 익숙하다.

어느 날 쿠라도 잔필리아치가 (……) 매를 써서 통통하게 살찐 어린 학을 한 마리 잡았습니다. 그는 베네치아 태생의 요리사 키키비오에게 저녁 식사 때 먹도록 맛있게 요리해놓으라고 명령했습니다. 소탈하고 재미있는 키키비오가 학의 털을 뜯고 불에 굽고 있는데 (……) 이웃집 하녀가 들어왔습니다. 이름이 브루네타로, 키키비오가 홀딱 반한 여자였습니다.

그녀는 (……) 학 다리를 하나만 달라고 졸랐습니다. 키키비오는 노래 부르듯이 가락을 붙여 말했습니다.

"나는 줄 수 없노라, 브루네타. 줄 수가 없노라, 브루네타."

그러자 브루네타가 화가 나서 말했습니다.

"흥, 그러면 나도 당신이 갖고 싶어하는 것을 절대로 안 줄 테야."

결국 키키비오는 여자를 달래려고 학 다리를 뚝 떼어주었습니다. 키키비오가 쿠라도와 손님들 앞에 한쪽 다리가 없는 학을 내놓자 쿠라도는 깜짝 놀라 한쪽 다리는 어떻게 되었느냐고 물었습니다. 그러자 이 베네치아 거짓말쟁이는 서슴없이 대답했지요.

"나리, 원래 학은 다리가 하나밖에 없습니다."

쿠라도는 화가 나서 말했습니다.

"뭐, 학의 다리가 하나뿐이라고? (……) 너는 내일 아침 다리가 하나뿐인 학을 내게 보여주어야 한다. 만약 네 말이 거짓이라면 네가 살아 있는 동안 내 이름만 들어도 고통스러울 정도로 혼을 내줄 것이다."

(……) 다음 날 아침 쿠라도는 (……) 학을 볼 수 있는 큰 강가로 키키비오를 데려갔습니다. 키키비오는 주인의 화가 가라앉지 않은 것을 알고 벌벌 떨었으나 아무리 생각해도 그럴듯한 거짓말이 떠오르지 않았지요. (……) 그런데 강가에 이르러보니 눈에 띄는 열두어 마리의 학이 모두 하나같이 다리 하나로 서서 자고 있지 않겠습니까. 학은 잠잘 때는 그렇게 하니까요. 키키비오는 쿠라도에게 이를 가리키며 말했습니다.

"나리, 어제저녁에 제가 말씀드린 것이 정말이지요."

쿠라도는 "아니, 내가 학 다리가 둘이라는 걸 보여주마"라고 말하고는 학 무리로 다가가 "훠이, 훠이!" 하고 소리를 질렀습니다. 그러자 잠이 깬 학들이 한쪽 다리를 마저 내놓고 날아갔습니다.

쿠라도가 키키비오를 돌아보며 말했습니다.

"어떠냐, 이 거짓말쟁이야. 다리가 둘이란 것을 알겠지?"

키키비오가 우물쭈물하더니 대답했습니다.

"하지만 나리는 어제저녁에 '휘이, 휘이' 하고 외치지 않으셨습니다. 그러셨더라면 그 학도 한쪽 다리마저 내놓았을 텐데요."

쿠라도는 이 대답이 마음에 들었으므로 이제까지의 노여움을 털어내고 웃음을 터뜨렸습니다.

"키키비오, 네 말이 맞다. 그랬으면 되었을걸."

키키비오는 재치 있는 농담으로 재난도 면하고 주인과의 사이도 원만해졌습니다.

농담이 성공할 때 '친교'는 두터워진다. 친교란 무엇인가? 그것은 같은 공동체에 속한다는 것을 의미한다. 우리가 같은 것을 보고 웃는다면 그것은 특별한 경험이다. 그 자체만으로도 놀랍고 소중한 일이다. 우리가 같이 웃는 그 순간 뿌리 깊은 인간적 갈망이 충족된다. 같이 느끼고 더불어 살아간다는 것, 서로에게 닿는 것이 바로 농담인 것이다. 여기서 르네상스 시대 피렌체 사람들을 웃겼던 농담들을 통해 그들과 우리 사이의 거리를 가늠해보는 것도 재미있는 시도가 될 것 같다.

미워할 수 없는 죄

우리는 때때로 착한 일을 한다. 때때로 죄를 짓기도 한다. 그러나 우리는 천사도 악마도 아닌 인간이다. 인간의 다채롭고 솔직한 모습들을 가감 없이 생생하게 담아낸 보카치오의 《데카메론》.

일곱 번째 날에는 여자들의 사랑을 얻기 위한 또는 자신을 구원하기 위한 남편들의 눈물겨운 계책들이 소개된다. 다섯 번째 이야기는 거짓말과 속임수로 서로를 골탕 먹이는 남녀의 이야기다.

옛날 아리미노 거리에 돈과 토지를 많이 가진 부자 상인이 살았습니다. 그는 세상에 보기 드문 아름다운 부인과 살며 질투심이 몹시 강해졌습니다. (……) 부인이 잘해줄수록 어떤 남자라도 이런 아내를 좋아할 것이라는 걱정이 들었던 거죠.

질투에 눈이 어두워진 남편은 아내의 일거수일투족을 감시하고 (……) 축제에도 결혼식에도 성당에도 가지 못하게 했고 (……) 심지어는 창문으로 얼굴을 내미는 것조차 막았습니다. (……) 그녀는 이런 학대의 이유를 찾을 수만 있다면 무슨 짓이든 하겠다고 결심했습니다. (……) 마침 옆집에 필리포라는 활달하고 잘생긴 청년이 살았습니다. (……) 부인은 남편이 없는 틈을 타서 벽을 여기저기 살피다가 우연히 조그만 구멍을 발견했습니다.

(……) 다행히도 그 구멍은 청년이 자는 방과 통했습니다. (……) 그녀는 청년의 이름을 불렀습니다.

청년은 그 목소리가 귀에 익었으므로 얼른 대답했습니다. 부인은 기운이 나서 자기 마음을 전했습니다. 청년은 기뻐하며 구멍을 넓혀서 부인과 이야기도 나누고 손도 잡았습니다. 그러나 남편의 감시가 심해그 이상은 어려웠지요.

어느덧 크리스마스가 다가오자 부인은 남편에게 성당에 가서 고해를 하게 해달라고 했습니다.

(……) 질투심 많은 남편은 아내가 무슨 죄를 저질렀는지 꼭 알아내리라고 결심했습니다. (……) 아내는 신부로 변장한 남편을 알아보고 마음속으로 외쳤습니다.

'질투쟁이 남편이 신부로 변장했다니 잘됐구나. 모른 체하고 듣고 싶어하는 이야기를 모두 해줘야지.'

아내는 (……) 최근 어떤 신부와 사랑에 빠졌고 그가 밤마다 찾아온다고 고백했습니다.

(……) "네, 신부님. 저도 그분이 어떤 재주를 부리는지 모르겠습니다만, (……) 그분 말씀이 침실 앞에서 기도문을 외우면 남편이 깊은 잠에 빠진다고 합니다. 남편이 잠들면 문을 열고 들어와 저와 잠자리를 하지요."

(……) 남편은 자신의 불행을 슬퍼하면서 (……) 불륜의 현장을 잡아내 두 사람을 혼내줄 방법을 궁리했습니다. (……) 그리고 부인에게 자고 들어올지도 모르니 먼저 자라고 하고는 칼을 품고 아래층 방에 숨었습니다. (……) 그사이에 필리포는 조심조심 지붕을 타고 들어왔습니다. (……) 남편은 아내가 말하는 신부를 붙잡으려고 몇 날 밤이나 망을 보았고 아내는 아내대로 밤마다 연인과 즐거운 시간을 보냈습니다. 마침내 고통을 이기지 못한 남편은 초췌해진 얼굴로 아내를 향해 당신이 참회한 그날 아침에 신부에게 무슨 고백을 했느냐고 따졌습니다. (……)

"(……) 나는 어떤 신부를 사랑하고 있다고 말씀드렸지요. 내가 그토

록 사랑하는 당신은 그때 신부가 되어 있지 않았던가요. 당신은 질투
에 눈이 어두워 곧이곧대로 믿고 당신밖에 모르는 아내를 의심한 것이
죠."
(······) 어리석은 질투쟁이 남편은 (······) 질투가 필요하지 않을 때 질
투의 옷을 몸에 두르고 정말로 필요해졌을 때는 벗어던졌던 것입니다.

남편의 질투가 오히려 아내의 불륜을 부추긴 경우다. 질투에 눈이 멀어
다른 것은 생각하지도 못하는 남자들의 단순함, 오기 때문에 두 눈을 빤히
뜨고도 아내에게 번번이 골탕을 먹는다. 현실에서 여성의 지위는 지극히
낮았지만 이야기 속의 여인들은 통쾌하고 당당하게 남편들 우위에 선다.
《데카메론》이 쓰였던 14세기 중엽의 이탈리아를 이해하는 데 굉장히 중요
한 이야기다. 성직자, 권력자 등 힘 있는 자들의 위선과 기만을 벗겨내는
것이 보카치오의 중요한 과제였다. 그러다 보니 고압적인 남편이 오히려
뒤통수를 맞는 이야기를 자주 들려주곤 한다.

웃음 뒤에서 무지와 편견의 시대를 고발하다

《데카메론》은 후대 문학에 많은 영향을 주었다. 우선 초서의 《캔터베리 이
야기》는 캔터베리 참배에 나선 31명의 순례자들이 런던 템스 강변의 한 여
관에서 여관 주인의 제의로 번갈아가며 이야기를 들려주는 형식으로 성직
자들의 부패와 욕망을 파헤친다. 그밖에 셰익스피어는 셋째 날 아홉 번째
이야기를 모티브로 〈끝이 좋으면 다 좋다〉를 썼다.

아홉째 날에는 특별한 주제 없이 각자가 재미있다고 생각하는 이야기를

나눈다. 특히 열 번째 이야기는 기존의 종교적, 도덕적 가치관이 혼란을 겪던 그 시기의 사회상을 엿볼 수 있는 기회가 되어준다. 무지몽매한 시대, 무지와 편견이 판을 치던 당대 사회를 잘 보여주는 이야기다.

한두 해 전, 바를레타에 돈 잔니 디바롤로라는 신부가 살았습니다. 그는 성당 재정이 어려웠기 때문에 암말에다 물건을 싣고 장사를 다녔죠.

그러다가 그는 마찬가지로 노새에 물건을 싣고 팔러 다니는 피에트로라는 트레산티 사람과 친해졌습니다. (……) 신부는 피에트로가 바를레타에 오면 자기 성당에 재우며 환대했습니다.

(……) 피에트로도 잔니가 트레산티에 올 때마다 집으로 초대하여 대접했습니다. (……) 집이 너무 비좁고, 침대도 하나뿐이라 잔니의 암말을 좁은 외양간의 노새 곁에 매고 그 옆에 짚단을 쌓아 그를 재울 수밖에 없었습니다. 피에트로의 부인 젬마타는 매우 예뻤는데, 그녀는 신부가 바를레타에서 남편을 환대해주는 것을 알았기 때문에 그가 올 때마다 옆집의 젊은 아낙네에게 자러 가겠다고 했습니다. 그러나 신부는 이 뜻을 계속 거절하다가 부인에게 이렇게 말했습니다.

"부인, 나는 아주 잘 자고 있습니다. 나는 암말을 아름다운 처녀로 둔갑시켜 데리고 자다가 다시 말로 바꾸기도 하거든요. 그래서 나는 암말과 떨어질 수가 없습니다."

젬마타는 즉시 남편에게 이 이야기를 전하며, 얼른 자기를 암말로 만드는 마술을 배워 돈을 더 많이 벌자고 성화를 부렸습니다. 사실 피에트로는 좀 모자란 사내였기 때문에 그 말을 믿고 잔니에게 마술을 가르쳐달라고 했습니다. 잔니는 거절하다가 다음 날 아침에 비법을 가르쳐주겠다고 했죠.

(……) 피에트로와 아내 젬마타는 기대가 너무 커서 뜬눈으로 밤을 보내고 새벽이 가까워지자 잔니를 깨웠습니다. 잔니는 속옷 바람으로 피에트로의 침실로 왔습니다.

(……) 잔니는 젬마타를 발가벗겨 바닥에 네 발로 엎드리게 하고는 무슨 일이 생겨도 한마디도 해서는 안 된다고 일렀습니다. 그런 다음 그녀의 얼굴을 쓰다듬으면서 이렇게 중얼거렸습니다.

"말의 아름다운 얼굴이 되소서."

(……) 그러면서 그녀의 등과 배와 엉덩이와 허벅지와 다리를 만졌습니다. 그리고 마지막으로 꼬리를 붙이는 일만 남았다며 자기의 속옷을 걷어 올리고 말뚝을 손에 쥐고는 그것을 위해 만들어진 구멍에 집어넣으면서 말했습니다.

"그리고 이것이 말의 아름다운 꼬리가 되옵소서."

아까부터 모든 짓을 잠자코 지켜보던 피에트로가 기겁하여 외쳤습니다.

"잔니, 꼬리는 필요 없어! 필요 없다고."

(……) "피에트로, 자네가 입을 여는 바람에 마술을 망치고 말았네. 이제 부인은 두 번 다시 암말이 될 수 없어." 잔니가 말했습니다.

(……) 아내도 남편이 일을 망쳤다고 타박하며 옷을 입었습니다. 이후로 피에트로는 노새를 몰고 잔니와 함께 계속 장사를 다녔지만 다시는 그런 부탁을 하지 않았습니다.

《데카메론》은 영화로도 제작되었다. 피에르 파올로 파졸리니(Pier Paolo Pasolini) 감독은 《캔터베리 이야기》, 《아라비안나이트》와 더불어 《데카메론》까지 영화로 제작했다. 그는 어떤 상황에서나 자연스럽게 발로하는 성적 욕망처럼 어떤 권력에도 굴하지 않는 자유의지를 웅변적으로 보여주던 감독이었다. 그는 라 돌체 비타(La Dolce Vita), 즉 달콤한 삶에 대한 그리움을 《데카메론》 속의 몇몇 이야기들에 담아냄으로써 제2차 세계대전 이후 자본주의의 폐해를 신랄하게 비판하면서 인간의 자연스러운 성적 욕망을 예찬했다.

인간은 스스로 구원할 수 있다

마지막 열째 날의 주제는 관용이다. 그리고 마지막 이야기는 양치기 딸을 아내로 맞아 그 인내심을 시험하는 후작의 이야기다. 그는 아내가 낳은 두 아이를 죽인 척하고 몰래 친척 집에 맡기지만 아내는 불평하지 않고 순종한다. 그리고 몇 년 뒤 그는 아내를 마지막 시험에 들게 한다.

> 구알티에리는 아내를 마지막으로 시험할 때가 왔다고 여겼습니다. 그래서 아랫사람들에게 아내를 더 이상 데리고 살 수 없고, 그녀를 아내로 들인 것은 젊은 혈기에서 저지른 잘못이었다며 교황의 허락을 얻어 다른 여자를 부인으로 맞아야겠다고 떠들었습니다.
> (……) 부인은 지금까지 묵묵히 견디어온 것처럼 이번에도 참고 견디어야 한다고 결심했습니다. 얼마 뒤, 구알티에리가 그리셀다와 이혼하고 다른 아내를 맞아도 된다는 교황의 가짜 편지가 도착했습니다. 구

알티에리는 아내를 불러 여러 사람 앞에서 말했습니다.

"교황님의 허락이 내렸으니 (……) 친정으로 돌아가도록 하오. 나는 내게 어울리는 다른 여자를 구하여 아내로 맞겠소."

아내는 눈물을 참으며 대답했습니다.

"신분이 낮은 제가 당신과 어울리지 않는다는 것을 저도 잘 압니다. (……) 여기 반지를 도로 가져가시고, (……) 다만 제가 갖고 왔던 순결한 몸값으로 속옷 한 벌만 걸치게 해주세요."

구알티에리는 가슴이 뭉클했지만 일부러 근엄한 표정을 지으며 말했습니다.

"그렇다면 속옷 한 벌은 입고 가도록 하시오."

(……) 구알티에리는 귀족 가문의 규수를 새 신부로 맞는 것처럼 꾸미고 그리셀다에게 사람을 보내 와달라고 했습니다. 그리고 그녀가 오자 그는 결혼식 준비를 부탁했습니다. (……) 그리셀다는 마치 비수에 찔린 듯이 가슴이 아팠으나 (……) 빈틈없이 결혼식 준비를 마쳤습니다. 결혼식 날, 구알티에리는 친척 집으로 사람을 보내 아들과 딸을 데려오게 했습니다. 열두 살이 된 딸은 이미 아름다운 처녀로 성장했고 아들은 여섯 살이었지요. (……) 사람들은 친척이 데리고 온 여자아이를 구알티에리의 신부로 여겼습니다. 그리셀다 역시 그런 줄 알고 자기 딸을 상냥하게 맞이했습니다.

(……) 구알티에리는 차가운 얼굴 뒤에 감추고 있던 괴로운 마음에서 이제는 그녀를 풀어주어야겠다고 생각했습니다. 그래서 그리셀다에게 다가가 자기의 새 신부가 어떠냐고 물었습니다. 그리셀다는 구알티에리와 어울리는 사람 같다며, 부디 전 부인에게 주었던 것과 같은 괴로

움은 주지 말라고 당부했지요. 구알티에리가 그리셀다를 옆에 앉히고 말했습니다.

"그리셀다, (……) 당신과 부부로 사는 동안 내내 평화롭게 살고 싶은 마음에 연극을 했다오. (……) 당신이 내 신부로 생각한 저 아이들은 우리 자식이오. 난 당신의 남편으로서 그 누구보다도 당신을 사랑하오. 그리고 나만큼 자기 아내에게 만족하는 남자는 이 세상에 없을 것이오."

그는 그리셀다를 끌어안고 키스한 뒤, (……) 딸과 아들을 끌어안았습니다.

《데카메론》의 첫 번째 이야기는 차펠레토라는 악당이 거짓말을 통해 성자가 되는 황당한 이야기였다. 신의 무한한 관용에 대해 이야기하면서 성직자들을 은근히 질타한 이야기였다. 그리고 마지막은 자기를 시험하는 남편을 무한한 관용으로 대하는 아주 어질고 착하고 현명한 여인의 이야기로 마무리된다. 폐쇄된 곳에서 폭군 같은 남편들에게 시달리며 인간 대접을 받지 못하는 중세 여인들이 인내로 그 상황을 이기고 행복을 찾는 모습을 보여주기 위한 장치가 아니었을까 싶다.

《데카메론》은 한마디로 인곡이다. 그 속에는 우리가 어떻게 살아야 되는가가 아니라 우리가 어떤 존재인가를 알려주는 낯 뜨거운 이야기들이 나온다. 선악 판단을 초월한 이야기들 말이다. 이 책이 그렇게 오랫동안 많은 사람들의 사랑을 받으며 복제되고 모방된 이유도 거기 있을 것이다. 인간의 본질은 시간이 흘러도 달라지지 않았을 테니 말이다.

또한 《데카메론》에는 낙천성이 살아 숨쉰다. 보카치오는 페스트로 피렌체 인구의 3분의 1이 죽어나가는 지옥 같은 상황을 우리 인간이 뿌리내린 현실이라 생각하고 절대 희망을 잃지 않는다. 우리가 만든 세상이 아무리 암담하더라도 우리 스스로를 구원할 수 있다는 희망, 그것이 바로 보카치오가 전하고 싶었던 메시지일 것이다.

chapter 9

새로운 인간학의 탄생
• 「향연」 '이데아'에 대하여 •

재능이란 사랑만큼 신비한 것이다. 그것은 돌연 그것이 아닌 것들을 버리게 하고 아무 보상 없이도 온몸을 바치게 한다. 또한 욕망처럼 커다란 자기 격려는 없다. 하고 싶은 것을 통해 우리는 유일한 자기가 될 수 있다. '하고 싶은 일은 다짐이 없이도 우리를 늦게까지 깨어 있게 하고, 새벽에 일어나게 한다. 그 일을 위해서는 다른 일을 포기하게 만든다. 그것은 떠나 있으면 그리워지는 그런 것이다. 우리는 그것을 찾아야 한다.

— 구본형

동서고금을 막론하고 가장 오래되고 가장 보편적인 테마는 뭘까? 바로 사랑이다. 그래서인지 사랑에 대한 정의도 다양하지만 완벽한 것은 하나도 없다. 모두 사랑의 한 부분밖에 말하지 못하는 것 같다.

이런저런 사랑의 정의 중에 프랑스 작가이자 정치가였던 샤토브리앙의 말이 인상에 남는다. "사랑은 커지지 않는 순간부터 줄어들기 시작한다." 그래서 사랑하는 사람들은 늘 새로운 사랑의 방법과 언어를 찾아내야 한다. 그러자니 사랑에는 정말 끊임없는 노력이 필요하다. 여기서는 새로운 인간학의 시작점인 플라톤의 사랑론을 살펴볼 것이다. 철학자 화이트헤드 (Alfred North Whitehead)가 "서양철학은 플라톤 철학에 대한 주석"이라고 말한 것처럼 플라톤은 서양철학의 시작점이었다. 그는 인간의 보편적 감정인 사랑에 대해 《향연》을 남겼다. 《향연》은 특이하게도 처음부터 끝까지 대화로 이어진다. 플라톤 이전의 그리스 문학은 시뿐이었는데 플라톤에 이르러 비로소 산문이 등장한 것이다.

《향연》의 주인공은 "너 자신을 알라"는 말로 유명한 소크라테스다. 사실 이 말은 델포이의 아폴론 신전에 새겨진 것으로 소크라테스를 통해 널리 알려졌다. 문답법을 통해 사람들의 무지를 일깨우고 다녔던 소크라테스, 그리스 철학은 그의 이전과 이후로 나뉜다. 소크라테스 이전의 철학자들은 모두 우주의 본질을 파헤치던 자연철학자들이었고 소크라테스에 이르러서야 비로소 인간학이 시작됐다.

소크라테스는 다른 4대 성인들과 마찬가지로 저서를 남기지 않았다. 소크라테스는 문자를 통해 기억을 환기시킬 수는 있지만 사람들이 문자를 믿고 기억하지 않으려고 하기 때문에 망각을 불러일으킬 것이고, 결국 문자는 진리 자체를 나타내지 못하고 오직 진리의 외피만을 나타낼 것이라고 생각했다. 문자에 대한 불신 탓에 그는 저서를 남기지 않았을지도 모른다. 그래서 공자의 제자들처럼 소크라테스의 제자들이 그의 사상과 행적에 대해 기록을 남겨두었다. 특히 플라톤이 없었다면 우리는 소크라테스가 어떤 인물인지 전혀 몰랐을 것이다. 소크라테스는 예순이 다 되어서야 플라톤이라는 걸출한 제자를 만났다. 당시 스무 살이던 플라톤은 소크라테스와 8년 정도밖에 같이 지내지 못했다. 플라톤이 스물여덟 살 때 소크라테스가 독배를 마시고 죽었기 때문이다. 그러나 그는 《국가》,《향연》,

《파이톤》,《프로타고라스》등에 소크라테스의 사상을 담았다.

사랑이 사람을 위대하게 만든다

《향연》은 글라우콘 등이 아폴로도로스에게 아가톤의 집에서 열렸던 향연에 대해 이야기해달라고 조르는 장면으로 시작한다. 오래전 시인 아가톤이 비극 경연대회에서 수상하면서 그를 축하하기 위해 사람들이 모였었다. 이 자리에서 에릭시마코스는 전날 술을 너무 많이 마셨으니 오늘은 에로스, 즉 사랑에 대해 이야기하자고 제안한다.《향연》은 여덟 명의 참석자들이 돌아가면서 사랑에 대해 이야기를 나누고 이 이야기를 아리스토데모스에게 전해 들은 아폴로도로스가 다시 글라우콘 등에게 전해주는 액자식 구성을 취하고 있다.

이제 에릭시마코스의 제안대로 사랑이란 무엇인가에 대해 본격적으로 릴레이 연설이 시작된다. 첫 번째 주자는 파이드로스다.

"내 말은 누군가를 사랑하는 자는 추악한 일을 하다가 들키거나 다른 사람에게 모욕을 당하면서도 비겁하게 감내하다가 아버지나 친구나 다른 누구보다 자기가 사랑하는 소년이 그 모습을 보는 것을 가장 고통스러워하리라는 것입니다. 마찬가지로 사랑받는 소년도 어떤 추악한 일에 연루되었다가 자신을 사랑하는 사람에게 들키는 것을 유독 수치스럽게 여깁니다. 그러므로 국가나 군대가 사랑하는 자들과 사랑받는 소년들로만 구성될 방도가 있다면 그보다 좋을 수는 없지요. 그들은 추한 일은 모두 멀리하고, 서로 훌륭한 일을 하려고 경쟁할 테니까요. 또 그들은 전장에서는 아무리 적은 수라 할지라도 모든 사람들을 이길 수 있습니다. 왜냐하면 사랑하는 사람은 전열을 떠나거나 무기를 버리는 것을 사랑하는 소년이 보는 것을 꺼릴 것이 분명하여 이런 모습을 보이느니 차라리 몇 번이고 죽기를 택할 테니까요. (……) 그리고 신이 영웅들의 가슴속에 용기를 불어넣어주셨다는 호메로스의 말대로 그것이야말로 에로스가 사랑하는 자들에게 주는 선물입니다. 그리고 실로 사랑하는 자들만이 누군가를 위해 기꺼이 죽으려고 합니다. 남자들만이 아니라 여인들까지도요. 펠리아스의 딸 알케스티스도 헬라스 사람들에게 충분한 증거가 됩니다. 그녀의 남편에게는 아버지도 있고 어머니도 있었지만 오직 그녀만이 남편을 위해 기꺼이 죽으려고 했습니다. 그녀의 사랑이 아버지와 어머니를 능가하면서 그들은 아들에게 이름만 친족이지 남이나 다름없는 사람임을 드러냈습니다. 이런 일을 해냄으로써 그녀는 인간들만이 아니라 신들에게도 아주 고귀한 일을 해낸 것으로 여겨졌지요. 그래서 신들은 하데스로부터 그녀의 영혼을 돌려보내주었습니다. 고귀한 일을 해낸 사람은 많지만 그 가운데 신들이 하데스로부터 영혼을 돌려보내주는 사람은 많지 않았는데도 말입니다. 이렇게 신들도 사랑과 관련된 헌신과 용기를 특별히 소중하게 여기십니다. (……) 신들은 테티스의 아들 아킬레우스는 축복받은 자들의 섬으로 보냈지요. 그가 핵토르를 죽이면 그도 죽겠지만 죽이지 않으면 집으로 돌아가 장수하리라는 말을 듣고도 자기를 사랑하던 파트로클로스를 도우러 갔고 파트로클로스가 죽자 그 복수를 하였으며 자기를 사랑하던 사람의 뒤를 따라 죽기로 용감히 선택했기 때문입니다. 바로 이 때문에 신들도 그를 높이 평가했던 것입니다. (……) 그래

서 나는 에로스가 신들 가운데 가장 나이가 많고 가장 존귀하며 생전
이든 사후에든 인간들에게 덕과 행복을 마련해주는 일과 관련하여 가
장 권위 있는 존재라고 주장하는 바입니다."

한마디로 사랑이 사람을 위대하게 만든다는 것이다. 여기 등장하는 펠
리아스는 팜파탈인 메데이아에게 죽임을 당한 이아손의 삼촌이다. 메데이
아는 펠리아스 왕을 회춘시켜주겠다고 속여서 펠리아스의 딸들에게 아버
지를 죽이게 하는데 알케스티스만이 여기 가담하지 않았다. 펠리아스 생
전에 아드메토스라는 사람이 알케스티스를 사랑해 청혼하는데 펠리아스
는 사자와 멧돼지가 끄는 전차를 타고 오는 자에게 딸을 주겠다고 한다.
아드메토스는 아폴론 신의 도움을 받아 이 문제를 풀고 아케스티스를 아
내로 맞는다. 하지만 행복도 잠깐, 아드메토스가 병으로 눕더니 회복되지
못했다. 아폴론은 아드메토스에게 대신 죽을 사람이 있다면 죽지 않을 것
이라고 말해준다. 아무도 아드메토스 대신 죽으려 하지 않는 가운데 아내
인 알케스티스가 나선다. 알케스티스를 가엾게 여겼던 하데스의 부인 페
르세포네가 그녀를 지상으로 돌려보냈다는 이야기도 있고, 마침 아드메토
스의 왕실에 머물던 헤라클레스가 저승사자를 붙잡아 알케스티스를 포기
하게 했다는 설도 있다.

잃어버린 반쪽에 대한 갈망

이어서 파우사니아스는 에로스가 하나가 아니기 때문에 단순히 에로스를
찬양하는 것은 옳지 않다고 파이드로스를 반박한다. 그는 세속의 에로스와

천상의 에로스를 구별하고 성인 남자와 소년 간의 동성애로써 덕을 키워주는 에로스를 찬양한다. 이런 에로스는 법으로 장려하되, 육체적인 욕구만을 목표로 하는 에로스는 금해야 한다며 동성애에 관한 여러 나라의 법들을 살펴본다.

파우사니아스 다음 차례는 희극 작가인 아리스토파네스였지만 딸꾹질을 하느라 의사인 에릭시마코스가 먼저 연설한다.

"파우사니아스의 연설은 처음은 훌륭했지만 마지막이 신통치 않았으므로 내가 그의 연설을 멋지게 마무리 지어야겠군요. 그가 에로스를 두 종류로 나눈 것은 옳다고 생각합니다. 그런데 내 직업인 의술 덕분에 이 신이 얼마나 위대하고 경이로운지를 알게 되었습니다. 그는 인간의 영혼을 아름다움으로 이끌 뿐만 아니라 생명이 있는 모든 동물의 몸과 땅에서 자라는 모든 식물, 아니 존재하는 모든 것에도 깃들여 있습니다. (……) 의술이란 충족과 배설을 둘러싸고 몸 안에서 일어나는 여러 사랑의 현상들에 대한 지식입니다. 그리고 이런 현상들 가운데 아름다운 사랑과 추한 사랑을 제대로 구분하는 사람이 최고의 의사입니다. 또 변화를 일으켜서 한 종류의 사랑을 다른 종류의 사랑으로 바꾸어주거나 사랑이 없는 곳에 사랑을 불어넣어주는 사람이야말로 명의라고 할 수 있습니다. 이런 의사는 체내에서 가장 적대적인 부분들을 서로 화합시키고 마침내 서로 사랑하게 합니다. 그런데 가장 적대적인 것들이란 서로 가장 반대되는 것들, 즉 찬 것과 뜨거운 것, 쓴 것과 단 것, 마른 것과 젖은 것 등이지요. 우리의 조상 아스클레피오스는 이런 것들 사이에 사랑과 화합을 만들어내는 방법을 알았기에 의술의 창시자로 불리는 것이지요. 그러니 의술은 전적으로 에로스 신의 지배를 받으며 체육과 농사도 그러합니다. 음악에 조금만 관심을 기울이는 사람이라면 음악 역시 그렇다는 것을 분명하게 알 것입니다. 헤라클레이토스가 일자는 분열되었다가도 마치 음궁과 리라의 화음처럼 다시 하나가 된다고 말한 것도 명료하지 않은 표현이라 잘 알 수는 없지만 이와 비슷한 말을 하려던 것이 아닌가 합니다."

에릭시마코스는 파우사니아스처럼 에로스에는 두 종류가 있지만 그 둘은 서로 대립되는 것이 아니라 서로 조화를 이룬다고 주장한다. 그리고 의사라는 직업적 관점을 넣어 의술은 두 개의 대립되는 것들이 조화를 이루게 하는 것이라고 말한다. 이어서 딸꾹질이 멎은 아리스토파네스가 연설에 나선다.

"(……) 우리는 우선 인간의 본성과 그 내력을 알아야 합니다. 옛날에는 인간의 본성이 지금과 같지 않았습니다. 처음에는 성이 세 가지가 있었지요. 즉 지금은 남성과 여성의 두 가지 성만 있지만 이 둘을 모두 가진 또 다른 성이 있었습니다. 지금은 이런 종류의 인간이 없습니다만 그 명칭만은 아직도 남아 있습니다. 다시 말해 옛날에는 남녀양성은 이름뿐 아니라 실제로도 있었지만 오늘날에는 그 명칭만 남아 욕으로 쓰일 뿐입니다. 그다음으로 우리는 그들의 모습이 둥근 등과 옆구리를 지닌 한 몸이었다는 것을 알아야 합니다. 네 개의 팔과 다리를 가졌고 둥근 목 위에는 똑같이 생긴 얼굴이 둘 있었어요. 하나의 머리에 두 개의 얼굴이 반대 방향으로 붙어 있었지요. 귀는 네 개이고 생식기

는 둘이었어요. 나머지는 이것들로 미루어 짐작할 수 있겠지요. 그들
은 우리처럼 똑바로 서서 걸었는데 원하는 방향으로 걸어갈 수 있었고
빨리 뛰고 싶을 때는 마치 공중 제비하는 곡예사처럼 여덟 개의 손발
로 번갈아 땅을 짚어가면서 아주 빠르게 굴러갈 수 있었습니다. 그런
데 인간이 이렇게 세 가지 성으로 나누어지고 이런 모습을 하게 된 것
은 본래 남성이 태양에서 태어나고 여성은 대지에서 태어났으며 남녀
양성은 달에서 태어났기 때문입니다. 이들의 모습과 걸음걸이가 둥글
었던 것도 그 부모를 닮았기 때문입니다. 그들의 힘과 체력은 강력했
고 야심도 대단했습니다. 그래서 저들은 신들을 공격했던 것입니다."

원래 사람은 둘이 한 몸이었다. 그래서 세상에는 남자와 남자, 여자와
여자, 남자와 여자가 붙은 세 종류의 성이 있었다. 완벽한 존재였던 인간
에게 위협을 느낀 신이 인간을 갈라놓는다. '반쪽을 찾아다닌다'는 말은
바로 《향연》의 아리스토파네스에게서 유래된 것이다. 그런데 완벽한 존재
에서 불완전한 존재로 전락하면서 그 결핍, 소외, 부재에서 욕망이 생겨났
다. 이는 서양철학의 중요한 가설로 아리스토파네스에게서 시작되었다.
　아리스토파네스의 연설이 끝나고 아직 연설을 하지 않은 소크라테스와
아가톤 사이에 약간의 설전이 오간다. 파이드로스의 중재로 두 사람은 설
전을 멈추고 아가톤이 먼저 연설을 시작한다. 그는 지금까지 연설한 사람
들이 에로스 신의 본성에 관해서는 아무 말도 하지 않았다면서 우선 그 본
성을 찬미하는 것이 순서라며 에로스야말로 가장 아름답고 훌륭하기 때문
에 가장 행복한 신이라고 주장한다. 그리고 에로스야말로 가장 강한 욕망
을 지배하므로 가장 강한 절제력을 가지고 있고 이런 의미에서 전쟁의 신

아레스보다도 강하다고 말한다.

　그러자 소크라테스가 아가톤에게 질문을 던져 그의 논리를 하나씩 깨기 시작한다. 소크라테스의 논지는 간단했다. 결국 우리는 사랑한다. 사랑한다는 동사이니 대상이 있어야 된다. 그런데 에로스가 사랑한다고 하면 그 대상은 무엇일까? 바로 아름다움이다. 우리는 우리가 가지고 있지 않은 것을 욕망하므로 에로스가 아름다움을 사랑하는 것은 에로스 자체가 아름답지 않아서다. 그러니까 에로스가 아름답다는 아가톤의 주장은 잘못되었다는 것이다.

인간은 좋은 것을 사랑한다

아름다움을 생성하는 강한 힘인 에로스. 사랑에 대한 빛나는 통찰력을 엿볼 수 있는 고전 《향연》의 실질적인 주인공은 소크라테스다. 소크라테스는 델포이 신전에서 자신이 가장 현명한 사람이라는 신탁이 내려졌다는 이야기를 듣고 어떻게 그런 신탁이 나왔는지 고민한다. 그리고 결국 자신은 다른 사람들과 달리 자신이 아무것도 모른다는 사실을 알고 있다는 점을 깨닫는다. 바로 무지에 대한 지의 경지에 이르렀던 것이다. 이후 그는 현명한 자들을 찾아다니며 질문을 던짐으로써 그들의 무지를 일깨워준다.

　《향연》 속의 소크라테스는 이제 디오티마라는 여인이 들려주었던 이야기를 전한다. 아가톤이 소크라테스와 문답식 대화를 더 하고 싶어하지 않았기 때문이다. 플라톤이 만들어낸 허구의 인물인 디오티마는 '제우스로부터 명예를 얻다'라는 뜻을 가지고 있다. 여기서는 소크라테스가 아가톤의 역할을 하고 디오티마가 소크라테스의 역할을 한다.

소크라테스는 디오티마에게 에로스는 위대한 신이고 아름답다고 대답한다. 아가톤이 했던 말이다. 디오티마는 소크라테스가 아가톤을 논박했던 것처럼 에로스는 아름답지도 않고 좋지도 않지만 그렇다고 추하거나 나쁘지도 않다면서 아름답지 않다고 해서 반드시 추하고 나쁜 것은 아니라고 말한다. 그러면서 아름답고 좋은 것들을 전혀 갖지 못한 에로스는 신이 아니라 가사자와 불사자의 중간인 정령이라고 주장한다. 에로스는 아버지가 풍요의 신인 포로스이고 어머니가 가난의 신인 페니아이기 때문에 충족과 결핍을 끊임없이 왔다 갔다 한다고 한다. 그래서 철학자 헤겔은 "인간의 욕망은 충족보다 늘 한 걸음 앞서 간다"고 말했다. 욕망이 충족되는 순간에 결핍이 일어나고 그 결핍이 다시 욕망으로 바뀌면서 끊임없이 욕망을 추구하게 되는 것이다. 이것이 바로 인간학의 저주다.

> "(……) 만약 어떤 사람이 '아름다운 것을 사랑한다는 것은 대체 무엇입니까'라고 묻는다고 가정해보세요. 아니, 더 분명하게 '아름다운 것을 사랑하는 사람은 결국 무엇을 사랑하는 것입니까'라고 묻는다면 무엇이라고 대답하시겠습니까?"
>
> 여기에 대해서 나는 '아름다운 것을 획득하는 것입니다'라고 대답했어. 그러니까 그분이 말하더군.
>
> "그 대답은 다시 '아름다운 것을 획득하는 사람은 결국 무엇을 얻는 것입니까'란 물음을 불러일으킵니다."
>
> 나는 그 질문에 대해서는 쉽게 대답할 수 없다고 말했어.
>
> "그러면 누가 아름다운 것을 좋은 것으로 바꾸어서 '소크라테스, 좋은 것을 사랑하는 것은 결국 무엇을 사랑하는 것입니까'라고 묻는다면 뭐

라고 대답하시겠어요?"

그분이 말했어.

"좋은 것을 획득하려는 것이지요." 내가 대답했지.

"그럼 좋은 것을 획득한 사람은 무엇을 얻게 됩니까?"

"그 물음은 아까보다 대답하기 쉽군요. 그 사람은 행복하게 되겠지요." 나는 대답했지.

"행복한 사람이 행복한 이유는 좋은 것을 얻었기 때문이죠. 따라서 '행복을 원하는 사람은 왜 행복하게 되기를 원하는가'라고 또다시 물을 필요가 없지요. 답은 여기서 끝나기 때문이죠."

"옳은 말입니다."

"그러면 당신은 이런 욕구와 사랑이 모든 사람에게 공통되는 것이며 모든 사람이 언제나 좋은 것을 가지고 싶어한다고 생각합니까? 혹은 그렇지 않다고 생각합니까?"

"모든 사람에게 공통적이라고 생각합니다."

"그러면 소크라테스, 그처럼 모든 사람이 같은 것을 언제나 사랑하는데 왜 모든 사람이 사랑하고 있다고 말하지 않고 어떤 사람들은 사랑하고 다른 사람들은 사랑하지 않는다고 말할까요?"

"글쎄요, 저도 잘 모르겠군요."

"모를 것도 없네요. 우리가 여러 가지 사랑에서 한 가지만 떼어내 여기에다 사랑이라는 전체 이름을 붙여놓고 다른 사랑에는 다른 이름을 붙였기 때문이죠."

"어떤 것들이 그렇습니까?"

"당신도 창작에는 여러 종류가 있다는 것을 아시죠? 사실 없던 것이 있는 것으로 옮겨가는 원인은 모두 창작이라고 불립니다. 따라서 모든 기술로 만들어내는 과정은 창작이고 이런 창작물을 만들어내는 장인은 모두 창작자라고 불릴 수 있죠."

"그렇습니다."

"그렇지만 그들 모두 창작자라고 불리지 않고 다른 이름으로 불리고 있지요. 모든 창작 가운데 그 일부, 그러니까 음악과 음률과 관련된 부분만 떼어내서 여기에다 전체 이름을 붙이고 있어요. 그래서 이것만 창작이고, 또 이 분야에 종사하는 사람만 창작자라고 부릅니다."

"옳은 말입니다."

"사랑도 마찬가지예요. 일반적으로 좋은 것과 행복에 대한 욕구가 모두 강력하고 교활한 사랑이지요. 하지만 축제든 운동 경기든 철학이든 다른 길에 흠뻑 빠져 있는 사람을 보고 사랑하고 있다거나 사랑하는 사람이라고 부르지는 않습니다. 반면 여러 가지 사랑 가운데 한 가지 것을 추구하고 여기 전념하는 사람만이 사랑이란 이름을 독차지해서 사랑하고 있다거나 사랑하는 사람이라고 불리지요."

"옳은 말입니다."

"이런 말을 하는 사람도 있더군요. 사랑하는 사람은 자신의 반쪽을 찾고 있는 것이라고 말이에요. 그러나 나는 그렇게 생각하지 않아요. 반쪽이든 전체든 좋은 것이 아니라면 자신의 반쪽을 찾는 것도 그 전체를 찾는 것도 아닙니다. 사실 인간은 자신의 손이나 발도 자신에게 해롭다고 생각되면 자진해서 잘라버릴 거예요. 자신의 것은 좋은 것이고 남의 것은 나쁜 것이라고 하지 않는 한, 자신의 것이라고 무조건 좋아하는 사람은 없을 거예요. 인간은 좋은 것 이외에 아무것도 사랑하지 않는 법이지요. 당신 생각은 어떻습니까?"

"확실히 그렇게 생각합니다."

'사랑에서 그 일부를 떼어내 거기에다 사랑이라는 전체의 이름을 붙여 놓고 또 다른 부분들은 또 다른 이름으로 부른다.' 플라톤은 사랑 자체, 그러니까 사랑의 이데아에 대해 이야기하고 싶었던 것 같다. 사람들은 그 이데아가 무엇인지 모르기 때문에 사랑의 한 단면에 사랑이라는 이름 전체를 붙인다. 중요한 것은 사랑의 대상을 한 사람, 한 무리, 그리고 인류 전체로 넓혀가다가 결국 사랑 그 자체에 이르는 것이다. 디오티마의 이야기는 사실 소크라테스의 말을 빌린 플라톤의 철학이다.

철학은 복잡해 보인다. 하지만《예루살렘의 아이히만》을 읽으면서 아이히만의 가장 큰 범죄는 사유의 불능, 생각하지 않는 것이 아닐까라는 생각을 했다. 철학은 사유다. 그리고 사유의 목적은 선을 행하는 것이다. 그런데 선을 행하기 위해서는 생각만이 아니라 믿음이 있어야 한다. 내게 불이익이 생기고, 내가 위험해져도 행동에 나설 수 있는 용기만이 인류의 진보에 기여한다. 철학은 사유를 통해 신념화하는 과정이다. 소크라테스 역시 자신의 신념을 지키기 위해 죽음을 불사한 사람이었다. 철학은 복잡한 것이 아니다. 신념을 가진 체계적인 생각을 일상생활에 지혜롭게 적용하면 그것이 바로 철학적인 삶이다.

무지에 따르는 어리석음, 무지로 인한 만용 등은 우리가 원하는 것이 아니다. 그러니 생각을 통해 옳은 선택을 하고 그에 따라 행위하는 것이 바로 철학의 실용성이 아닐까 한다.

선하지 않은 욕망은 소용이 없다

다시 책 속으로 들어가 디오티마의 이야기를 계속 들어보자.

"소크라테스여, 당신은 무엇이 사랑과 욕구의 원인이라고 생각합니까? 짐승이든 새든 모든 동물이 수태를 원할 때는 얼마나 흥분된 상태에 빠지는지 당신도 잘 아시지요? (……) 동물은 무엇 때문에 이런 애욕의 상태에 이르게 되었나요?"

"잘 모르겠습니다."

"그런 것도 모르면서 어떻게 사랑의 대가가 되려고 하시나요?"

"디오티마, 그 원인이 무엇인지, 또 그 밖의 사랑에서도 원인이 무엇인지 가르쳐주시지요."

"만약 당신이 우리가 여러 번 동의했듯이 사랑의 본성이 죽지 않음에 대한 본성이라는 걸 확신하더라도 놀라지 마세요. 그 원리는 인간이든 동물이든 마찬가지인데 죽을 수밖에 없는 본성은 가능한 한, 영원히 살아 죽지 않기를 추구한답니다. 그런데 이건 수태를 통해서만 가능하지 않겠어요? 수태란 낡고 늙은 것을 대신해서 새롭고 젊은 것을 남겨두고 가는 것이기 때문입니다. 이렇게 해서 모든 생명체는 각기 자신의 지속적인 삶과 동일성을 유지하게 됩니다. 가령 인간은 어렸을 때부터 늙을 때까지 똑같은 사람이라고 부르죠. 실제로 그는 어떤 순간에도 결코 똑같은 것을 갖고 있지 않지만 똑같은 사람으로 간주됩니다. 머리카락, 살, 뼈, 피 등 몸의 모든 부분에서 낡은 세포는 사라져 없어지고 또 새로운 세포는 부단히 생성되는데도 말이에요. 사실 이런 일은 육체뿐만이 아니라 영혼에서도 일어납니다. 습관이나 기질, 의견, 욕구, 쾌락, 공포 등 어떤 것도 어떤 사람에게나 똑같은 것이 아니라 끊임없이 새로 생기고 사라져버립니다. 그런데 훨씬 더 놀라운 것은 이런 일이 지식에서도 생긴다는 거예요. 우리의 지식은 한편으로는 항상 새로 생겨나면서 다른 한편으로는 사라져버리기 때문에 지식의 관점에서 우리는 항상 동일하지 않지만 각각의 지식에도 끊임없이 변화가 일어난답니다. 즉 학습한다거나 연습한다는 것은 우리가 얻는 지식이 빠져나갈 수 있다는 것을 전제하지 않습니까? 잊어버린다는 것은 지식이 우리에게서 빠져나가는 것이지요. 학습한다는 것은 그 빠져나간 지식 대신에 새로운 지식을 집어넣어서 우리의 지식을 실제로는 새롭더라도 동일한 것으로 보이게 보전해주는 거예요. 이와 같이 죽을 수밖에 없는 모든 것은 신적인 것처럼 언제나 그대로 자신의 동일성을 유지하는 것이 아니라 늙으면 자신은 사라지고 자기 대신 자신과 동일한 새로운 것을 남겨놓는 방식으로 자신의 동일성을 유지한답니다. 소크라테스여, 죽을 수밖에 없는 것은 육체나 다른 모든 점에서 이렇게 죽지 않음에 참여하게 됩니다. 물론 영원히 죽지 않는 것에는 다른 길이 있겠지요. 따라서 모든 생명체가 자신의 새끼를 본능적으로 소중히 여기는 것은 아주 지극히 당연한 일이랍니다. 왜냐하면 모든 생명체는 이 불멸성을 위해서 열정과 사랑으로 고무되어 있기 때문입니다."

《향연》에서 가장 중요한 의견은 두 가지다. 첫 번째는 원래 하나의 완전한 존재였던 인간이 쪼개지면서 상실, 결핍, 소외, 분리, 부재함에서 욕망이 생겨났다는 아리스토파네스의 욕망론이다. 두 번째는 디오티마의 욕망론이다. 반쪽을 찾는 욕망이 절대적이더라도 그 반쪽이 올바른 반쪽이 아니라면, 그래서 전체가 되더라도 선한 전체가 아니라면 욕망을 채워도 소용이 없다는 것이다. 중요한 것은 사랑을 영원히 소유하려는 욕망이다.

디오티마는 단순히 자식만이 아니라 지식도 낳을 수 있다고 이야기한다. 정신적 임신, 이것이 바로 지혜와 절제와 정의다. 지식에 대한 열정도 근본은 에로스에서 비롯된다.

"이 세상의 아름다운 것들에서 시작해서 저 아름다움 자체를 향해서 사다리를 계속 올라가듯이 하나의 아름다운 육체로부터 둘의 아름다운 육체로, 모든 아름다운 육체로, 또 아름다운 행동으로, 이어서 아름다운 학문으로, 다시 아름다움 자체로 올라가서 결국 아름다움 자체의 본성을 직관하게 됩니다.

소크라테스, 삶은 바로 이런 경지에 이르러서야 비로소 아름다움 자체를 직관할 수 있으며 이런 사람이야말로 인생을 살아갈 보람을 느끼게 됩니다. 언젠가 당신도 이 아름다움을 보게 된다면 소년이나 젊은이의 아름다움을 그들의 재산이나 옷차림 때문에 아름답다고 생각하지 않게 될 거예요. 그런 아름다움을 보면 황홀해져서 당신이든 어느 누구든 사랑하는 사람과 항상 함께 있을 수만 있다면, 즉 인간의 육체나 피부색, 또 다른 덧없는 많은 것들로 오염되지 않은 오직 한 가지 모습을 지닌 신적인 아름다움 자체를 직관하게 된다면 그 사람의 심정이 어떨 거라고 생각되나요? 그런 세계를 바라보면서 아름다움 자체를 관조하고 그 아름다움과 함께 살아가는 사람이 부럽지 않나요? 그 아름다움은 오직 마음의 눈으로만 볼 수 있는데 이런 눈을 가진 사람이 그 아름다움 자체를 관조하며 살아갈 때, 비로소 덕의 그림자가 아니라 아주 참된 덕을 만들어낼 수 있다고 생각하지 않으시나요? 그는 결코 그림자 따위를 포착하지 않고 진리를 포착하기 때문이랍니다. 그리고 참된 덕을 낳고 돌보는 사람만이 신의 사랑을 받게 되는데 만약에 이 세상 사람들 가운데 죽지 않는 사람이 있다면 바로 이런 사람이 아니고 누구겠습니까?"

사랑에는 여러 종류가 있다. 남녀의 사랑도 있고 부모 자식의 사랑도 있고 인류의 사랑도 있지만 가장 중요한 사랑의 원형은 사랑 그 자체다. 사랑에 대한 이데아를 가져야 우리는 불완전한 현실 세계에서 자신을 성장시켜 의미 있는 사랑을 나눌 수 있다.

절대로 사랑을 멈추지 마라

디오티마와 소크라테스의 대화가 마무리되었을 때 시대의 풍운아인 알키비아데스가 술에 취해 나타난다. 알키비아데스는 소크라테스의 아주 유명한 제자 중 하나다. 아테네 명문가 출신으로 최고의 교육을 받았고 전쟁터에서 공도 많이 세웠다. 빼어난 외모를 지녔던 그는 어려서는 남자들, 자라서는 여자들의 로망이 되었다. 펠로폰네소스전쟁 당시 시라쿠스로 원정을 떠났다가 정적에게 제거당할 위기에 처하자 적국인 스파르타로 투항해 결국 아테네 패망에 기여했다. 이후 그는 여러 나라를 전전하다 결국은 암살당하고 말았다.

이제 향연장에 나타난 알키비아데스는 마치 디오니소스의 화신 같다.

그는 아가톤에게 화관을 씌워주러 왔다면서 아가톤과 소크라테스 사이에 앉았다가 소크라테스를 알아보고 빈정거린다. 소크라테스는 자신의 연인 인 알키비아데스의 질투를 두려워하며 아가톤에게 도움을 청한다. 알키비 아데스는 아가톤에게 머리띠를 받아 모든 논쟁에서 승리하는 소크라테스 의 머리에 달아준다. 그리고 소크라테스를 찬양하는 연설을 한다. 그는 소 크라테스를 피리나 플루트를 들고 있는 실레노스에 빗댄다. 실레노스는 내부에 신성한 상을 지녔다면서 피리도 없이 말로만 사람을 사로잡는 소 크라테스는 마르시아스를 능가하는 피리 연주자라고 칭송한다. 겉으로 보 면 소크라테스는 아름다운 자들에게 성적인 매력을 느끼고 쫓아다니는 실 레노스를 닮았지만 내면에는 절제, 지혜, 용기 등 온갖 미덕이 충만하다.

알키비아데스에 대한 구애도 소크라테스의 아이러니한 모습을 잘 보여 준다. 겉보기에는 소크라테스가 알키비아데스에 반해 쫓아다니는 것 같지 만 실제로는 알키비아데스가 애타게 유혹해도 소크라테스는 육체적 반응 이 아니라 정신적 반응만을 보여주었다는 것이다.

고대 그리스와 로마에서 동성애는 보편적인 현상이었지만 그리스도교 가 로마의 국교가 되면서 금기시되었다. 그런데 당시의 동성애에서는 명 망 있는 어른이 어린 소년의 모범이 되어 성장을 도와주는 멘토와 멘티의 관계가 중시되었다.

어쨌든 알키비아데스는 소크라테스에게 육체적인 사랑을 기대하지만 소크라테스는 육체적 관계가 제거된 멘토로서의 사랑을 추구했다. 그래서 소크라테스는 마지막에 알키비아데스에게 '육체의 눈이 희미해져야 정신 의 눈이 트인다'고 말해준다. 알키비아데스의 사랑과 소크라테스의 사랑은 차원이 달랐다. 플라톤이 이 이야기를 마지막에 넣은 것도 소크라테스를 통해 에로스 그 자체, 즉 사랑의 이데아를 보여주고 싶어서였을 것이다.

우리는 《향연》을 읽으면서 극과 극인 육체와 영혼, 지혜와 지식, 그 사이의 어디쯤엔가 서 있는 우리 자신을 깨닫고 어디를 향해야 할지 그 지향점을 찾게 된다. 이는 고전의 아주 중요한 기능 중 하나다.

사랑이 어떻게 냉정할 수 있느냐고, 쿨한 사랑은 사랑이 아니라고 생각하는 사람도 있을 것이다. 하지만 세상에는 사랑 그 자체와 통할 만큼 우리를 자유롭게 하는 사랑도 있다. 우리의 사랑이 새로워질 때마다 우리는 사랑 그 자체에 다가가는 것은 아닐까? 사랑을 하면 할수록 사랑이 자라고 그 외연이 넓어지는 것은 아닐까?

소크라테스처럼 아름다움 자체를 사랑하는 경지에 이르면 우리의 사랑도 무한대로 커질 것이다. 그러니 사랑을 멈추면 안 된다.

GOETHE

Die Leiden des jungen Werthers

ZORBA THE GREEK

HUCKLEBERRY FINN

BOCCACCIO
DECAMERON

Part 2

거침없이
모험을
선동하라

chapter 10

인생의 바다를 항해하는 법
• 『오디세이아』 '인생'에 대하여 •

내 아들을 좋아하는 마음이나 늙은 아버지에 대한 존경심이나 페넬로페이아를 기쁘게 해주
었을 뒤늦은 사랑조차도 내 마음속에서 세상과 인간의 사악함과 고귀함에 대한 경험을 얻고
싶어하는 열망을 억누를 수 없어 나는 나를 버리지 않을 몇몇 동료와 함께 배 한 척을 타고서
망망대해로 나갔다.

오, 형제들이여, 태양 너머 인간이 살지 않는 나라를 경험하고 싶은 열망을 거부하지 마라. 그
대들의 근본을 생각하라. 그대들은 짐승처럼 살기 위해서가 아니라 미덕과 지식을 추구하기
위해서 태어났으니.

— 단테의 《신곡》 '지옥' 중에서

"자넨 왜 아버지의 집을 뛰쳐나왔나?"

"불행을 찾기 위해서지요."

현대문학의 문제아인 제임스 조이스(James Joyce)의 《율리시즈》16장에
나오는 짧지만 잊을 수 없는 대화다. 불행은 집을 나오면서부터 시작된다.
집을 떠나 트로이에서 10년간 전쟁을 치른 오디세우스는 집으로 돌아가기

위해서 또 10년을 보내게 되는데 그 과정이 곧 오디세우스 삶의 절정이었다. 고난은 그의 배를 깨뜨리는 천둥과 번개 그리고 바람과 파도로, 게걸스럽게 인간을 먹어치우는 괴물들로 상징되었다. 유혹에 빠지고 사랑에 매이지만 다시 항해를 시작해야 한다. 삶이 시작되어 끝날 때까지, 고향을 떠나왔다가 다시 고향으로 되돌아갈 때까지 우리는 삶이라는 두려움과 모험에 가득한 여정을 살아내야 한다. 그런 의미에서 오디세우스의 모험은 영웅의 삶이 아니라 평범하기 이를 데 없는 모든 인간의 인생과 다를 바 없다.

초라한 것, 불완전한 것이 인생이다. 우리는 배움을 통해 완전함을 향해 항해한다. 그래서 인생은 항해고 모험이다. 흰 구름이 비치는 푸른 바다가 갑자기 까매지면서 풍랑이 이는 장면보다 인생을 더 잘 비유하는 것이 있을까? 우리는 행복한 삶을 늘 바라지만 어느 날 예기치 않은 일들이 생기고 불운과 위기에 처하는 경우가 비일비재하다. 그것이 곧 삶이기 때문이다. 우리가 위험이나 불행이 닥치지 않게 해달라고 기도해도 불운과 위기는 찾아온다. 그래도 우리는 신을 버리지 못한다. 누군가 커다란 파도에 떠밀려 바위에 부딪히는 모습을 보면서 우리는 이렇게 말한다. "위험한 일을 만나더라도 두려워하지 않게 하소서. 불행한 일을 만나더라도 용기를 잃지 않게 하소서." 《오디세이아》에 흐르는 기조가 바로 이것이다. 10년간 방랑하는 오디세우스의 이야기는 우리 인생의 축약판이다.

인간 본성에 대한 살아 있는 통찰

《오디세이아》의 저자로 알려진 호메로스에 대해서는 여전히 논란이 계속되고 있다. 대표적인 논란은 호메로스가 개인인지, 아니면 떠돌이 시인 집단인지다. 일단 《일리아스》와 《오디세이아》의 배경과 무대가 트로이전쟁이라는 점에는 별로 이론이 없다. 트로이전쟁은 기원전 12세기에 벌어졌던 역사적 사건이었으므로 《일리아스》와 《오디세이아》는 분명 그 이후에 지어졌을 것이다. 그래서 학자들은 기원전 8세기경 이오니아 지방, 그러니까 지금의 터키 해안 출신인 호메로스라는 개인을 저자로 추정하고 있다. 《일리아스》와 《오디세이아》의 원본으로 추정되는, 이오니아 방언으로 작성된 파피루스 본이 발견되어 과학적으로 연대를 측정해본 결과 대략 기원전 8세기경의 것으로 밝혀졌던 것이다. 덧붙여 《일리아스》와 《오디세이아》 모두 호메로스의 작품이냐는 논란도 있었다. 《일리아스》와 《오디세이아》의 문체, 구성, 주제 등이 너무 다르다 보니 불거진 논란이었다. 하지만 이 논란도 두 작품 모두 호메로스의 작품이라는 쪽으로 가닥을 잡아가고 있다. 기원전 12세기경부터 전승되어오던 이야기를 호메로스라는 걸출한 천재가 재구성했을 것이라는 말이다.

그렇다면 두 작품이 무려 2700여 년이나 살아남을 수 있었던 경쟁력은 무엇일까? 당시 그리스인들에게 삶의 방식은 전쟁이었다. 《일리아스》와 《오디세이아》는 전쟁이라는 극한 상황 속에서 수많은 인간 군상을 만들어내고 그들을 통해 우리와 닮은 인간의 본성을 적나라하게 그려냈다. 즉 인간의 고뇌와 도전, 좌절과 꿈을 통해 인간 통찰의 정수를 담아냈다. 그것이 바로 이 두 작품의 매력이자 경쟁력이다.

모험, 깊은 인생으로의 초대

《오디세이아》는 아테나 여신이 제우스에게 오디세우스의 귀환을 탄원하는 장면으로 시작한다. 오디세우스가 요정 칼립소의 섬에 억류된 지 7년이 지난 시점이었다. 특이하게도 《오디세이아》는 시간 순으로 이야기가 전개되지 않는다. 아테나가 제우스에게 탄원하는 장면 다음에는 오디세우스가 부재한 동안 그의 궁전에서 무슨 일이 있었는지를 보여주고 그다음에야 오디세우스의 과거 모험이 소개된다. 굉장히 현대적인 플롯이다.

제우스가 아테나의 탄원을 받아들이고 오디세우스의 귀향을 위한 프로젝트가 시작되면서 아테나는 곧장 오디세우스의 아들 텔레마코스를 찾아간다. 이타카의 상황은 좋지 않았다. 주인 없는 집에 부인만 남아 있으니 108명이나 되는 청혼자가 몰려들었지만 텔레마코스는 아직 소년이라 어찌할 바를 모른다. 그때 아테나가 멘토르의 모습으로 나타나 텔레마코스에게 아버지를 찾으라고 조언한다. 멘토르는 오디세우스가 전쟁터로 떠나기 전에 젖먹이 텔레마코스의 교육을 부탁한 오디세우스의 친구였다. 오늘날 흔히 쓰는 멘토라는 말은 멘토르에서 나온 것이다.

아버지를 찾아 여행을 떠나는 아들, 그리스 로마 신화에 많이 등장하는 이야기다. 테세우스도 아버지가 바위 밑에 감춰둔 신표를 찾아 모험을 떠났다. 여기서도 아직 스무 살이 안 된 청년 텔레마코스는 모험에의 초대장을 받는다. 거기 가만히 있지 말고 아버지를 찾아와 어머니에게 무작정 구혼하는 저 사람들을 다 쓸어내라. 모험은 성년 의식과도 같다.

초대장을 받은 텔레마코스가 멘토르와 함께 처음으로 향하는 곳은 현명한 노인인 네스토르 왕이 다스리는 필로스다. 텔레마코스는 네스토르에게 아버지의 소식을 묻지만 별 성과를 얻지 못하고 하룻밤을 묵은 다음 네스토르의 아들인 페이시스트라토스와 함께 스파르타로 향한다.

스파르타의 왕비는 트로이전쟁의 원인이 되었던 아름다운 여인 헬레네였다. 그러나 사실 전쟁의 진짜 원인은 헬레네가 아닌 신들의 불화였다. 아킬레우스의 부모인 바다의 여신 테티스와 펠레우스 왕의 결혼식에 초대받지 못한 불화의 여신 에리스가 분풀이로 황금사과를 결혼식장에 던져둔다. 사과에는 "가장 아름다운 여신에게"라는 글귀가 적혀 있었기 때문에 스스로 아름답다고 생각하는 헤라, 아프로디테, 아테나가 서로 사과의 주인이라고 다투고 제우스는 트로이 왕자 파리스에게 판정을 떠넘긴다. 헤라는 권력을, 아테나는 모든 전쟁에서의 승리를, 아프로디테는 세상에서 가장 아름다운 여인을 약속하며 파리스에게 자신을 가장 아름다운 여신으로 뽑아줄 것을 요구한다. 파리스는 아프로디테의 손을 들어주고 앙심을 품은 신들은 그리스와 트로이로 편을 갈라 적극적으로 전쟁에 관여하게 된다.

어디에도 얽매이지 않는 인간, 오디세우스

텔레마코스를 맞이한 스파르타의 메넬라오스 왕은 트로이전쟁에 대해 이야기하고 자신이 귀향하기까지의 고생담을 들려준다. 그는 제우스에게 제물을 바치지 않은 죄로 귀향길에 이집트까지 밀려가게 되었다. 그가 파로스 섬에 당도했을 때 해신 프로테우스의 딸인 에이도테아로가 프로테우스에게 스파르타로 가는 길을 알아낼 방법을 들려준다. 메넬라오스는 그녀가 시키는 대로 물개 가죽을 뒤집어쓰고 있다가 프로테우스가 나타나자 그를 꽉 붙잡고 놓아주지 않는다. 그러자 프로테우스는 제우스와 다른 신에게 제물을 바치면 무사히 고향에 도착할 것이라고 알려준다. 프로테우스는 아가멤논이 아내와 그 정부에게 죽임을 당했다는 것과 오디세우스가 요정 칼립소의 궁전에 잡혀 있다는 것도 알려준다.

　메넬라오스가 텔레마코스에게 이런 이야기를 들려주는 동안 올림포스에서는 2차 대책 회의가 열리고 제우스는 칼립소에게 헤르메스를 전령으로 보낸다. 칼립소는 '숨기는 여인'이라는 뜻이다. 오디세우스를 자기 섬에 숨겨두고 사랑을 나누며 그를 영생 불멸의 존재로 만들려던 칼립소는 헤르메스에게 오디세우스를 풀어주라는 명령을 전달받고는 바닷가에서 고향을 그리며 눈물을 흘리는 오디세우스에게 다가간다.

　　"불운한 이여, 더 이상 이곳에서 슬퍼하며 세월을 허송하지 마세요. 이제 그대를 보내드릴 테니까요. 자, 그대는 굵은 나무를 베서 청동으로 널찍한 뗏목 하나를 맞추고 그 위에 높게 뱃전을 세우세요. 그러면 나는 그대를 굶주림에서 구해줄 빵과 물과 술을 넉넉히 넣어줄게요. 나는 또 그대에게 옷도 주고 순풍도 보내줄게요. 그러면 그대는 무사히 그대의 고향에 닿을 거예요. 그것이 나보다 강력한 신들이 원하는 것이라면 말이에요."

　오디세우스는 아름다운 칼립소의 사랑마저 뿌리치고 왜 그렇게 고향에 가고 싶어하는 것일까? 그의 귀향에는 아주 특별한 상징성이 담겨 있다. 앞서 말했듯이 오디세우스의 항해는 인생을 상징한다. 그래서 목적지는 아내 페넬로페이아가 기다리는 이타카지만 사실 목적 없이 떠도는 것이 인생이듯 그의 항해에도 결국 궁극의 목적지는 없다. 어디엔가 안주하고 주저앉는다면 삶은 한없이 보잘것없어지니 말이다. 바다로 나가 그 풍랑 속에서 세상을 경험하고 체험하는 것, 그것이 인생이다. 그래서 오디세우스가 가는 곳은 이타카지만 그는 거기서조차도 항해를 멈추지 못하고 계속하게 된다.

언제나 이타카를 마음에 두라.
네 목표는 그곳에 이르는 것이니.
그러나 서두르지는 마라.
비록 네 갈 길이 오래더라도
늙어져서 그 섬에 이르는 것이 더 나으니.
길 위에서 너는 이미 풍요로워졌으니
이타카가 너를 풍요롭게 해주기를 기대하지 마라.

이타카는 아름다운 여행을 선사했고
이타카가 없었다면 네 여정은 시작하지도 않았으니
이제 이타카는 너에게 줄 것이 하나도 없구나.
설령 그 땅이 불모지라 해도
이타카는 너를 속인 적이 없고
길 위에서 너는 현자가 되었으니
마침내 이타카의 가르침을 이해하리라.

콘스탄틴 카바피(Constantine Cavafy)의 시 〈이타카〉의 마지막 구절처럼 이타카는 그 무엇도 나눠줄 것이 없는 불모지일지 모른다. 하지만 이타카는 오디세우스의 여정이 시작되고 끝나는, 그리고 삶이 시작되고 끝나는 종착점이다. 이 시를 읽을 때마다 나는 마치 내가 오디세우스인 것처럼 가습이 뻔다. 언젠가는 사랑에도 매이지 않는 오디세우스처럼 자유로운 인간이 되고 싶다.

또 하나의 운명

칼립소의 손아귀에서 벗어난 오디세우스는 금세라도 고향집에 도착할 것 같지만 그의 귀향은 마지막까지 쉽지 않다. 포세이돈의 방해로 엄청난 풍랑을 맞아 뗏목은 산산조각 나고 옷은 모조리 찢겨나가 벌거벗은 몸으로 육지에 다다른 오디세우스. 그가 도착한 곳은 파이아케스인들의 나라다. 여기서 오디세우스는 또 하나의 운명을 만나게 된다. 도대체 어떤 운명이 기다리는 것일까?

> 그때 나우시카가 공을 던졌으나 공은 상대방의 손에 닿지 않고 깊은 소용돌이 속으로 빠져버렸다. 놀란 소녀들이 큰 소리로 떠들었기 때문에 가까운 올리브나무 밑에서 자고 있던 오디세우스가 깨어났다. (……) 오디세우스는 억센 손으로 무성한 잎이 달린 가지를 꺾어서 벌거벗은 몸을 가리고 나무속에서 모습을 나타냈다. (……) 짠 바닷물에 찌들대로 찌든 오디세우스의 모습에 깜짝 놀란 소녀들은 해안의 모래톱으로 달아나 버렸다. 그러나 나우시카만은 그대로 있었다. 아테나가 그녀에게 용기를 불어넣었던 것이다. (……) 오디세우스는 주저하지 않고 상냥하게 말을 건넸다. "그대에게 간절히 청할 것이 있습니다. (……) 나는 어제 스무 날 만에 포도주 빛 바다에서 벗어났습니다. 파도와 폭풍이 나를 오기기아 섬에서 이곳 해안으로 던져버렸지

요. 나는 친구도 없고 의지할 곳도 없으며 몸을 가릴 옷조차 없답니다. 그러니 나를 불쌍히 여겨주세요. 도시가 어느 쪽인지 가르쳐주시고 몸을 가릴 옷을 한 벌만 구해주실 수 있겠습니까?" 나우시카가 대답했다. "방랑자여, 그대는 나쁜 사람 같지는 않습니다. 올림포스의 제우스께서 그대에게 이런 어려움을 주셨다면 어떻게든 참고 견디셔야 합니다. 이 도시와 땅에는 파이아케스인들이 살고 있으며 그들을 다스리는 분은 고매한 알키노오스입니다. 난 그분의 딸이고요" 그러고 나서 그녀는 시녀들을 불러서 이 이국인에 대한 공포를 가라앉히려 했다. "그대들은 이분을 침략자로 생각하지 않겠지? (……) 이분은 제우스께서 보내신 것이니까 우리는 그를 돌봐주어야 해요." 그들은 움직이지 않고 서로 그의 옆에 가기를 꺼리다가 겨우 공주의 말을 따랐다. 오디세우스가 냇가에서 목욕을 마치자 시녀들은 옷을 가져다주었다. 오디세우스가 때를 씻어내고 향유를 바르고 처녀들이 가져다준 옷을 입자 제우스의 딸 아테나는 그를 더욱 아름답게 보이게 해주었다. 그에게선 아름다움과 우아함이 넘쳐흘렀다. 나우시카는 그 늠름한 모습을 놀란 눈으로 바라보면서 시녀들에게 속삭였다. "아, 흰 팔의 소녀들이여, 저 남자를 보세요. 조금 전만 해도 그렇게 볼품없었는데 지금은 마치 신과 같군요. 저런 남자를 남편으로 맞아서 이곳에 함께 살 수 있다면 얼마나 좋을까."

오디세우스는 흰 팔의 나우시카를 따라 알키노오스의 궁전으로 가게 된다. 파이아케스인들의 나라는 황금 궁전의 유토피아인 스케리아다. 이 나라 사람들은 황금의 심장을 가지고 있어서 친절하고 아름답고 순수하다.

나우시카가 바로 순수함의 상징이다. 오디세우스는 그 궁전에서 환대를 받고 자신의 모험담을 풀어내기 시작한다.

나무랄 데 없는 계략

오디세우스의 시련과 고난은 거인 폴리페모스를 만나면서 본격적으로 시작된다. 포세이돈의 아들인 폴리페모스는 외눈박이 거인족인 키클롭스의 일원이었다. 그는 오디세우스에게 눈이 멀게 되리라는 신탁을 받고도 개의치 않고 자신의 섬에 들른 오디세우스 일행을 잡아 동굴에 가두고는 차례로 두 명씩 잡아먹는다. 하루는 폴리페모스가 오디세우스의 부하들을 잡아먹은 후에 오디세우스가 말을 건다.

> "키클롭스, 이걸 마셔요. 인육을 먹은 후에 마시는 포도주 맛은 굉장할 거요. 이것은 그대에게 주려고 가져온 거요. 혹시 그대가 날 불쌍히 여겨서 고향으로 보내줄지도 모르니까요." 그자는 달콤한 음료를 마시고는 크게 기뻐하며 내게 한잔을 더 청했습니다. "내게 한잔을 더 주고 네 이름을 말하라. 그러면 좋은 선물을 주겠다." 나는 반짝이는 포도주를 다시 건넸습니다. 나는 세 번이나 그자에게 포도주를 주었고 그자는 어리석게도 세 번이나 받아 마셨습니다. 나는 그자에게 달콤한 목소리로 말을 걸었습니다.
> "키클롭스, 내 이름을 물었소? 내 이름은 '아무도 아니'요. 사람들은 나를 '아무도 아니'라고 부르지요. 어머니도, 아버지도, 그리고 전우들도 모두." 그러자 그자가 비정하게 대답했습니다. "나는 다른 자들

을 먼저 먹고 맨 나중에 '아무도 아니'를 먹겠다. 이것이 내가 주는 선물이다." 이렇게 말하고 그자는 뒤로 벌렁 자빠지더니 굵은 몸을 옆으로 돌리고 누웠습니다. 그러자 모든 것을 압도하는 잠이 그자를 삼켰습니다. (……) 그때 나는 말뚝이 뜨거워지도록 잿더미 속에 집어넣고는 전우들에게 용기를 북돋우었습니다. 아직 푸른 올리브나무 말뚝에 금세 불이 붙더니 무섭게 달아올랐습니다. 내가 말뚝을 불에서 꺼내자 전우들은 끝이 뾰족한 말뚝을 움켜잡고 그자의 눈에다 밀어 넣었습니다. (……) 그자는 큰 소리로 끔찍하게 비명을 질렀습니다. 그러자 주변의 바위가 울렸고 우리는 겁이 나서 급히 달아났습니다. 그자는 피에 젖은 말뚝을 눈에서 뽑더니 멀리 내던졌습니다. 그러더니 삼나무들을 따라 주위의 동굴에 사는 키클롭스들을 큰 소리로 불렀습니다. 그러자 키클롭스들이 동굴 주위로 몰려들더니 무엇이 그자를 괴롭히는지 물었습니다. "폴리페모스, 무엇이 그대를 그토록 괴롭혔기에 이렇게 고함을 지르며 우리를 잠들지 못하게 하는 거요? 설마 어떤 인간이 그대를 죽이려는 것은 아니겠지요?" 그러자 폴리페모스가 동굴 안에서 그들을 향해 말했습니다. "오오, 친구들이여, 힘이 아니라 꾀로써 나를 죽이려는 자는 '아무도 아니'요." 그들은 물 흐르듯 거침없이 이런 말로 대답했습니다. "그대를 괴롭히는 것이 아무도 아니라면 그대는 아마 병에 걸렸나 보군요. 병이라면 우리 키클롭스들도 어쩔 수 없어요. 그러니 그대는 아버지인 포세이돈께 기도나 하시오." 그들이 이렇게 말하고 떠나가자 나는 속으로 웃었습니다. 내 계략이 그들을 속였기 때문이지요.

오디세우스는 비극과 불행이 찾아오면 지략으로 문제를 해결한다. 그는 동굴 입구를 막아둔 거대한 바위 때문에 폴리페모스를 죽이지는 않았다. 그리고 아침이 되어 폴리페모스가 바위를 치우고 양떼를 동굴 밖으로 내보낼 때 양들의 배에 매달려 동굴을 빠져나온다.

오디세우스는 간신히 폴리페모스의 손아귀를 벗어났지만 이후 포세이돈의 복수가 시작되면서 험난한 여정이 시작된다.

죽음은 또 하나의 삶이다

다음으로 아이아이에 섬에 도착한 오디세우스는 23명의 부하를 뽑고 에우릴로코스를 대장으로 삼아 그곳이 어디인지 살펴보게 한다. 하지만 정찰에 나섰던 부하들 중에서 에우릴로코스만이 돌아온다.

두 눈에 눈물이 가득 고인 그는 동료들의 운명에 대해 이야기했습니다. "오디세우스여, 그대의 명령에 따라 우리는 아름다운 궁전을 발견하고 그 안으로 들어갔습니다. 나는 불길한 예감에 사로잡혀 궁으로 들어가지 않고 망을 봤소. 하지만 시간이 흘러도 동료들은 나오지 않았습니다." 그는 내 무릎을 잡고 어서 달아나자고 애원했습니다. 그러나 나는 그를 남겨두고 바다에서 나와 계곡으로 향했습니다. 그렇게 키르케의 궁전에 도착할 무렵 헤르메스가 황금 지팡이를 든 젊은이의 모습으로 나타나 말했습니다. "불운한 자여, 내가 그대를 재앙에서 구해주겠소. 이 약을 가지고 키르케의 궁전으로 가세요. 이 약은 그대가 마법에 걸리지 않게 도와줄 겁니다. 키르케가 그대에게 음식을 주고 지팡이로 그대를 치려는 순간 날카로운 칼로 그녀에게 덤벼드세요. 그러면 그녀가 겁을 먹고 그대를 유혹할 것입니다. 그러면 그녀에게 그대의 부하들을 풀어주고 다른 재앙을 주지 않겠다고 신들 앞에 맹세하게 하세요." (……) 나는 여신의 궁전 앞에서 큰 소리로 그녀를 불렀습니다. 여신이 문을 열고 나왔습니다. 나는 비장하게 그녀의 뒤를 따랐습니다. 그녀는 나를 높은 자리에 앉히더니 황금 잔을 주었습니다. 나는 몰래 그 안에 약을 넣고 마셨습니다. 내가 마법에 걸리지 않자 그녀가 지팡이로 나를 치려고 했습니다. 나는 곧바로 칼을 꺼내들고 키르케에게 덤벼들었습니다. 그녀는 비명을 지르며 울먹였습니다. "그대는 누구기에 마법에 걸리지 않는 거죠? 이 약을 이겨낸 남자는 아무도 없었는데. 아무래도 그대는 놀라운 능력을 가진 오디세우스인가 보군요. 황금 지팡이를 가진 아르고스의 사자가 오디세우스가 찾아올 거라고 말했답니다. 그러니 제발 칼은 집어넣고 우리 사랑을 나누어요." 난 대답했습니다. "키르케여, 내 동료들을 돼지로 만들어버리고 나를 이곳에 붙잡아두려는 속셈이 아니오? 나는 다른 재앙을 만들지 않겠다고 맹세하지 않는다면 그대의 침상에 들지 않을 거요." 그녀는 즉시 맹세했고 나는 아름다운 키르케의 침상에 올라갔습니다. (……) 키르케는 돼지우리로 가서 내 동료들에게 마법의 약을 발라주었습니다. 그러자 그들은 다시 더 젊고 훌륭한 남자의 모습으로 되돌아왔습니다.

키르케는 오디세우스를 사랑해 1년간 그를 섬에 붙들어두었고 둘 사이에서 텔레고노스가 태어났다. 이제 오디세우스는 고향으로 돌아가기로 하고 키르케는 그가 무사히 귀환하도록 조언을 아끼지 않는다. 그녀는 우선

지하 세계에 가서 예언자인 테이레시아스를 만날 것을 조언한다. 테이레시아스는 그리스 신화에 등장하는 아주 유명한 예언자다. 그가 그리스 최고의 예언자가 된 사연이 참 흥미진진하다.

하루는 제우스와 헤라가 대화를 나누다가 남녀가 사랑을 나누면 누가 더 즐거운지를 두고 말다툼을 하게 된다. 헤라는 남자가 훨씬 더 즐겁다고 하고 제우스는 여자가 훨씬 더 즐겁다고 주장한다. 그래서 두 사람은 여자로도 살아보고 남자로도 살아본 사람에게 물어보기로 한다.

테이레시아스는 교미하는 뱀을 지팡이로 쳤다가 뱀의 저주로 7년간 여자로 살았다. 그리고 7년 후에 다시 교미하는 뱀을 지팡이로 쳐서 남자로 돌아왔다. 그래서 그가 신들 앞에 서게 된다. 그는 제우스와 헤라에게 사랑의 즐거움이 10이라면 여자의 즐거움이 9이고 남자는 1밖에 안 된다고 말한다. 화가 난 헤라는 그를 장님으로 만들어버리고 미안해진 제우스는 그에게 예언하는 능력을 내려주었다. 그렇게 그리스 최고의 예언자가 된 테이레시아스를 만나기 위해 오디세우스는 지하 세계로 내려간다.

우리는 배를 대고 어린 가축들을 내려놓았습니다. 그리고 키르케가 가르쳐준 곳까지 오케아노스의 물길을 따라 걸어갔습니다. 마침내 우리는 그곳에 이르렀습니다. 우리는 구멍을 파고 죽은 이들을 위로하는 제례를 올렸습니다. 그다음 어린 가축들의 목을 잘라 검은 피를 흘려보냈더니 죽은 자들의 영혼이 모여들었습니다. (……) 나는 동료들에게 가죽을 불에 태우고 하데스와 페르세포네에게 기도를 올리라고 명했습니다. 그리고 칼을 들고 테이레시아스가 나타나 피를 마시기 전까지는 다른 혼령들이 피를 마시지 못하게 막았습니다. 가장 먼저 나타난 영혼은 나의 동료 엘페노르였습니다. 엘페노르는 자신이 아직 대지에 묻히지 못했다며 슬퍼했습니다. 나는 그의 소원대로 아이아이에 섬에 무구와 함께 그를 화장하여 바닷가 언덕에 묻어주겠다고 약속했습니다. 그때 저세상 사람이 되신 내 어머니 안티클레이아의 혼이 다가왔습니다. 나는 어머니의 모습에 눈물이 났지만 테이레시아스의 예언을 듣기 전까지는 가까이 오시지 못하게 했습니다. 이윽고 테이레시아스의 영혼이 황금 홀을 들고 나타났습니다. "지혜로운 오디세우스여, 어찌하여 그대는 햇빛 찬란한 곳을 떠나 기쁨이라고는 없는 이곳에 와서 죽은 이들을 만나려고 하는 것입니까? 내가 피를 마시고 거짓 없는 진실만을 말해줄 터이니 그 칼부터 치우시오." 내가 뒤로 물러서며 칼을 집어넣자 예언자는 검은 피를 마시고 이렇게 말했습니다. "그대는 꿈처럼 달콤한 귀향을 원하지만 대지를 흔드는 신 포세이돈이 힘든 귀향을 정해두었소. 그 아들의 눈을 멀게 했기 때문이오. 그러나 갖은 고초를 겪더라도 고향에 돌아갈 수는 있을 것입니다. 그대가 히페리온의 소 떼와 어린 가축들을 잡아먹지 않는다면 고생은 해도 이타카에 도착할 것입니다. 그러나 그대가 이것들을 잡아먹는다면 파멸을 면치 못할 것입니다. 혹시 그대는 벗어날지라도 동료들과 배를 다 잃고 비참하게 다른 사람의 배를 타고 돌아갈 것이며 집에서도 무수한 고통을 겪을 것입니다. 당신의 아내에게 구혼하는 무례한 자들과 맞서야 하기 때문이지요. 그들을 모두 죽인 다음에는 다시 노를 잡고 떠나야 합니다. 바다라는 것을 전혀 알지 못하며 소금이 들어 있는 음식을 먹지 않는 사람들이 사는 곳에 이를 때까지. 어떤 나그네가 당신 어깨에 놓인 무거운 노를 키질하는 도구로 생각하는 곳에 이르렀을 때 노를 땅에 박아

놓고 바다의 신 포세이돈에게 제물을 바치세요. 그리고 다시 고향으로 돌아와 다른 모든 신들에게 경배를 올리면 당신은 비로소 바다에서 벗어나 편안하게 나이를 먹게 될 것이고 부드러운 죽음이 그대를 찾아올 것입니다. 그리고 그대의 백성들도 행복하게 살게 될 것입니다." 테이레시아스는 예언을 마치고 다시 하데스의 집으로 돌아갔습니다.

최고의 모험은 저승으로의 모험이고 최고의 시련은 죽음을 보는 것이다. 죽음 근처에 가보아야 삶의 의미를 깨달을 수 있다는 뜻이었을까? 아니, 삶과 죽음은 그렇게 분리된 것이 아니라 결국 죽음마저도 삶의 일부라는 의미였을 것이다. 그래서 《오디세이아》는 파도와 풍랑을 헤치는 모험만이 아니라 인간의 고뇌까지 파고드는 내적 모험까지 담고 있다.

그리스인들이 그리는 저승에는 다섯 개의 강이 흐른다. 죽은 사람은 우선 아케론(슬픔) 강에 도착해서 카론이라는 뱃사공에게 뱃삯을 주고 강을 건너게 된다. 그다음 코키투스(비탄) 강과 플레게톤(불) 강을 지나 레테(망각) 강에 도착하게 된다. 죽은 자가 레테 강물을 마시면 더 이상 이승의 기억으로 괴로워하지 않고 저승의 백성으로 다시 태어나게 된다. 레테 강을 건너면 벌판이 나오고 마지막 강인 스틱스(증오) 강이 나타난다. 스틱스 강을 건너면 저승 세계의 왕인 하데스의 궁전이 등장한다.

주어진 것에 최선을 다하리라

한편 키케로는 오디세우스에게 세이렌이라는 바다 요정을 피하는 방법도 알려주었다. 아름다운 목소리로 뱃사람들을 유혹해 잡아먹는 세이렌을 오

디세우스는 어떻게 피해 갈까?

바다가 잠잠해지자 동료들은 다시 힘차게 노를 저었습니다. 그동안 나는 날카로운 청동으로 밀 덩어리를 잘게 자른 다음 짓이겨서 동료들의 귀에 발랐습니다. 그리고 그들은 나를 돛대에 단단히 묶었습니다. 세이렌 자매가 자신들을 향해 달려오는 날랜 배들을 보았습니다. 어느새 낭랑한 노랫소리가 울려 나왔습니다. "아카이아족의 위대한 영웅이여, 모든 이들의 우러름을 받는 오디세우스여, 이리 오세요. 여기 배를 세우고 우리의 목소리를 들으세요. 우리의 감미로운 노래를 듣기 전에는 어떤 배도 이 옆을 지나가지 않았답니다. 여기 들러서 풍악도 즐기고 선물도 가져가세요. 우리는 트로이에서 있었던 일들을 모두 알고 있답니다. 그대가 원한다면 대지 위에서 일어나는 모든 일들을 들려줄 수 있어요." 그들은 고운 목소리로 내 마음을 유혹했습니다. 내가 동료들에게 눈짓으로 풀어달라고 명령하자 오히려 더 많은 밧줄로 나를 더 세게 묶었습니다. 마침내 우리는 그들 옆을 무사히 지나갔고 세이렌 자매의 목소리가 더 이상 들리지 않자 동료들은 밀랍을 떼어내고 날 풀어주었습니다.

세이렌은 오디세우스가 키르케의 섬을 떠나면서 마주친 첫 번째 위기였다. 세이렌은 사람의 얼굴에 새의 몸을 가진 괴물로, 노래를 기막히게 불렀다. 《오디세이아》에서는 자매, 즉 세이렌이 둘로 나온다. 다른 이야기에는 셋으로도 나오고 넷으로도 나온다. 세이렌은 몇 명이냐에 따라 이중창, 삼중창, 사중창으로 사람을 홀려 배를 좌초시키고 선원들을 잡아먹는다.

그것을 막기 위해 오디세우스는 부하들의 귀를 밀로 막는다. 그는 자신의 귀는 막지 않고 돛대에 자신을 묶게 한다.

세이렌은 자신들이 노래를 불러도 오디세우스의 배들이 무사히 그곳을 빠져나가자 자존심이 상해 자살해버린다. 하지만 오디세우스 일행은 세이렌의 마수를 벗어나자마자 키르케가 알려주었던 또 다른 위협을 맞는다.

우리는 커다란 파도와 휘몰아치는 물결에 부딪혔습니다. 동료들이 바다가 울부짖는 소리에 겁을 먹고 노를 놓치는 바람에 배가 멈췄습니다. 나는 격려의 말을 건넸습니다. "친구들이여, 키클롭스가 우리를 동굴에 가두었을 때만큼 무서운 일은 일어나지 않을 겁니다. 제우스께서도 우리를 반드시 도와주실 거고요. 키잡이여, 배를 거친 파도와 사나운 물결 쪽으로 몰지 말고 바위 옆으로 바짝 붙이세요." 그러자 동료들은 내 말을 따랐습니다. 나는 무시무시한 재앙인 스킬라에 대해서는 한마디도 하지 않았습니다. 그러나 나는 절대 무장을 하지 말라던 키르케의 당부를 잊어버렸습니다. 나는 무구들을 갖춰 입고 두 자루의 긴 창을 들고 갑판으로 걸어갔습니다. 바위들 사이에서 스킬라를 만나리라 생각했기 때문입니다. 그러나 그녀는 쉽게 나타나지 않았습니다. 마침내 우리는 고귀한 카리브디스가 짜디짠 바닷물을 무시무시하게 빨아들이는 것을 보았습니다. 그녀가 물을 내뿜을 때는 바닥에서 위로 소용돌이치며 높은 바위 꼭대기까지 솟구쳤습니다. 그리고 다시 빨아들일 때는 바위들이 무섭게 울려대며 바닥의 시커먼 모래땅이 드러났습니다. 창백한 공포가 동료들을 휩쓸었고 순식간에 스킬라가 여섯 명의 동료를 낚아채갔습니다. 그들은 버둥거리며 비명을 지르는 동료들을 눈앞에서 먹어치웠습니다. 내 눈으로 지켜본 가장 참혹한 광경이었습니다.

스스로 자초하지 않은 것이라도 신이 내리는 것이라면 무엇이든 피하지 않겠다. 자신이 예기한 것이든 예기치 않은 것이든, 행복이든 불행이든 주어진 것에 최선을 다하리라. 이것이 바로 오디세우스의 삶의 태도였다. 그는 실패하고 좌절하고 벌거벗겨져도 자기 운명에 최선을 다해 맞서며 지혜로운 해답을 만들어낸다.

바다 절벽 괴물 스킬라와 거대한 소용돌이 괴물 카리브디스의 손아귀에서 빠져나온 오디세우스는 이후 티탄 족인 히페리온이 소를 키우는 섬에 도착한다. 이미 테이레시아스에게 소를 넘보지 말라는 예언을 들은 오디세우스는 부하들에게 경고하지만 부하들은 소를 잡아버린다. 오디세우스가 급히 섬을 떠나자 금세 폭풍이 불고 배는 다시 카리브디스 쪽으로 흘러간다. 결국 배는 부서지고 부하들은 모두 죽자 오디세우스는 칼립소의 섬으로 표류한다. 거기 7년간 억류되었다가 풀려난 오디세우스는 스케리아까지 흘러들었다.

오디세우스가 스케리아로 흘러들기까지의 이야기를 끝내자 파이아케스인들은 오디세우스에게 많은 보물과 함께 배를 한 척 내준다. 그리고 마침내 오디세우스는 꿈에 그리던 이타카에 도착한다.

오디세우스, 마침내 고향에 돌아오다

지혜로운 인간이었던 오디세우스. 그는 혈통부터 예사롭지 않다. 오디세우스는 라에르테스와 안티클레이아의 아들로 나온다. 그런데 일설에 의하면 안티클레이아는 라에르테스와 결혼하기 전에 연인이 있었다고 한다. 호메로스가 가장 영리한 인간이라고 평가했던 시시포스였다. 안티클레이아가 라에르테스와 결혼할 무렵에는 이미 시시포스의 아이를 임신한 상태였고 그 아이가 바로 오디세우스였다고 한다.

이제 육지에 닿은 오디세우스는 안개 속에서 잠이 깨어난다. 그는 자기가 이타카에 돌아왔다는 사실을 모른다. 그래서 아테나가 양치기의 모습으로 다가와 그곳이 이타카임을 알리고 구혼자들을 없앨 계획을 세우라고 한다. 아테나는 그를 허름한 거지 노인으로 변신시킨 다음 돼지치기인 에우마이오스를 찾아가게 한다. 당시 가축은 엄청난 재산이기 때문에 돼지치기는 우리가 생각하는 미천한 신분이 아니라 일종의 재산 관리인이다. 그러니까 에우마이오스는 오디세우스의 대단한 충복이었던 셈이다. 에우마이오스는 노인으로 변신한 오디세우스를 알아차리지 못한 채 구혼자들의 탐욕과 만행에 대해 이야기한다. 누가 내 편이고 누가 적인지 모르는 상황에서 오디세우스는 섣불리 정체를 드러내지 않는다. 그동안 만났던 수많은 괴물과 풍랑에 못지않은 위험이 기다리는 고향에서 그는 불안하기만 하다. 그래서 그는 작전을 짜기 전에 정보를 모은다. 그리고 마침내 그가 신분을 드러내는 순간이 온다. 아테나 여신의 계시에 따라 아들 텔레마코스가 이타카로 돌아왔기 때문이다. 하지만 아들은 눈앞에 서 있는 거지가 아버지인 줄은 꿈에도 생각하지 못한다. 이제 아테나 여신의 마법이 풀릴 시간이 되었다.

아테나가 황금 지팡이로 그를 쳤다. 그녀는 그에게 깨끗한 겉옷과 윗

옷을 입혀주고 그의 체격과 젊음을 늘려주었다. 살갗은 다시 거무스름해졌고 두 볼은 다시 팽팽해졌으며 턱 주위에는 턱수염이 짙게 자라났다. 그녀가 사라지자 오디세우스는 오두막으로 돌아갔다. 그러자 그의 사랑하는 아들이 그를 보고 혹시 신이 아닐까 두려워 눈을 돌렸다. 그리고 텔레마코스는 그를 향해 물 흐르듯 거침없이 말했다. (……) "그대는 나의 아버지 오디세우스가 아니오. 내가 더욱더 슬픔에 신음하도록 어떤 신이 나를 홀리시는 것이겠지요. 필멸의 인간은 이런 일을 해내지 못할 거요. 어떤 신이 그에게 접근하지 않고서는 말이오. 신은 물론 원하시기만 하면 인간을 젊거나 늙게 만들 수 있겠지요. 조금 전까지 그대는 노인이었고 누더기를 입고 있었으나 지금은 넓은 하늘에 사시는 신들과도 같군요." 지략이 뛰어난 오디세우스가 대답했다. "텔레마코스야, 네 사랑하는 아버지가 돌아왔는데 이상히 여기거나 놀라는 것은 옳지 못한 일이다. 앞으로 다른 오디세우스는 찾아오지 않을 것이다. 네가 보고 있는 내가 바로 그 사람이다. 이리저리 떠돌아다니다가 20년 만에야 고향땅에 돌아왔구나. 모두 전리품을 가져다주시는 아테나의 작품이지. 그녀는 그럴 능력이 있으시기에 나를 때로는 거지로, 때로는 좋은 옷을 입은 젊은이로 만드시지. 넓은 하늘에 사시는 신들에게는 필멸의 인간을 영광스럽게 하거나 해롭게 하는 것은 쉬운 일이니까." 오이디푸스가 다시 자리에 앉자 텔레마코스는 훌륭하신 아버지의 목을 끌어안고 슬피 울었다.

오매불망 그리워하던 남편이 돌아온 것을 페넬로페이아는 아직 모른다. 오디세우스는 거지로 위장하고 돼지치기와 함께 궁으로 들어간다. 그의

궁에서는 무슨 일이 벌어지고 있을까?

텔레마코스는 돼지치기를 맨 먼저 알아보고 고개를 끄덕이고는 자기가 있는 식탁으로 불렀다. 에우마이오스는 텔레마코스의 맞은편에 의자를 놓고 앉았다. 그의 뒤를 이어 오디세우스가 궁으로 들어왔다. 그는 불쌍하고 초라한 모습으로 지팡이를 짚고 있었다. 텔레마코스는 광주리에 커다란 빵 덩어리와 한 움큼의 고기를 집어넣은 다음 돼지치기더러 나그네에게 갖다주라고 했다. 오디세우스는 두 손으로 그것을 받아들고는 시인이 노래하는 동안 음식을 먹었다. 신과 같은 가인의 노래가 끝나자 주위가 시끌시끌해졌다. 아테나가 오디세우스에게 다가와 구혼자들에게 빵을 구걸하라고 했다. 그들 가운데 정의로운 자와 무례한 자를 구분하기 위해서였다. 그러자 오디세우스는 오른쪽으로 돌면서 그들 모두에게 구걸하기 시작했다. 그는 원래부터 거지였던 것처럼 사방으로 손을 내밀었다. 그러자 안티노오스가 돼지치기를 꾸짖기 시작했다. "그대가 그 유명한 돼지치기군. 그런데 어쩌자고 저런 자를 데리고 왔단 말이냐? 떠돌이에, 거지에, 청소부까지 잔치 음식을 먹어치울 사람이라면 지금도 충분한데 저런 자들까지 데리고 와서 주인의 재산을 먹어치우겠다는 게냐." 그러자 슬기로운 텔레마코스가 말했다. "안티노오스여, 그대는 마치 아버지가 아들을 염려하듯 나를 위하는 것처럼 말씀하시는군요. 나는 그렇게 인색하지 않습니다. 그러니 저 나그네에게 먹을 것을 좀 갖다주라고 말하고 싶군요. 그대는 단 한 번도 그런 생각을 품어본 적이 없을 테니까요. 그대는 남에게 베풀기보다는 자신이 먹는 것을 더 좋아하겠죠." 그러자 안티노오스가 말했다. "천만에요. 여기에 모인 구혼자들이 나만큼 먹을 것을 준다면 저자는 이 궁에 석 달간 나타나지 않아도 될 거요." 그러자 다른 구혼자들이 먹을 것을 오디세우스에게 주었다. 그의 보따리는 빵과 고기로 가득 찼다. 오디세우스는 안티노오스에게 다가갔다. "당신은 여기 모인 사람들 중에서 가장 못난 자가 아니라 가장 훌륭한 분 같군요. 마치 왕과 같으니 다른 사람들보다 더 많이 주셔야겠습니다. 그러면 나는 그대를 칭송하겠소. 나도 한때는 부유하여 나를 찾아오는 떠돌이들을 잘 대접했답니다. 그러나 크로노스의 아들 제우스 신께서 모든 걸 빼앗아가 버리셨지요." 그러자 안티노오스가 대답했다. "어떤 신이 이런 골칫거리를 보내 잔치의 흥을 깬단 말이냐? 내 식탁에서 멀리 떨어져라, 이 뻔뻔스러운 거지야." 그러자 오디세우스가 물러서며 말했다. "그대의 외모와 걸맞게 훌륭한 사람인 줄 알았더니, 그대는 자기 집에 구걸하러 온 자에게 소금 한 톨도 주지 않을 사람이군요. 지금 남의 식탁에 앉아 있으면서도 내게 빵 조각도 주지 않으니 말입니다. 화가 난 안티노오스는 자신의 발판을 들어 오디세우스의 오른쪽 어깨를 향해 던졌다. 오디세우스는 발판에 맞고도 꼼짝하지 않고 서 있었다. 그는 천천히 문턱을 돌아나가며 외쳤다. "정말로 신들과 복수의 여신들이 계신다면 안티노오스가 결혼하기 전에 그에게 죽음을 보내주시길 빕니다."

아테나의 변장술 덕분인지 페넬로페이아는 남편을 알아보지 못한다. 그녀는 남편이 떠난 후부터 하루하루가 가시방석이다. 구혼자들이 진을 치고 가축을 잡아먹으며 날마다 그녀를 압박한다. 그래서 그녀는 남편을 알아볼 경황도 여유도 없다.

결혼은 무엇일까? 신화학자 조지프 캠벨은 결혼이 연애와는 다르다고 했다. 결혼은 분리되어 있던 반쪽이 재회하여 다시 하나가 되는 것이라고 한다. 연애는 상대방에 대한 절망과 함께 끝나버리지만 결혼은 서로의 영적인 동일성을 인식한 두 사람이 분리된 생활을 접고 하나로 사는 것이다. 결혼은 결국 자기와 자기의 만남이다. 자기로 인해 맺어진 관계를 무엇보다 소중한 관계로 인식하지 않는 사람은 아직 진정으로 결혼한 것이 아니다. 결혼한 사람은 자신의 정체성을 부부의 관계 속에서 찾아야 한다. 결혼은 연애가 아니라 시련이다. 관계라는 신 앞에 바쳐진 자아라는 제물이 겪는 시련 말이다. 바로 이 관계 속에서 남녀는 비로소 하나가 된다.

그렇다면 20년 만에 재회한 페넬로페이아와 오디세우스에게 결혼은 어떤 의미였을까? 결혼해서 함께 살아간 시간보다는 떨어져 있던 시간이 훨씬 길었던 두 사람은 이제 오만방자한 구혼자들에 맞서 결혼을 지켜내야 한다.

구혼자들 중에 히페레노르라는 아주 무례한 자가 있었다. 사메 출신인 그는 자신의 엄청난 재산을 자랑하며 페넬로페이아에게 구혼하고 있었다. 그자가 오디세우스를 향해 말했다. "저 떠돌이는 아주 대접을 잘 받고 있구려. 텔레마코스의 손님 같으니 여기서는 그 누구도 모욕해서는 안 되겠지요. 그래서 내가 저자에게 선물을 하려고 합니다." 그는 억센 손으로 광주리에서 다리뼈를 하나 집더니 오디세우스에게 던졌다. 그러나 오디세우스는 잽싸게 머리를 돌려 피했다. 그러자 텔레마코스가 히페레노르를 힐난했다. "히페레노르여, 그가 피했으니 참으로 다행한 일이오. 그렇지 않았다면 나는 날카로운 창을 그대에게 던졌을 것이고, 그랬다면 그대의 아버지는 그대의 결혼식이 아니라 장례식을 치르느라 정신이 없었을 것입니다. 내가 예전에는 나이가 어려서 아무것도 몰랐지만 지금은 아닙니다. 지금 그대들이 우리 양을 잡아먹고 포도주와 음식을 게걸스럽게 먹어치워도 나는 조용히 참고 있습니다. 혼자 여럿을 상대하기는 어렵기 때문이죠. 그러나 그대들이 청동칼로 나를 없애고 싶다면 그렇게 하세요. 나도 바라는 바니까요. 그대들이 내 손님을 함부로 대하고 시녀들을 아무렇게나 끌고 다니며 못된 짓을 하는 것을 지켜보느니 차라리 죽는 편이 낫습니다." (……) 텔레마코스를 화나게 하려는 듯 젊은이 한 명이 나서서 말했다. "텔레마코스여, 그대는 정말 복이라고는 없구나. 저런 부랑자들이 손님이라니. 저자는 그저 빵과 포도주만 바랄 뿐이지. 저자는 일도 못 하고 그대에게는 짐만 될 뿐이오. 그러니 저 나그네를 수많은 노가 달린 배에 실어 시칠리아로 보내버리는 것이 어떻겠소? 그들이 답례로 뭐라도 보내줄지도 모르잖소." 텔레마코스는 들은 척도 하지 않고 조용히 아버지를 바라보며 그가 무례한 구혼자들을 공격할 때까지 참고 기다렸다.

여기서는 텔레마코스의 성장이 두드러져 보인다. 아버지의 소식을 듣기 위해 네스토르와 메넬라오스를 찾아다니고 나중에는 아버지와 구혼자들을 제거할 계획을 세우면서 어느새 그는 소년에서 청년으로 성장해 있다.

오디세우스는 믿음직한 텔레마코스의 도움으로 자신의 궁 안에 들어와 구혼자들 틈에 자리를 잡았다. 이제 복수극의 막이 서서히 올라가려는데 페넬로페이아는 아직도 남편의 귀향을 눈치채지 못했다. 그러나 그녀는 자신도 모르는 사이에 아테나 여신이 이끄는 대로 남편을 돕게 된다.

그녀는 왕의 활을 무릎 위에 얹고 서럽게 울었다. 한동안 그렇게 울다가 활을 들고 구혼자들이 있는 홀로 향했다. 시녀들은 왕의 무기인 무쇠와 청동이 담긴 상자를 들고 뒤를 따랐다. 베일을 쓴 그녀는 구혼자들 앞에서 말문을 열었다. "그대들에게 할 말이 있습니다. 그대들은 주인이 떠난 이 궁에서 줄곧 먹고 마시며 오랫동안 이 집을 어지럽혔습니다. 오로지 구혼을 핑계로 말입니다. 여기 오디세우스의 활이 있습니다. 누구든 이 활을 당겨서 열두 개의 도끼를 화살로 모두 꿰뚫는다면 나는 그 사람을 따르겠습니다." 텔레마코스가 말했다. "아, 지혜로운 어머니께서 다른 남자를 따라 이 집을 떠나겠다고 하시는데 난 어리석게도 기뻐하고 있습니다. 자, 구혼자들이여, 지금 아카이아 땅 어디에서도 구하지 못할 훌륭한 선물인 이 여인이 그대들 앞에 있습니다. 그러니 더 이상 핑계를 대며 미루지 마십시오. 나도 이 활을 시험해보겠습니다. 무쇠를 뚫게 된다면 어머니가 다른 사람을 쫓아 이 집을 떠나신다 해도 슬퍼하지 않겠습니다. 나는 이제 아버지의 아름다운 무기를 들 수 있는 사람으로 남을 테니까요." 그는 이렇게 말하고 나서 고랑을 깊게 파더니 주위의 흙을 밟아 다졌다. 그가 도끼들을 질서 정연하게 세우는 모습을 보고 모두들 깜짝 놀랐다. 텔레마코스는 몇 번이고 활시위를 당기려고 했지만 힘이 미치지 못했다. 오디세우스가 그에게 신호를 보내자 텔레마코스는 활을 내려놓고 다시 자신의 자리로 돌아갔다. 안티노오스가 말했다. "여러분 모두 오른쪽으로 돌아가며 차례대로 시작해봅시다."

20년 동안 남편 오디세우스가 살아 돌아올 것을 의심하지 않았던 페넬로페이아는 남편의 소중한 활을 비열한 구혼자들 앞에 꺼냈다. 아마 아테나가 심어준 용기 덕분에 이제 그만 끝내자는 마음이 생겼을 것이다. 오디세우스의 활은 웬만한 용사가 아니면 쏘지 못할 만큼 아주 단단했다. 108명의 구혼자들 중에 과연 오디세우스에 필적하는 용사가 있는지 페넬로페이아도 궁금했을 것이다. 만일 오디세우스가 죽었다면, 그리고 저들 가운데 오디세우스 같은 용사가 있다면 그에게 의탁하겠다는 마음도 있었을 것이다. 기다리는 여인은 마지막 선택으로 오디세우스를 새로운 남편감의 기준으로 설정한 것이다.

페넬로페이아의 혜안

《일리아스》와 《오디세이아》는 호메로스의 양대 서사시다. 그중 《일리아스》의 주인공은 그리스 최고의 전쟁 영웅인 아킬레우스다. 아킬레우스는 흔히 분노의 전사라고 불린다. 그를 당할 수 있는 사람은 아무도 없다. 《일리아스》에서 오디세우스는 아킬레우스의 빛에 가려진 조연에 지나지 않는다. 그러나 《오디세이아》로 넘어오면 도시의 파괴자였던 오디세우스가 비로소 끝없는 바다의 항해자로 거듭나게 된다. 오디세우스는 현명한 지장이다. 그러나 한 가지 잊지 말아야 할 것은 오디세우스 역시 그리스 최고의 용장이었다는 점이다.

거지 행색의 오디세우스는 자신도 활을 당기게 해달라고 하고 페넬로페이아가 그에게 기회를 준다.

지혜로운 오디세우스는 큰 활을 들고 이리저리 살펴본 다음 힘들지 않게 활시위를 당겼다. 그가 오른손으로 시위를 시험해보자 감미로운 소리가 새어 나왔다. 금세 구혼자들의 안색이 변했고 제우스가 크게 우레를 치며 징조를 보내주었다. 그는 의자에 앉아 화살을 얹고는 표적을 겨눈 다음 시위를 당겼다. 청동 화살촉이 달린 화살은 도끼 자루의 구멍을 하나도 놓치지 않고 꿰뚫고 지나갔다. 오디세우스는 텔레마코스에게 말했다. "텔레마코스여, 구혼자들이 업신여겼지만 나는 표적을 하나도 놓치지 않았다. 이제 이들을 위해 만찬을 준비할 시간이구나." 그러자 텔레마코스는 창, 칼, 번쩍이는 청동으로 무장을 하고 아버지의 곁에 우뚝 섰다. 마침내 세상에서 가장 지혜로운 오디세우스는 누더기 옷을 집어던졌다. 그리고 화살 통을 집어 들고 높다란 성 문턱을 뛰어 올라갔다. 그는 자신의 발아래 화살들을 퍼부으며 구혼자들을 향해 우레 같은 소리를 질렀다. "이제 시합은 끝났다. 그러나 지금까지 누구도 맞힌 적이 없는 표적이 남아 있다. 내가 그 표적을 정확하게 맞힌다면 그대들은 아폴론이 내게 영광을 내렸다는 것을 알게 되리라." 그리고 그는 화살을 안티노오스에게 겨눴다. (……) 구혼자들이 고함을 지르고 의자에서 일어나 사방을 둘러보았지만 어디에도 창과 방패가 없었다. 그들은 오디세우스를 힐난했다. "그대는 이타카에서 가장 뛰어난 용사를 죽였어. 분명 그대는 독수리 밥이 될 거요." 그들은 아직도 그들의 머리 위에 드리워진 파멸의 끈을 눈치채지 못했다. 오디세우스는 그들을 노려보았다. "아, 개보다 못한 자들이여, 내가 트로이에서 영원히 돌아오지 못하리라 생각했겠지. 내 재산을 거덜 내고 내 집안의 여인들을 함부로 범하는 것도 모자라 내가 이렇게 살아 있는데

도 내 아내에게 구혼하다니. 그대들은 신도 두려워하지 않았고 후세인
들의 비난도 두려워하지 않았다. 이제 그대들 모두의 머리 위에 파멸
의 끈이 드리워질 것이다."

오디세우스는 활을 잡고 자신의 실력을 보여줌으로써 자기가 누구인지
를 알려준다. 그리고 텔레마코스는 구혼자들이 도망치지 못하게 모든 문
을 걸어버린다. 무기는 유모와 하녀들이 이미 다른 방으로 옮겨놓은 뒤였
다. 구혼자들은 활을 잡은 오디세우스와 무장한 텔레마코스에게 속수무책
으로 당할 뿐이다.

그리스 비극은 인간이 지닌 중요한 부정적 감정으로 복수를 다룬다. 당
한 대로 갚아주는 것이 그 시대 전사들에게는 게임의 룰이었다. 플라톤은
《일리아스》와 《오디세이아》가 비윤리적이고 잔인하기 때문에 그리스인들
을 위한 교과서로는 적합하지 않다는 이야기를 했다. 그러나 그것이 그리
스인들의 생활 방식이었다. 그들은 전쟁이 끝나면 전사의 갑옷을 벗고 다
시 생활인으로 돌아와 나그네에게까지 친절을 베풀었다. 왜냐하면 신은
항상 나그네의 초라한 복장으로 찾아오기 때문이다.

좌절하지 않고 행복을 찾아가는 법

이제 끔찍한 피의 복수는 끝났다. 남은 일은 사랑하는 아내 페넬로페이아
와의 재회다. 오디세우스는 마음의 고향인 아내의 품에 안기고 싶어하지만
페넬로페이아는 오디세우스를 선뜻 받아주지 못한다.

"이상한 분이여, 나는 별로 놀라지도 않았어요. 그대가 배를 타고 이타카를 떠날 때의 모습을 아주 똑똑히 기억하니까요. 에우리클레이아, 그이가 손수 지은 튼튼한 침상을 신방 밖에 내다놓으세요. 그리고 그 위에 모피와 담요와 번쩍이는 침구들을 펴드리세요." 그녀가 이렇게 남편을 시험하자 오디세우스는 역정을 낸다. "당신은 정말 내 마음을 아프게 하는구려. 누가 내 침상을 다른 곳으로 옮겼다는 말이오. 아무리 솜씨 좋은 자라도 그러지 못할 거요. 신이 진히 오신다면 몰라도. 신은 원하시기만 하면 무엇이든 옮기실 수가 있으니까요. 그러나 인간들 중에는 아무리 젊고 힘이 세도 그 침상을 쉽게 들어올릴 사람은 없을 거요.(……)" 그가 이렇게 말하자 그녀는 그 자리에서 무릎과 심장이 풀렸다. 그녀는 오디세우스에게 곧장 달려가서 두 팔로 그의 목을 끌어안고는 머리에 입을 맞추었다. "오디세우스, 화내지 마세요. 당신은 인간들 중에서 가장 슬기로운 분이니까요. 우리에게 슬픔을 주신 것은 신들이세요. 우리가 함께 청춘을 즐기다가 노년의 문턱에 이르는 것을 신들께서 시기하셨던 거예요. 그러니까 내가 당신을 처음 본 순간 이렇게 환영하지 않았다고 화내거나 노여워하지 마세요. 누가 거짓말로 나를 속이지 않을까? 내 마음은 언제나 부들부들 떨었어요.(……)" 그녀는 이런 말로 그의 마음속에 욕망을 불러일으켰다. 그리하여 그는 아내를 끌어안고 울었다.

이제 남편과 아내는 그 모든 오해와 불안을 이겨내고 다시 만났다. 그러나 그들의 시련이 끝난 것은 아니었다. 지하 세계에서 테이레시아스가 오디세우스에게 '집에 돌아가서도 다시 노를 잡고 떠나야 할 팔자'라고 예언했듯이 구혼자들의 아버지들이 복수를 위해 뭉치면서 이타카에는 다시 전운이 감돈다. 그때 아테네가 나타나 그들을 극적으로 화해시키고 평화를 찾는 것으로 《오디세이아》는 끝나지만 사실 오디세우스의 운명은 여기서 끝나지 않았다. 죽을 때까지 항해할 운명을 타고난 그는 다시 바다로 나간다. 그리스라는 척박한 땅에서는 농사를 지을 수도 없었기에 그리스인들에게 다른 선택지는 없었다. 결국 오디세우스는 끊임없이 바다로 나가야 했던 그리스인의 상징이기도 했다.

하지만 바다는 두려운 곳, 미지의 세상이었다. 《오디세이아》에 등장하는 수많은 괴물들은 결국 그런 두려움들을 형상화한 것이었다. 오디세우스는 그런 두려움들을 모두 정복함으로써 바다에 대한 안내도를 만들어냈다. 그래서 그리스인들은 《오디세이아》를 읽고 용기를 내서 바다로 나갔다. 《오디세이아》는 한때 그리스인들의 민족 시였고 지금은 인류의 고전이 되었다.

《오디세이아》는 모험과 바다라는 두 개의 키워드로 정리가 된다. 《오디세이아》를 읽을 때 우리의 마음은 삶이라는 바다를 그린다. 현대인인 우리는 오디세우스의 삶에서 인생의 바다를 항해하는 법을 배운다. 절대 좌절하지 않고 행복을 찾아가는 법 말이다. 삶은 각본이 없고 예측도 불가능한 모험이다. 바닥에 처박히는 것처럼 느껴져도 그런 추락은 미래에 벌어질 아주 좋은 일의 전조일 수 있다.

돌아보면 자신에게 닥쳐온 모든 일들이 좋은 일이었다던 오이디푸스 왕의 마지막 말이 오디세우스의 모험에도, 그리고 우리의 모험에도 적용되는 것 같다.

chapter 11

우리는 모두 저마다의 날개가 있다

• 『탈무드』'지혜'에 대하여 •

우리는 언제 자신이 강하다는 것을 드러낼 수 있을까.

불행을 당할 때다.

불행하다고 느낄 때는 기도하자.

온 마음으로 신을 믿자.

살면서 불행을 당하지 않는 사람은

아무도 없다는 것을 잊지 말자.

– 구본형

　　노벨경제학상의 65퍼센트, 노벨의학상의 25퍼센트, 노벨물리학상의 22퍼센트, 노벨화학상의 12퍼센트, 노벨문학상의 8퍼센트를 수상한 민족이 있다. 겨우 1300만 명, 전 세계 인구의 0.2퍼센트 정도밖에 안 되는 이 민족은 미국 인구의 2퍼센트에도 미치지 못하지만 최상위 부자들 가운데 4분의 1을 차지하고 있다. 과연 어떤 민족이기에? 다들 짐작했을지 모르지만 바로 유대인이다. 유대인들은 거의 전 분야에 걸쳐 유명세를 떨쳤다. 철학자 스피노자, 베르그송, 비트겐슈타인, 촘스키, 심리학자 프로이트,

아들러, 과학자 뉴턴, 아인슈타인, 오펜하이머, 음악가 멘델스존, 쇼팽, 말러, 거슈윈, 화가 모딜리아니, 샤갈, 영화인 채플린, 스필버그, 문학계의 하이네, 프루스트, 카프카, 샐린저, 언론 · 출판계의 퓰리처, 로이터, 경제 · 금융권의 로스차일드, 뒤퐁, 시트로앵, 조지 소로스, 골드만, 정치권의 디즈레일리, 레닌, 키신저 등이 그들이다.

유대인은 5000년간 수많은 박해와 추방, 대말살과 피난 등 잔혹한 삶을 살면서도 유대교를 버리지도, 민족성을 잃지도 않았다. 이런 유대인을 이렇게 표현한다면 과한 것일까? "사람의 눈에는 검은 부분과 흰 부분이 있는데, 검은 부분보다 흰 부분이 더 많다. 그러나 사람은 희고 밝은 부분을 통해서 보는 것이 아니라 검고 어두운 부분을 통해서 본다. 결국 유대인이 이렇게 많은 인재를 배출해낸 이유는 남다른 고통과 시련, 그 속에서 생겨난 지혜 덕분이다."

유대인은 어떻게 그 참담하고 대대적인 박해를 이겨내고 이런 놀라운 성과를 이루어냈을까? 그 해답은 성서와 《탈무드》에 있다. 특히 《탈무드》는 유대인이 어려서부터 받아온 교육과 사유법이 담긴 책이다. 유대인은 혈연으로 정의되는 민족이 아니라 성서와 《탈무드》에 의해 같은 정신을 갖게 된 문화 공동체라고 정의하는 것이 맞다. 유대인의 성서는 일반적으로 생각하는 신약성서나 구약성서가 아니라 토라를 의미한다. 토라에는 구약성서의 '창세기', '출애굽기', '레위기', '민수기', '신명기'만 들어 있다. 그렇다면 유대인들을 응집시키는 또 다른 구심점인 《탈무드》는 어떤 책일까? 유대 민족의 저력을 이해하고 거기서 인류의 지혜를 구하고자 한다면 지금 당장 《탈무드》의 책장을 넘겨야 한다.

누구나 어렸을 때 한 번쯤은 《탈무드》를 읽어봤을 것이다. 두 여인이 갓난 아이 하나를 두고 서로 자신이 진짜 엄마라고 우기자 아이를 반으로 나누라고 명령한 솔로몬의 재판이 특히 유명한 이야기다. 그러나 어린 시절 읽었던 짤막짤막한 내용을 《탈무드》의 전부라고 생각하면 곤란하다. 이 책은 우리가 미처 알지 못한, 한 번쯤은 그 의미를 깊이 새겨볼 만한 지혜와 교훈을 담고 있다.

히브리어로, '연구' 또는 '배움'이라는 뜻의 《탈무드》는 유대인들의 율법 교사이자 재판관인 랍비들의 토론에서 나온 이야기들을 담고 있다. 《탈무드》는 5000년 동안 유대인의 정신적 뿌리가 되어온 불굴의 방패이자 절대의 가치로서 일상의 모든 지혜를 얻을 수 있는 원천이다.

《탈무드》는 한 명 또는 한 집단의 랍비가 아니라 여러 사람이 지은 글들로 구성되는데, 그 내용을 보면 고대로부터 유대 민족 사이에 구전되어온 율법이 가장 많은 부분을 차지한다. 이 율법에 대한 주해가 함께 합해져 있는 것이 원전 형태를 이룬다. 보통 두 종류로 나뉘는 원전 중에 '팔레스타인 탈무드'는 서기 300년경에 만들어졌고, 이보다 더 방대한 '바빌로니아 탈무드'는 서기 500년경에 만들어졌다. 《탈무드》를 이루는 내용을 아주 간단하게 구분하면 할라카(Halakhah)와 하가다(Haggadah)로 나눌 수 있다. 할라카는 율법이자 법률이고 하가다는 전승되는 설화나 일화 등을 모아놓은 것이다. 그러니까 《탈무드》는 율법과 더불어 다양한 삶들을 모아놓은 책이다.

《탈무드》는 인간 삶과 동떨어진 저 꼭대기의 신을 경배하기 위한 책이 아니라 일상 속에서 더 높은 윤리적 차원을 확보하도록 도와주기 위한 책이다. 율법은 삶을 제한하는 명령이나 경외의 대상이 아니라 삶을 바르게 이끌어주는 목소리이자 실천해야 할 최고의 가치다. 유대인에게는 종교와 삶이 분리되지 않기 때문이다. 법을 이야기하지만 법학서가 아니고, 역사를 담았지만 역사서가 아니고, 신학서도 아니고, 철학서도 아니고…… 재미있는 이야기로 문화, 사회, 경제 분야 등의 지식과 지혜를 두루두루 들려주는 이 책을 무엇이라 정의해야 할까? 《탈무드》는 인간의 지적 활동과 관련된 모든 분야를 아우르는 '총체적 인문서'다. 또한 《탈무드》는 수천 년 동안 인간의 실제적 삶에서 거론되어온 문제를 주제로 삼아 역경을 극복하는 지혜를 담은 '실용적 인문서'다.

유대인에게 《탈무드》는 절대적인 가치다. 《탈무드》는 그들의 선민의식을 고취시켜줄 뿐만 아니라 다양한 삶의 방식을 전하는 전통적인 지혜서이기 때문이다. 탈무드가 없었다면 세계 각지에 흩어져 있는 유대인들이 그렇게 한 민족으로 결집된 모습을 보이지 못했을 것이다.

그렇다면 《탈무드》의 지혜는 어떻게 만들어진 것일까? 그것은 수천 년의 물음에서 시작된다. 인간의 본성과 고뇌에 대한 물음, 문제의 근원과 해결법에 대한 물음 등을 논쟁하면서 얻은 지혜의 책이란 뜻이다. 《탈무드》는 유대인들에게 "계속 질문하라"고 말한다. '질문이 답보다 위대하다'는 의미다. 우리나라에서는 아이들에게 "오늘 학교에서 선생님이 뭘 가르쳐주셨니?"라고 묻는다면 유대인들은 "오늘 학교에서 선생님에게 무슨 질문을 드렸니?"라고 묻는다. 그래서인지 《탈무드》는 정답을 알려주는 상식 책이 아니다. 〈Both Sides Now〉라는 노래를 들어봤는가? 성숙한 지혜를 갖게 되면 한쪽에만 집착하는 습관을 벗어나서 상반된 측면을 모두 고려하게 된다. 《탈무드》는 진자의 추처럼 양극단 사이에서 조화를 이루라고 말한다. 바로 중용이 《탈무드》가 전하는 메시지의 핵심인 것이다.

돈의 가치란 무엇인가?

앞서 말했듯이 유대인 중에는 세계적인 부자가 많다. 오늘날 가장 부유하고 세력이 강한 미국은 다른 나라에 비해 상대적으로 유대인에게 우호적이다. 자신의 조상도 구대륙의 박해를 피해 신대륙으로 건너왔고, 또 미국 부호 400가구 중 4분의 1이 유대인이기 때문이다. 이는 전 인류로 보면 최상위 부자의 40퍼센트 정도가 유대인 가정이라는 의미다.

유대인들이 이토록 부유한 이유는 여러 가지일 것이다. 유대인들은 기원전 135년에 로마에 항거하다가 조국을 잃고 떠돌게 된다. 조국이 없기 때문에 아무도 보호해주지 않는 낯선 나라에서 가난한 밑바닥 생활을 면하기 위해서는 결국 상인으로 살아갈 수밖에 없었다. 멸시당하지 않으려면 돈밖에 방법이 없었을 것이다. 유대인에게 돈은 삶 또는 생명을 좌우하는 기준이었다. 지금도 세계적인 갑부인 유대인들 중에는 무일푼으로 시작한 사람들이 많다. 예를 들면 조지 소로스가 그렇다. 그는 무일푼으로 헝가리에서 미국으로 이민했다. 또한 인텔 회장인 그로브도 헝가리 이민자다. 로스차일드는 어려서 부모를 잃고 최고의 부자가 되었다. 크리스마스 시즌만 되면 떠오르는 짠돌이, 소설 속 스크루지 영감도 유대인이다.

유대인들이 어떻게 돈을 많이 버는 부자가 되었는지 유대인의 금전 철학에 대해 알아보자.

'돈은 모든 것을 움직인다.' 한마디로 돈만 있으면 무엇이든 가능하다. 마찬가지로 미국의 유대 비즈니스맨은 '머니 토크(Money talks)'라는 말을 자주 한다. 직역하면 '돈이 말한다'이지만 숨겨진 뜻은 '돈은 힘' 이다. 이 말에서 돈에 대한 유대인들의 생각을 알 수 있다. 유대인들은 이미 옛날부터 돈이 지닌 역할을 이해하고 있었다. 누구나 돈을 버는 방법을 찾아 헤매지만 돈 쓰는 방법을 고민하는 사람은 많지 않다. 사람은 돈의 주인이어야 한다. 돈에는 신비한 마력이 있다. 대부분의 물건은 사용해봐야 그 가치를 알 수 있다. 그런데 돈은 스스로 벌어보아야 진정한 가치를 알게 된다. 돈만 있으면 무엇이든 살 수 있다. 그러나 현자에게 돈은 아름다운 여인에게 예쁜 옷을 입혀주는 용도밖에 없다. 돈은 선도 악도 만능도 아니다. 선악 판단은 돈의 주인인 인간의 몫이다. 유대인 역시 중용, 즉 균형 감각이 중요하다고 생각한다. 특히 돈에 대한 균형 감각이 중요하다. 대부분의 사람들은 돈을 버는 것이 어렵다고 생각하지만 의외로 돈을 버는 것은 쉽다. 그것을 지키는 것이 어려울 뿐이다. 은화는 둥글어서 이쪽으로 굴러올 듯하다가 저쪽으로 굴러가 버린다. 우리는 매일 돈을 좇지만 인생에는 그것 말고도 추구해야 할 것이 많다. 돈은 모든 것을 좋은 방향으로도, 나쁜 방향으로도 몰고 가지 않는다. 돈은 단지 도구일 뿐이다. 그러므로 돈이 인생을 환하게 밝혀준다고 여기거나 돈이 모든 악의 근원이라고 생각하는 것은 잘못되었다. 인간에게 돈은 수단일 뿐 목적이 아니다. 인간답다는 것은 돈에 지배당하지 않고 돈을 지배하는 것이다. 인간은 지상에서 가장 강한 존재다. '창세기'를 보면 신은 인간에게 지상을 지배하고 더 살기 좋게 바꾸라고 이 세상을 준 것으로 되어 있다. 돈은 인간보다 아래에 있지만 그렇게 생각하지 않는 사람들이 많다. 한편으로는 돈을 필요 이상으로 경멸하는 사람들도 있다. 이것도 잘못이다. 돈은 올바르게 사용하면 좋은 것이 되고 나쁘게 사용하면 나쁜 것이 된다. 다만 그뿐이다. 돈은 소홀히 해도 두려워해도 안 된다. 돈은 더럽다며 관심이 없다고 하는 사람도 있지만 이런 초연함 역시 돈에 대한 또 다른 두려움의 표현일 뿐이다.

마음을 가볍게 해주는 무거운 것은 무엇일까? 반대로 속이 비었을 때 마음을 가장 무겁게 하는 것은 무엇일까? 바로 지갑이다. 한마디로 진짜 무거운 것은 빈 지갑이라는 것이다. 마음이 무거워지니까.

유대인들은 돈이 좋다고 노골적으로 표현하지는 않는다. 돈이 좋다 또는 나쁘다고 평가하지도 않는다. 그러나 위에 소개한 수수께끼의 답처럼 "돈이 많으면 마음이 가볍고, 돈이 없으면 마음이 무거운 추를 단 것보다 더 무거울 것이다"라고는 말한다. 그래서인지 유대인은 돈에 대한 강한 소유욕을 보인다. 비록 돈에 끌려 다니지는 않더라도 자신의 생존을 지켜주는 소중한 것이기에 그럴까? 《탈무드》는 종종 지식과 학문보다 돈을 더 우위에 두거나 심지어 돈에 대해선 아내조차 믿지 않는 면을 보이기도 한다.

그럼에도 유대인들은 돈을 정정당당하게 벌어야 한다고 주장한다. 《탈무드》에는 이런 내용이 있다. 사람이 죽어서 하늘나라에 가면 제일 먼저 "거래에서 정직했느냐?"는 질문을 받는다는 것이다. 유대인은 종교가 삶 속에 있다고 생각하기 때문에 비록 생존을 위해 상인으로 살아갈 수밖에 없더라도 자신이 처한 환경을 존중하고 토라와 랍비의 가르침에 따라 삶을 이끌고자 노력한다. 이런 바탕이 있기에 상업적인 거래도 긴 안목으로 하게 된다. 이렇게 거래의 제1원칙, 정직이 생겨난다. 유대인 사이에서 신용은 사회적 생명이다. 유대인은 구두계약이라도 어길 시에는 유대인 사회에서 제명해버린다. 영구적으로 퇴출해버리는 것이다. 유대인들은 돈의 노예가 아니라 주인이 되어 돈은 수단일 뿐 목적이 아니라는 금언을 실천하고자 한다.

돈을 많이 벌면 부자가 될 거라는 생각은 잘못된 것이다. 그것이 진실이라면 왜 수백만 달러나 버는 사람들이 갑자기 파산해버리는 것일까? 많이 벌면 벌수록 부자가 빨리 될 것 같지만 반드시 그런 것은 아니다. 왜냐하면 많이 벌면 씀씀이도 그만큼 커지기 때문이다. 아무리 돈을 많이 벌어도 지출을 조절하지 못하면 다시 빈털터리가 된다. 게다가 돈을 많이 벌던 시절의 버릇이 남아서 금세 빚쟁이가 되고 만다. 어느 정도 수입이 생길 때까지는 지출을 수입의 3분의 1정도로 제한하는 것이 좋다. 수입이 늘어도 지출을 그대로 유지하지 않으면 다음 단계로 올라가지 못한다.(……)
단순히 부자가 되기 위해 돈에 대해 배우라는 것이 아니다. 돈에 방해받지 않고 자유롭게 살기 위해 배우라는 것이다. 부모가 돈에 대해 건전한 관념을 자식에게 가르친다면 그는 인생과 돈에 대한 좋은 생각을 하게 된다. 행복하게 사는 사람들은 일상생활에서 돈을 의식하지 않는다. 그만큼 돈에 방해받지 않고 살아가는 것이다. 살고 싶은 곳, 입고 싶은 옷, 하고 싶은 일, 먹고 싶은 것, 가지고 싶은 모든 것을 자기 마음대로 결정할 수만 있다면 돈은 더 이상 의미가 없다.

유대인에게 돈은 자신을 지켜주는 권력이었다. 새로 정착한 타국에서 배척당하지 않으려면, 그 사회 속에서 살아가려면 다른 사람이 얕잡아보지 않을 힘이 필요했으리라. 돈은 모든 것을 움직인다. 그러니까 돈이야말로 유대인이 새로운 사회에 정착할 수 있도록 돕는 가장 좋은 중개인이다. 앞서 무거운 지갑은 마음을 가볍게 하고 빈 지갑은 마음을 무겁게 한다는 이야기를 했다. 행복해지려면 돈이 있어야 했다.

그런데 돈은 좋은 사람에게는 좋은 선물을 주고, 나쁜 사람에게는 나쁜 선물을 준다. 예를 들어 수십억 원의 복권에 당첨된 사람들이라도 대부분 불행해진다. 심지어 복권에 당첨되기 전보다 더 불행해진다. 돈을 가질 준비가 안 된 사람에게 돈이 주어지기 때문이다. 유대인들은 '준비가 안 된 사람에게 돈은 불행'이라는 생각을 갖고 있다.

지혜롭게 산다는 것

사람들이 모여서 생활하다 보면 항상 갈등이 있게 마련이다. 특히 타인끼리 부대끼는 사회생활에서 그 갈등은 더욱 첨예해진다. 지혜롭게 그런 갈등을 해결할 방법은 없을까? 유대인의 지혜를 들여다보자.

공동체의 조화가 때때로 개인의 의견차로 어지럽혀지는 일이 종종 있다. 선량한 시민은 그런 싸움이 빨리 끝나고 평화로운 관계가 회복되기를 원한다. 그러기 위해서는 두 가지 조건이 필요하다. 첫째는 잘못한 사람이 자신의 과오를 진심으로 인정하고 용서를 빌어야 한다. 이 점에서《탈무드》는 강경하여 뒤에 따르는 절차까지 기술하고 있다. 친구에게 죄를 지은 사람은 그에게 자신이 나쁜 짓을 했다고 말해야 한다. 그가 용서를 받아들인다면 다행이지만 받아들이지 않는다면 사람들을 데리고 가서 이렇게 말해야 한다. "나는 이 사람에게 죄를 지었다. 그런데 그는 나의 죄를 벌하지 않았다." 이렇게 한다면 무덤 어귀에서 내 목숨이 살아나 다시 빛을 보게 되는 셈이다. 자신이 잘못한 사람이 죽었다면 그 무덤에 엎드려 용서를 빌어야 한다. 또 다른 랍비는 말하기를, 만일 누가 잘못해서 다른 사람을 의심하게 되면 그를 달래야 한다. 그보다도 그를 찬양해야 한다. 그러나 이렇게 달래는 횟수도 한도가 정해져 있다. 세 번 이상은 하지 말라는 랍비도 있다. 어떤 랍비가 "잠자리에 들어서는 절대로 나의 친구를 저주하지 않는다"라고 썼다. 그럼으로써 그날 자신이 저지른 잘못을 깨우칠 수 있다는 의미다. 두 번째로 괴롭힘을 당한 쪽의 의무는 상대가 사과할 때 그것을 받아들이고 불만을 품지 말라는 것이다. 이런 충고가 있다. "사람은 나무처럼 단단하지 말고 갈대처럼 부드러워야 한다. 네가 받은 모욕을 용서하라." 어느 랍비는 잠자리에 들면서 "나를 곤경에 빠뜨린 어느 누구라도 용서해주옵소서"라고 기도드렸다. 말다툼을 줄이고 빨리 화해시킬 현명한 충고가 있다. "내가 친구에게 작은 잘못을 했다면 그것을 크게 생각하고, 내가 친구에게 크게 좋은 일을 했다면 그것을 작게 생각하며, 그가 내게 작게라도 좋은 일을 했다면 그것을 크게 생각하고, 그가 내게 큰 잘못을 했다면 그것을 작게 생각하라."

《탈무드》는 누군가에게 잘못했으면 반드시 용서를 구하고, 만약 용서를 빌기 전에 그 사람이 죽었다면 그 무덤에서라도 잘못했다고 얘기하라고 한다. 참 기억에 남는 구절이다. 잘못에 대한 깨우침이 꼭 필요하다는 의미일 것이다. 또한 《탈무드》는 잘못에 대한 보복이나 비난이 아닌 용서를 권한다. 그런데 제2차 세계대전 당시 나치가 자행한 유대인 대학살을 유대인은 용서하고 있을까?

한나 아렌트의 《예루살렘의 아이히만》은 제2차 세계대전 당시 독일군 친위대의 중령으로, 약 600만 명의 유대인을 학살한 아돌프 아이히만의 재판을 다루고 있다. 그는 전후 도주했다가 1960년 아르헨티나에서 붙잡혀 재판정에 선다. 아렌트는 아이히만을 직접 보기 전까지는 그가 저지른 대학살을 떠올리며 그가 악마처럼 생겼으리라 상상한다. 하지만 그녀가 만난 아이히만은 마치 이웃집 아저씨처럼 푸근하게 생겼다. 그런데 그는 이런 말을 한다. "나는 아무것도 모른다. 죽일 의사도 없었고 군인으로서 상부의 명령을 받았기 때문에 그 일을 했을 뿐이다. 신에 대해서는 죽음을 방조한 죄를 지었지만 인간에 대한 죄는 짓지 않았다." 아이히만은 2년 정도 재판을 받다가 1962년에 죽는다.

아렌트는 이런 평가를 남긴다. "누구에게든지 악의 평범성이 있다. 악이라고 하는 것은 특별히 악인에 의해서 만들어지는 것이 아니라 모든 평범한 사람들, 사유하지 않는 사람들, 그러니까 생각하는 것에 무능력한 사람들이 범할 수 있는 것이다." 이 말은 우리에게 굉장히 중요한 시사점을 던진다. 흔히 '원수를 사랑하라, 죄를 용서하라, 죄를 짓지 말라'고 하는데 이 말을 실천하려면 생각의 힘이 따라야 한다. 사유하는 사람은 우선 잘못하지 않으려고 애쓸 것이고, 만약 잘못하더라도 뉘우칠 것이다. 그래서 그는 스스로 성장할 수 있다. 아마도 유대인 중에는 나치의 대학살을 용서한 사람도, 용서하지 못한 사람도 있을 것이다. 그래도 그들 모두는 《탈무드》

가 말하는 용서에 대해 한 번 이상은 생각해봤을 것이다.

"물고기 잡는 법을 가르쳐주라"

우리는 인간관계라고 하면 타인과 나의 관계를 생각하기 십상이다. 그러나 그보다 나 자신이 어떤 사람이 되어야 하는지를 먼저 고민해야 하지 않을까? 그렇다면 유대인은 자녀에게 어떤 사람이 되라고 가르칠까? 가장 널리 알려져 있는 말은 '물고기를 잡아주지 말고 물고기 잡는 법을 가르쳐주라'다. 이는 유대인의 교육법을 상징적으로 나타내는 말이다.

무엇이 되라는 말을 하지 마라. 유대인 부모들은 자녀들의 장래에 대해서 엉뚱한 꿈이나 기대를 하지 않는다. 예를 들어 너는 앞으로 의사가 되라거나 판사가 되라는 말을 결코 하지 않는다. 공부를 잘하라고는 하지만 어떤 직업을 갖기 위해서 잘하라는 것은 아니다. 학문은 목적이지 수단이 아니기 때문이다. 또한 미래의 꿈은 아이의 행복과 관계가 있으므로 어른들이 상관할 일이 아니라는 생각을 가지고 있다. 따라서 공부든 뭐든 아이가 원하지 않으면 강요하지 않는다. 즉 어떻게든 가르치겠다는 생각은 하지 않는다. 부모는 그저 "싫은 것은 하지 않아도 된다. 그러나 하고 싶은 일에 최선을 다해라"라고 말하면 충분하다. 만약 아이가 스스로 뭔가를 하고 싶다고 하면 후회 없이 노력하라고 조언해줄 뿐이다. 이처럼 아이의 의사와는 관계없이 부모 마음대로 뭔가를 가르치지 않는 것이 유대인 부모들의 교육 방식이다.

물고기를 잡아서 살을 발라 먹여주는 우리나라 엄마들이 이렇게 아우성칠지도 모르겠다. "무슨 말도 안 되는 소리야! 우리나라에서 그렇게 가르쳤다가는 애가 뒤처질 게 분명한데."

하지만 아이에게는 아이의 운명이 있다. 그러니 다른 사람처럼 되라고 말해서는 안 된다. 대신 너 자신이 되라고 얘기해라. 학교에서는 공부 못하는 문제아였던 아인슈타인이 세계 최고의 과학자가 될 수 있었던 것은 바로 자신이 좋아하는 것을 배울 수 있었기 때문이다. 《탈무드》는 또 말한다. 아이가 이야기나 예화를 통해서 생각을 정리하게 해라. 그래서 《탈무드》 속에는 지혜로운 예화들이 그렇게도 많은가 보다. 《탈무드》는 계속 말한다. 대답을 찾으려고 하지 마라. 그 대신 좋은 질문을 해라. 그래서 《탈무드》는 많은 질문을 하도록 만들어져 있다. 또한 《탈무드》는 친구를 잘 선택하는 것이 중요하다고 말한다. 누구와 함께 인생을 살지를 선택하라는 뜻이다. 그리고 남을 초월하기 전에 자신부터 초월하라고도 말한다. 흔히 오늘날은 경쟁 사회라며 타인을 앞지르는 방법을 배우는 데 급급하다. 그러나 유대인들에게 최고의 경쟁 상대는 어제의 자신이다. 그러니 어제의 자신을 넘어서라고 말하는 것이다. 더 중요하게 《탈무드》는 자선, 그러니까 배려를 통해서 삶을 가르치라고 말한다.

가치를 만들어내는 능력

고난과 시련이 역사이고 일상이었던 유대인들이지만 그들만큼 자연스럽게 유머를 구사할 줄 아는 민족도 없는 것 같다. 어쩌면 고난과 시련 탓에 유머가 발달한 것 같기도 하다. 삶을 너무 진지하게만 받아들이면 고통이고 아폄이고 수난이고 모욕일 테니 말이다.

직장을 구하던 이민자가 교회에서 총무를 구한다는 말을 들었다. 그는 교회를 찾아가 담당자에게 어떤 일을 하는지 물었다. 그러자 "교회를 청소하고, 예배 중에 문을 열어두고, 기도서와 기도 수건을 나누어주고, 헌금에 대한 영수증을 발급해주는 것"이라는 대답이 돌아왔다. 이민자가 말했다. "어, 저, 나는 글씨를 쓸 줄 모르는데요." 담당자가 말했다. "그렇다면 안 되겠군요. 총무는 글을 쓸 줄 알아야 합니다." 할 수 없이 이민자는 친구에게 돈을 빌려서 행상을 했다. 사업이 잘되어 금세 상점을 개업하게 되었다. 몇 년 뒤에 또 다른 상점을 몇 개 더 개업했다. 어느 날 그는 거래 은행을 찾아가서 말했다. "5만 달러가 필요합니다." 은행가가 말했다. "빌려드리지요. 서류에 서명해주십시오." 이민자가 말했다. "나는 글을 쓸 줄 모릅니다." 은행가가 놀라면서 말했다. "어! 아! 당신이 글을 쓸 줄 아셨다면 지금쯤 어떤 사람이 되어 있을까요?" 이민자가 잠시 후에 미소를 지으며 대답했다. "아마 교회 총무가 되었겠죠."

우리는 영화 속의 찰리 채플린을 보며 웃지만 그 안에는 많은 울음이 섞여 있다. 채플린의 유머는 산업사회의 기계화가 불러온 비인간성을 고발하고 있기 때문이다. 이처럼 유대인의 유머는 슬픔의 땅에서 싹튼 웃음이기 때문에 그 속에 눈물이 고여 있을 수밖에 없다. 눈물만으로는 살 수 없는, 웃음을 만들어낼 수밖에 없었던 그들의 환경과 상황에 유머의 뿌리가 있는 것이다.

또한 유대인의 유머에는 고정관념을 깨는 역발상이 담겨 있다. 예를 들면 《탈무드》에는 이런 이야기가 있다. 황제가 "내 얼굴을 100번 보기 전까지는 일을 절대로 발설하지 말라"고 아들에게 경고했더니, 아들이 동전에 새겨진 자신의 아버지를 딱 100번 쳐다본 다음에 얼른 발설했다고 한다. 얼마나 말하고 싶었으면. 또 뭔가 잘못한 벌로 콩을 신발에 넣고 걸으라고 했더니 콩을 삶아 신발에 넣었다는 이야기도 나온다. 영화 〈인생은 아름다워〉에는 주인공이 목숨을 잃는 최악의 상황에서도 웃음을 지으려 노력하는 모습이 나온다. 그래서 나는 이 영화야말로 유대인 유머의 정수라고 생각한다.

이런 유머는 급속한 성장을 거듭한 한국 사회에도 더없이 필요하다. 앞만 보고 달려온 우리는 심한 스트레스에 시달리며 굳은 표정으로 작은 일에 죽을 듯이 화를 내며 살아가기 때문이다. 이런 우리에게 나쁜 상황을 긍정적으로 해석하는 정신적 근육이 정말 절실하게 필요하다. 정신적 근육을 키워주는 가장 훌륭한 운동기구가 바로 유머다. 눈물을 웃음으로 닦아낼 수 있다면, 그렇게 새로운 힘을 얻을 수 있다면 정말 좋을 것이다.

《탈무드》의 유머 가운데는 유대인들의 상술을 소재로 하는 것들도 있다. 가령 어느 아랍인이 삐쩍 마른 소 한 마리를 시장에 내놓았는데, 사려는 사람이 아무도 없었다. 그러자 유대인 친구가 나서서 소를 팔기 시작했다. "이 소는 삐쩍 말랐기 때문에 먹이는 조금 먹지만 젖은 엄청나게 나옵니다." 사람들이 막 몰려오고 흥정 가격이 점점 올라갔다. 그러자 소 주인인 아랍인이 소의 고삐를 탁 잡더니 "이렇게 좋은 소를 그 가격엔 팔지 않겠다"면서 도로 가져가버렸다. 그러니까 원래 주인도 설득당한 꼴이다. 이처럼 유대인은 결함마저도 긍정적으로 포장해서 가치 있는 것으로 만들어내는 능력이 있다.

《탈무드》는 구전으로 전해지던 이야기들을 서기 300~500년경에 편찬한 것이다. 1500년 전쯤의 이야기인데도 지금 우리의 쓸쓸한 모습을 담은 내용들이 눈에 띈다. 세월이 흐르고 문명이 발달하고 사람들은 개화해도 바뀌지 않는 우리의 적나라한 모습들 말이다.

늙은 구두장이가 홀로 비참하게 살고 있었다. 그에게는 세 아들이 있었는데 모두 가정이 있어서 토요일 밤에만 찾아왔다. (……) 구두장이는 이웃의 목수에게 큰 상자를 맞추고는 거기에 깨진 유리 조각을 가득 채우고 침대 옆에 두었다. 토요일 밤에 찾아온 아들들은 아버지가 침대에 누워 있는 것을 보았다. "아버님, 어떻게 된 일입니까?" 아들들이 물었다. "아파서 일어날 수가 없구나." 아들들은 아버지의 침대 옆에 앉기 위해 상자를 옮겨야 했다. 그런데 상자가 여간 무거운 것이 아니었다. '이 속에는 아버지가 평생 모은 금과 은이 들어 있는 게 틀림없어.' 그들은 생각했다. 형제들은 한 사람씩 아버지를 돌보면서 그 보물을 지키기로 했다. 먼저 막내아들이 아버지의 집에 머물면서 요리를 하고 아버지를 돌보았다. 이윽고 노인이 숨을 거두었다. 아들들은 장례식에 아낌없이 돈을 썼다. 관례에 따라서 그들은 이레 만에 탈상을 했다. 여드레째 그들이 상자를 열자 산산조각 난 유리만 가득 들어 있었다. "어떻게 이럴 수가 있어! 아버지 무덤에 침이라도 뱉고 싶어!" 막내가 소리쳤다. "하지만 아버진 그럴 수밖에 없었던 거야." 둘째 아들이 말했다. "계명에 부모를 공경하라고 했는데 아버지는 우리가 그걸 지키도록 이런 일을 했으니 나는 쥐구멍에라도 숨고 싶어!" 맏아들이 말했다.

그나마 이 이야기의 주인공은 성공했다. 아들들의 부양을 받았고 아들
들도 아버지에게 속았다고 화를 내기보다는 스스로를 부끄러워했으니 말
이다. 가끔 사회 면 뉴스를 보다 보면 재산이 많은 부모는 자식들이 서로
모시겠다고 싸우고, 가난한 부모는 아무도 돌보지 않아 방치되는 이야기
들이 종종 나온다. 점점 더 계산적이고 타산적으로 바뀌어가는 부모 자식
관계가 왠지 씁쓸하다.

운이 좋아지는 방법

나는 운이 참 좋은 편이다. 그런데 운이란 어디서 오는 걸까? 우리는 예기
치 않은 횡재를 하거나 도움을 받을 때 운이 좋다고 이야기한다. 그렇다면
운은 나와는 관계없는 신의 뜻, 그러니까 일종의 섭리일까? 하지만 분명 운
이 좋아지는 방법이 있다.

모든 지배자 가운데 가장 부유했던 솔로몬 왕이 어느 날 우연히 운을
만나 선언했다. "사람의 행복은 부에 있는 것이므로 나는 너보다 강하
다." 그러자 운이 대답했다. "아닙니다. 인간의 부는 운에 달려 있습니
다." 그들은 말씨름을 계속하다가 결국 지나가던 가난한 물 배달꾼을
두고 내기를 했다. "폐하께서 먼저 시험해보십시오." 운이 솔로몬에게
말했다. 솔로몬은 그 가난한 사내를 불러서 큰 돈을 주었다. 가난한 사
내는 크게 기뻐하며 왕에게 감사한 다음 돈을 웃옷 주머니에 넣어두었

다. 그는 고기를 사서 웃옷에 싸고는 집으로 돌아갔다. 그리고 옆집에 가 있던 아내를 불러 그 행운에 대해 얘기했다. 하지만 아내는 들은 척도 하지 않았다. 그래서 그는 부엌에 가서 웃옷에 싸인 고기를 내려놓았다. 그가 부엌을 나오자마자 개가 부엌으로 들어가서 고기와 웃옷을 함께 물고 사라져버렸다. 이튿날 솔로몬은 그에게 더 많은 돈을 주었다. 이번에도 그는 아내를 불렀지만 그녀는 그의 말을 믿지 않았다. 그녀는 옆집에서 오는 것조차 귀찮아했다. 그는 마당에 헌 궤짝이 버려져 있는 것을 보고 그 안에 돈을 숨기고 자물쇠를 채웠다. 잠시 후에 고물상이 찾아오자 아내는 마당에 있던 낡은 궤짝을 헐값에 팔아치웠다. 그다음 날 왕은 다시 한 번 돈을 주었다. 이번에 그는 겨가 가득 들어 있는 자루 안에 돈을 넣었다. 그런데 그의 아내가 그 자루를 고물상에게 거저 주어버렸다. 사내가 여전히 가난한 것을 보고 운이 솔로몬 왕에게 말했다. "폐하께서는 세 번이나 최선을 다하셨지만 모두 성공하지 못했습니다. 이번에는 제 차례입니다." 그렇게 말한 운은 그 사내와 얘기를 나누었다. "당신은 정말 운이 나쁘군요. 만약 직업을 바꾸어 나무꾼이라도 된다면 당신의 운도 바뀔지 모르는데……." '직업을 바꾼다고 해도 어차피 잃을 것은 없어.' 사내는 생각했다. 그는 나무꾼이 되었다. 그는 목재를 팔아서 조금씩 돈을 벌기 시작하더니 어느새 나무꾼을 고용해 땔감 장사를 시작했다. 그는 부자가 되어 풍요로운 생활을 할 수 있었다. 어느 날 그가 나무꾼들이 나무를 베고 있는 숲을 걷는데 어디선가 썩은 고기 냄새가 났다. 그 냄새를 따라가자 고깃점이 붙어 있는 그의 헌옷이 눈에 들어왔다. 돈이 그대로 들어 있었다. 그는 잃어버린 궤짝도 생각났다. 그래서 그는 헌 궤짝을 가지고 있는 자에게는 두 배의 값을 쳐주겠다고 온 도시에 알렸다. 수많은 궤짝이 모여들었고 그중에는 여전히 자물쇠가 채워진 그의 궤짝도 들어 있었다. 그가 그때까지 가지고 있던 열쇠로 궤짝을 열어보니 놀랍게도 돈이 고스란히 들어 있었다! 다음에 그는 겨가 채워진 자루를 사고 싶다고 널리 알렸고 수많은 자루가 그의 집에 모여들었다. 그는 계속 자루를 사들여 드디어 아내가 팔아치운 자루도 찾아냈다. 이제 그의 부는 어마어마하게 늘었다. 이리하여 운은 솔로몬 왕에게 모든 것은 운에 달려 있음을 증명했다.

운이 좋아지는 몇 가지 방법이 있다. 그중 하나는 아이가 되는 것이다. 아이에게는 세 가지 특성이 있다. 우선 이유 없이 즐겁다. 그리고 잠시도 쉬지 않는다. 마지막으로 바라는 것은 꼭 이루고 만다. 그런데 자세히 들여다보면 이 셋이야말로 행운을 불러들이는 열쇠다. 늘 즐거워하고 무엇인가로 바쁘고 목표를 향해서 애를 쓰면 당연히 운이 따르지 않을까? 여기에 더해 다른 사람에게 도움을 줄 때는 보상을 바라지 마라. 그러면 언젠가 그 사람으로부터 예기치 않은 도움을 받을 때 '오, 내가 운이 좋네'라고 여길 수 있다. 반대로 자신이 베푼 일에 대한 보답을 기다리고 있었다면 이는 행운이 아니라 당연한 일이다. 게다가 자신의 기대대로 보답이 없으면 상대를 원망하게 된다. 그러니까 '주고 잊어라!'

또한 당장의 이익을 좇아 행동하지 마라. 그러면 그 순간에는 얻을 수 있을지 모르지만 미래에 운 좋은 사람이 될 수는 없다. 자신의 이익보다는 다른 사람에게 상처를 주지 않는 방향으로 의사결정을 하게 되면 잠깐 손실을 입을지 모르지만 언젠가 그 사람으로부터 도움을 받을 수 있다. 운은 당신이 뿌린 씨앗이다.

그들은 어떻게 행복을 만들어갈까?

최선을 다해서 노력하되, 운을 인정해버리는 유대인들. 운명론자의 모습과 운명 개척론자의 모습을 동시에 지닌 그들은 도대체 어떻게 행복을 만들어 갈까?

> 옛날 넓은 포도밭, 양떼와 소떼, 그리고 넓고 화려한 저택을 가진 부자가 있었다. 그에게는 아들이 열 명 있었는데 모두 똑똑하고 성실했다. 그리고 그에게는 믿을 만한 친구들이 많았다. 부자는 하루하루 여유롭게 지냈지만 딱 한 가지 마음에 걸리는 것이 있었다. "내가 죽으면 어떻게 될까? 아들들이 유산 다툼을 하게 되지는 않을까?" 어느 날 부자는 아들들을 불러 모았다. (……)
> "미리 유산을 어떻게 나눌지 알려주마. 나는 현금으로 1000데니리온을 가지고 있으니 각자 100데니리온씩 주마. 그 돈이면 새롭게 일을 시작할 수도 있고 돈도 벌 수 있을 게다." "아버지, 그런 걱정은 마시고 오래오래 사세요." 아들들은 다시 각자의 생활로 돌아갔다. 몇 년 후 아버지의 재산이 조금씩 줄어들기 시작했다. 계속되는 가뭄으로 포도 농사가 망쳐지고 양과 소가 잇따라 죽었다. 마침내 아버지는 빚을 갚기 위해 재산을 거의 처분했고 남은 것은 950데니리온뿐이었다. 아버지마저 병으로 쓰러졌고 죽음이 가까워졌다. 아버지는 아들들을 불러서 아홉 명에게 약속대로 100데니리온을 나누어주었다. 아홉 명의

아들들은 돌아가고 아버지와 막내아들만 남았다. "아들아, 잇따라 재난을 당하는 통에 어쩔 수 없이 돈에 손을 대고 말았구나. 이제 50데니리온뿐인데 30데니리온은 빚을 갚아야 한다. 그래서 너한테 20데니리온밖에 줄 수가 없구나." 막내아들은 몹시 낙담했다. "아버지, 걱정하지 말고 기운 차리세요. 그 20데니리온으로는 장사를 시작하기도 어려운데 무얼 하면 좋을까요?" "내게는 친한 친구들이 있으니 그 사람들을 유산으로 물려주마. 네가 어려울 때 그들이 도와줄 거야." 아버지는 얼마 후 숨을 거두었다. 형들은 아버지의 조언대로 100데니리온으로 새롭게 일을 시작해서 재산을 늘리기 시작했다. 한편 막내아들의 생활은 점차 어려워졌다. 20데니리온으로 아무 일도 시작하지 못했고, 그 돈은 생활비로 사라져갔다. 그렇게 궁지에 빠진 아들은 아버지가 얘기했던 친구들을 떠올렸다. 막내아들은 남은 돈으로 음식을 장만해서 아버지의 친구들을 초대했다. 아버지의 친구들은 막내아들을 찾아와 음식을 맛있게 먹었다. 식사가 끝난 뒤 손님들이 말했다. "막내아들만이 아버지의 친구들을 잊지 않고, 이렇게 챙겨주는구려. 만년에 재산을 다 잃어 아들에게 재산도 제대로 남겨주지 못했다던데……. 우리가 조금 보태주면 어떻겠소?" 그 자리에서 손님들은 각각 새끼를 밴 암소 한 마리씩과 돈을 조금씩 모아주기로 했다. 시간이 흐르자 송아지가 차례로 태어나 막내아들은 그 송아지들을 좋은 값에 팔았다. 막내아들은 어느새 운이 붙어서 형들보다 부유해졌을 뿐만 아니라 옛날 아버지보다 더 부자가 되었다.

재산보다는 사람이 중요하다. 부자가 되려면 좋은 사람들을 곁에 두어야 한다. 조선시대 거상인 임상옥의 일생을 담은《상도》라는 책에는 인상적인 말이 나온다. "장사라고 하는 것은 이문을 남기는 것이 아니라 사람을 남기는 것이다."《탈무드》에도 죽음을 앞둔 아버지가 아들에게 너를 도와줄 수 있는 사람이 진정한 재산이라고 말하는 대목이 나온다. 유대인은 이런 식으로 상인으로서의 가치관을 교육받는다.

《탈무드》에는 이런 이야기도 나온다. 새가 한 마리 있었는데, 다른 짐승하고 비교해보니 신통치 않았다. 발톱도 많지 않고 이빨도 크지 않고 네 발이 있는 것도 아니고 날개가 있는 것도 아니었다. 그래서 하느님한테 나를 왜 이 모양으로 만들었냐고 따지자 하느님이 날개를 턱 달아준다. 용도는 말해주지 않은 채. 새는 날개로 이것저것 시도해보지만 무엇에도 도움이 되지 않았다. 그래서 새는 다시 하느님을 찾아가서 "왜 날개를 달아줬습니까? 짐만 될 뿐입니다. 너무 무거워서 예전처럼 빨리 달릴 수도 없어요"라고 얘기했다. 그러자 하느님이 말했다. "내가 그걸 왜 짐처럼 달아줬겠느냐. 너 스스로 그것을 쓸 수 있는 방법을 찾아라." 우리는 모두 저마다 날개를 가지고 있다. 날개의 모양은 각기 다르지만 그저 짐이라고 생각했던 날개를 펼치는 날 우리는 하늘을 날 수 있다. 배운다는 것은 자기를 찾는 것이다. 자기를 찾는 것, 우리가 고전을 읽으면서 풀어야 될 가장 중요한 과제다.

《탈무드》를 통해 유대인들이 어떤 날개를 달고 하늘을 날았는지 이해할 수 있었기를 바란다. 타인에 대한 진정한 배려는 '이해'에서 시작된다. 유대인에 대한 막연한 부러움이나 경멸 같은 편견을 가지고 있었다면 그들의 사상을 이해함으로써 우리와 다른 점은 인정하고 배울 부분은 새기도록 하자.

사랑을 준다는 것의 의미
• 『사랑의 기술』 '사랑'에 대하여 •

인생은 선물이며 도전이다. 다른 어떤 것으로도 측정할 수 없는 고유한 것이다. 인생이 살 만
한 가치가 있느냐라는 식의 질문은 무의미하다. 만약 손익계산서를 가지고 셈한다면 인생은
결국 살 만한 가치가 없게 될 것이다. 인생의 뜻은 하나밖에 없다. 그것은 살아가는 행위, 그
자체다.

– 에리히 프롬

　사람들은 사랑을 사랑할 줄 아는 능력이라고 생각하는 대신 사랑받는
문제라고 생각한다. 돈을 벌고 학력으로 휘감고 몸을 치장하고 고혹적인
웃음을 가지려는 것은 사랑스러운 매력으로 사랑받기 위해서다. 그러나
사랑은 주는 것이지 받는 것이 아니다. 주는 것은 빼앗기는 것이 아니라
내 안의 것이 넘쳐나는 환희다. 내 안에 살아 있는 떨림을 준다는 것이다.
　사랑은 종종 사랑할 수 있는 능력의 문제가 아니라 대상의 문제라고 여
겨지기도 한다. 매력적인 대상이 나타나면 사랑에 빠져 저절로 사랑하게

된다는 것이다. 이런 오해 때문에 사랑은 엄청난 기대와 희망으로 시작하지만 오래지 않아 반드시 실패하는 활동이 되고 만다. 사랑은 빠지는 것이 아니라 참여하는 것이다. 신뢰가 신뢰로 교환되듯 사랑은 사랑으로만 교환되는 것이다. 사랑은 분리를 극복하고 서로 일체가 되려는 노력이다. 사랑의 불꽃이 이 가슴에 타오를 때 저 가슴에서도 사랑이 깃든 줄 알게 되니 사랑은 오직 사랑할 줄 아는 힘에 의해서만 체험할 수 있다.

에리히 프롬(Erich Fromm)은 여기저기 흩어져 떠도는 사랑의 개념들을 모아 꿰맞추어 우리에게 사랑학을 제공한 사람이다. 그에 따르면 현대인들은 잘 먹고 잘 입고 성적으로도 만족하지만 자아가 없고 피상적인 접촉 외에는 진정한 관계에서 소외된 채, 소비하는 것을 행복 삼아 살아가고 있다. 세계는 우리의 거대한 식욕에 대한 커다란 유방이다. 우리는 젖을 빠는 자이며, 영원히 기대하는 자이며, 그래서 영원히 실망하는 자다. 물질적인 대상뿐 아니라 정신적인 것까지도 교환과 소비의 대상이 되고 말았다. 스스로 사랑하는 힘을 상실하고 영화 스크린 속의 감상적 사랑에 도취된 사랑의 구경꾼으로 전락했다는 것이다.

그렇다면 사랑을 상실한 자도 다시 사랑을 회복할 수 있을까? 우리는 사랑할 수 있는 힘을 어떻게 키울 수 있을까? 프롬의 이야기에 귀 기울여 보자.

사랑은 부단한 연습이 필요하다

괴테보다 150여 년 늦은 1900년 프랑크푸르트암마인에서 태어난 에리히 프롬은 정신분석학자이자 사회철학자로 서구에 '사랑학'을 탄생시킨 인물이다. 그의 저서인 《사랑의 기술》의 원제는 'the Art of Loving'으로 사랑의 테크닉이 아니라 사랑의 본질을 이야기한다. 에리히 프롬에 대해서는 그와 마지막까지 함께했던 조수 라이너 풍크가 많은 기록을 남겼다.

에리히 프롬의 아버지는 상인으로, 자기 자신에게 자존감을 갖기보다는 아들이 존경받는 학자나 랍비가 되길 바랐던 소심한 인물이었고 실질적으로 에리히 프롬에게 강력한 영향을 주었던 것은 어머니였다. 어머니는 수재인 에리히 프롬에게 많은 기대를 가지고 있었다. 프롬은 어머니의 영향에서 벗어나기까지 수많은 여성 편력을 거치며 상실과 상처를 겪어야 했다. 1956년에 나온 《사랑의 기술》은 그 결과물이라 할 수 있다.

에리히 프롬의 정신세계에 영향을 줬던 여인은 어머니 외에 몇 명이 더 있었다. 1922년 하이델베르크 대학교에서 박사 과정을 밟던 스물두 살의 프롬은 친구에게 약혼녀를 빼앗긴다. 상처받은 그는 열한 살 연상인 프리다 라이히만이 운영하던 정신분석 치료소에 들어가 그 밑에서 일하며 상담을 받다가 그녀와 사랑에 빠져 결혼한다. 하지만 결혼은 2, 3년 만에 파경에 이르고 그는 1933년 나치를 피해 미국으로 망명한다. 망명지인 미국에서 또 다른 연상의 여인인 헤니 굴란트를 만나 결혼한다. 1950년 프롬은 굴란트의 건강을 위해 멕시코로 거처를 옮기지만 굴란트는 끝내 회복하지 못했다. 열 살 이상 차이가 나는 여인들과의 사랑은 프롬이 얼마나 어머니의 지배를 받았는지를 보여주는 방증이다. 이후 프롬은 그 두 여인과의 자기애적인 사랑에서 벗어나 비로소 또래와 사랑을 하게 되지만 그 여인도 죽고 만다. 상처로 무기력하던 그는 마침내 애니스 프리먼을 만나 안정된 결혼 생활을 누리고 《사랑의 기술》이라는 명저를 남기게 된다.

프롬은 《사랑의 기술》 머리말에 "이 책에서 사랑의 기술에 대한 편리한 지침을 얻고자 하는 사람들은 실망할 것"이라고 적고 사랑은 "행운만 있으면 누구나 '겪게 되는' 즐거운 감정"이라기보다는 기술이기 때문에 그 본질을 파악하고 걸맞은 훈련을 해야 한다고 주장한다.

에리히 프롬이 정신분석학자이기에 프로이트의 이야기를 빼놓을 수 없을 것 같다. 프롬은 프로이트의 영향을 많이 받았다. 그만큼 프로이트는 위대한 전환기를 만들어낸 인물이다. 프로이트 이전까지 인간에 대한 학문은 인간 자체를 대상으로 하지 못했다. 그러다가 프로이트가 등장해 인간의 내면으로 깊숙이 들어가게 된다. 그렇다고 프로이트가 완벽했다는 것은 아니다. 프로이트의 사고는 기본적으로 성(性)에 의해 주도되었다. 그래서 프로이트는 본질적으로 사랑 자체를 비합리적 현상이라고 생각했다. 사랑에 빠진다는 것은 정상이 아니라 비정상으로 기울어진 것이었다. 프로이트는 성적인 욕구가 만족되면 아름다운 사랑이라고 주장했다. 그러니까 사랑 때문에 불행해지는 이유는 성적인 부분이 채워지지 않아서라는 것이다. 프로이트에게 성적인 부분만 채워지면 사랑은 이루어진 것이다. 반면 에리히 프롬은 거꾸로 사랑이 채워져야 성적인 것도 만족될 수 있다고 주장한다.

우리는 에리히 프롬처럼 사랑을 아주 고귀한 감정이라고 생각한다. 하지만 신과 짐승의 중간쯤에 있는 인간성의 심연을 들여다보면 프로이트의 통찰력이 더 맞는 것이 아닐까 하는 생각도 든다.

그래서인지 많은 사람들이 이성 간의 사랑보다는 부모 자식 간의 사랑이 더 아름답고 숭고하다고 느낀다. 아무래도 받기보다는 주는 사랑이라서 그렇게 느끼는 것 같다. 프롬은 부모 자식 간의 사랑을 비중 있게 다루면서 어머니의 사랑은 무조건적인 사랑으로, 아버지의 사랑은 조건적인 사랑으로 규정한다. 미성숙한 사랑은 '그대가 필요하기 때문에 나는 그대를 사랑한다'고 말하지만 성숙한 사랑은 '그대를 사랑하기 때문에 내게는 그대가 필요하다'고 말한다. 부모가 올바른 태도로 사랑해야 아이는 외부에 있는 어머니와 아버지의 모습에서 해방되어 내면에 그 모습을 간직한 성숙한 사람이 된다.

프롬은 우리가 사랑을 배우지 않고 생각만 하기 때문에 오류가 있다고 말한다. 첫 번째 오류는 우리가 사랑하는 법이 아니라 사랑받는 법을 먼저 배우려 한다는 것이다. 두 번째 오류는 자신이 사랑을 오래 못 하게 되면 환경을 탓한다는 것이다.

우리는 사랑하는 법을 체계적으로 배우지 않고 내 눈을 감동시키는 운명 같은 누군가를 기다린다. 그러면서 그런 여자나 남자가 왜 안 나타날까를 고민한다. 그러나 에리히 프롬에 따르면 그런 사람이 안 나타나는 것이 아니라 우리가 누군가에게 사랑을 주지 못하는 것이다. 아직 사랑할 준비가 되어 있지 않아서 말이다. 사랑에는 인내도 있어야 하고 책임도 있어야 하고 존경도 있어야 한다.

왜 외로운가?

자신을 사랑하고 싶은가? 아니면 세상을 사랑하고 싶은가? 아니면 누군가를 사랑하고 싶은가? 그렇다면 우리는 사랑하는 법을 배워야 한다. 《사랑의 기술》은 사랑에 대해서 겸손하게 만들어주고 그 핵심을 전달해주는 아름다운 책이다.

외로움은 인간의 조건이다. 그럼에도 우리는 사랑으로 외로움을 극복하고 싶어한다. 그래서 쉬지 않고 연애를 하는 사람들도 있지만 과연 그렇게 외로움이 채워지는지는 의문이다. 에리히 프롬이 "행위를 통해서 그 사람을 이해할 수 있다"고 말했듯이 그 사람의 행위를 보면 분리와 폐쇄로부터 얼마나 벗어나고 싶어하는지를 알 수 있다.

에리히 프롬에 따르면 사랑은 다른 사람과 융합되는 것이다. 여기서 융합은 무조건 같아지는 것이 아니라 자신의 개성을 유지한 상태에서 하나가 되는 것이다. 우리는 왜 외로움을 느끼는 존재로 태어났을까? 이 물음을 쭉 따라가다 보면 마주치는 꼭짓점에 사랑이 있다.

인간에게는 이성이 부여되었다. 인간은 '자기 자신을 인식하는 생명체'다. 인간은 자기 자신을, 동포를, 자신의 과거를, 자기 미래의 가능성을 알고 있다. 자신을 떨어진 실재로 인식하고 자신의 생명이 덧없이 짧으며 자기 의지와는 무관하게 태어나고 원하지 않아도 죽게 되며, 자신이 사랑하던 사람들보다 먼저 또는 그들이 자신보다 먼저 죽을 것이라는 사실도 인식하고 있다. 그리고 자신의 고독과 분리에 대한 인식, 자연과 사회의 힘 앞에서 자신이 무력하기 짝이 없다는 인식 등 이 모든 인식이 인간의 분리되어 흩어져 있는 실존을 견딜 수 없는 감옥으로 만든다. 그래서 인간은 이 감옥에서 벗어나 밖으로 나가 어떤 형태로든 결합하지 않으면 미쳐버릴 것이다.

분리되어 있다는 경험은 불안을 일으킨다. 분리는 분명히 모든 불안의 원천이다. 분리되어 있다는 것은 인간적 힘을 사용할 능력을 상실한 채 단절되어 있다는 의미다. 그러므로 분리되어 있다는 것은 무력하다는 것, 세계, 즉 사물과 사람들을 적극적으로 파악하지 못한다는 의미다. 분리되어 있다는 것은 내가 이 세계에 반응하지 못한 채 세계가 나를 침범할 수 있다는 의미다.

따라서 분리는 격렬한 불안의 근원이다. 게다가 분리는 수치심과 죄책감을 유발한다. 분리 상태에서 느끼는 죄책감과 수치심은 아담과 이브의 이야기로 표현되어 있다.

에리히 프롬은 아담과 이브의 이야기를 재해석한다. 지금까지의 기독교적인 해석에 따르면 결국 아담과 이브는 평등의 관계가 아니라 종속적인 관계였다는 가부장적인 해석을 하게 된다. 그런데 에리히 프롬에 따르면 아담과 이브가 자신들이 서로 분리되어 있는 두 존재임을 인정하면서도 아직 서로를 사랑하는 법을 배우지 못했기 때문에 남남으로 남아 있고 그러다 보니 죄책감과 불안을 느낀다는 것이다. 흔히 표현하듯이 갑자기 사랑에 빠지는 것이 아니라 사랑하는 능력을 키워간 사람만이 사랑을 할 수 있다. 삶은 결국 성장이고 우리는 성장을 통해 사랑하는 능력을 키워간다. 그렇게 한 사람을 사랑하게 되고, 더 많은 사람을 사랑하게 되고, 세상을 사랑하게 된다. 이것이 바로 에리히 프롬이 생각하는 사랑의 확산이다. 재미있게도 《향연》에서 아리스토파네스는 하나의 온전한 존재가 둘로 갈라진 후 쪼개진 반쪽을 찾아가는 과정에서 사랑이 싹트게 됐다고 이야기한다. 이것이 바로 서구 욕망론의 기본이었다. 그래서인지 에리히 프롬도 분리를 극복하는 힘을 배워나가는 것이 바로 사랑이라는 이야기를 한다. 프롬은 분리로 인한 불안을 해소하기 위해 도취적 합일과 집단과의 일치에 바탕을 둔 합일, 창조적 활동이 필요하다고 이야기하지만 이는 부분적 해답일 뿐, 완전한 해답은 아니라고 한다.

요즘 젊은 사람들을 보면 행동이나 옷차림에서 남다른 부분이 많이 보인다. 그들은 그걸 개성이라고 하지만 사실 그런 표피적인 외모를 개성이라고 하기는 어렵다. 그들은 남다른 것을 추구하는 동시에 같은 유행을 추구함으로써 자신이 이 사회에 동화되어 있음을 드러낸다. 고립되어 있으면서도 어떤 일치감을 느끼고자 하는 사회성을 갖게 되는 것이다. 그런데 그런 동질화가 과연 우리를 구원해줄 것인가? 동질화라는 것, 여기서 표현한 대로 같은 신문을 읽고, 같은 음식을 먹고, 같은 생각을 나누고, 같은 직장에서 일한다고 해서 우리가 같은 사람인 것은 아니다. 그 속에서는 절대 일체감과 동질감을 찾아낼 수 없다. 진정한 의미의 동질감과 일체감, 이 조화로운 감정은 사랑일 수밖에 없다. 그런데 그것은 어느 날 갑자기 우리에게 다가오는 능력이 아니라 꾸준히 키워야 하는 능력이다. 마치 육체의 힘을 키우듯이 사랑할 수 있는 힘들을 훈련해야 한다. 이것이 에리히 프롬이 가장 중요하게 생각하는 대목이었다.

그래서 에리히 프롬은 첫눈에 반하는 사랑을 수동적 사랑이라고 이야기한다. 내가 나 자신을 통제하지 못해 빠지는 사랑, 그것이 바로 수동적 사랑이며 그런 사랑은 진정한 사랑이 아니라는 것이다. 그러면서 "우리는 엄청난 기대감과 희망 속에서 사랑을 시작하지만 그런 사랑은 대부분 실패하도록 운명 지어졌다"고 말한다. 서로를 알아갈수록 희미해지는 사랑은 사랑이 아니다. 결국 사랑은 자기를 다 내준다는 적극성을 의미하는데 이는 훈련 없이 불가능한 일이다. 그 많은 상처와 실패와 아픔을 통하지 않고는 배양되지 않는 것이다.

자신의 개성을 안다는 것은 원래 자기 자신에 대해 안다는 의미다. 흔히 생각하듯 다른 사람과의 차이가 아니라 자기가 그럴 수밖에 없는, 타고난

힘을 아는 것이다. 사랑하는 사람이라면 자신의 개성대로 스스로의 삶을 찾아가는 연인을 존중하고 존경해야 한다. 그것이 평등한 사랑이다. 그래서 사랑과 평등은 함께 다루어져야 한다.

성숙한 사랑이란 무엇인가?

우리는 분리되어 있다는 불안을 해소하기 위해 다른 사람들과 하나가 되려고 한다. 하지만 하나가 되는 방식은 똑같지 않다. 잘못된 사이비 합일의 대표적인 예로 에리히 프롬은 어머니와 태아의 관계를 이야기한다. 둘 다 서로를 필요로 하지만 에너지의 흐름이 한쪽에서 다른 한쪽으로 일방적으로 흘러간다. 그러니까 평등한 상태에서 둘이 주고받는 사랑이 아니라 한쪽은 사랑을 주고 다른 한쪽은 사랑을 받는 것이다. '피학대성 음란증'이라고 어렵게 번역되는 '마조히즘'은 다른 사람의 일부로서 내가 존재한다는 믿음을 갖지 않고는 분리감과 고독을 극복할 수가 없는 상태를 의미한다. 그러니까 어린아이가 엄마에게 껌딱지처럼 달라붙어 있어야만 자기 존재를 느끼는 것이다. 여기에는 필연적으로 수동성이 수반된다. 아이로서는 적극적으로 자기 의사에 의해 삶을 살아간다고 보기 어려운 단계다. 따라서 진정한 사랑을 나누려면 내가 누군가를 우상화하고 그 일부가 되어야만 한다는 생각에서 벗어나 독립적이고 자율적이고 자유로운 관계를 맺어야 한다. 피학대성 음란증과 짝을 이루는 것으로 '가학성 음란증', 영어로는 '사디즘'이라는 것이 있다. 사디즘은 상대를 강하게 압박해서 자신의 껌딱지처럼 만드는 것이다. 이는 에너지의 방향이 다를 뿐 마조히즘과 마찬가지로 공서(共棲, symbiosis)적 합일이라고 부를 수 있는 사랑의 미숙한 형태다. 그렇다면 공서적 합일에 속하지 않는 성숙한 사랑이란 무엇일까?

성숙한 '사랑'은 '개인의 통합성', 즉 개성을 '유지하는 상태에서의 합일'이다.

사랑은 인간에게 능동적인 힘이다. 즉 인간을 타인과 분리하는 벽을 허물어버리는 힘, 인간을 타인과 결합시키는 힘이다. 사랑은 고립감과 분리감을 극복하게 하면서도 각자에게 자신의 특성을 허용하고 자신의 통합성을 유지시킨다. 사랑에서는 두 존재가 하나로 되면서도 둘로 남는다는 역설이 성립한다. (……) 사랑은 수동적 감정이 아니라 활동이다. 사랑은 '참여하는 것'이지 '빠져드는 것'이 아니다. 가장 일반적인 방법으로 사랑의 능동적 성격을 말한다면 사랑은 기본적으로 '주는 것'이지 '받는 것'이 아니라고 설명할 수 있다.

받기보다는 주면서 행복해하는 것이 성숙한 사랑이다. 그래서 공서적 사랑이 미성숙한 사랑이라면 성숙한 사랑은 자유로운 상태에서 사랑을 주는 것을 의미한다. 에리히 프롬은 생산적 활동과 비생산적 활동의 유일한 기준이 사랑이라고 말한다. 그리고 사랑으로 오해받는 비생산적 활동들에는 재미있게도 착취형 행동들이 포함된다. 이는 연인이든 재산이든 권력이든 다른 사람이 가지고 있는 것을 빼앗음으로써 희열을 느끼는 것이다. 그다음으로 저축형 활동이 있다. 이는 지금 가지고 있는 것만으로는 불안해서 개미처럼 뭔가를 자꾸 쌓아두는 것이다. 이 경우에는 쌓아둔 것에서 뭔가를 빼주면 빼앗긴다는 생각에 상실감을 느끼기 때문에 다른 사람에게 자신의 것을 나눠줄 수 없다. 아주 인색한 사람들이 바로 저축형 인간에 속한다. 우리에게 가장 시사적인 것은 시장형 인간이다. 그들은 준 만큼 받아야 한다고 생각하며 교환가치만을 높이 평가한다. 그래서 에리히 프롬은 이렇게 묻는다. 준 만큼 받아야 하는 사랑이라면 과연 생산적인 활동이냐고. 결국 지금 뭔가를 주면서 다시 받을 것을 생각한다면 사랑이 아니라는 것이다. 현대를 살아가는 우리 대부분은 시장형 인간일 것 같다.

오직 사랑으로 풀 수 있는 수수께끼

태어나서 죽을 때까지, 아침부터 밤까지 우리의 모든 활동은 일정하게 기성품화되어 있다. 정말 공장에서 똑같이 찍어낸 것 같은 상투적 생활의 그물에 걸린 인간이 어떻게 자신이 하나의 개인이며 단 한 번의 인생을 얻은 자임을 깨달을 것인가. 방법은 능동적으로 쳇바퀴를 벗어나는 것이다. 사랑을 할 때도 능동적으로.

> 준다고 하는 요소 외에도 사랑의 능동적 성격은 언제나 모든 형태의 사랑에 공통된 기본적 요소들을 내포하고 있다는 사실에서도 분명해진다. 이러한 요소들은 보호, 책임, 존경, 지식 등이다.
> 사랑에 보호가 포함되어 있다는 것은 자식에 대한 어머니의 사랑에서 가장 명백히 나타난다. 어머니가 자식을 충분히 보호하지 않는다면, 또한 어머니가 자식에게 젖을 주지 않거나 목욕을 시키지 않거나 편안하게 해주지 않는다면 아무도 어머니가 자식을 사랑한다고 생각하지 않을 것이다. (……) 동물이나 꽃에 대한 사랑도 다르지 않다. 어느 여자가 꽃을 사랑한다고 말하면서도 꽃에 물을 주는 것을 잊는다면 우리

는 그녀가 꽃을 '사랑한다고' 믿지 않을 것이다. 사랑은 사랑하고 있는
존재의 생명과 성장에 대한 우리의 적극적 관심이다.

능동적인 사랑에는 보호와 책임이 따른다. 어머니가 무기력한 아이에게
따뜻함과 부드러움을 무조건적으로 주는 것처럼. 책임이라는 것은 누군가
에게만 책임을 떠미는 것이 아니라 가족으로서, 동료로서, 같은 한국인으
로서, 같은 인류로서 자신의 책임도 인정하는 것이다. 이런 책임감 없이는
사랑을 얘기할 수 없다. 더불어 사랑의 세 번째 요소인 '존경'이 없다면 책
임은 쉽게 지배와 소유로 타락할 수 있다. 존경은 어떤 사람을 있는 그대
로 보고 그의 독특한 개성을 아는 능력이다. 즉 다른 사람이 그 나름대로
성장하고 발달하기를 바라는 관심이다. 끝으로 어떤 사람을 존경하려면
그를 잘 알지 않고서는 불가능하다. 보호와 책임은 지식이 바탕이 되지 않
으면 맹목이 될 것이다. 그리하여 주변에 머물지 않고 핵심을 파고드는 지
식이 중요하다. 이러한 지식은 나 자신에 대한 관심을 초월하여 상대의 관
점에서 볼 줄 알아야 한다.

인간의 비밀을 아는 절망적인 한 가지 방법이 있다. 그것은 다른 사람
을 완전히 지배하는 힘, 즉 그에게 우리가 원하는 것을 하게 하고 우리
가 원하는 것을 느끼게 하고 우리가 원하는 것을 생각하게 해서 그를
우리의 사물, 우리의 소유물로 바꿔놓는 힘으로부터 생긴다. 인간의
비밀을 알려는 이런 시도의 궁극적 단계는 극단적인 가학성 음란증,
즉 인간을 괴롭히고 고문해서 고통 속에서 자신의 비밀을 털어놓도록
강요하는 욕망과 능력이다. (……) 우리는 어린아이에게서 지식에 이

르는 길을 매우 분명하게 볼 수 있다. 어린아이는 어떤 것을 알기 위해 분해하고 부숴버린다. 또는 동물을 해부하기도 하고 나비의 날개를 잔인하게 잡아 뜯기도 한다. 이런 잔인성의 동기는 더욱 깊은 것, 즉 사물과 생명의 비밀을 알고자 하는 소망에서 나온다.

그 '비밀'을 알게 해주는 또 하나의 방법은 사랑이다. 사랑은 다른 사람에게 적극적으로 침투하는 것이고, 이런 침투를 통해 알고자 하는 나의 욕구는 합일에 의해 충족된다. 융합의 행위를 통해 나는 당신을 알고 나 자신을 알고 모든 사람을 안다. 그리고 나는 아무것도 알지 못한다. 나는 우리의 사고가 제시하는 지식에 의해서가 아니라 합일의 경험에 의해서만 인간에 대한 살아 있는 지식을 얻을 수 있다는 것을 알고 있다.

사랑으로 그 사람의 비밀을 알아낼 수 있을까? 가학성 음란증, 즉 사디즘은 상대방의 비밀을 알아내 소유하기 위해서 아주 잔인한 방법을 쓴다. 어린아이들이 나비가 궁금해 나비의 날개를 찢는 것처럼 잔인한 짓을 벌이는 것이다. 그러나 사랑은 그렇게 접근하지 않는다. 나를 던져줌으로써 나를 알게 되고 상대방을 알게 되고 마침내 서로 합일에 이르게 된다. 따라서 충분한 지식을 얻을 수 있는 유일한 길은 사랑의 '행위'에 있는 것이다.

사랑은 움직이고 성장하는 것

정신분석학자인 에리히 프롬은 부모의 사랑을 어떻게 생각했을까? 먼저 어머니의 사랑을 보자. 어머니의 사랑은 무조건적이다. 아이는 일방적으로 사랑을 받고 돌려주지 않아도 된다. 아이에게는 소극적이고 수동적인 사랑인 셈이다. 그래서 어른이 된다는 것은 아이의 상태에서 벗어나는 것, 다시 말해 어떻게 하면 사랑을 받을까, 어떻게 하면 매력적으로 보일까 하는 생각에서 벗어나 다른 누군가에게 사랑을 주는 것이 아닐까 한다. 그런데도 대부분의 남자들은 어머니에게 받았던 무조건적인 사랑과 평화를 기대하며 엄마를 닮은 여자를 찾는다. 하지만 이는 자아도취적인 사이비 사랑이다.

한편 아버지의 사랑은 아이가 좀 성장한 다음에 나타난다. 이 사랑은 '자신의 명령에 따르면, 세상의 이치에 따르면 나는 너를 사랑할 것이고 내 재산을 너에게 양도할 것이며 내 권리를 너한테 넘겨줄 거야'라는 말로 요약될 수 있다. 아버지의 사랑이 등장하는 순간부터 형제는 경쟁과 적의의 대상이 되는 경우가 많다. 따라서 아버지의 문화가 강한 사회는 경쟁적일 수밖에 없다.

어머니의 사랑은 무조건적 사랑이고 아버지의 사랑은 조건부 사랑이라서 초기의 유아적이고 자아도취적 단계에서는 어머니의 사랑이 훨씬 편하다. 그러나 성숙한 어른이 되었을 때는 외부에 있는 어머니와 아버지의 모습으로부터 해방되어 내면에 그 모습을 간직하게 된다. 완벽하지 않은 사람들인 어머니와 아버지가 아이의 인생 초반을 지배하며 인생의 모범을 제시하면 아이는 그 모범 속에서 살다가 점차 그들로부터 분리되어 어른이 된다. 아이는 체득한 어머니의 모성(무조건적 사랑)과 아버지의 부성(조건부 사랑)을 내면에 간직함으로써 성숙한 어른이 된다. 그러니 둘 중 어느 하나가 아니라 둘 다를 가져와서 내 안에서 종합하고 조화시켜야 한다.

프롬은《사랑의 기술》1, 2장에서 사랑을 개인적인 문제로 다루다가 3장에서는 사랑을 사회적으로 분석한다. 사회학을 전공한 정신분석학자로서

서양 사회를 진단하는 것이다. 우선 프롬은 제대로 사랑하는 사람이 없다면서 사랑이 붕괴되었다고 생각한다. 현대 사회에 '시장형 인간'들이 대거 등장해 지배적인 위치를 차지하게 된 것이 가장 큰 원인으로 보인다. 시장형 인간은 앞서도 말했듯이 교환가치에 집착하며 주는 만큼 받아내려고 한다. 네가 사랑해주는 만큼 나도 사랑해주겠다는 '기브 앤드 테이크'의 사랑을 나누는 사람들. 하지만 이런 사랑은 프롬이 말하는 진정한 의미의 사랑은 아니다.

하지만 요즘에는 이런 사랑이 보편적인 것 같다. 결혼 정보 회사에서 남녀를 재산, 학력, 외모 등 조건에 맞춰 짝지어주는 것도 그런 사랑의 예다. 그렇게 만나 결혼하면 행복할 수 있을까? 그리고 그 사랑에서 태어난 아이들은 사랑할 수 있는 힘을 가진 건강한 사람으로 자라날까? 그런 만남 속에서 사랑하고 살아가는 힘을 키운 사람들은 성공하겠지만 그러지 못한 사람은 왜곡된 가정에서 살아갈 수밖에 없다.

사랑의 잘못된 형태들

에리히 프롬은 사랑의 잘못된 형태로 신경증적 사랑을 지목한다. 어머니에 대한 애착에서 벗어나지 못한 남자가 신경증적 사랑의 첫 번째 유형이다. 어머니에게 절대적으로 의존했던 아이는 성장하면서 점차 어머니에 대한 애착에서 벗어나 어머니와 분리되어야 한다. 그런데 이 분리의 과정이 성인이 되어 다른 여인과 결혼해 가정을 꾸릴 때까지도 일어나지 않는 남자들이 있다. 그들은 겉보기에는 매력적이고 사랑스러울지 모르지만 속은 여전히 어린아이다. 그래서 어머니처럼 아내에게도 징징거리고 떼쓰면서 모든 것을 얻어내려고 한다. 그러다 아내가 받아주지 않으면 자기를 사랑하지 않는다고 단정해버린다.

두 번째 유형은 아버지와 아들 사이의 복종적 관계, 이는 수직적 관계의 시작이다. 아버지의 명령과 기대와 희망에 부응하는 사람은 좋은 자식이 되어 아버지로부터 보상받는다. 이는 어머니의 무조건적 사랑과는 대비되는 조건적 사랑이다.

어머니와 아버지의 사랑 사이에 나타나는 이런 차이는 종교에서도 찾아볼 수 있다. 원시종교 단계에서 인류는 모계 중심의 여신 사회를 이루었을 것이다. 여신은 자식이 좋든 싫든 나쁘든 선하든 무조건 사랑을 주었다. 그러나 종교가 부계 중심으로 옮겨가면 명령이 주어진다. 그리고 그 명령을 따르지 않는 자식들은 멸망하고 파멸하게 된다. 개인의 경우에도 마찬가지다. 처음에는 어머니가 무조건적인 사랑으로 아이를 키우고, 나중에는 아버지가 절도와 원칙과 규칙을 부과하고 이를 지키지 않으면 사랑을 주지 않는 단계를 밟는다. 그런데 둘 다 완전하지 않으므로 자기 안에서 어머니 같은 모습과 아버지 같은 모습을 조화시켜야 비로소 성인으로서 다른 사람을 사랑할 수 있게 된다. 앞에서 했던 이야기지만 정말 중요한 이야기라서 한 번 더 강조해본다.

어머니의 영향이 더 강하게 남아 있는 사람의 경우 결혼 후 상대에게 어머니를 투사하게 된다. 그리고 어머니 같은 무조건적인 사랑을 요구하다가 상대가 들어주지 못하면 자신을 사랑하지 않는다고 생각하게 된다. 이런 사람은 자기의 사랑을 나눠줄 힘은 없다. 왜냐하면 여전히 어린아이이기 때문이다. 반면 아버지의 영향이 더 강하게 남아 있는 사람들은 가혹하고 냉정하다. 상대를 노예처럼 부리며 그 위에 군림한다. 자신의 명령을 지키지 않으면 아내와 남편의 관계가 아니라 왕과 신하의 관계로 돌변해 버린다.

여기서 더 나아가면 우상 숭배적인 사랑이 되어버린다.

흔하지는 않지만 가끔 '위대한 사랑'으로 경험되는 사이비 사랑의 형태로서 '우상 숭배적 사랑'이 있다. 어떤 사람이 자기 힘의 생산적 전제에 바탕을 둔 동일성, 곧 자아감을 갖는 단계에 도달하지 못하면, 그는 사랑하는 사람을 '우상화'하기 쉽다. 그는 자기 자신의 힘으로부터 소외되고 이 힘을 사랑하는 사람에게 투사한다. 그래서 그 사랑하는 사람은 최고로서, 즉 온갖 사랑, 빛, 즐거움을 창조해내는 자로 숭배된다. 이런 과정에서 그는 자기 자신으로부터 힘에 대한 모든 감각을 박탈하고, 자기 자신을 찾는 대신 사랑하는 사람 안에서 자기 자신을 잃어버린다. 일반적으로 어떤 사람도 자신을 우상시하는 자의 기대에 따라 살아갈 수 없기 때문에 결국은 실망하기 마련이고 따라서 보상으로서 새로운 우상을 찾게 되는데, 때로는 이 과정이 끝없이 반복되기도 한다. 이런 우상 숭배적 사랑의 특징은 첫째로 강렬하고 갑작스러운 사랑의 경험이라는 점이다. 이런 우상 숭배적 사랑은 가끔 참되고 위대한 사랑으로 묘사된다. 그러나 이것은 사랑의 강렬함과 깊이를 나타내기는 해도 단지 우상 숭배자의 갈망과 절망을 드러내는데 지나지 않는다. 두말할 것도 없이 두 사람이 서로를 우상시하는 경우도 드물지 않으며 극단적일 경우 감응정신병의 양상을 띠기도 한다.

사이비 사랑의 다른 형태는 '감상적 사랑'이라고 부를 수 있다. 그 사랑은 환상 속에서만 경험될 뿐, 실제 상대방과 여기서 맺고 있는 관계에서는 경험되지 않는다는 점이 이런 사랑의 본질이다. 가장 흔하게 퍼져 있는 이런 사랑의 형태는 영화와 잡지의 사랑 이야기를 읽거나 사랑 노래를 부르는 사람들에 의해 경험되는 사랑의 대리적 만족에서 찾아볼 수 있다.

사실 처음 사랑을 시작할 때의 모습은 거의 우상 숭배적이다. 에리히 프롬이 얘기하듯이 희망과 환상을 품고 엄청난 감성적 충격과 함께 사랑을 시작했다가 이내 절망하게 된다. 그런데 그런 절망에 가장 기여하는 것이 바로 사이비 사랑인 감상적 사랑이다. 그래서 자기 사랑은 키워갈 힘이 없어서 책, 영화, 드라마 등에 나오는 다른 사람의 사랑을 구경하며 대리 만족을 느끼는 것이다. 한마디로 구경꾼의 사랑이다. 프롬은 구경꾼의 사랑이 사이비라고 말하면서 마취제에 비유한다. 이는 진정한 사랑으로 가기 위해 가장 먼저 극복해야 할 대상이다. 그리고 이를 극복하려면 객관적으로 현실과 세상을 파악하는 힘이 있어야 한다.

이제 신경증적 사랑의 또 다른 형태를 살펴보자. 에리히 프롬은 겉으로 갈등이 없는 척하지 말라고 한다. 문제를 회피하고 거짓 평화를 찾지 말라고 한다. 그렇게 하면 문제는 해결되지 않고 남편과 아내는 점점 멀어질 수밖에 없기 때문이다. 우리가 원하는 사랑의 본질은 합일이고 합일로 가기 위해서는 서로의 차이에 대해 논쟁하면서 서로를 이해하고 들여다보고 재발견함으로써 사랑의 힘을 키워나가는 험난한 가시밭길을 걸어야 한다.

가끔 "우리는 한 번도 싸운 적이 없어"라고 말하는 부부를 만나곤 한다. 그러면 우선은 저 말이 진실일까 하는 의구심이 든다. 살다 보면 사소한 것부터 중요한 문제까지 의견이 다를 수 있고, 의견이 다르면 티격태격하게 되고, 티격태격하다 보면 서로 해서는 안 될 말도 하게 되고, 그러다 후회하고 화해하면서 두 사람이 가까워지고 서로를 깊이 알아가게 된다. 그런데 이런 과정이 생략되어 있다는 것은 애써 문제를 만들지 않는다는 의미다. 사랑해서 결혼했는데 싸울 수는 없다는 것이다. 이런 껍데기의 명령에 복종하게 되면 우리는 거짓 평화밖에 얻을 것이 없다.

이와 반대되는 것이 투사적 메커니즘이다. 자신은 아무것도 고치지 않으면서 다른 사람에게서 자신의 나쁜 점, 부족한 점을 찾아내는 것이다. 그리고는 마치 조언을 하는 것처럼 이것저것 고치라고 지적하고 결국은 싸움이 벌어진다. 꽤 많은 사람들이 그런 투사적 메커니즘을 사랑이라고 생각하곤 한다.

집중하고 인내하고 관심을 쏟아라

아직 젊다면 미래의 사랑을 위해서 그리고 지금의 사랑을 위해서, 만일 나이가 들었다면 옛 사랑을 돌아보기 위해서 그리고 현재의 사랑을 다지기 위해서 《사랑의 기술》을 읽어보면 좋을 것 같다.

모든 기술이 그렇듯이 사랑의 기술을 익히기 위해서도 훈련이 필요하다. 몇 주, 몇 달, 몇 년 만에 끝나는 훈련이 아니라 살아가며 평생 연마해야 한다. 훈련의 요건으로 우선 정신 집중이 필요하다. 내가 오직 이 일을 위해 존재한다고 생각하는 것이다. 하지만 그렇게 잠깐 푹 빠졌다가 잊어버리면 아무 소용이 없다. 그래서 세 번째로 인내가 필요하다. 집중하는 매 순간들을 계속해서 인내해라. 그리고 마지막으로 자신이 하는 일에 최고의 관심을 쏟아야 한다. 사랑의 기술을 익힐 때도 마찬가지다. 집중하고 인내하고 관심을 쏟아라. 그러면 사랑할 힘을 키워갈 수 있다.

그렇게 최고의 경지에 오르면 너와 나, 두 사람만 사랑하는 2인용 이기주의에서 벗어나게 된다. 둘만 사랑하고 나머지 사람들을 사랑하지 않는 것은 결국 사랑의 실패를 의미한다. 그래서 어떤 사람을 사랑하든, 사랑의 종류는 다르겠지만, 형제는 형재애로, 동료는 동료애로, 인류는 인류애로 사랑할 수 있는 마음의 크기를 넓혀야 한다.

한편 프롬은 사랑하기 위해서는 자아도취를 경계해야 한다고 말한다. 자아도취는 자기애와 완전히 다른 개념이다. 자아도취는 어린아이들이 스스로를 전지전능하게 상상하는 것이다. 어른이 되어서도 이런 자아도취를 경계하지 않으면 상대방과 합일할 수 없다. 자아도취에 빠져 있는 사람은 자기 혼자로 족하기 때문이다. 자아도취에서 벗어나기 위해서는 세 가지가 필요하다. 첫 번째는 객관성이다. 객관성을 찾으면 사랑을 2분의 1쯤 실천한 것이다. 두 번째로 객관성에는 이성이 요구된다. 세 번째로 이성을 사용할 때는 정서적으로 겸손해야 한다. 여기서 겸손이란 내가 틀릴 수도 있음을 인정하는 것이다.

한편 자기애는 자기를 사랑하는 것으로 이기주의와는 다르다. 에리히 프롬은 이 부분을 굉장히 중요하게 생각한다. 자기를 사랑하지 못하는 사람은 다른 사람도 사랑할 수 없다는 것이다. 인류의 보편성이 자기 안에 담겨 있기 때문이다. 자기애라는 것은 자기를 사랑하기 때문에 자기를 좀 더 나은 사람으로 바꾸고 좀 더 사랑의 힘을 가진 사람으로 만들어가는 가장 중요한 요소라고 프롬은 말한다.

우리 모두는 자아도취적이고 주관적인 면이 있다. 그러나 이런 면이 강해서 막연하게 저 사람이 나를 미워하고 있어라든가, 저 사람이 나를 모함

하고 있어라든가, 세계가 나를 따돌리고 있어라고 생각한다면 그것이야말로 나에게서 비롯된 마음의 병이다. 이런 마음의 병은 무엇으로 치유할 수 있을까?

사랑의 기술은 신앙의 실천을 요구한다.

신앙은 무엇인가? 신앙은 반드시 신이나 종교에 대한 믿음의 문제인가? 신앙은 반드시 이성이나 합리적 사고와 대립되거나 동떨어진 것인가? 신앙의 문제를 이해하려면 '합리적 신앙'과 '비합리적 신앙'을 구별할 줄 알아야 한다. 비합리적 신앙이란 불합리한 권위에 복종하는 믿음을 의미한다. 반대로 합리적 신앙은 자기 자신의 사고나 감정상의 경험에 뿌리박고 있는 확신이다. 합리적 신앙은 근본적으로 어떤 것에 대한 믿음이 아니라 우리의 확신이 내포된 확실성과 견고성이다. 신앙은 특별한 믿음이라기보다는 오히려 인격 전체에 고루 퍼져 있는 성격상의 특징이다.

여기서 신앙은 자기 확신, 신념, 신뢰를 의미하지 않을까 한다. 자기 자신에 대한 믿음이 없으면 자신의 생각이나 행위에 대해 다른 사람들의 판단을 받아야 한다. 그러면 우리는 사랑을 할 수 없다. 누군가를 사랑하고 그 내면에 숨어 있는 가능성을 믿어주려면 나의 신념이 있어야 하기 때문이다. 내 생각과 행위에 대해 내 믿음이 없다면 사랑의 힘을 키워가기 어렵다. 자기가 흔들리고 있으면 상대방에게 믿음을 주기 어렵다. 그러면 상대방도 나를 믿고 사랑하기 어렵다. 신앙은 결국 약속을 하고 그 약속을 지키는 능력과 관계가 있다. 내가 누군가에게 뭔가를 약속하고 지키려면 자기 믿음이 있어야 한다. 그렇게 약속을 지키면 자기에 대한 신뢰는 점점 상승하게 된다.

자기를 꽉 잡고 있는 것은 굉장히 중요한 일이다. 자기가 어떤 생각을 하고 어떤 행동을 하는지 제대로 관찰하는 것 말이다. 에리히 프롬도 우리에게 각자의 정신적 상황에 대해 매우 민감해야 된다고 말한다. 우울해지면 그 우울이 어디서 비롯됐는지 물어보고 분노가 생기면 분노라는 정신적 상황에 민감하게 반응하라고 말한다. 그 분노가 타당한 것인지, 어디서 발생한 것인지, 과거의 어떤 상황이 증폭된 것인지 등을 스스로에게 물어봄으로써 스스로를 믿고 신뢰하고 자신의 결정을 존중하라는 것이다. 그 순간 당신은 성인이 될 것이다.

그럼 믿음이 생기려면 무엇이 필요할까? 바로 용기다. 어떤 사람들은 인생의 중요한 결정을 앞두고 과거의 자신과 단절한다는 의미에서 번지점프를 한다. 어떤 결단에는 용기가 필요하다는 사실을 단적으로 보여주는 사례가 번지점프다. 그런데 번지점프에는 용기 외에도 내 발에 묶인 줄이 끊어지지 않으리라는 믿음도 있어야 한다.

신앙을 가지려면 용기, 즉 위험을 무릅쓰는 능력, 고통과 실망을 받아들이려는 준비가 필요하다. 삶의 기본 조건으로서 안전과 안정을 추구하는 자는 신앙을 가질 수 없다. 누구든 격리와 소유만이 자신의 안전한 수단이라고 생각하고 자신을 방어 기구에 가두는 사람은 자기 자신을 죄수로 만들게 된다. 사랑받고 사랑하려면 용기가 필요하다. 그것도 어떤 가치를 궁극적 관심으로 판단하고 그 가치에 따라 도약하고 거기 모든 것을 거는 용기가 필요하다.

용기 있게 살아야 한다. 여기서 용기란 위험하게 살라는 무솔리니의 허무주의적 용기와는 거의 반대되는 개념이다. 이탈리아 파시즘을 세운 무솔리니는 인류의 수치이자 허풍쟁이의 대명사다. 움베르토 에코가 "무솔리니에게 철학 따위는 없다. 단지 그럴듯한 말뿐이었다"라고 말했을 만큼 무솔리니는 일관성 없는 사람으로도 유명하다. 그는 처음에는 극좌에서 시작했다가 극우로 변신했고, 스스로 코스모폴리탄이라고 얘기했다가 아주 지엽적인 국가주의자로 변했으며, 왕년에는 무신론자였다가 집권 후에는 스스로를 이탈리아에 내린 신의 선물이라고 얘기했고, 왕정을 타도의 대상이라고 했다가 나중에는 국왕의 보호자로, 다시 왕정 반대자로 몇 번씩 돌아섰다. 마지막에 그는 이탈리아 국민들을 비극적인 전쟁 속에 빠뜨리며 자신도 아주 처참한 최후를 맞이했다. 그런 사람이 주장하는 용기란 사랑을 위한 진정한 용기가 아니다. 그래서 에리히 프롬은 "사랑한다는 것은 아무런 보증 없이 (……) 우리의 사랑이 사랑받는 사람에게서 사랑을 불러일으키리라는 희망에 완전히 몸을 맡기는 것"이라며 이것이 바로 용기라고 말한다.

프롬은 사랑의 실천에 대해 마지막 메시지를 들려준다.

우리의 관계는 결국 '공정성'의 원리에 의해 결정된다. 공정성은 상품과 용역의 교환에 있어서 그리고 감정의 교환에 있어서 사기와 속임수를 쓰지 않는다는 것을 의미한다. 물질적 재화나 사랑이나 '받은 만큼 준다'는 것이 자본주의 사회의 보편적인 윤리적 격언이다. 공정성 윤리의 발달은 자본주의 사회의 특별한 윤리적 공헌이라고 말할 수도 있다. (……) 공정성의 윤리는 '중용'과 혼동되기 쉽다. "다른 사람들이 당신에게 해주었으면 하고 바라는 바를 다른 사람에게 하라"는 격언은 다른 사람과의 교환에서 공정하라는 뜻으로 해석될 수 있다. 그러나 사실 이 격언은 본래 "네 이웃을 네 몸처럼 사랑하라"는 성경 구절의 좀 더 대중적인 표현이었다. 사실 유대교의 규범은 공정성의 윤리와는 전혀 다르다. 그것은 네 이웃을 사랑하는 것, 즉 이웃에 대해 책임을 느끼고 이웃과 하나가 되라는 것이지만 공정성의 윤리는 책임감이나 일체감을 느끼지 말고 멀리 떨어져 있으라는 것이다. (……) 오늘날 중용이 가장 보편적인 종교적 격언이 된 것은 우연이 아니다. 중용은 공정성의 윤리로 해석될 수 있기 때문에 모든 사람이 이해하고 실천하려는 종교적 격언이 된 것이다. 그러나 사랑의 실천은 공정성과 사랑의 차이를 인식하는 일로부터 시작되어야 한다.

페어(fair)하다, 즉 공정하다는 말은 현대 사회에서 참 좋은 의미로 받아들여지지만 사랑에서는 조금 다르다. 사실 공정성은 자본주의 시장의 교환가치를 표현한다. 그래서 페어하다라는 말은 네가 준 만큼만 나도 줄 것이다, 내가 준 만큼만 너도 주면 된다는 거래의 법칙이다. 이 속에서 과연 사랑이 살아남을 수 있을까? 그런 의미에서 서구 사회에서는 사랑이 붕괴됐고, 정말로 사랑할 수 있는 힘을 가지고 있는 사람은 예외 중의 예외가 되었다고 한다. 그럼에도 우리는 사회적 현상으로서의 사랑이 살아나지 않고는 행복할 수 없다.

사랑이라고 하는 것은 정말 용기가 필요한 일이다. 한마디로 사랑하고 싶어도 세상이 받아주지 않기 때문에 나는 세상의 원칙을 따라가겠다는 말은 하지 말자. 세상이 어떻든 우리는 바꿀 수 있다. 그리고 그 변화는 나를 바꿈으로써 시작된다.

에리히 프롬의 사랑. 사랑은 주는 힘이다. 그리고 훈련하지 않고는 주는 힘을 키울 수 없다. 그것이 바로 에리히 프롬이 말하는 사랑이다.

이제 사랑의 기술을 습득하는 것은 여러분의 몫이다. 끊임없이 훈련하고 나를 들여다보고 집중하고 인내하기까지 했다면 이제는 사랑을 실행할 때다. 많이 사랑하자.

chapter 13

한국인을 말하다
• 『삼국유사』 '전통'에 대하여 •

남을 아는 것은 과연 똑똑하다 할 만하다. 하지만 자기 자신을 아는 것이야말로 진정 밝은 것
이다. 남을 이기는 것은 과연 힘이 세다 할 것이다. 하지만 자기 자신을 이기는 것이야말로 진
정 강한 것이다. 그 자리를 잃지 않으려 발버둥 치면 오래갈 수 있을 것이다. 하지만 죽어도
없어지지 않는 것이야말로 진짜 오래 사는 것이다.

– 노자의 《도덕경》

　세계가 하나가 되어가고 있다. 마치 지구가 하나인 것처럼 하나의 문명
으로 수렴해가는 것처럼 보인다. 우리는 이 과정을 지배하는 두 개의 원칙
이 작동하고 있다는 것을 안다. 하나는 룰을 만드는 자가 룰을 따라야 하
는 자의 운명을 지배한다는 사실이다. 예를 들면 언어의 기준은 영어가 되
어가고 있다. 미국인들은 영어를 배우는 데 별도의 시간과 돈을 쓰지 않지
만 한국인들이 영어로 말하고 쓰기 위해 투입해야 하는 돈과 시간은 천문
학적이다. 경쟁하기 이전에 압도당하는 현실. 결국 룰을 따라야 하는 자들

은 룰을 만든 자들의 추종자에 머물고 경쟁의 시대에는 추종자가 설 자리가 없다.

또 하나의 원칙은 다양성의 원칙이다. 자신의 고유한 것을 가지고 세계인에게 동의와 감동을 얻어낼 수 있으면 그 차별성 때문에 주도적인 번영의 길로 성장해갈 수 있다. 일본의 매력은 일본어를 배우려는 세계인들을 만들어내고, 중국의 성장은 중국어를 배우려는 미국인들의 수를 증가시킨다. 동시에 세계인들은 다투어 중국인들의 생각과 비즈니스 관행을 배우려고 한다. 글로벌 시대 차별화의 원천은 자기다움이다.

그래서 묻는다. 한국인은 누구인가? 이것은 글로벌 시대 반드시 우리가 풀어내야 하는 질문이다. 그리고 그 한가운데 우리의 이야기로 가득한 《삼국유사》가 자리하고 있다.

우리의 시선으로 이야기한다는 것

일연이 살았던 13세기는 국내외로 변화의 시대였다. 한족의 송이 저물고 몽골인들의 원이 중원의 지배자가 되었다. 문신이 지배하던 고려는 무신정권 시대로 접어든다. 환경의 변화는 생각의 변화로 표현되었고, 일연은 중국의 시선이 아닌 우리의 시선으로 역사 속에 '나'를 담아보고 싶어했다. 단군 신화는 이렇게 해서 우리의 역사 속으로 스며들었다. 향가는 중국의 시가가 아닌 우리의 정서를 담아낸 우리의 일상으로 채록되었다. 《삼국유사》는 우리의 이야기들을 모아둔 책이다.

우리 민족의 방대한 신화와 설화를 담고 있는 《삼국유사》는 '왕력(王曆)', '기이(紀異)', '흥법(興法)', '탑상(塔象)', '의해(義解)', '신주(神呪)', '감통(感

通’, ‘피은(避隱)’, ‘효선(孝善)’으로 구성된다.

　대표적인《삼국유사》연구자인 고운기에 따르면 이 책은 연대기로서의 ‘왕력’과 준(準)역사서로서의 ‘기이’, 그리고 불교 문화사적 관점에서 당대인의 삶을 기록한 ‘흥법’ 이하의 여러 편으로 크게 삼등분할 수 있다고 한다.

　‘왕력’은《삼국유사》전체 기술의 기반이 되는 부분이고, ‘기이’는 양적으로도 역사 자료의 가치가 충분히 있다. 특히《삼국사기》와는 달리 우리에게 뿌리가 되는 나라와 왕들의 기이한 이야기들을 수록했다. 그래서 단군 신화가 처음으로 기록되었고, 이는 이 책의 가치가 돋보이는 부분이기도 하다. ‘흥법’ 이하의 편들은《고승전》등 중국 불교서의 양식을 많이 차용하고 있지만 일연 나름의 관점에서 서술된 부분이 더 많다. 일연은 동양 불교의 다양한 이야기들과 어우러진 가운데 우리 고대사를 조망할 주체적인 틀을 만들어내고자 했다.

그들 안의 우리, 우리 안의 그들

‘기이’ 편에는 우리나라의 해와 달의 신들인 연오랑 세오녀 이야기가 실려 있다. 신라 8대 아달라왕 때 동해 바닷가에 살던 연오랑과 세오녀가 일본으로 건너가면서 신라에 해와 달의 광채가 없어지자 왕은 일본에 사신을 보내 그들의 귀국을 재촉한다. 하지만 연오랑은 세오녀가 짠 비단을 대신 보내고 왕은 이 비단으로 하늘에 제사를 지낸다. 그러자 해와 달이 예전의 광채를 되찾았다고 한다.

　신화가 기본적으로 인류의 무의식을 반영하기 때문인지 서로 교류가 없어도 매우 유사한 패턴을 보여준다. 다만 그리스 신화에 등장하는 해와 달

의 신인 아폴론과 아르테미스는 남매지만 우리의 연오랑 세오녀는 부부
다. 한편 중국 신화에서 태양을 상징하는 새는 까마귀다. 우리의 연오랑과
세오녀의 가운데 들어가는 '오' 자는 까마귀를 뜻한다. 태양의 신 아폴론
의 신조도 까마귀다.

그리스 신화와의 연결 고리는 도화녀와 비형랑 이야기에서도 찾을 수
있다. 방탕한 왕이었던 진지왕은 아름다운 도화녀에 대한 소문을 듣고 그
녀를 궁으로 불러들인다. 하지만 도화녀는 남편이 있다며 왕의 구애를 거
절하고 진지왕은 남편이 없으면 허락하겠느냐고 묻는다. 도화녀는 그러
겠다고 대답한다. 이후 진지왕은 왕위에서 쫓겨나 죽게 된다. 그리고 2년
뒤에 도화녀의 남편도 죽자 진지왕의 귀신이 나타나 약속을 지킬 것을 종
용하고 그녀는 왕의 청을 받아들인다. 도화녀는 이레 동안 왕과 지낸 후
에 비형이라는 사내애를 낳았다. 진지왕의 뒤를 이은 진평왕은 비형의 이
야기를 듣고 그를 궁중에 데려와 길렀다. 그런데 비형은 밤마다 월성 서
쪽 황천 언덕에 가서 귀신들과 어울렸다. 진평왕은 귀신과 어울린다는 비
형에게 신원사 북쪽 개천에 다리를 놓아보라고 하고 비형은 귀신들을 시
켜 하룻밤 사이에 큰 다리를 놓았다. 왕은 비형에게 귀신 중에 쓸 만한 자
가 있는지 묻고 비형은 길달을 추천했다. 왕은 아들이 없는 각간 임종에
게 길달을 양아들로 삼게 했다. 임종은 길달에게 흥륜사 남쪽에 문루를
세우게 했다. 길달은 문루를 세우고 매일 밤 그 위에서 잠을 잤다. 그러던
어느 날 길달은 여우로 변하더니 도망가버렸다. 비형은 귀신들을 시켜서
도망간 길달을 잡아 죽였다. 이 때문에 귀신들은 비형의 이름만 들어도
두려워하며 멀리 달아났고 사람들은 노래를 지어 불렀다. "성스러운 임금
의 혼이 아들을 낳으니 비형랑의 집이 여기로다. 날고 뛰는 귀신들아, 이

곳에 함부로 머물지 마라." 이때부터 신라에는 이 노래로 귀신을 쫓는 풍속이 생겼다.

도화녀와 비형랑의 이야기에는 밤손님, 즉 야래자(夜來者)가 등장한다. 그리스 신화에서 에로스가 밤마다 프시케를 찾아가듯이 낮에는 불가능한 비밀스러운 사랑이 밤에 이루어진다. 야래자는 백제 무왕 이야기와 후백제 견훤 이야기뿐만 아니라 일본의 미와야마 신화에도 똑같이 등장한다.

비형랑 이후 시간은 흘러 통일신라 신문왕 시대가 된다. 신문왕은 아버지인 문무왕을 기리기 위해 동해 바닷가에 감은사를 짓는데 그 이듬해 작은 산 하나가 물 위에 둥실 떠서 감은사를 향해 오고 있다는 보고가 들어온다. 왕이 이상히 여기고 점을 치게 하자 바다의 용이 된 문무왕과 천신이 된 김유신이 신라를 지킬 보물을 주려고 한다는 점괘가 나온다. 신문왕은 동해로 가서 작은 산으로 들어갔다. 그리고 거기서 용에게 검은 옥대와 함께 대나무를 받아 피리를 만들었다. 이 피리는 매우 신비하여 이것을 불면 적병이 물러가고 병이 나으며, 가뭄에는 비가 오고 장마에는 날이 개었다. 왕은 이 피리를 만파식적이라고 부르고 국보로 삼았다.

이후 만파식적은 종적을 감췄다가 32대 효소왕 때 다시 한 번 모습을 드러낸다. 효소왕 1년 부례랑은 국선이 되어 1000여 명의 화랑을 이끌고 지금의 강원도 지방인 금란에 놀러 갔다가 그만 북명의 경계에서 오랑캐들에게 사로잡히고 만다. 함께 갔던 낭도들은 우왕좌왕하다가 그대로 돌아왔고 안상만이 홀로 부례랑을 뒤쫓아 갔으나 그 역시 실종되었다. 이 소식을 들은 왕은 무척 놀라면서 "선왕이 전해준 신령스러운 피리가 현묘한 거문고와 함께 궁중 창고에 잘 간수되어 있는데 어째서 국선이 적에게 잡혀갔는지" 의아해하며 궁중 창고를 살펴보게 한다. 밤낮으로 지키던 거문고와 피리가 모두 사라졌다는 보고를 받은 왕은 1년 조세를 상으로 내걸고 피리와 거문고를 찾지만 성과가 없었다.

한편 아들을 잃은 부례랑의 부모는 매일같이 백률사 불상 앞에서 아들이 무사히 돌아오기만을 빌었다. 그러던 어느 날 그들이 아들을 위해 기도를 올리고 있는데 어느 순간 향탁(香卓) 위에 거문고와 피리가 놓여 있었다. 그리고 사라졌던 부례랑과 안상이 불상 뒤에서 걸어 나왔다. 부모는 몹시 기뻐하며 아들에게 그간의 일을 물었다. 적에게 잡혀간 부례랑은 대도구라라는 자의 밑에서 말을 길렀다고 한다. 하루는 단정하게 생긴 스님이 거문고와 피리를 들고 오더니 고향 생각이 나느냐면서 자신을 따라오라고 했다. 부례랑은 바닷가에서 자신을 찾아 헤매던 안상을 만나게 되었다. 그러자 스님은 들고 있던 피리를 둘로 쪼개더니 두 사람에게 주면서 각기 한 쪽에 올라타라고 하고는 자신은 거문고를 탔다. 그리고 금세 신라에 닿았다는 것이다.

이후 다시 시간은 흘러 48대 경문왕의 시대로 이어진다.

경문대왕의 이름은 응렴이며 열여덟에 국선이 되었다.

그가 스무 살이 되자 47대 헌안왕이 그를 궁으로 부르더니 잔치를 베풀고 물었다.

"그대는 국선으로 여러 곳을 다니며 많은 것을 보았을 것 같은데 가장 마음에 남는 것이 무엇인가?"

"예. 행실이 아름다운 사람을 셋 보았습니다." 응렴이 대답했다.

"그래, 그게 누구더냐?" 왕은 그들에 대해 들려달라고 청했다.

"남의 위에 있을 만한 사람이면서도 겸손하여 남의 아래에 있는 사람이 하나요, 세력이 있고 부자이면서도 옷차림이 검소한 사람이 둘이요, 귀하고 권세가 있으면서도 위세를 함부로 보이지 않는 사람이 셋입니다."

왕은 감동하여 자기도 모르게 눈물을 흘렸다.

"나에게 두 딸이 있는데 그대의 아내로 주겠노라." 응렴은 머리를 조아리며 절하고 물러나왔다. (……) 응렴이 이끄는 화랑의 우두머리인 범교사가 이 말을 전해 듣고 급히 응렴의 집으로 찾아와 물었다. (……)

"어느 공주님을 맞이하실 겁니까?"

"글쎄요, 부모님께서 둘째 공주가 좋겠다고 하십니다."

"공께서 둘째 공주에게 장가를 든다면 저는 공 앞에서 죽을 것이고 첫째 공주에게 장가간다면 반드시 세 가지 좋은 일이 생길 겁니다. 잘 생각해서 결정하십시오."

"말씀대로 하겠습니다."

얼마 후에 왕은 좋은 날을 골라 신하를 보내 응렴에게 어느 공주와 결혼할 것인지 물었다. 응렴은 첫째 공주와 결혼하겠다는 뜻을 전했다. 이렇게 해서 응렴과 첫째 공주는 결혼했다. 그리고 석 달이 지났을 무렵 왕의 건강이 갑자기 악화되었다. 왕은 신하들을 불러 말했다.

"내게는 아들이 없으니 마땅히 맏딸의 남편인 응렴이 뒤를 이어야 할 것이다." 이튿날 왕이 세상을 떠나자 응렴은 왕의 유언대로 왕위에 올랐다. 이때 범교사가 경문왕에게 와서 말했다.

"제가 지난번에 아뢴 세 가지 좋은 일이 이루어졌습니다. 첫째 공주에게 장가를 들어 왕위에 오른 것이 하나요, 예전에 마음속으로 좋아하시던 둘째 공주에게 쉽게 장가드실 수 있게 된 것이 둘이요, 첫째 공주에게 장가를 드셨기 때문에 왕과 부인께서 매우 기뻐하신 것이 셋입니다."

왕은 고마운 마음에 그에게 대덕이란 벼슬과 금 130냥을 하사했다. 왕이 죽자 시호를 경문이라고 했다. (……)

경문왕은 왕위에 오른 뒤에 갑자기 귀가 나귀처럼 길어졌다. 왕후와 궁인들은 아무도 이 사실을 몰랐지만 단 한 사람, 왕의 관을 만드는 사람만은 알고 있었다. 하지만 그는 아무에게도 말하지 않았다. 그러다가 죽을 때가 가까워지자 그는 아무도 없는 도림사 대밭으로 들어가서 대나무를 보고 외쳤다.

"우리 임금의 귀는 나귀 귀 같다네."

이후 바람만 불면 대밭에서 '우리 임금의 귀는 나귀 귀 같다네'라는 소리가 들렸다.

왕은 이 소리가 듣기 싫어서 대나무를 모두 베어버리고 대신 산수유나무를 심었다. 그랬더니 이번에는 바람이 불면 '우리 임금의 귀는 길쭉하다네'라는 소리가 났다.

경문왕의 이야기는 미다스 왕의 이야기와 유사하다. 아폴론과 마르시아스의 대결에 심판관으로 참가해 마르시아스의 편을 들었다가 귀가 있어도 듣지 못한다는 의미로 당나귀 귀를 달게 되었던 미다스 왕. 경문왕과 미다스 왕의 이야기는 인류의 집단무의식을 반영하듯 같은 주제의 변주곡 같다.

자기답게 살아라

《삼국유사》의 '탑상' 편은 불교와 관련된 이야기를 담고 있다. 불교가 국교였던 시대에 불교 이야기는 종교를 넘어선 삶의 이야기였다. 특히 지금은 터만 남은 황룡사 9층 석탑의 이야기가 인상적이다. 선덕여왕 5년 중국으로 유학을 떠난 자장법사가 태화의 연못가를 지나는데 갑자기 신인이 나타나더니 빨리 본국으로 돌아가 황룡사에 9층탑을 세우라고 이야기한다. 그러면 이웃나라가 항복하고 아홉 나라가 조공을 바칠 것이며 왕업의 길이 편안할 것이라고 말한다. 법사는 당나라 황제가 준 불경, 불상, 가사, 폐백 등을 가지고 귀국해 선덕여왕에게 탑에 대해 이야기했고 여왕은 백제의 아비지를 불러 탑을 완성시켰다. 그 뒤 고구려 왕이 신라를 치려다가 신라의 세 가지 보물인 황룡사의 장륙존상과 9층탑 그리고 진평왕 옥대에 관해 듣고 침범할 계획을 포기했다.

황룡사 9층탑의 높이는 아마 70~80미터쯤 되었을 것 같다. 아파트 높이로는 30층 정도? 당시 기술력으로는 대단했던 일이다. 하지만 이 탑은 몽골의 침입으로 터만 남고 말았다. 한편 세 가지 보물 중 하나인 장륙존상도 엄청나게 거대하다. 삼존불인 이 불상에도 재미있는 이야기가 얽혀 있다. "서천축국의 아육왕이 황철 5만 7000근과 황금 3만 푼을 모아 석가 삼존상을 만들려 했지만 이루지 못하고 배에 실어 바다로 띄워 보내노라. 인연이 있는 나라, 거기 가서 장륙존상이 이루어지기를 축원한다." 이런 편지와 함께 불상의 설계도 같은 것이 배에 실려 떠내려오자 신라에서 이를 완성했는데 이 불상이 바로 장륙존상이었다. 여기서 아육왕은 알렉산드로스 대왕과도 싸웠던 찬드라굽타의 손자 아소카 왕이다. 아소카 왕대에 인도 불교가 널리 전파되었고 이때 신라의 장륙존상도 만들어진 것이다.

황룡사에 이어 중생사에도 아주 영험한 관음보살상이 있었다고 한다. 일연은 황룡사를 통해 신라의 국력을 보여주는 동시에 소박한 중생사를 통해 불교의 본질을 드러낸다.

신라 말에 최은함이라는 사람은 나이가 들도록 자식이 없었다. 그는 매일 중생사 관음보살 앞에 와서 정성껏 기도를 올리고는 아들을 얻었다. 그러나 채 석 달이 되지 않아 후백제 견훤이 서울로 쳐들어와서 나라가 매우 어지러웠다. 은함은 아이를 안고 중생사 관음상 앞에 와서 말했다.

"이웃나라의 군사가 갑자기 쳐들어와서 어린 자식과 함께 있다가는 두 부자가 모두 죽음을 면하기 어려울 것 같습니다. 정말로 당신께서 이 아이를 주신 것이라면 큰 자비를 베푸시어 아이를 잘 길러 뒷날 우리 부자가 다시 만날 수 있게 해주십시오."

그는 슬피 울며 세 번 아뢰고는 아이를 포대기에 싸서 관음이 앉은 자리 밑에 감추어두고 떠났다. 보름쯤 지나 적병이 물러갔다. 은함은 그 길로 중생사로 달려와서 아이를 찾았다. 아이는 마치 방금 목욕한 것처럼 뽀얗고 고왔다. 은함은 관음상 앞에 머리를 조아리며 큰 자비에 감사했다. 아이는 남보다 총명하고 지혜롭게 자랐다. 이 아이가 바로 최승로다.

일연은 황룡사와는 비교도 안 되는 자그마한 중생사를 통해 평범한 사람들, 가난한 사람들, 배우지 못한 사람들도 관음이 돌보아준다는 사실,

다시 말해 불교는 가난한 사람들의 종교라는 것을 보여주었다. 당시 신라 불교계는 귀족적인 의상대사와 서민적인 원효대사로 대변되었다. 그들의 일화가 간직되어 있는 곳이 바로 강원도 양양에 있는 낙산사다.

옛날 의상법사가 처음 당나라에서 돌아왔을 때의 일이다. 의상은 동해 바닷가 굴 안에 관음보살의 진신이 산다는 말을 듣고 이곳에 낙산이라는 이름을 붙였다. 이는 관음보살이 머문다는 인도 보타락가 산에서 따온 것이다.

의상이 심신을 깨끗이 한 지 이레 만에 불법을 수호하는 신령들이 그를 굴 속으로 인도했다. 의상이 공중을 향해 예를 올리자 갑자기 수정 염주 한 꾸러미가 그의 앞에 떨어졌다. 의상이 이것을 받아 공손히 나오는데 이번에는 동해의 용이 나타나 여의주를 한 알 바쳤다. 의상은 수정 염주와 여의주를 소중히 받아들고 나와 다시 이레 동안 심신을 깨끗이 했다. 그리고 굴 안으로 들어가니 비로소 관음이 모습을 드러내며 말했다.

"내가 앉아 있는 곳 위의 산마루에 대나무 한 쌍이 솟아날 것이니 그곳에 불전을 짓도록 하세요."

의상이 굴에서 나오니 과연 대나무 한 쌍이 땅에서 솟아 있었다. 의상은 그 자리에 금당을 짓고 관음상을 만들어 모셨다. 관음상의 둥근 얼굴과 고운 자질이 마치 하늘에서 내려준 것 같았다. 대나무는 바로 없어졌으므로 의상은 그제야 관음의 진신이 계셨던 곳임을 알고 절 이름을 낙산사라고 붙였다. 그리고 자신이 받은 두 가지 구슬을 성전에 잘 모셔두고 그곳을 떠났다.

후에 원효법사가 낙산사에 예를 올리러 오다가 남쪽 교외의 논에서 흰 옷을 입고 벼를 베는 여인을 만났다. 원효는 장난기가 발동하여 벼를 달라고 했다. 여인은 벼가 아직 영글지 않았다고 대답했다. 또 가다가 다리 밑에 이르렀는데 한 여인이 월경대를 빨고 있었다. 원효가 여인에게 마실 물을 달라고 하자 여인은 그 더러운 물을 떠서 바쳤다. 원효는 더럽다며 물을 엎질러버리고 새로 시냇물을 떠서 마셨다. 이때 들 가운데 소나무에서 파랑새 한 마리가 그를 부르더니 말했다.

"스님은 그만두시지요."

새는 영문도 모를 말만 남기고 날아가 버렸다. 그 소나무 밑에는 신발 한 짝이 벗겨져 있었다. 원효가 낙산사에 도착하여 관음보살상 앞에 가보니 아까 보았던 신 한 짝이 바닥에 있었다. 원효는 그제야 아까 만났던 여인이 관음의 진신임을 알았다. 그 때문에 사람들은 그 소나무를 관음송이라고 불렀다. 원효는 굴에 들어가서 관음의 진신을 보려고 했지만 풍랑이 거세게 일어나 들어가지 못하고 말았다.

원효와 의상은 비슷한 시대에 태어나 한국 불교의 두 기둥이 되었지만 두 사람은 날 때부터 다른 두 그루의 나무였다. 두 사람이 당으로 법을 구하기 위해 유학을 가면서 겪었던 '해골바가지' 사건은 그들이 얼마나 다른지를 보여주는 결정적인 에피소드다. 진골 귀족 출신으로, 반듯하고 냉철한 의상은 그까짓 해골바가지 따위에 마음이 흔들리지 않는다. 그리하여 그는 당의 화엄종 2조 지엄에게 배우고 귀국한 다음 교단을 만들고 화엄을 전교하고 해인사, 부석사, 화엄사 등 10대 사찰을 세우게 된다. 그러나 원효는 다르다. 그는 잠결에 그렇게 달게 마신 물이 깨어나 보니 해골바가지에 담긴 욕지기나는 물임을 알고 홀연 '마음 밖에 법이 없음'을 깨닫고는 유학의 길에서 돌아선다.

어머니가 길을 가다가 산기를 느끼고 길가의 밤나무 아래서 낳았다는 원효. 그렇게 낮은 곳에서 태어난 원효는 세상 속에서 이리저리 휘둘리며 깨달음을 얻는다. 반면 의상은 무엇에도 흔들리지 않는다. 그를 사모한 산둥의 아름다운 처녀 선묘는 죽어서도 용이 되어 의상의 귀국길을 지켜주었고 이후 영주 부석사 선묘각 속의 영정으로 남았다. 의상은 사랑조차도 단정했다. 그러나 원효에게 사랑은 폭풍이었다. 그는 파계하고 요석공주와의 사이에서 설총을 낳는다. 그는 우리와 마찬가지로 여인의 살맛을 보아야 하는 보통 사람이었던 것이다. 의상은 늘 대쪽 같고 원효는 늘 갈대 같다. 그래서 의상은 법사가 되었지만 원효는 토착 불교를 통해 대중 속으로 깊이 스며들었다.

사람은 생긴 대로 살게 마련이다. 밤나무는 밤나무의 삶을 살고 감나무는 감나무의 삶을 산다. 불평하지 않는다. 그저 매일 열심히 자라 해마다 더 많은 밤과 감을 생산해낸다. 인간도 그렇다. 의상이 원효여서도 안 되고 원효가 의상이어서도 안 된다. 원효는 원효여야 하고 의상은 의상이어야 한다. 그것이 자연에 맞는 삶이다. 제 생긴 대로 살게 되어 있다는 말처럼 우리를 편하게 해주는 위로는 없다. 직장에서 또 가정에서 주어진 역할을 해내기 위해 모두가 다 똑같은 연장이 되어서는 안 된다. 어디에 있든 가장 자기다울 때 가장 풍성하게 기여하게 마련이다. 좋은 감나무인데도 열심히 자신을 키워 감을 주렁주렁 달지 못하는 감나무가 있다면 자신을 사랑하지 않는 것이다.

하지만 어떤 사랑이든 영고의 세월 앞에서는 덧없다. 《삼국유사》 조신의 이야기가 들려주듯이 인생은 일장춘몽에 불과하니까. 세규사 승려였던 조신은 우연히 만난 태수의 딸을 사랑하게 되었다. 조신은 날마다 낙산사 관음보살 앞에 나가 그녀와 함께 살게 해달라고 빌었다. 그러나 조신의 간절한 바람에도 그녀에게는 다른 남자가 배필로 정해져 있었다. 조신은 관음보살상 앞에 가서 자기의 소원을 들어주지 않는 것을 원망하며 날이 저물도록 슬피 울었다. 울다 지친 그가 얼핏 잠이 들었을 때 갑자기 법당 문이 열리더니 태수의 딸이 들어와 지난번 조신을 잠깐 보고 사랑하게 되었다며 자신과 부부가 되자고 했다. 조신은 그녀와 고향으로 돌아가 자녀도 다섯이나 낳고 살았다. 하지만 가세가 점점 기울면서 부부는 다섯 아이를 데리고 다니며 구걸로 연명했다. 하루는 명주 해현령을 지나는데 열다섯 살배기 큰 아이가 굶주림에 지쳐 쓰러지더니 일어나지 못하고 그 자리에서 죽고 말았다. 부부는 서럽게 통곡하면서 아이를 길가에 묻었다. 부부는 남은 네 아이를 데리고 우곡현이라는 곳에 가서 길가에 초가를 짓고 살았다. 이제 부부는 늙고 병든 데다 굶주리기까지 하여 겨우 열 살 된 딸아이가 밥을 얻으러 다녔다. 그런데 이 딸마저 마을로 구걸을 갔다가 사나운 개에게 물리고 말았다. 고통스러워하는 딸아이를 보며 부모는 하염없이 눈물만 흘릴 뿐이었다. 한참을 그렇게 울던 조신의 아내가 눈물을 닦고 함께 굶어 죽느니 헤어지자고 한다. 두 사람은 아이를 둘씩 데리고 떠나기로 했다. 조신은 아내와 작별하고 막 길을 나서는 순간 꿈에서 깼다. 날이 막 밝아오고 있었다. 아침이 되어 조신이 자신의 모습을 살펴보니 수염과 머리털이 모두 하얗게 세어 있었다. 마치 평생의 고통을 다 맛본 듯 재물에도 욕심이 없어졌고 관음보살상을 대하기가 부끄러웠다. 그는 멍하니 있다가 불현듯 꿈속에서 아이를 묻은 생각이 났다. 그가 그곳에 가서 땅을 파보니 놀랍게도 돌미륵이 나왔다. 조신은 돌미륵을 물로 잘 씻은 뒤에 근처 절에 모셔두고는 서울로 돌아와 재산을 모두 털어 정토사를 세우고 부지런히 불도를 닦다가 세상을 마쳤다. 조신의 이야기에서 영감을 받은 이광수는 이를 모티브로 《꿈》이라는 소설을 썼고 이 소설은 후에 영화와 연극으로 수없이 재창작되었다.

지나고 나면 인생은 꿈같은 것이다. 삶에는 정해진 아무런 목적도 없다. 삶의 유일한 목적이 있다면 삶 자체다. 여행의 목적이 목적지에 닿는 것이 아니라 여행 자체인 것과 같다. 하지만 인생이 현실만으로 만들어졌다고 여기지 말자. 현실에 갇히면 꿈은 이루어지지 않는다.

영웅은 역경 속에서 태어난다

살아간다는 것은 스스로 균형을 잡아가는 것이다. 가지고 태어난 것과 살면서 얻은 것, 현실과 꿈, 사실과 허구, 지금과 미래가 실처럼 얽힌 양극단 사이의 어느 점을 선택하여 살아가는 것이다. 삶이 힘겹게 느껴지는 바로 그때가 우리 안에서 더 깊은 힘을 찾아내는 기회가 된다. 시련에 대한 부정은 결국 삶에 대한 부정이다. 그러니 내게 일어난 모든 일에 대해 "예"라고 말할 수 있어야 비로소 어른이 되었다고 말할 수 있다. 그러니 여러분도 자신의 길을 따라 걷다가 혹시 새똥이 옷깃에 떨어지더라도 너무 화를 내지도 말고 그걸 닦느라고 시간을 낭비하지도 마시길. 여러분이 현재 처한 상황을 웃음으로 바라보면 영적인 거리를 얻게 될 테니까.

시련에 굴복하지 않고 역경을 극복함으로써 위대한 어른으로 성장한 영웅들의 이야기는 신화의 단골 소재다. 그리스 신화에 페르세우스가 있다면 《삼국유사》에는 고주몽이 있다. 천제의 아들인 해모수와 정을 통하고 내쳐진 하백의 딸 유화는 동부여의 금와왕에게 몸을 의탁한다. 이후 유화는 알을 하나 낳게 된다. 사람이 알을 낳은 것은 불길한 징조라 하여 금와는 알을 개와 돼지에게 주었지만 모두 먹지 않았다. 길에 내다버리자 짐승들이 오히려 알을 피해 다녔다. 다시 들에 버렸더니 새와 짐승들이 알을 지켜주었다. 금와는 하는 수 없이 알을 유화에게 돌려주었다. 그리고 며칠 뒤 한 아이가 껍데기를 깨고 알에서 나왔다. 아이는 일곱 살이 되자 모든 면에서 또래 아이들보다 뛰어났다. 특히 활쏘기에 재능이 있어 직접 활과 화살을 만들어 쏘았는데 백번 쏘면 백번 다 맞혔다. 활을 잘 쏘는 사람은 주몽이라 불렸기 때문에 사람들은 아이를 주몽이라 불렀다. 금와왕의 일곱 아들들은 주몽을 시기해 은밀히 암살을 모의했다. 이를 눈치챈 유화 부인이 주몽에게 동부여를 떠날 것을 종용했다. 주몽은 어머니의 말씀대로 친구 세 명과 부여를 떠났다. 쫓기던 주몽 일행 앞에 커다란 강물이 나타나자 주몽이 강물을 향해 외쳤다. "나는 천제의 아들이자 하백의 손자다. 지금 날 죽이려는 무리를 피해 도망가는데 뒤쫓는 자들이 거의 따라왔다. 어찌하면 좋겠느냐."

그러자 물속에서 물고기와 자라들이 떠오르더니 다리를 만들었다. 덕분에 주몽 일행은 무사히 강을 건널 수 있었다. 적들의 추격을 따돌린 주몽은 졸본주에 도읍을 정하고 나라 이름을 고구려라 지은 다음 '고'를 성으로 삼았다. 이때 그의 나이 열두 살이었다.

주몽의 일대기는 전형적인 영웅의 삶을 따르고 있다. 어머니가 아버지 없이 홀로 아이를 낳아 키우게 되고 성장한 아이는 어쩔 수 없이 모험을 떠나야 된다. 그런데 주몽의 신화에는 재미있는 점이 눈에 띈다. 처음에 해모수의 아들 해부루가 북부여에 있다가 동쪽으로 이동하면서 동부여의 왕이 된다. 그리고 비어 있던 북부여에 주몽이 들어가 졸본부여를 세우고 고구려의 시조가 된다. 그러니까 자기가 태어난 곳에서 박해당하다가 모험을 떠나 능력을 기르고 크게 성공하는 패턴이 서양 신화에서나 우리 신화에서나 비슷하게 전개되는 것이다.

또 한 가지 재미있는 점은 모든 신화가 대비적인 모습을 보여준다는 것이다. 하나를 환하게 밝혀주기 위해 다른 하나를 어둠 속으로 보내고, 옛것이 몰락하는 과정을 보여주면서 새것이 떠오르는 모습을 보여주는 식이다. 주몽을 괴롭히던 금와왕의 아들들은 한때 보름달 같았지만 이울게 되고 대신 초승달 같던 주몽이 보름달처럼 성장하는 흥망성쇠를 극명하게 대비시키는 것이다. 주몽의 아들들인 온조와 비류를 통해서도 이런 흥망성쇠의 대비를 엿볼 수 있다.

졸본부여에 도착한 주몽은 그곳 왕의 딸을 아내로 맞이하고 왕위를 이어받았다. 그리고 그 사이에 아들 둘을 두었는데 맏이는 비류이고 둘째는 온조였다. 그들은 주몽이 동부여에 남겨두었던 아들 유리가 졸본부여로 찾아오자 새로운 나라를 세우기 위해 신하들과 백성들을 이끌고 남쪽으로 이동한다. 한산에 이르러 신하들이 하남에 터를 잡자고 하지만 비류는 고집을 부리며 현재의 인천인 미추홀로 떠났다. 온조는 하남 위례성에 도읍을 정했다. 비류는 습기가 많고 물이 짠 미추홀에서 편안히 살지 못하고 다시 위례성으로 돌아왔지만 이미 도읍은 안정되고 백성들은 편안히 살고 있었다. 그는 마침내 부끄러워하며 후회 속에서 죽어갔다. 그러자 비류의 신하와 백성들이 모두 위례성으로 돌아왔다. 그 뒤에 백성들이 돌아오며 기뻐했다고 해서 나라 이름을 백제라고 고쳤다. 고구려와 백제는 어떤 의미에서 형제국이라고 해도 과언이 아닐 것 같다.

마지막으로 삼국시대의 마지막 주역인 신라는 어떻게 세워졌는지 신라 최초의 왕인 박혁거세의 탄생 신화를 살펴보자.

전한의 지절 원년인 임자년 3월 초하루에 여섯 부족의 시조들이 각각 자제들을 거느리고 알천의 언덕 위에 모여 의논했다.

"우리들은 위로 임금이 없어 백성들이 모두 방자하고 제멋대로입니다. 그러니 덕 있는 사람을 찾아 임금으로 삼고 나라를 세워 도읍을 두어야 하지 않겠습니까."

그런 다음 높은 곳에 올라 남쪽으로 양산을 바라보니 그 아래 나정 곁에 이상한 기운이 번개처럼 땅에 드리우고, 백마 한 마리가 무릎을 꿇고 절을 하는 모습이 나타났다. 찾아가 살펴보니 붉은 알이 하나 있었다. 말은 사람들을 보더니 길게 울고 하늘로 올라갔다. 알을 쪼개자 어린 사내아이가 나왔는데 모습이 단정하고 아름다웠다. 놀랍고도 이상하게 여겨 아이를 동천에서 씻겨주었다. 몸은 광채를 띠고 날짐승과 들짐승이 춤을 추었으며 하늘과 땅이 진동하고 해와 달이 맑게 빛났다. 이 때문에 혁거세라 이름을 지었다. 왕위에 올라서는 거서간이라고 했다. 이때 사람들이 다투어 경하를 드리고는 이제 천자가 하늘에서 내려왔으니 마땅히 덕 있는 여자를 찾아 배필로 삼아야겠다고 말했다. 이날 사량리 알영정 가에 계룡이 나타나 왼쪽 옆구리로 어린 계집아이를 낳았다. 몸매와 얼굴이 매우 아름다웠지만 입술이 닭의 부리 같았다. 월성 북천에 가서 씻겼더니 부리가 떨어져 나갔다. 이 때문에 그 냇물의 이름을 발천이라 했다.

남산의 서쪽 기슭에 궁실을 짓고 두 성스러운 아이를 받들어 모셨다. 사내아이는 알에서 나왔으며 그 알이 표주박과 같았다. 마을 사람들은 표주박을 박이라고 부르기 때문에 그 성을 박이라 했다. 계집아이는 태어난 우물의 이름을 따서 알영이라고 이름 지었다. 두 성인의 나이 열세 살에 이른 오봉 원년 갑자년에 사내아이는 왕으로 삼고 계집아이는 왕후로 삼았다.

알에서 사람이 태어나는 이야기를 난생신화라고 한다. 우리나라에서는 주몽과 박혁거세가 난생신화의 대표 주자라면 그리스 신화에서는 최고의 미인인 헬레나가 알에서 태어난 대표적인 인물이다. 제우스가 레다라는 여인에게 백조로 변신해 다가가면서 레다는 알을 낳게 된다. 이 알이 깨지고 여자 둘과 남자 둘이 태어나는데 그중 한 명이 바로 제우스의 딸인 헬레나였다. 난생신화에서 알을 깨고 나오는 것은 고난을 이겨내고 새로운 생명을 얻는 것을 상징한다.

엎어진 자리에서 다시 일어나라

우리가 엎어진 곳, 바로 그 자리에서 두 손으로 땅을 짚고 일어나야 된다. 바로 거기서부터 우리의 성장이 시작된다. 《삼국유사》에도 시련과 위기를 통해 위대한 인물로 거듭나는 이야기가 많이 나온다. 좌절은 '나'를 성장시키는 첫 단계인 것이다.

김유신은 엄격한 신분 사회였던 신라에서 가야계라는 태생적 한계를 딛고 최고의 장군이 되었다. 법흥왕 때 가야국이 신라에 편입되면서 가야 왕족이었던 김유신의 아버지 서현공은 진골로 편입된다. 서현공은 길에서 만명부인을 만나 서로 눈짓을 주고받다가 결국 눈이 맞았다고 한다. 이렇게 다이내믹한 남녀관계 속에서 삼국통일의 역사적인 사명을 띠고 김유신이 태어난다. 김유신은 북두칠성의 정기를 타고나서 등에 일곱 개의 별 무늬가 있었다고 한다. 그래서인지 그에게는 신기하고 이상한 일도 많았다. 열여덟 살의 김유신이 화랑의 우두머리인 국선이 되었을 때의 일이다. 화랑의 무리 중에 백석이라는 사람이 있었다. 그는 어디서 왔는지 알 수는 없었지만 여러 해 동안 화랑의 무리에 속해 있었다. 하루는 김유신이 고구려와 백제를 칠 궁리를 하는데 백석이 다가와 '먼저 적국의 정세를 살펴본 뒤에 치는 것이 어떻겠느냐'고 묻는다. 김유신은 그날 밤 바로 백석을 데리고 적국으로 떠났다. 한참을 가다가 고개에서 잠시 쉬는데 어디선가 두 여인이 나타나더니 김유신을 따라왔다. 김유신이 골화천에 이르러 잠을 자려는데 또 다른 여자가 다가왔다. 김유신은 세 여인이 누군지는 몰랐지만 왠지 마음이 끌렸다. 여인들은 은밀히 할 말이 있다면서 백석 몰래 김유신을 숲으로 데려가더니 곧 신의 모습으로 변했다. 신들은 백석이 고구려 사람이라고 알려주고는 자취를 감추었다. 김유신은 백석에게 중요한 문서를 두고 왔다고 말하고는 다시 집으로 돌아간다. 그리고 집으로 돌아가자마자 백석을 심문했고 백석은 자백했다.

"저는 본래 고구려 사람입니다. 우리나라의 여러 신하가 말하기를, 신라의 김유신은 원래 고구려의 점쟁이 추남이라고 했습니다. 예전에 국경 지방의 물이 거꾸로 흐르자 왕이 추남에게 점을 치게 했지요. 그때 추남이 '대왕의 부인이 음양의 도를 거슬렀으므로 이런 일이 일어난 것이오'라고 했습니다. 대왕은 놀라고 왕비는 몹시 화나 이를 요망한 말이라고 하면서 추남을 시험해보자고 했소. 만일 점괘가 틀리면 그를 중형에 처하기로 했지요. 왕은 쥐 한 마리를 상자에 감추고는 무엇인지를 맞히게 했소. 그랬더니 추남은 '모두 여덟 마리의 쥐입니다'라고 말했습니다. 왕은 틀렸다면서 그를 죽였지요. 추남은 '내가 죽은 뒤에 대장이 되어 반드시 고구려를 멸망시킬 것'이라고 저주를 했습니다. 그를 죽인 뒤에 쥐의 배를 갈라보니 놀랍게도 새끼 일곱 마리가 들어 있었지요. 왕은 그제야 추남의 말이 맞는 것을 알았지요. 그날 밤 대왕의 꿈에 추남이 신라 서현공의 부인 품속으로 들어가는 것이 보였소. 그래서 여러 신하에게 이야기하자 다들 '추남이 신라에서 태어날 모양입니다'라고 했습니다. 그 때문에 나를 여기로 보내 그대를 유인하게 한 것이오."

김유신은 전후 사정을 모두 듣고는 바로 백석을 죽이고 세 신에게 성대히 제를 치러주었다. 김유신은 힘이 안 되면 지략을 쓰고 지략이 안 되면 신술을 써서 반드시 목표를 달성하는 리더로 유명했다. 그의 지략과 신술이 드러나는 또 다른 예로 선덕여왕의 재위 마지막 해에 일어난 비담의 난을 들 수 있다. 한창 전투 중인데 큰 별이 여왕이 있는 곳을 향해 떨어진다. 반란군은 자신들이 승리할 징조라며 기뻐하고 토벌군의 사기는 땅에 떨어진다. 토벌군의 대장이던 김유신은 밤에 불붙인 연을 날려 전황을 뒤집는다. 김유신은 죽은 후에도 귀신이 되어 신라를 지킨다. 그러다 100년쯤 지나자 그는 아무도 자신을 기억해주지 않는 것을 원통해하며 미추왕의 무덤을 찾아간다.

미추왕이 누구인가. 김알지의 7대손으로 신라 13대 왕이었던 미추왕은 역사책에는 그리 중요하게 다뤄지지 않는다. 다만 그는 최초의 김씨 왕으로 의미를 갖는다. 미추왕 다음에 석씨 왕이 3대 이어지다가 17대 내물왕 때부터 김씨가 왕위를 이어가게 된다. 미추왕의 능은 죽현릉이라고 불린다. 이런 이름이 붙은 사연이 참 흥미롭다.

미추왕이 죽고 14대 유례왕 때 이서국(지금의 경북 청도) 사람들이 쳐들어왔다. 신라군이 밀리고 있는데 어디선가 귀에 댓잎을 꽂은 군사들이 나타나더니 신라군을 도왔다. 덕분에 신라군은 적들을 쉽게 물리칠 수가 있었다. 적군이 물러가자 댓잎 군사들은 순식간에 사라져버렸다. 오직 댓잎만이 미추왕의 능 앞에 수북이 쌓여 있었다. 그제야 사람들은 미추왕이 도와준 것을 알았다. 그래서 이때부터 미추왕의 능은 죽현릉이라 불리게 되었다.

그런데 37대 혜공왕 14년 4월의 어느 날 김유신의 무덤에서 갑자기 회오리바람이 일어나더니 무덤 한가운데서 장군의 모습을 한 사람이 말을 타고 나왔다. 그의 뒤로는 갑옷을 입고 무기를 든 40명가량의 군사가 따라 나왔다. 그들은 모두 죽현릉으로 들어갔고 잠시 후 무덤 속에서 우는 것 같기도 하고 하소연하는 것 같기도 한 소리가 들려왔다. 김유신이 자신은 평생 삼국통일에 큰 공을 세우고 혼백이 되어서도 나라를 지키려는 마음을 잊은 적이 없는데 자신의 자손이 아무 죄도 없이 죽임을 당했다며 자신은 차라리 먼 곳으로 옮겨가겠다고 한다. 김유신은 세 번을 청했지만 왕은 세 번 모두 허락하지 않았다. 그러자 회오리바람이 다시 무덤 속으로 들어갔다. 이 소식을 들은 혜공왕은 곧바로 신하 김경신을 보내 김유신의 무덤에 가서 사과했다.

믿음과 배신 사이에서

김유신의 이야기처럼 《삼국유사》에는 왕과 신하의 관계에 대한 다양한 이야기가 나온다. 충성이라는 가치관에 맞게 행동하는 사람도 있고, 자신의 이해관계에 따라서 배신과 음모와 모략을 일삼는 사람도 있었다. 왕조시대의 가치관에 충실했던 충신 중의 충신으로 박제상이 있었다. 《삼국사기》에는 박제상이지만 《삼국유사》에는 김제상이다. 널리 알려진 대로 여기서는 박제상이라고 하자. 박제상이 어떻게 만고의 충신이 되었는지 살펴보자.

신라 내물왕에게는 조카가 있었다. 조카는 고구려에 볼모로 10년간 잡혀 있다가 신라로 돌아와 왕으로 즉위한다. 그가 바로 실성왕이다. 실성왕은 자신을 볼모로 보낸 내물왕에게 감정의 빚이 남아 있었다. 그래서 보복하는 의미로 내물왕의 둘째 아들은 고구려로, 셋째 아들은 왜로 볼모로 보낸다. 그러다 실성왕이 죽고 내물왕의 큰아들인 눌지왕이 즉위하게 된다. 동생들이 그리웠던 눌지왕은 박제상을 고구려로 보내 보해를 구해오게 한다. 이어 눌지왕은 일본에 잡혀 있는 미해를 구하기 위해 박제상을 일본으로 보낸다. 박제상이 바로 떠난다는 소식을 들은 박제상의 아내가 말을 달려 쫓아갔지만 남편은 이미 배에 오른 뒤였다. 박제상은 왜국에 도착한 후 신라 왕이 부형을 죽여 도망왔다고 둘러댄다.

왜왕은 박제상의 말을 믿고 그에게 집을 마련해준다. 박제상은 의심에서 벗어나기 위해 미해와 바닷가에 나갈 때면 언제나 물고기와 새를 잡아 왜왕에게 바쳤다. 왜왕은 그를 더욱 아끼고 좋아했다. 그리고 안개가 자욱한 어느 날 새벽 박제상은 미해만을 신라로 탈출시킨다. 왜왕은 자신이 속은 것을 알고는 박제상을 모질게 고문한다. 하지만 끝내 박제상이 회유되지 않자 목도라는 섬에 데리고 가다가 불에 태워 죽였다. 한편 미해는 무사히 신라로 돌아와 박제상의 딸을 아내로 맞았다. 박제상의 아내는 국대부인에 봉해졌다.

박제상이 신라를 떠날 때 뒤를 쫓았던 아내는 남편의 얼굴도 못 보고 헤어지자 망덕사 문 남쪽에 있는 모래사장에 주저앉아 오래도록 울부짖었다. 이후 그 모래사장을 장사라고 불렀다. 사람들이 박제상의 아내를 부축하여 데려오려 했지만 그녀는 다리를 뻗고 꼼짝도 하지 않았다. 그래서 그곳은 벌지지라고 불렀다. 한참 뒤에 그녀는 남편을 사모하는 마음을 견디지 못하고 치술령에 올라가 왜국을 바라보며 통곡하다 죽고 말았다. 사람들이 그녀를 치술신모라 부르며 섬겼다고 한다.

일연의 기록에는 박제상의 아내가 치술신모가 되었다고 했지만 구전되는 이야기에 따르면 망부석이 되었다고 한다. 일반 백성들이 박제상 아내의 이야기에 얼마나 감정이입이 되었는지를 알 수 있는 대목이다.

박제상처럼 신하들은 목숨을 내놓고 왕에게 충성하지만 때로는 보답받지 못하고 배신당하는 경우도 있었다. 어떤 왕은 신하들의 충성심을 권력유지의 수단으로 이용하기도 했다. 그 와중에 안타까운 희생자들이 나온다. 궁파가 대표적인 경우였다.

제45대 신무왕이 왕위에 오르기 전에 궁파에게 약속했다.

"나에겐 이 세상에서 같이 살 수 없는 원수가 있네. 자네가 그 원수를 없애준다면 내가 왕위에 오른 뒤 자네 딸을 왕비로 삼겠네."

궁파는 군사를 일으켜 그의 원수를 없애주었다. 왕위에 오른 신무왕은 약속대로 궁파의 딸을 왕비로 맞으려 했지만 여러 신하가 반대했다.

"궁파는 아주 미천한 사람이니 그의 딸을 왕비로 맞아서는 안 됩니다."

왕은 신하들의 말을 따랐다.

그때 궁파는 청해진을 지키면서 왕이 약속을 어긴 것에 반발하여 반란을 준비하고 있었다. 궁파의 계획을 알아챈 염장이 왕께 아뢰었다.

"궁파가 반란을 일으키려 하니 제가 그를 제거하겠습니다."

왕이 기뻐하며 허락했다. 염장은 우선 청해진으로 가서 사람을 보내 궁파에게 전했다.

"나는 왕에게 원망이 있어서 그대에게 의탁하러 왔소."

궁파는 불같이 화를 내며 말했다.

"너희는 왕에게 간해 내 딸을 왕비로 맞지 못하게 했으면서 이제 무슨 면목으로 내게 왔다는 거냐?"

염장은 다시 사람을 보내 말했다.

"그것은 여러 신하가 그런 것이고 나는 관여한 적이 없소. 그대는 나를 의심하지 마시오."

궁파는 화를 가라앉히고 그를 청사로 불러들였다.

"그대는 무슨 일로 여기에 왔는가?"

"실은 왕의 뜻을 어겼습니다. 해를 입을 것 같아 당신께 도망 온 것입니다."

"다행한 일이오."

궁파는 의심을 풀고 함께 술잔을 나눴다. 술자리가 무르익었을 무렵 염장은 궁파가 잠시 방심한 틈을 타 궁파의 긴 칼을 뽑아 단번에 그를 베었다. 궁파의 군사들은 놀라서 모두 땅에 엎드렸다. 염장은 그 군사들을 이끌고 서울로 돌아와서 왕에게 말했다.

"궁파를 베었습니다."

왕은 기뻐하며 그에게 상을 내리고 아관 벼슬을 주었다.

궁파는 해상왕 장보고다. 45대 신무왕이 아직 왕자이던 시절 권력 다툼에서 밀려나 청해진으로 내려가게 된다. 그는 장보고에게 의지하며 자신이 왕이 되면 장보고의 딸을 왕비로 삼겠다고 약속한다. 하지만 신무왕은 즉위 7개월 만에 죽어버린다. 뒤이어 왕이 된 문성왕이 보기에 딸을 왕비로 들이지 못한 장보고는 거대한 위협 세력이었다. 그래서 장보고의 옛 동료였던 염장을 보내 장보고를 암살하게 한다. 또 다른 설에 따르면 신무왕이 아니라 문성왕이 장보고의 딸을 왕비로 맞으려 했는데 신하들이 반대했다고도 한다.

혜공왕을 살해하고 780년 왕위에 오른 37대 선덕왕부터 935년 왕위에서 물러난 56대 경순왕까지 신라 하대는 약 150년간 지속되었다. 37대부터 56대까지 20명의 왕이 10년도 안 되는 재위 기간을 이어갔던 것이다. 그사이에 희강왕과 민애왕이 살해되었고 재위 기간이 1년 미만인 왕도 네 명이나 되었다. 극도의 혼란 속에서 해상 왕국을 구축했던 장보고도 안타깝게 죽어간 것이다.

약속을 지키지 않은 왕으로는 34대 효성왕도 있었다. 효성왕은 왕이 되기 전에 선비인 신충과 함께 궁전 잣나무 밑에서 바둑을 두며 그를 잊지 않겠다고 약속한다. 몇 달 뒤에 즉위한 왕은 공신들에게 상을 내렸지만 신충을 그만 잊어버리고 말았다. 신충이 원망하는 노래(怨歌)를 지어 잣나무에 붙이자 잣나무가 갑자기 누렇게 말라버렸다. 왕이 그제야 자신의 잘못을 알아차리고 신충을 불러 벼슬과 녹을 내리자 잣나무가 다시 살아났다. 그 노래는 이렇다.

> 질 좋은 잣이 가을에 말라 떨어지지 아니함에 너를 중히 여겨 가겠다 하신 것과는 달리 낯이 변해버리신 겨울 해여. 달이 그림자 내린 연못 가, 흐르는 물결이 애처롭구나. 모습이야 바라보지만 세상 모든 것이 아쉽기만 할 뿐.

이후 신충은 효성왕과 경덕왕을 모시다가 경덕왕 22년 벼슬을 버리고 지리산으로 들어갔다. 그는 왕이 두 차례나 불러도 나오지 않고 머리를 깎고 승려가 되었다. 그는 왕을 위해 단속사를 세우고 평생 산속에 숨어 살며 왕의 복을 빌었다. 신충은 세상이 나를 알아주면 나아가고 세상이 나를 잊으면 물러나 숨는 동양의 오래된 처세술을 보여준다.

효의 진정한 의미

《삼국유사》에는 효와 관련된 이야기가 많이 나온다. 효는 유교나 불교를 가리지 않는 보편적인 가치였던 모양이다. 《삼국유사》의 마지막 편인 '효선'에는 효도에 관한 이야기가 집중적으로 모여 있다.

특히 의상대사의 10대 제자 중 한 명인 진정 스님의 이야기는 마치 일연 자신의 이야기처럼 느껴진다. 진정 스님은 장가갈 형편도 못 될 정도로 집안이 가난했다. 그래서 날품을 팔아 홀어머니를 봉양했고 재산이라고는 다리가 부러진 솥 하나가 전부였다. 어느 날 진정의 어머니가 혼자 집에 있다가 시주를 구하는 스님에게 하나뿐인 솥을 선뜻 내주었다. 이후 진정은 질그릇을 솥으로 삼아 음식을 익혀 어머니를 봉양했다. 하루는 의상법사가 태백산에 와서 설법을 한다는 말을 듣고 진정이 자신은 효도를 마친 뒤에 의상법사에게 가서 도를 배울 것이라고 말한다. 그러자 어머니는 자신이 남의 집 문간에서 밥을 빌어먹더라도 천수를 누릴 것이라며 당장 출가하라고 말한다. 그러고는 쌀자루에 남은 일곱 되의 쌀을 털어 밥을 짓더니 한 되의 밥은 아들에게 먹이고 나머지 여섯 되는 싸준다. 진정은 밤낮으로 걸어 3일 만에 태백산에 도착했다. 그는 머리를 깎고 의상법사의 제자가 되었다. 3년 후 어머니의 죽음이 전해졌다. 진정은 가부좌를 하고 선정에 들어가 이레 만에 밖으로 나왔다. 진정이 그 일을 의상에게 말하자 의상은 3000명의 제자를 거느리고 소백산에 가서 초가를 짓고 90일 동안 화엄대전을 강론했다. 강론을 마치자 그의 어머니가 꿈에 나타나서 "나는 이미 극락에 환생하였다"라고 말했다.

　서로를 아끼는 어머니와 아들의 마음이 통하여 아들은 소원대로 승려가 되었고 어머니는 극락에 환생했던 것이다. 부모와 자식 간에도 일방적이지 않은, 오고 가는 마음이 아름답게 느껴진다.

　'효선' 편에서 진정 스님 다음에는 환생을 통해 두 부모를 섬겼던 김대성의 이야기가 나온다. 불국사와 석굴암을 창건한 것으로 유명한 김대성. 원래 경조라는 여인에게서 태어난 그는 머리가 크고 이마가 넓어서 마치 성과 같다 하여 대성이라는 이름이 붙었다. 그러나 경조는 집안이 가난하여 아이를 키울 수 없게 되자 밭 몇 고랑을 받고 아들을 재산이 많은 복안의 집에 머슴으로 들여보낸다. 어느 날 대성은 복안이 승려에게 시주를 하자 승려가 하나를 시주하면 만 배의 복을 받으리라고 말하는 것을 들었다.

대성은 그 길로 집으로 달려가 어머니에게 전생에 선행을 쌓지 않아 이렇게 가난하게 사는 것이라며 밭을 시주하자고 한다. 어머니도 흔쾌히 허락했다. 하지만 어찌 된 일인지 대성은 만 배의 복을 받기는커녕 얼마 지나지 않아 세상을 떠나고 말았다. 그리고 그날 밤 재상인 김문량의 집에 "모량리에 살던 대성이란 아이가 너의 집에 태어날 것이다"라는 소리가 하늘에서 울렸다. 이후 김문량의 아내에게 태기가 있었고 열 달 뒤에 잘생긴 사내아이가 태어났다. 아이는 태어날 때부터 왼손을 꼭 쥐고 있다가 이레가 지나서야 스스로 손을 폈다. 손에는 놀랍게도 대성이라는 두 글자가 새겨진 금쪽이 쥐어져 있었다. 사람들은 거기 쓰인 대로 그를 대성이라 이름 지었다. 대성은 모량리에 사는 전생의 어머니 경조를 집으로 모셔와 지금의 어머니와 함께 봉양했다.

대성은 자라면서 사냥을 무척 좋아했다. 하루는 토함산에서 곰을 잡아 내려와 산 밑 마을에서 잠을 자는데 꿈에 자신이 죽였던 곰이 나타났다. 곰이 환생해 대성을 잡아먹겠다고 하자 대성이 용서를 빌며 절을 세워주겠다고 약속한다. 이후 대성은 다시는 사냥을 하지 않았고 약속대로 곰을 잡은 그 자리에 장수사를 세워주었다. 이후 불심이 더욱 깊어진 대성은 이생의 부모를 위해 불국사를 세우고 전생의 부모를 위해 석굴암을 세웠다.

김대성은 세 번의 탄생을 통해 진정한 인생의 의미를 깨달은 것으로 보인다. 세 번째 탄생은 바로 곰을 죽임으로써 발심(發心)을 얻은 것을 의미한다. 이 세 번째 탄생은 수행자의 자세에 대해 많은 이야기를 들려준다. 처음 세속과 인연을 끊고 수행자의 길을 걸을 때는 용맹정진하겠다는 초심이 가득하다. 그러나 수도자의 삶도 역시 삶이기 때문에 점점 나태해지고 게을러지게 된다. 그래서 중요한 것이 발심이다. 발심이 안 되면 수행자로서 끝까지 가기 어렵기 때문이다. 김대성 역시 좋은 곳에 태어난 것으로 끝이 아니니 항상 마음을 다스리고 수행에 정진하라는 의미로 곰의 꿈을 꿨던 것 같다.

'효선' 편의 또 다른 주인공인 효녀 지은도 어머니에게 효도하기 위해 몸을 팔아 남의 집 종이 된다.

진성여왕 때 화랑 효종랑이 친구들과 남산 포석정에 놀러 가기로 했다. 약속 시간이 되었는데 유독 두 친구만이 뒤늦게 나타났다. 효종랑이 두 친구에게 그 이유를 물으니 그들이 대답했다.

"분황사 동쪽 마을을 지나는데 스무 살 안팎의 여인이 눈먼 어머니를 껴안고 울고 있지 뭡니까. 무슨 사연인지 마을 사람들에게 물어보았지요. 그러자 사람들이 말하기를 '저 여인의 집이 너무 가난해서 구걸하여 어머니를 겨우 봉양해왔지요. 그런데 올해는 흉년이 들어 그것마저도 어려워졌습니다. 그래서 얼마 전부터는 딸이 날품팔이로 어머니를 봉양해왔습니다. 날이 새면 주인집에 가서 일하고 날이 저물면 그 집에서 얻어온 쌀로 밥을 해 어머니께 드리곤 했지요. 그렇게 며칠이 지난 어느 날 어머니가 이전에는 거친 음식을 먹어도 마음이 편했는데 요즘은 쌀밥을 먹어도 속을 찌르는 것 같으니 어찌 된 일이냐고 물었답니다. 딸이 사실대로 말했더니 어머니가 너무 속이 상해 소리 내서 통곡을 했답니다. 딸은 자기가 어머니의 배를 부르게 해드리는 것만 생각하고 마음을 편하게 해드리는 것은 생각지 못한 것을 탄식하면서 저렇게 껴안고 울고 있는 것입니다'라고 하더군요. 그 사연을 듣고 오느라 이렇게 늦었습니다."

효종랑은 이 말을 듣고 모녀에게 곡식 100석을 보냈다. 효종랑의 부모도 옷 한 벌을 보냈으며 효종랑의 낭도들도 조 1000석을 걷어 그들에게 보내주었다. 이 일이 왕에게까지 전해지자 왕은 모녀에게 곡식 500석과 집 한 채를 내려주었으며 군사들을 보내 그 집을 호위해 도적을 막아주었다. 또 그 마을을 효양리라고 불러 세상 사람들이 널리 본받게 했다. 후에 그 집을 절로 삼고 양존사라고 하였다.

지은의 이야기는 효의 진정한 의미를 생각하게 한다. 물질적으로 편하게 해드리는 것보다는 정신적으로 편하게 해드리는 것, 이 시대의 자식들이 미처 생각하지 못하는 진정한 효도가 아닐까 싶다.

아무도 걷지 않은 길을 걷다

"대붕(大鵬)은 바람을 거슬러 날고 산 물고기는 물살을 거슬러 간다." 백범 김구 선생의 좌우명이다. 대붕은 《장자》의 첫머리에 등장하는 상상 속의 새다. 하늘을 날기를 꿈꾸던 물고기가 결국 큰 날개를 가진 새가 되어 9만 리를 날아가는데 그 새가 바로 대붕이다. 우리는 때때로 세상과 타협하지 않고 한계에 스스로를 포기하지 않으며 진실을 향해 당당하게 나아가려는 삶의 자세를 가져야 한다. 바로 대붕과 김구 선생에게서 배우는 도전의 자세다.

물론 도전에 응한다면 안전은 보장되지 않는다. 도전은 궤도를 따라 움직이는 팔팔열차도 청룡열차도 아니다. 그것은 진짜 삶이다. 오직 거기에만 진짜 떨림이 있다. 결과를 미리 안다면 무슨 재미가 있겠는가? 삶에 용감하다는 것은 하고 싶은 일을 하고 싶은 순간에 그 결과와는 관계없이 해보는 것이다. 그러다가 넘어져서 무릎이 깨지면 어떤가? 한 번 울고 다시 일어나 걸으면 된다.

《삼국유사》에는 아무도 걷지 않은 길을 걸으며 자신의 도전을 성공으로 이끌었던 여자들도 나온다. 선덕여왕, 분황사 천수대비, 선도산 성모(聖母), 욱면, 문희 등이 바로 그들이다. 그중 27대 선덕여왕은 우리나라 최초의 여왕으로 삼국통일의 기반을 닦았고 세 번의 선견지명을 발휘한 것으로 유명하다. 우선 당 태종이 붉은색, 자주색, 흰색으로 그린 모란 그림과 그 씨앗을 석 되 보내온 적이 있었다. 여왕은 이 그림을 보고 '그 꽃은 절대로 향기가 없을 것'이라고 말했는데 정말로 씨앗을 심어보니 그 말이 옳았다. 둘째로는 한겨울에 영묘사 옥문지에 개구리 떼가 모여 사나흘 동안 울어대자 왕은 병사 1000명을 이끌고 서쪽의 여근곡으로 가서 숨어 있는 적병을 물리치라고 한다. 두 명의 각간이 각기 1000명의 병사를 거느리고 여근곡에 가보니 백제 군사들이 숨어 있었다. 신라군은 백제군을 섬멸했다. 세 번째로 건강하던 왕이 자신이 언제 죽을 것이니 도리천 안에 장사를 지내라고 말한다. 신하들이 도리천이 어디인지 묻자 왕은 낭산 남쪽이라고 알려준다. 과연 그날이 되자 왕이 죽었고 여러 신하들은 왕이 정해준 곳에 장사를 지냈다. 10여 년 뒤 문무대왕이 왕의 무덤 아래에 사천왕사를 창건했다. 불경에 보면 사천왕천 위에 도리천이 있다는 말이 있기에 그제야 신하들은 대왕의 영험함을 깨달았다. 왕의 생전에 신하들이 모란꽃과 개구리에 대해 묻자 왕이 말했다.

"꽃을 그렸는데 나비가 없으니 그 꽃에 향기가 없음을 알았다. 이는 당나라 황제가 내게 남편이 없음을 비웃은 것이다. 개구리는 눈이 불거져 나와 성난 모습을 지녔으니 이는 병사의 상징이다. 옥문은 여자의 생식기니 여자는 음이고 음은 그 빛이 백색이며 백색은 서쪽이니 적병이 서쪽에 있는 것을 알았다."

그런가 하면 《삼국유사》에는 영험한 신통력으로 백성들의 소원을 들어주었던 여자 신들의 이야기도 나온다. 우선 분황사 천수대비(천수관음)는 눈먼 아이의 눈을 고쳐달라는 어느 어머니의 기구를 들어주었고 선도산 성모는 어느 비구니가 안흥사 불전을 수리할 수 있도록 그녀의 꿈에 현몽하여 황금이 묻혀 있는 자리를 알려주었다. 선도산 성모는 중국 황실의 딸로 이름이 사소였다. 신선의 술법을 배우고 우리나라에 와서 오랫동안 돌아가지 않다가 마침내 선도산의 신선이 되어 나라를 보호했다고 한다.

원래 불교 초기에는 관음보살이 남자로 그려졌다고 한다. 그러다 당나라 때부터 탱화나 불상들을 보면 관음보살이 어머니 같은 마음을 가진 여자로 그려진다. 불교에는 부처와 보살이 있는데 현세불, 즉 싯다르타는 이미 인멸하시고 한참 후에 미래불인 미륵불이 오게 된다. 미륵불이 오기 전까지는 보살들이 중생을 구제하고 구원하는 역할을 맡게 된다. 그중 가장 유명한 보살이 관세음보살이다. 관세음보살은 보살 중에서 가장 어머니 같고 자애로운 분이라 '대자대비 관자재보살'이라 불리기도 한다. 티베트의 달라이라마 같은 분이 관음보살의 현신으로 여겨진다. 관음보살은 십이면관음, 천수천안관음 등 여러 모습을 지니고 있다. 관음보살은 보관을 쓰고 장신구들을 많이 달고 손에 보병(寶甁)이나 연꽃을 드는 등 여성처럼 보인다. 모성의 특징을 가장 많이 보이는 보살이라서 여성처럼 묘사되는 듯하다.

불교가 남녀귀천을 가리지 않는 종교임을 보여주는 이야기가 《삼국유사》에 또 한 편 소개된다. 여성, 그것도 신분이 미천한 여종이 부처가 되는 욱면 이야기다.

경덕왕 때 아간 귀진의 집에 욱면이라는 계집종이 있었다. 그녀는 늘 주인을 따라 절에 가서 염불을 했다. 주인은 그녀가 종의 신분에 어울리지 않는 짓을 하는 것이 못마땅해 곡식 두 섬을 주면서 하룻밤 사이에 다 찧어놓으라고 했다. 그러면 욱면은 주인이 시킨 일을 초저녁에 끝내고는 절에 가서 염불하기를 하루도 게을리 하지 않았다.

하루는 욱면이 뜰 옆으로 기다란 말뚝을 세워두고 두 손바닥을 뚫어 노끈으로 꿴 뒤 말뚝에 매고 합장하며 염불하고 있었다. 그때 하늘에서 이상한 소리가 들렸다.

"욱면은 당(堂)으로 들어가 염불하여라."

절의 스님들이 이 소리를 듣고 욱면을 당에 들어가게 했다. 욱면은 당에서 전처럼 염불했다. 조금 지나자 하늘에서 음악 소리가 들려오더니 욱면이 갑자기 몸을 솟구쳐 지붕을 뚫고 하늘로 올라갔다. 욱면은 동네 밖에 이르자 마침내 육신을 버리고 부처가 되었다. 그러더니 연화대에 앉아 큰 빛을 내며 서서히 사라졌다. 음악 소리가 오랫동안 하늘에서 울려 퍼졌다. 그 당에는 당시 뚫린 구멍이 지금도 남아 있다고 한다.

가진 것도 없고 배운 것도 없고 신분도 천한 욱면이 열심히 염불을 하더니 부처가 되었다는 굉장히 소박한 이야기다. 하지만 이 이야기를 계집종의 성불담 정도로 치부하는 것은 이면을 보지 못하고 보이는 것만 보는 단순한 이해 방식이다. 사실 나는 이 이야기를 읽으면서 스스로에게 이런 질문을 던져보았다. "나는 한 번이라도 욱면처럼 살아본 적이 있었던가?"

이것이 고전을 읽을 때의 기본적인 태도가 아닐까 싶다. '이건 불교 얘기니까 읽을 필요 없어', '이건 옛날 얘기니까 읽을 필요 없어'라고 생각하면 우린 고전에 접근할 방법이 없다. 게다가 시야는 나와 관계있는 극히 협소한 범위로 좁혀지고 만다. 그러나 고전을 읽으면서 "나는 욱면처럼 살아본 적이 있나?"라는 질문을 던짐으로써 지금 당장 내가 뭘 해야 하는가에 대한 해답을 얻을 수도 있다. 고전에서 의미를 읽어내느냐 그러지 못하느냐에 따라 독서의 성패가 갈리는 것이다.

의미를 읽어내야 하는 것이 고전만은 아니다. 《삼국유사》에는 꿈의 의미를 읽어냄으로써 운명을 바꾼 여인이 등장한다. 김춘추의 부인인 문명왕후 문희가 그 주인공이다. 김유신의 막내 누이였던 문희는 언니 보희가 꾸었다는 해괴한 꿈 이야기를 듣는다. 꿈속에서 보희가 서악에 올라 오줌을 누었더니 온 서울에 오줌이 가득해졌다는 것이다. 문희는 비단 치마를 주고 그 꿈을 샀고 열흘 뒤에 김춘추가 집으로 찾아온다. 김유신이 일부러 김춘추의 옷자락을 밟아 옷고름을 떨어지게 하고는 꿰매주겠다며 집으로 데려온 것이다. 처음에 김유신은 보희에게 바느질을 부탁했지만 보희는 부끄러워하며 사양했다. 그래서 문희가 김춘추의 옷을 꿰매게 되었고 그 인연으로 문희는 김춘추의 부인이 되어 문무왕을 낳는다.

문희는 자기 운명에 대한 통찰과 예지가 있었던 것 같다. 《삼국사기》에는 문희가 "엷은 화장과 가벼운 옷단장에 빛나는 아름다움으로 보는 이를 눈부시게 했다"라고 묘사되어 있다. 한마디로 문희는 재기와 미모를 겸비

한 여인이었던 셈이다. 그래서 나는 이미 모든 것을 갖추고 있으면서도 드러내지 않는 문희의 특징을 '소극적인 적극성'이라는 말로 표현하고 싶다.

문희 이야기는 스토리가 탄탄해서인지 고려사에도 그대로 리메이크된다. 고려사에 등장하는 또 다른 문희의 이야기는 보육이라는 사람에게서 시작된다. 그는 자신의 소변으로 삼한이 덮이는 꿈을 꾸고 형에게 꿈 이야기를 한다. 그러자 형은 제왕을 낳을 꿈이라며 자신의 딸을 아내로 준다. 보육은 두 딸을 두었는데 둘째 딸의 이름이 진의였다. 진의는 언니가 오줌에 천하가 잠기는 꿈을 꾸었다고 하자 비단 치마를 주고 꿈을 산다. 이후 당나라 황제가 천하를 돌다가 보육의 집에 머물게 된다. 하루는 황제의 옷이 찢어지게 되는데 언니는 코피가 나서 동생이 대신 기워주게 된다. 이것이 인연이 되어 진의는 황제와 동침하고 왕건의 할아버지인 작제건(《삼국유사》에는 거타지로 나옴)을 낳는다.

시대가 몇 백 년이나 흘렀어도 여전히 한국인 공통의 정서를 담고 있는 《삼국유사》, 우리는 이 고전에서 어느 민족과도 구분되는 우리만의 DNA를 다시 한 번 확인하게 된다.

역사가인 E. H. 카는 "역사는 과거와 현재의 대화"라고 말했다. 과거는 과거의 눈이 아니라 현재의 눈으로 보아야 역사가 된다는 의미일 것이다. 《삼국유사》에 담긴 수많은 이야기들에 의미를 부여하는 것은 현재를 살아가는 우리 몫이다.

chapter 14

토크빌은 어떤 민주주의를 보았는가?

• 『미국의 민주주의』 '선택'에 대하여 •

통치 권력은 사회를 모두 장악한 다음 획일적이고 복잡하고 촘촘한 규칙의 그물로 뒤덮어서 아무리 독창적이고 정력적인 사람이라도 군중을 초월하여 이 그물을 뚫고 나가지 못하게 한다. 이런 권력은 생존을 파괴하지는 않지만 방해한다. 폭정화하지는 않지만 국민을 억압하고 생기를 잃게 하며 우둔하게 만든다. 그래서 마침내 국민은 한때의 겁 많고 근면한 동물로 전락하게 되며 정부는 그 목자가 된다.

― 토크빌

　어떤 농촌에서 한 농부가 불만을 가지고 있다면 그 불만은 정치가나 역사가의 눈길을 끌지 못한다. 대수롭지 않은 일이기 때문이다. 그러나 수만 개의 부락에서 수십만 명의 농부가 같은 불만을 가지고 있다면 그 불만이 무엇이든 절대 묵과할 수 없는 일이 된다. 정치가가 달려가고 언론이 출동하고 역사가가 그 내용이 무엇인지 해석하려 한다. 그래서 레닌은 이런 말을 한 적이 있다. "정치란 대중이 있는 곳에서 시작한다. 수천 명이 아니라 수백만 명이 있는 곳에서. 그곳이야말로 진정한 정치가 시작되는 곳이다."

민주주의는 그 개념의 발상지인 그리스 시대부터 회의적이었다. 어리석은 대중에 휘말리는 정치로 여겨졌기 때문이다. 엘리트주의자들이나 보수주의자들은 대중을 '거대한 비개인적인 힘'이라고 부르거나 '이름도 없는 너절한 인간들'로 폄하해 부르기도 한다. 그러나 민주주의는 현재까지 인류가 발견한 가장 그럴듯한 장치로서 역할을 하고 있다. 역사가 E. H. 카는 그 이유를 "이름이 알려지지 않았다고 해서 사람이 아닐 수 없고 개인이 아닐 수 없기 때문"이라고 설명한다. 즉 이름도 없는 수백만의 사람들이야말로 많든 적든 간에 무의식적으로 협력하여 하나의 사회적 힘을 형성하는 개인이라는 것이다. 따라서 역사에서 수의 문제는 늘 아주 중요한 의미를 가지고 있다. 그리고 이것은 민주주의의 매우 핵심적 개념이다.

지금은 대부분의 나라가 민주주의를 지향하지만 《미국의 민주주의》가 쓰였던 1830년대만 해도 민주 국가는 거의 찾아볼 수 없었다. 그런 시기에 프랑스 출신의 귀족인 토크빌(Charles Alexis Clérel de Tocqueville)은 새로 태어난 미국을 둘러보며 깊은 인상을 받고 장차 민주주의가 대세가 되리라고 예언했다. 혁명 정부 치하에서 시련을 겪었던 귀족 출신의 정치가에게 이런 예언은 쉽지 않았을 것이다. 그는 미국에서 어떤 민주주의를 보았던 것일까?

"나는 미국에서 미국 이상의 것을 보았다"

1805년 노르망디의 귀족 가문에서 태어난 토크빌은 프랑스의 유명한 정치 사회학자이자 역사가이자 정치가였다. 그는 프랑스혁명이 끝난 혼란스러운 시기에 태어났다. 귀족 가문이었던 그의 집안은 혁명 정부가 출현하고 그의 할아버지인 말레제르브가 루이 16세를 변호하면서 혹독한 시련을 겪었다. 많은 친척들이 로베스피에르의 공포 정치 아래에서 단두대의 이슬로 사라졌다. 토크빌의 부모는 감옥에서 처형을 기다리다가 로베스피에르가 몰락하면서 간신히 살아났다. 하지만 심한 마음고생으로 인해 토크빌의 아버지는 24세에 백발이 되었다고 한다. 토크빌의 집안은 단두대에서 처형된 많은 친척들의 유산을 상속받으면서 부유해졌지만 불안한 정세에서 자유롭지는 못했다. 토크빌은 이런 불안정한 상황에서 다소 충동적인 성격을 지닌 조심스러운 소년으로 성장했다. 루이 16세를 변호하여 집안을 위험에 몰아넣었던 토크빌의 할아버지는 한편으로는 군주제를 비판하고 인민의 자치제를 주장할 정도로 개혁적이었다. 그래서 토크빌은 "나는 말레제르브의 손자다. 말레제르브는 왕 앞에서는 인민을, 인민 앞에서는 왕을 옹호했다. 그의 위대함은 내가 지금까지 잊지 않고 또 결코 잊을 수도 없는 본보기다"라고 쓰기도 했다.

　토크빌은 16세에 왕립대학에 들어갔고 이후 파리에서 법학을 공부하여 1827년 하급 법관이 되었다. 그러나 1830년 7월 혁명으로 부르봉 왕가가 몰락하면서 토크빌의 장래도 불투명해졌다. 그는 법관을 그만둘 생각을 하고 친구 보몽과 함께 미국의 교도소 시스템을 연구할 목적으로 미국 여행을 신청했다. 1831년 허가는 났지만 여행에 대한 재정적 지원은 전혀 이루어지지 않았다. 토크빌은 자비로 미국을 여행하면서 신생 국가에 민주주의가 실현되는 모습에 깊은 인상을 받았다. 그는 다른 사회적 조건을 지닌 프랑스 등 유럽 국가에 민주주의를 실현할 길을 찾고 싶었다. 여행을 마친 토크빌은 '미국의 민주주의'라는 제목으로 두 권의 책을 출판해 크게 주목을 받았다.

《미국의 민주주의》서론에서 토크빌은 이 책을 쓰게 된 이유를 이야기한다. 그에 따르면 귀족은 자신들의 특권을 정당한 것으로 믿고 농노는 자신의 열등한 처지를 당연한 자연 질서의 결과로 본다는 것이다. 그래서 불평등과 비참함이 있어도 두 계급 모두 타락하지 않고 안정, 힘, 영광을 구가했다. 그러나 이제 상황이 바뀌어 계급 차별이 사라지고 인류를 갈라놓았던 장벽들도 무너지고 있다. 재산과 권력이 쪼개지고 있다는 것이다. 지성의 빛이 퍼지면서 모든 계급이 평등을 향해 움직이고 사회는 민주주의를 향해 나아간다. 그래서 토크빌은 이런 추세에 맞춰 미국을 연구함으로써 프랑스에도 적용할 수 있는 유용한 사례와 경험을 찾아보고 연구하고 싶었다고 한다. 그리고 그는 이렇게 덧붙인다.

특정한 형태의 정부를 옹호하려는 목적은 아니다. 왜냐하면 어떤 법체계에도 절대적인 완벽성은 있을 수 없다는 것이 내 의견이기 때문이다. 내게는 저항할 수 없는 것으로 보이는 저 사회혁명이 인류에게 유익할지 해로울지를 판단하려는 의도도 없다. 나는 이 혁명을 이미 이루어졌거나 이루어지려는 사실로서 인정한다. 그리고 나는 그 혁명의 자연스러운 결과를 판별하고 가능하다면 인류를 유익하게 할 방법이 있는지를 알아보기 위해 가장 평화스럽고 완벽한 전개 과정에 따라 그 혁명을 겪은 나라를 선정했다. 나는 미국에서 미국 이상의 것을 보았다. 나는 미국에서 민주주의 자체를 그 성향, 성격, 편벽성, 그리고 정열과 더불어 고찰했다. 우리가 민주주의의 발전에서 얻을 이익과 해독을 알아보기 위해서였다.

토크빌은 민주주의에서 가장 두려운 점으로 다수의 횡포를 꼽았다. 또한 그는 민주주의가 자유롭기 때문에 무질서로 흐를 거라고 흔히들 생각하지만 그것은 아주 작은 해악에 지나지 않고 그보다 더 문제가 되는 것은 자기도 모르게 서서히 진행되는 노예화 과정이라고 말한다. 민주주의 국가에서는 그물처럼 촘촘한 규칙들 속에서 사람들이 창조력을 잃어가며 소시민화된다는 것이다.

언론과 결사가 자유로워야 하는 이유

서른 살도 되지 않은 토크빌은 1년도 안 되는 짧은 체류 기간 동안 놀라운 혜안을 발휘하여 놀라운 저작을 남겼다. 갓 서른에 집필했던 1권은 주로 언론, 법, 정치를 통해 미국의 민주주의를 분석하며 무엇이 민주주의를 탄생시켰는지를 들려주고 5년 후에 발표한 2권은 민주주의가 사상, 문학, 문화 등에 어떤 영향을 줬는지를 들여다본다.

먼저 토크빌은 국민이 주권을 가지는 나라, 즉 민주주의 국가의 필수조건으로 언론의 자유를 꼽는다. 자신의 생각을 표현하는 것도 중요한 일이지만 동시에 존재하는 여러 사람들의 다른 생각을 알고 비교하고 판단하는 것도 중요하다는 것이다.

언론의 자유가 없다면 올바른 선택과 정치도 어렵다. 언론의 자유는 표현의 자유를 통해 여러 문제나 폐단을 야기할 수 있다. 하지만 그 자유를 억압하거나 금지한다면 절대적인 독재와 굴종이라는 더 큰 위험이 생겨난다. 그러므로 언론의 자유는 필요악이다. 언론의 자유에 따

르는 이득을 누리기 위해서는 그에 따르는 필연적인 폐단을 수용해야
한다. 프랑스 신문에서 광고는 제한적이고 시사 토론이 기본을 이룬
다. 반면 미국의 신문은 많은 부분이 광고에 할애되고 나머지 부분들
도 정치 기사나 잡다한 기사로 채워진다. 또 프랑스는 언론 기관이 많
지 않고 소수에게 집중되어 있다. 그러나 미국의 인쇄업자들은 자격
증이 필요 없고 영국에서처럼 인지세도 없다. 그래서 미국에서 신문
창간은 쉽고 실제로 간행물의 수도 엄청나다. 언론의 영향력을 줄이
는 가장 좋은 방법은 언론의 수를 늘리는 것이기 때문이다. 미국에서
는 거의 모든 타운에 독자적인 신문이 있다. 그리고 이런 신문들은 미
국 행정부를 지지하거나 반대하며 저마다의 수단과 방법으로 정부를
옹호하거나 비난한다. 출판물이 너무 많기 때문에 이 모두를 장악하는
것은 거의 불가능하다. 쉽게 신문을 만들고 많은 신문이 서로 경쟁한
다. 그리고 미국 언론은 종종 노골적으로 독자의 감정과 인기에 영합
한다. 인신공격도 망설이지 않으며 거리낌 없이 사생활과 비행을 폭로
한다. 그래서 편집자들의 견해는 독자들에게 별로 영향력이 없다. 이
런 언론이지만 언론 자체의 힘과 영향력은 막강하다. 언론은 정치를
감시하고 견제하며 정보를 통해 서로 알지 못하는 사람들 간의 의사소
통을 도와주고 지역 사회의 이해관계를 조정한다. 많은 출판물들이 같
은 입장을 취할 경우 발생하는 여론의 압력을 이겨내는 것은 누구에게
든 쉽지 않다. 그래서 미국의 많은 신문들이 개별적으로는 별로 힘이
없지만 전체적으로는 국민 다음으로 강력한 권력을 갖는다. 언론의 자
유가 주어지고 이것이 일상적인 것이 되면 사람들은 자신의 견해를 그
것이 진리이기 때문이 아니라 자신의 선택이라는 점에서 애착을 갖는

다. 여러 견해들 중에 하나를 선택하는 이유는 그것이 진실이어서가 아니라 현재로서는 최선의 것이기 때문이다. 언론이 자유롭고 급격히 변화하여 유행하는 사상을 접하기 쉬운 시대에는 절대적인 견해는 없어진다. 순교자도 없고 배교자도 없는 것이다.

허가가 필요 없었던 덕분에 미국에는 독립 초창기부터 매체의 수가 엄청나게 많았던 모양이다. 이렇게 매체가 많아지면 각 매체의 영향력은 작아질 수밖에 없는 대신 언론 그 자체의 힘은 커진다. 프랑스의 경우는 그 반대로 매체의 수가 많지 않아 각 매체의 힘은 크지만 언론 자체의 힘은 크지 않았다.

언론의 자유와 더불어 토크빌은 민주주의의 필수 요소로서 집회결사의 자유를 손꼽았다. 그는 결사가 여러 사람의 노력을 결집시킴으로써 하나의 목표를 향해 나아가게 하고 이는 글로 쓰는 언어 이상의 효과를 낸다고 주장한다. 토크빌의 주장에 따르면 우선 생각이나 이해관계가 같은 사람들끼리 모여서 규칙을 정함으로써 결사가 성립된다. 그들은 정기적으로 만나서 자기 집단을 대표할 대표자를 선출한다. 결사의 크기에 따라 그 영향력은 달라진다. 이렇게 만들어진 결사는 폭력적이고 비합법적인 힘을 행사하기보다는 합법적으로 여론을 통한 압력단체의 역할을 하게 된다. 반면 유럽의 결사들은 수는 적지만 행동을 위한 결사들이다. 가령 귀족들의 결사는 왕의 정치가 신통치 않을 경우 대항한다. 영국에서 벌어진 의회파와 왕당파 사이의 내전이 그 예다.

왜 민주주의는 미국에서 태어났는가?

미국은 주로 영국의 청교도들이 건립한 나라였다. 본래 종교적 박해를 피해 신대륙으로 건너온 그들은 신 앞에 모두 평등하다는 생각을 가지고 있었다. 민주주의가 미국에서 시작될 수밖에 없었던 것은 그들이 태생적으로 평등과 자유라는 문화적 유산을 기반으로 했기 때문이다. 그래서 선거제도도 일찌감치 자리를 잡았다. 국민들이 참정권을 갖고 지도자를 뽑는 모습에 토크빌은 충격을 받았을 것이다. 그렇게 구성된 의회를 둘러보며 토크빌은 무엇을 느꼈을까?

하원에 인물다운 인물이 한 명도 없는 경우도 흔하다. 하원의원들은 거의 모두 한미한 사람들이다. 그들은 대부분 시골 변호사나 상인이나 하층민들로 이루어져 있다. 교육이 지극히 일반화된 나라인데도 하원의원들이 정확히 글을 쓰지 못한다는 말도 나온다. 하원에서 몇 걸음 떨어진 곳에 상원이 있다. 넓지 않은 상원에는 미국의 명사들이 상당수 포함된다. 상원의원으로서 활동적이고 당당한 경력을 가지지 못한 인물은 거의 없다. 상원은 뛰어난 웅변을 자랑하는 법률가, 저명한 장군, 현명한 관리, 저명한 정치가들로 이루어져 있고 이들의 토론은 유럽의 가장 뛰어난 의회에도 전혀 밀리지 않는다. 어떻게 이런 이상야릇한 차이가 생기는 것일까? 왜 하원보다는 상원에 능력 있는 시민이 모일까? 왜 하원에는 천박한 요소들이 두드러지고 상원은 지성과 재능을 독차지하는가. 상하 양원 모두 국민에게서 나오며 양원 모두 보통선거로 뽑힌다. 하원은 국민이 직접 선출하고 상원은 피선된 기구들이 선출한다는 점이 이런 차이를 설명해주는 유일한 이유 같다.

영국, 독일, 프랑스, 이탈리아, 스페인 등 유럽의 국가들은 대부분 양원제를 도입하고 있다. 미국과 캐나다도 양원제이고 일본도 양원제다. 우리도 4.19혁명 이후 2년 정도 양원제를 채택했었다. 현재 미국의 경우 상원의원은 인구와 상관없이 주마다 두 명씩 선출하고 하원의원은 인구에 비례해 선출한다. 예를 들어 캘리포니아 주 같은 경우에는 53명의 하원의원을 선출한다.

양원제와 단원제 가운데 어느 체제가 우수하다고 단정 지을 수는 없다. 결국 운영의 문제이기 때문이다. 그래서 정치인의 부정부패가 문제된다.

귀족정치에서는 상부 권력층이 부유한 사람들이라 오직 권력만을 바란다. 민주정치에서 정치가들은 가난하며 재산을 쌓아야 한다. 결과적으로 귀족정치의 지도자들은 돈에 대한 욕망이 크지 않아 별로 부패할 필요가 없지만 민주정치의 경우는 그와 정반대다.

토크빌은 귀족정치를 이끌어가는 상류층들은 원래 부유하므로 별로 부패할 이유가 없다고 말하지만 부유하면 부유할수록 더 많이 가지려는 것이 인간의 본능이다. 그래서 늘 권력은 부패하기 마련이다. 동양의 권력자들도 부정부패를 늘 경계했다. 가령 노나라 승상이었던 공의휴는 생선을 좋아했지만 사람들이 들고 오는 생선은 받지 않았다. 그는 자신이 재상일 때는 자기 돈을 주고 사먹으면 되지만 괜히 뇌물로 생선을 받다가 재상 자리에서 쫓겨나면 생선을 사먹을 처지도 못 되고 생선을 가져다줄 사람도 없을 것이라고 이야기한다.

공공의 이익이 나의 이익이다

토크빌은 미국식 민주주의의 장점으로 공공정신과 준법정신을 꼽는다. 개인적인 이익에 따라 움직이는 평범한 사람들조차 공공의 이익을 위해 애쓰고 국민의 이름, 국가의 이름으로 정해진 규칙을 따른다는 것이다.

미국은 그리 오래된 나라가 아니며 영국에서 관습이나 전통도 가져오지 못했다. 또한 사람들은 전혀 모르던 사이로 최근에야 처음 만났다. 그래서 조국을 비롯해서 본능적인 충동에 의해 애착을 가질 만한 근거가 없다. 그럼에도 그들은 타운이나 카운티의 일에 열정적인 관심을 갖는다. 무엇 때문일까? 가장 큰 이유는 공공의 이익이 자신의 이익이라고 생각하기 때문이다. 미국의 하층민들은 나라가 잘살아야 내가 번영한다는 것을 잘 안다. 미국인들은 사회와 국가의 모든 일에 참여하면서 나라의 일을 자신의 일로 생각하고 국가를 옹호하는 것이 자신을 옹호하는 것이라 여긴다. 그래서 외국인이 미국인 앞에서 미국을 비난하는 것은 쉬운 일이 아니다. 이 일에 이해를 구하고자 하면 냉정하게 거절당할 것이다. 권리는 중요한 개념이다. 아이들은 처음에는 타인의 소유에 대해 아무 인식 없이 자라다가 점차 타인의 소유를 배려하고 마침내 타인의 권리를 존중함으로써 자신의 권리를 인정받는 법을 배우게 된다. 권리를 깨닫게 하는 가장 좋은 방법은 모든 사람이 자신의 권리를 평화롭게 행사하게 하는 것이다. 미국에서는 모든 사람이 자신의 소유를 가지고 있기 때문에 타인의 소유도 동시에 인정한다. 그래서 유럽에서는 빈번히 일어나는 재산에 대한 불평도 별로 들리지 않는다. (……) 개인의 사적인 이익을 권리의 개념과 결부시키는 것은 가장 현명한 방법이다. 자신의 이익에 대한 집착은 인간에게 가장 변하지 않는 요소이기 때문이다. 이런 식으로 모든 사람이 권리를 행사할 수 있다는 것이 민주주의의 가장 큰 장점이다.

미국 사람들은 지극히 개인주의적이라는 인식이 있지만 애국심도 대단하다. 그들은 타운이나 카운티 등을 구성하고 주민끼리 모여서 토론하고 의결하고 규칙을 정하고 대표자를 선출하는 모든 과정에 직접 참여하면서 공공의 일을 자기 일로 인식했던 것이다. 그리고 자기가 만든 법이니 반드시 준수하고 불합리하면 스스로 뜯어고친다는 인식이 있었다.

민주주의의 함정

토크빌은 우리가 흔히 다수결의 횡포라고 부르는 민주주의의 함정에 대해서도 이야기한다. 민주 사회에서 다수가 휘두르는 절대 권력이 어떤 폐해들을 가져오는지 알아보자.

미국의 위험은 흔히 말하듯이 과도한 자유가 아니라 다수의 폭정을 견제할 방법이 없다는 점에 있다. 여론, 입법부, 행정권 등 어디에 자신의 억울함을 호소하든 이 모두는 다수에 의해 인정된 기구들이다. 공권력도 다수에 의해 임명된 것이고 배심원도 다수의 지지로 구성된 것이다. 이런 폭정을 피하기 위해 입법부는 다수의 노예가 되지 않게 구성되어야 하고 행정권은 안정적인 독립성을 갖추어야 하며 사법부는 다른 두 기구로부터 독립적으로 운영되어야 한다. 미국 내에서 다수의 폭정이 흔한 일은 아니지만 그럼에도 거기 맞설 확실한 방법이 없다는 것은 사실이다. 예를 들어, 1812년 볼티모어에서는 이런 일이 있었다. 당시는 전쟁 중이었고 많은 사람이 전쟁을 지지했다. 반면에 전쟁에 반대한 신문사는 그 때문에 군중의 습격을 받았다. 그 신문사의 편집인들을 보호하기 위해 그들을 감옥에 수감하기까지 했다. 그러나 미쳐서 날뛰는 군중들은 감옥까지 부수고 들어가서 폭력을 행사했다. 한명은 피살되고 나머지는 죽도록 구타당했다. 그리고 폭행범들은 재판에서 배심원들에게 사면되었다. 다수파는 자신들의 이익에 반대될 경우 언제든지 폭도로 변할 위험이 있다.

선거로 여당이 된 제1 정당이 모든 권력을 독차지하고 국회에서도 다수결로 밀어붙이는 경우를 종종 보게 된다. 그들을 선출한 것은 국민이지만 국민에게는 힘이 없다. 게임의 장이 바뀌기 때문이다. 토크빌이 아주 예리하게 지적하듯이 다수의 힘이 우리의 신체뿐만 아니라 사상과 영혼까지도 지배할 수 있다. 아무리 시시한 견해라도 다수의 견해이고 다수가 동의한 의견이라면 거기 따라야 한다는 것이 미국인들의 규칙이기 때문에 다른 의견을 내면 정신적인 박해를 받게 된다. 다수는 소수를 억압해도 되고, 소수의 의견은 가치 없는 것인가? 민주 사회에서 여전히 문제가 되는 질문이다.

자유와 평등, 어느 것이 더 좋을까?

《미국의 민주주의》 2부는 '민주주의가 미국의 철학, 종교, 학문, 예술 같은 지적 행위에 어떤 영향을 미쳤는지'를 다루고 있다. 토크빌은 종교의 자유와 정치적 독립이 최대한 유지되어야 한다고 강조한다. 왜냐하면 인간의 조건이 평등해질수록 종교는 영원한 세계에 대한 원대한 개념을 제시함으로써 더욱 위대해진다고 생각했기 때문이다. 그렇지만 그는 종교가 영역 너머로 세력을 넓히려는 것을 위험한 시도로 여겼다. 그래서 미국은 성립 당시부터 청교도적인 성향이 강했지만 국교 없이 정교가 완전히 분리되어 있었다는 점을 강조한다. 토크빌이 바라본 미국의 문학은 어땠을까? 민주주의 시대에 문학은 귀족주의 시대처럼 질서나 균형, 학문이나 예술성 같은 것을 나타낼 수 없다. 이와는 반대로 형식은 보통 무시될 뿐만 아니라 경멸되기까지 한다. 문체는 환상적이거나 애매모호한 경우가 많으며 또 부자연스럽거나 엉성하기도 하고 거의 언제나 격렬하고 대담하다. 토크빌은 미국의 서점에는 굉장히 많은 책들이 있지만 좋은 책은 별로 없다고 한마디로 못을 박는다. 한편 미국은 기본적으로 영어를 썼지만 영국식 영어와는 차이가 있었다. 토크빌은 그런 차이가 민주주의에서 비롯되었다고 보았다. 변화가 없는 귀족 사회에서는 언어도 변하지 않는다. 그러나 미국처럼 다이내믹한 사회나 날로 성장하는 경제나 상업 분야에서는 과거의 언어만으로는 부족하다. 그래서 새로운 신조어들이 계속 만들어지고 기존 단어에 새로운 뜻이 추가되면서 영어에도 뚜렷한 차이가 보인다는 것이다.

　민주주의는 우리의 감정에는 어떤 영향을 미쳤을까? 토크빌은 민주주의의 바탕을 이루는 자유와 평등에 대해 이야기하면서 인간은 습관적으로 자유보다는 평등을 좋아한다고 말한다. 그 이유가 무엇일까?

인간은 평등이 고귀하기 때문에 매달리기도 하지만 그것이 영원히 지속되리라고 생각하기 때문에 매달리기도 한다. 과도할 경우 정치적 자유가 개인의 평온과 재산과 삶을 더럽힌다는 점은 마음이 편협하고 생각하기를 싫어하는 사람에게도 분명히 드러난다. 반면 주의력이 깊고 통찰력이 뛰어난 사람만이 평등의 위험을 인식한다. 그러나 그들은 그 위험을 지적하는 것을 회피한다. 그들은 그런 재앙을 먼 훗날 미래 세대에나 닥쳐올 것이라고 말한다. 자유에 의해 가끔 초래되는 악은 간접적이다. 그러나 모든 사람에게 분명히 드러나며 누구나 거기 감염되어 있다. 극단적인 평등이 초래하는 악은 서서히 드러난다. 그것은 점점 사회 체제 속으로 침투해 이따금 드러날 뿐이다. 그런데 그것이 아주 파괴적인 상태가 되어버리면 습관화되어 더 이상 느끼지도 못하게 된다. 자유에 따르는 이익은 시간이 지나야 나타난다. 그래서 언제나 그것이 발생하는 근본 원인을 오해하기 쉽다. 평등에 의한 이익은 즉각적이다. 그래서 이것은 언제나 그 원천에서부터 추적될 수 있다. 정치적 자유는 일정 수의 시민에게 고양된 기쁨을 주곤 한다. 평등은 모든 사람에게 날마다 작은 기쁨을 수없이 준다. 평등의 매력은 순간순간 느껴지며 모든 사람이 누릴 수 있다. 아무리 고상한 정신의 소유자라도 그 매력에 무감각하지 않으며 저속한 사람들도 그것을 미치도록 좋아한다. 그러므로 평등이 불러일으키는 정열은 강렬하고 전체적이다.

자유와 평등은 극단에 가서는 서로 하나가 된다. 완전한 평등 없이는 완전한 자유도 없고, 완전한 자유가 없다면 완전한 평등도 없다. 그러나 그 전까지 자유와 평등은 마치 음과 양처럼 서로 배타적인 경우가 종종 발생하게 된다. 예를 들어 대형 마트를 한 달에 두 번씩 쉬게 하는 것은 자유의 원칙에 어긋난다. 마트를 여는 것은 주인의 마음이기 때문이다. 게다가 어느 쪽은 열게 하고, 어느 쪽은 열지 못하게 하는 것은 평등의 원칙에도 위배된다.

이 문제를 존 롤스의 정의론에 입각해 생각하면 최소의 수혜자들에게 최대의 이익을 주는 경우 경제적 불평등은 용인된다. 왜냐하면 그것이 정의이기 때문이다. 간단히 말해 약자에게 혜택이 돌아가는 경우에는 경제적 불평등이 용납된다. 마찬가지로 기회가 많지 않은 사람에게는 더 적극적으로 기회를 줘야 한다. 예를 들어 낙도에서 자랐기 때문에 교육받을 기회가 별로 없는 사람들에게는 정부가 적극적으로 교육의 기회를 제공할 의무가 있다. 그들이 동일한 조건 하에서 경쟁할 수 있게 해주는 것은 사회적 정의에 적합하다. 역차별이 아니라 적극적인 평등인 것이다. 그래서 민주 사회에서는 평등이 훨씬 본질적이다. 토크빌 시대에는 아직 공산주의나 사회주의가 등장하지 않았지만 이미 1권의 끝에서 그는 세계의 반은 민주주의 아니면 사회주의나 공산주의화될 위험이 있고 미국과 러시아가 이를 주도할 것이라고 말한다. 사회주의나 공산주의는 평등을 바탕으로 자유가 손실된 사회다.

너도 나도 노예라면, 너도 나도 가난하다면 그래도 살 만하다. 그런데 나는 부자고 너는 더 부자면 못살겠다. 그것이 바로 평등에 대한 우리의 일반적인 태도다.

외로워지는 사람들

이런 평등의 가치관 위에 만들어진 것이 민주 국가의 개인주의다. 토크빌은 개인주의를 통해 민주주의의 빛과 그늘을 이야기한다.

> 개인주의는 성숙하고 평온한 감정으로서 사회 구성원을 동료 인간으로부터 분리시킨다. 그는 자신의 조그마한 성을 지은 후에는 기꺼이 사회를 잊어버린다. 이기주의는 맹목적인 본능에 근거한다. 그러나 개인주의는 타락한 감정보다는 잘못된 판단에서 생긴다. 그래서 이것은 일방적인 감정뿐 아니라 지성의 결핍에서 생긴다. 이기주의는 모든 덕성의 씨앗을 마르게 한다. 그러나 개인주의는 처음에는 공공 생활을 좀먹다가 결국 다른 모든 것을 공격하고 파괴하며 마지막에는 이기주의로 전락한다. 이기주의는 예로부터 악덕이었고 어느 사회에나 존재해왔다. 그러나 개인주의는 민주주의를 기원으로 하여 사회의 평등화에 비례해 확산된다. (……)
>
> 민주 국가에서는 끊임없이 새로운 가족이 형성되고 없어진다. 그리고 남아 있는 가족도 그 상태가 변한다. 시간은 순간순간 찢겨나가고 세대는 소멸된다. 앞서 살았던 사람은 곧 잊히고, 뒤에 나타날 사람에 대해 생각하는 사람은 없다. 인간의 관심은 자기 자신과 밀접히 연결된 사람에게 국한된다. 각 계급은 점점 다른 계급에 접근하여 혼합됨으로써 획일화되고 계급적 동질성을 잃는다. 귀족주의는 농부로부터 왕에 이르기까지 모든 사회 구성원을 연결시켰으나 민주주의는 그 끈을 파괴하고 그 고리를 잘라냈다. 사회가 보다 평등해짐에 따라 동료에게

영향력을 행사할 수 있을 만큼 부유하거나 강력하지 못해도 자신의 욕구를 충족시킬 만한 교육과 재산을 갖춘 사람의 수는 늘어나고 있다. 그들은 어떤 사람에게도 빚진 것이 없으며, 또 아무것도 기대하지 않는다. 그들은 항상 홀로 지낸다는 생각을 습관화하고 있으며 그들의 운명은 자신에게 달려 있다고 생각한다. 이와 같이 민주주의는 모든 사람이 자기 조상을 잊게 하고 후손에 무관심하게 하며 동시대인에게서 고립되게 한다. 그래서 민주주의는 언제나 자신에게만 매달리게 하고 마침내는 인간을 완전한 고독에 가둘 위험이 있다.

자기중심으로 모든 것을 생각하는 태도인 이기주의는 일종의 본능으로, 민주 사회와는 무관하게 인간이 태생적으로 타고난 것이다. 하지만 개인주의는 민주주의의 산물이다. 수없이 변하는 사회에서 구성원은 자기를 중심으로 하는 관계 외에는 관심이 없다. 옆 사람에게 빚진 것도 없고 기대할 것도 없고……. 나 자신이 내 운명의 신이다. 그렇게 모든 관계는 끊어지고 내게로 모든 것이 응축되면서 우리는 외로운 상태에 빠져들게 된다.

아메리칸 드림의 실체

광대한 자연 속에서 부를 누리며 민주체제를 토대로 더 강력한 국가, 더 강력한 국민을 만들어냈던 미국. 그 지칠 줄 모르는 실용주의, 세속주의, 물질적 욕망, 행복에의 추구 등은 이제 새로운 국면을 맞게 되었다. 토크빌 시대 미국인들에게 행복과 성공이란 어떤 의미였을까?

정신과 육체는 똑같이 중요하다. 이 둘을 분리하는 것은 곧 죽음이다. 인간은 육체로서 동물에 속하지만 동물에게는 없는 정신을 가지고 있다. 그래서 인간의 쾌락은 육체적일 뿐만 아니라 정신적일 수도 있다. 인간은 물질적 이익만이 아니라 정신적인 유익도 추구한다. 정신이 약화되면 육체적 이익을 추구하는 데도 불리해진다. 그러므로 정신의 기능을 강화하고 확대하는 것은 물질적 이익에도 중요하다. (……)

민주 국가의 시민들은 대체로 세습 재산이 없다. 가난한 그들은 먹고 살기 위해 일을 해야 했으므로 노동은 자연스럽고 당연한 것이었다. 그들의 부모들도 가난해서 역시 일을 해야 했다. 미국인들은 노동을 긍정적으로 생각한다. 귀족주의 사회에서는 놀고먹는 것이 존경받지만 미국에서는 부자가 공익에 기여하지 않고 여가를 즐기는 것은 부끄러운 일이다. 노동을 통해 이익을 얻기 때문에 노동은 행복의 수단이다. 귀족주의 사회는 돈을 벌기 위해 노동하는 것을 천하게 여긴다. 보수가 없어도 관직을 갖기 원한다. 덕이나 야망 때문에 일하는 것이 높이 평가받는다. 그러나 민주 사회는 다르다. 모든 사람이 행복을 추구하지만 행운은 모든 사람에게 똑같이 찾아오지 않는다. 민주 국가에서는 누구든 안정된 삶을 위해서 재산이 필요하다는 것과 재산은 노동을 통해 획득된다는 사실을 인정한다. 사회 전체가 노동을 자랑스럽게 여기고 생계에 필요한 돈을 위해 노동을 한다. 그래서 민주 사회에서는 직업 간의 차이가 거의 없다. 무슨 직업이든 결국 돈을 버는 수단이니까. 미국에서는 모든 사람이 일하기 때문에 노동이 천하지 않다. 또한 누구나 보수를 받고 일하기 때문에 돈을 받고 일한다고 멸시당하지 않는다. 물론 보수가 많은 직업이나 적은 직업, 일이 힘든 직업이나 덜

힘든 직업 간의 차이는 있어도 정직한 직업이면 무엇이든 명예스러운 직업이다.

귀족주의 사회에서는 돈을 받고 일을 하는 것이 굉장히 유치하고 상스러운 일로 여겨졌다. 그러나 민주 사회에서는 유산이 없으니 다들 제힘으로 먹고살아야 한다. 돈을 받는 것이 이상한 일이 아니고, 노동으로 재산을 축적하는 것이 자연스러운 일이었다. 토크빌은 아메리카에서는 직업의 귀천이 없다고 하지만 차별과 차이는 있다. 그래서 다들 교육을 통해 더 좋은 직업, 더 즐거운 직업을 찾으려 애쓰는 것이다.

현실적 인간의 출현

토크빌이 보기에 민주주의는 관습과 풍습에도 영향을 미쳤다. 주인과 종의 관계, 정통적인 주종관계를 민주주의는 어떻게 변화시켰을까?

귀족주의 사회에서 주인과 종은 각자 계급을 형성하고 독특한 관습이나 생활 태도를 유지하지만 민주 사회에서는 명령하는 자와 복종하는 자 사이에 그런 것이 없다. 그러므로 미국 사회에서는 하인 계급 특유의 노예근성을 찾아보기 힘들다. (……) 미국에는 하인들 사이에 서열이 없고, 또 하인이라도 주인과 거의 동등하다. 하인도 조건을 갖춘다면 언제든지 주인이 될 수 있기 때문이다. 단지 주인과 하인의 관계에는 명령과 복종이 있을 뿐이다. 주인은 명령하고 하인은 복종할 뿐이다. 그리고 명령하는 자와 복종하는 자의 관계는 계약에 근거해 일시적으로 발생한다. 이 관계를 벗어나면 주인이나 하인이나 결국 같은 시민이다. 계약은 주인이 명령하고 하인이 복종하는 유일한 근거다. 명령하는 자와 복종하는 자는 같은 일에 종사하며 날마다 함께 시간을 보내지만 그들의 이해관계는 다르다. 그러므로 귀족주의 사회에서 가끔 발견되는 감동적인 주인과 하인의 관계는 거의 발생하지 않는다. 하인은 주인의 집에 어떤 사정으로 잠시 머무는 사람일 뿐이다. 그는 주인의 조상에 대해서도 모르고 후손에 대해서도 알고 싶어하지 않는다. 그런 문제에 관심을 가질 이유가 없기 때문이다. 민주 사회에서 주인과 하인의 관계는 다른 규칙에 준한다. 하지만 혁명을 통해 계급제도가 붕괴되고 민주주의가 도입되는 나라에서는 그리 간단하지가 않다. 법으로는 주인과 하인 사이의 항구적인 계급 차별이 존재하지 않지만 사람들의 마음에는 여전히 이런 관념이 남아 있다. 주인은 여전히 자기가 우월하다고 생각하고 하인의 헌신을 기대한다. 비록 일시적인 주종관계지만 주인은 하인에게 이전 시대의 충성심을 내심 바란다. 귀족주의 사회와 민주 사회의 과도기에는 복종하는 사람의 생각도 불안정하여 양쪽을 오가는 경우가 많다. 하인들은 복종을 의무로 생각하는 대신 이익을 위한 천한 행동이라고 여긴다. 주인과의 관계에서 하인들은 평등에 따른 자신의 자리를 잡지 못하고 복종의 결과로 얻는 이익은 좋아하되 주인은 싫어한다. 그들은 주인들이 자신의 권리를 억압하고 빼앗는 자라고 생각한다. 그러므로 주인은 어떻게든 종에게 지불할 자신의 보수를 피하려고 하고 반대로 하인은 어떻게든 자신의 의무를 피하려고 한다. 한편에서는 권위와 억압이, 다른 한편에서는 자유와 복종이 서로 대립하는 상태는 민주주의라고 말하기 힘들다. 이러한 시대는 혁명의 시대일 뿐이다.

귀족주의 사회에서 하인과 주인의 관계는 피로 결정되기 때문에 벗어날 수가 없다. 그러나 민주주의 사회에서 그것은 일시적인 관계일 뿐이다. 예를 들어 내가 어느 레스토랑에서 밥을 먹는다면 웨이터나 웨이트리스가 서빙을 해주고 나는 팁을 주게 된다. 잠시지만 주어진 공간과 시간 내에서 나는 주인, 그 사람은 하인 같은 관계를 맺는 것이다. 그러나 그 사이에 아무런 주종관계도 없다. 웨이터나 웨이트리스는 그 장소와 시간을 벗어나면 나와 동등한 시민이다. 그러니까 이런 주종관계는 굉장히 유동적이다.

토크빌은 미국의 민주주의에 대해 상당한 호감을 가지고 있었음에도 흑인과 인디언의 운명에 대해서는 슬퍼했다. 그는 노예제도가 사라져야 한다는 인식을 가지고 있었다. 토크빌은 엄청난 성장을 거듭하는 신생 국가 미국에서 합리적인 욕망을 쫓는 새로운 인간상과 마주친다.

미국인들은 현재 자신의 상태에서 벗어나기 위해 조력한다. 미국에는 재산을 모으거나 출세하려고 노력하는 사람은 많지만 위대한 이상이나 야심을 가진 사람은 별로 없다. 이는 위대한 일을 추구하는 사람이 거의 없다는 의미다. 평등해지면서 야심을 품은 자들이 많아진 프랑스와는 반대되는 현상이다. 혁명은 무질서와 혼란 속에서 품어온 욕망과 그 실현에 대한 무한한 기대를 갖게 하기 때문이다. 혁명이 끝난 뒤에도 욕망은 계속 확대되는 반면 이를 충족시킬 수단은 줄어든다. 욕망을 충족시킬 기회는 희박한데도 야심이 요동치는 것이다. 그러나 사회가 안정되고 질서가 수립되면 욕망과 그 충족 수단이 조화를 이루고 사회적 평등이 항구적으로 자리를 잡으면서 민주 사회가 실현된다. 일단 항구적인 민주 사회가 자리를 잡으면 거대한 야심은 다시 작아진다. 모두가 평등해지고 특권이 없어지면 누구든 앞서 가기를 바라도 단번에 이를 충족시키는 일은 불가능해지기 때문에 사람들은 거대한 야심을 품지 않는다. (……) 민주 시대에는 사람들에게 거대한 야심을 가지라고 고무할 필요가 있다. 사람들이 일상 속에서 너무 볼품없고 왜소해지지 않도록 큰 욕망을 가지라고 격려할 필요도 있다. 겸손은 현대인에게는 유익하지 않다. 현대인은 자신을 높게 생각하고 더 큰 것을 이루고자 하는 자존심이 필요하다. 우리가 가진 몇 개의 작은 덕성을 포기해서라도 하나의 악덕을 가지는 것이 낫기 때문이다. 미국인은 학식과 돈이 어느 정도 있으면 상공업에 종사하거나 황무지를 개간한다. 그는 자기 재산을 지켜주는 외에는 국가의 간섭을 원치 않는다. 공직에 나가 출세하려는 유럽인과는 많이 다르다.

토크빌은 땅을 개간하고 돈을 모으는 것밖에 생각하지 않는 소시민화된 미국인들을 보며 현실적이고 세속적인 것들 말고, 귀족주의 사회처럼 이상적이고 원대한 담론들이 있었으면 좋겠다는 바람을 피력한다. 그는 미국인들이 인류의 영적이고 정신적인 도약을 위한 일들을 고민했으면 했던 것이다.

누가 위대한 민주주의를 만드는가?

평등 없이 민주주의는 이루어질 수 없다. 그럼에도 평등만으로는 건강하고 생산적인 사회를 만들기 어렵다. 사회주의 국가와 공산주의 국가가 비생산적인 것도 평등의 원칙 탓이다. 최고의 경쟁력이나 예술성이 발휘되지 못하는 것도 평등의 원칙 탓이다. 평등은 우리 삶에 어떤 영향을 미쳤을까?

사회가 평등해지면서 개인의 중요성은 약해지고 사회의 중요성은 커진다. 오히려 시민은 전체에 동화되어 군중 속에 매몰되고 이에 따라 거대하고 당당한 전체 국민의 모습 이외에는 아무것도 뚜렷이 드러나지 않는다. 이에 따라 민주 시대를 사는 사람들은 자연스럽게 사회의 특권은 높이 생각하되, 개인의 권리는 아주 하찮게 생각하게 된다. 그래서 그들은 사회의 이익은 절대적인 반면 개인의 이익은 아무것도 아니라는 생각을 하게 된다. 그들은 사회를 대표하는 권력은 개인보다 훨씬 많은 정보와 지혜를 가지고 있음을 인정한다. 또한 시민을 지도하는 동시에 통치하는 것은 권력의 의무요, 권리라고 생각한다. 미국인들은 최고 권력은 주민으로부터 나와야 한다고 생각한다. 그러나 일단 그 권력이 설정되고 나면 거기에는 한계가 없는 것으로 생각한다. 권력은 무엇이든 할 수 있는 권리가 있다고 생각하는 것이다. (……) 현대인들은 보통 생각하는 것보다 분열되어 있지 않다. 그들은 최고 통치권이 누구에게 주어져야 하는지에 관해서는 끊임없이 논쟁하면서도 최고 통치권의 의무와 권리에 대해서는 의견의 일치를 보고 있다. 그들은 정치란 유일하고 단순하며 신의에 입각한 창조적인 권력과 관련 있다고 생각한다.

평등이라고 하는 것은 너와 내가 같다는 주장이다. 그러다 보니 개인이 자꾸 작아지면서 전체 국민은 존재하지만 개개인은 자꾸 사라져간다. 그러면서 소시민이 되어 일상에만 전념하게 된다. 토크빌은 평등을 옹호하면서도 우리가 스스로 선출한 통치자들, 우리보다 훨씬 많은 정보와 훨씬 커다란 권력을 가진 사람들에게 무조건 복종할 가능성이 있음을 우려했다. 민주주의 국가가 아주 쉽게 전체주의 국가로 흘러가는 경우가 그렇다. 또는 히틀러나 무솔리니 같은 독재자의 경우가 그렇다. 위대한 국가를 만들어내기 위해서는 많은 위험을 떠안아야 하고 그런 위험은 평등에서 나올 수 있다는 사실을 잊지 말아야 한다.

한편 토크빌은 법이 모든 것을 해결해주다 보면 그만큼 개인의 권리를 양보해야 한다고 주장한다. 이런 상황이 계속될 경우 우리가 마주할 수 있는 최악의 상황에 대해 그는 어떻게 경고하고 있을까?

나는 전제 정치가 등장하는 상황에 대해 새로운 특징들을 추적해보려고 한다. 첫 번째로 눈에 띄는 것은 평등하고 동일한 군중의 삶 속에서 싫증나게 겪는 사소한 쾌락을 위해 끊임없이 노력한다는 사실이다. 그들 각자는 서로 분리되어 있기 때문에 다른 사람의 운명에는 무관심하다. (……) 이런 사람을 위해 보호자로서 거대한 권력이 군림하게 된다. 이 권력은 이들을 만족시키는 동시에 이들의 운명을 감시하려고 한다. 이 권력은 절대적이고 세심하며 단호하고 신중하며 유순하다. 만약 인간을 어른으로 길러내는 것이 그 목적이라면 양친의 권위와 마찬가지일 것이다. 그러나 권력은 인간을 계속 아이 상태에 묶어두려고 한다. (……) 정부는 국민의 안전을 보장해주고 생필품을 공급해주며 오락 시설을 제공하고 중요 관심사를 처리해주며 산업 활동을 감독해

주고 상속을 조정해주며 유산을 분배해준다. 정부는 매일 인간의 자유로운 행위가 별 쓸모없게 함으로써 자유로운 행위의 횟수를 줄여버린다. 그래서 정부는 인간의 의지를 아주 좁은 범위에 제한시키고 점차 인간으로부터 스스로 활동하고자 하는 의욕을 박탈해버린다. (……) 최고의 통치 권력은 사회 구성원을 장악하고 마음대로 다루게 되면 그 다음으로 그 힘을 전체 사회로 확장하게 된다. 통치 권력은 사회를 모두 장악한 다음 획일적이고 복잡하고 촘촘한 규칙의 그물로 뒤덮어서 아무리 독창적이고 정력적인 사람이라도 군중을 초월하여 이 그물을 뚫고 나가지 못하게 한다. 인간의 의지가 분쇄당하지는 않지만 약화되고 굴절하며 종속적으로 된다. 인간이 정부에 의해 행동을 강요당하는 일은 별로 없다. 그러나 끊임없이 행동의 제한을 받는다. 이런 권력은 생존을 파괴하지는 않지만 방해한다. 폭정화하지는 않지만 국민을 억압하고 생기를 잃게 하며 우둔하게 만든다. 그래서 마침내 국민은 한때의 겁 많고 근면한 동물로 전락하게 되며 정부는 그 목자가 된다. 나는 항상 지금 설명한 질서 정연하고 조용하며 유순한 노예 상태가 겉으로 보기에는 자유의 형태를 취하는 어떤 것과 훨씬 쉽게 결합되리라는 생각을 해왔다. 그리고 이런 노예 상태는 국민 주권이라는 명목 하에 성립할 것이라는 생각을 해왔다. 현대인은 두 가지 상반되는 열정에 끊임없이 사로잡힌다. 즉 한편으로는 지배받기를 원하는 동시에 다른 한편으로는 자유롭기를 원한다. 그들은 어느 쪽도 완전히 무시할 수 없기 때문에 두 가지 모두를 동시에 충족시키려고 한다. 그래서 그들은 단일의 막강한 정부 형태를 고안해내고 이것이 국민에 의해 선출된 사람으로 채워져야 한다고 생각한다. 그들은 중앙집권의 원리와 국민주권의 원리를 결합시킨다. 그리고 거기서 잠깐의 휴식을 얻는다. 즉 그들은 자신들의 지도자를 스스로 선택했다는 생각에서 그들이 보호받고 있다고 자위한다. 모든 사람은 속박을 허용한다. 그들을 속박하는 사람이 한 개인이나 한 계급이 아니라 전체 국민이라고 생각하기 때문이다. 이런 제도를 통해서 국민들은 그들의 주인을 뽑고 한동안 의존 상태를 털어버리다가 다시 의존 상태로 빠져든다. 오늘날 많은 사람들이 전제 권력과 국민주권 사이의 타협에 완전히 만족해버린다. 그리고 그들은 국민 전체를 대표하는 국가 권력에 의탁함으로써 개인의 독립을 보호하기 위한 모든 조치를 강구했다고 생각한다.

우리도 민주정치가 독재정치로 변질하는 과정을 겪어왔다. 1945년 해방 이후 모스크바 3상 회의가 열리고 미소 공동위원회가 우리나라를 통치하게 된다. 그리고 1947년 미국은 총선거를 실시하자고 주장하고 소련은 우선 양국 군대의 철수를 주장한다. 두 나라는 타협점을 찾지 못하고 유엔에 이 안건을 상정한다. 유엔은 1948년에 총선을 실시하기로 결정하지만 반발한 소련은 북한에 유엔 감시단이 들어오지 못하게 한다. 결국 5월 10일 남한에서만 총선이 실시되고 이승만 초대 대통령이 선출된다. 이후 토크빌이 우려한 대로 권력이 남용되며 독재로 변질되었다. 결국 1960년 4.19 민주주의 혁명이 일어나 윤보선과 장면 내각이 들어서지만 이듬해 5.16 군사 쿠데타가 일어난다. 4.19 민주주의 혁명에 의해 들어선 대한민국의 통치권이 쿠데타에 의해 전복된 것이다. 이후 18년 동안 긴 독재가 이어졌다. 1948년 우리 국민에게 부여되었던 보통선거권은 오랜 식민통치를 받던 우리에게 처음으로 주어졌던 선물이다. 그래서 우리는 이후 수

십 년간 수많은 시행착오를 겪을 수밖에 없었다.

　민주주의는 인간과 인간의 관계에 대한 통찰 없이는 운영될 수 없다. 그래서 장점만큼 위험도 많이 내포되어 있다. 민주주의 시대가 안고 있는 해악 중에 대표적인 것은 물신주의와 세속주의다. 새로운 정치체제였던 민주주의 하에서 기존의 종교, 철학, 문학 등 풍요로운 지적 자산은 힘을 잃고 미국인들은 돈과 성공에만 매진하는 모습을 보여주었다. 세습적인 신분이 돈으로 대변되는 사회적 신분으로 바뀌면서 벌어진 현상이었다. 토크빌의 시대 납세 능력이 있는 21세 이상의 백인 남성에게만 주어졌던 선거권은 백인 여성을 거쳐 1966년 선거세 부과가 위헌 판결을 받으면서 흑인에게까지 확대되었다. 성별, 인종, 종교, 재산 등에 관계없이 적정한 나이가 되면 누구에게나 선거권이 주어지는 보통선거는 20세기가 무르익어서야 비로소 자리 잡았던 것이다.

　그러나 여전히 미국의 민주주의는 완전하지 않다. 국민의, 국민에 의한, 국민을 위한 정치를 표방하면서도 실질적으로는 상위 1퍼센트에 의해 움직이는 것이 미국 정치, 아니 민주정치 아닌가. 그래서인지 장 자크 루소의 말이 비범하게 느껴진다.

　"영국의 인민들은 스스로 자유롭다고 생각하지만 그들이 자유로운 것은 오직 의회의 의원을 선거하는 기간뿐이다. 선거가 끝나는 순간부터 그들은 다시 노예가 되어버린다."

chapter 15

보다 완전한 세계를 그리다

• 『동방견문록』 '여행'에 대하여 •

세상은 한 권의 책이다. 여행을 하지 않는 사람은 겨우 한 페이지를 읽을 뿐이다. 여행을 하는 동안 나는 내 몸이 우주의 일부임을 느꼈다. 땅 위를 걸으며 대지와 하나됨을 느꼈다. 방랑이야말로 삶의 본질이며 영혼을 자유롭게 해주는 것이라는 사실도 느꼈다. 편견과 편협과 고집스러움이 여행을 통해 치유되었다.

— 구본형

이 책은 일본인의 번역을 그대로 따르면서 제목이 '동방견문록'이 되었지만 원제는 'Divisament dou Monde', 즉 '세계에 대한 묘사(서술)'로, 베네치아의 상인이었던 마르코 폴로(Marco Polo)가 25년간 세계를 여행하며 남긴 여행기다. 이 책에는 칭기즈칸의 손자인 쿠빌라이 칸이 다스리던 중국의 이야기가 담겨 있다.

마르코 폴로가 살던 13세기 유럽 사람들은 동양에 대해 잘 몰랐다. 주로 동양이라고 하면 동로마제국이 있던 콘스탄티노플(현재의 이스탄불)을 중심으로 서남아시아 정도만 알려져 있었다. 그러니까 일반인에게 세계는 유럽 그 자체였다. 그러다 유럽인들은 마르코 폴로를 통해 자기들의 세계보다 훨씬 거대한 제국이 동쪽에 존재한다는 것을 인식하게 된다. 일본인들의 제목처럼 동방이 아니었다.

자기들만의 좁은 세계에 갇혀 있던 유럽 사람들에게 다른 세계를 경험하고 돌아온 마르코 폴로의 여행기는 충격이었을 것이다. 그래서인지 마르코 폴로의 글은 "그대들은 믿지 못하겠지만"이라는 말로 시작한다.

"내가 본 것의 절반도 쓰지 못했다"

마르코 폴로는 상인이었던 아버지 니콜로 폴로와 삼촌 마페오 폴로를 따라 15세의 어린 나이에 운명처럼 여행을 떠나 거의 25년 후 중년이 되어서야 고향으로 돌아온다. 마르코 폴로는 귀향길에 동남아시아의 수마트라와 자바 등 수많은 섬과 해안을 지나면서 몽골 황제의 영향력이 그곳까지 미치는 것을 확인했고 말라카 해협 넘어 실론 섬이나 동아프리카 연안까지도 칸의 사신들이 다녀가는 것을 보았다. 따라서 마르코 폴로에게 몽골제국은 단순한 제국이 아니라 세계, 그 자체였다.

귀향 3년 만에 마르코 폴로는 베네치아 공국과 제노바 공국 사이에 벌어진 해전에 참전했다가 포로로 잡혀 감옥에 갇혔으며 이때부터 《동방견문록》을 구술했다고 한다. 그는 루스티첼로라는 사람에게 자신이 겪은 일을 들려주어 기록하게 했다. 그래서 이 책에 대해서는 많은 논란이 있을 수밖에 없었다. 마르코 폴로는 살아서도 허풍쟁이라는 비난에 시달렸고 죽어서도 중국에 다녀온 적이 없다는 의심을 받았다. 사람들은 마르코 폴로에게 거짓말을 많이 했으니 참회하고 죽으라고 하지만 그는 "내가 본 것의 절반도 쓰지 못했다"고 응수했다.

이 책은 마르코 폴로가 어떤 연유로 여행을 떠나고 책을 구술했는지를 설명하는 서장과 여정과 지역에 따라 엮은 7편으로 나뉘어 있다. 1편은 서아시아의 페르시아, 2편은 중앙아시아의 아프가니스탄, 파미르, 타림 분지 등을 다룬다. 3편은 빛나는 황금의 도시이자 대원(大元)의 여름 궁전이 있는 상두를 다룬다. 쿨리지 같은 영국 시인이 재너두(Xanadu)라고 불렀던 곳이 바로 여기다. 그리고 베이징도 소개된다. 4편은 마르코 폴로가 원에 오랫동안 체류하면서 여행했던 중국의 북부 쓰촨 성, 윈난 성 등지를 기록하고 있고 5편은 양쯔 강 이남의 중국 동남부를 보여준다. 6편에는 귀향길에 들렀던 인도양의 나라와 문물이 소개되고 7편에는 다시 중앙아시아의 대초원과 러시아의 북극 지방이 등장한다. 《동방견문록》은 루스티첼로가 최초로 기록한 이후 수많은 사람들이 다시 쓰고 다시 쓰면서 전 세계로 퍼져나갔다. 인쇄술이 발달하지 않았던 당시에 필사본만 140종이라니 그 인기를 짐작할 수 있다.

중세 유럽은 어두웠다. 그 어둠 속에 세계에 대한 전망을 불어넣었던 《동방견문록》은 마르코 폴로가 태어나서 처음으로 아버지와 삼촌을 만나면서 시작된다. 두 사람은 무역을 위해 동방으로 떠났다가 쿠빌라이 칸을 만나 교황에게 보내는 서신을 품고 고향으로 돌아온다. 그들이 떠날 당시에는 마르코 폴로가 태어나지 않았다. 아버지 부재중에 태어난 마르코 폴로는 어머니를 일찍 여의고 매우 힘들게 살았다. 그러다 열다섯 살에 아버지와 삼촌을 만났다. 그들은 교황의 취임 이후 교황으로부터 직접 서임장을 받아 다시 대칸을 찾아가야 했다. 이제 마르코 폴로는 아버지와 삼촌을 따라 험난한 여행길에 오르게 된다. 그리고 그 여행은 마르코 폴로의 운명을 바꾸어놓는다.

니콜로 님과 마페오 님은 니콜로 님의 아들 마르코 폴로와 함께 어떤 위험과 고난도 무릅쓰고, 기나긴 사막과 수많은 고개를 넘으면서 북동쪽을 향해 겨울이든 여름이든 여행을 계속하여 마침내 케멘푸(개평부)라는 매우 풍요로운 대도시에 머물던 대칸에게로 갔다. (……) 대칸은 니콜로 님과 마페오 님이 온다는 소식을 듣고 그들을 맞기 위해 거의 40일 거리까지 사신을 보냈다. 그들은 극진한 대접과 온갖 환대를 받았다. (……) 니콜로 님과 마페오 님은 마르코를 데리고 도성에 도착하자마자 대칸이 수많은 신하들과 함께 있는 왕궁으로 찾아갔다. 그들은 무릎을 꿇고 최대한 공손히 경의를 표했다. 대칸은 그들을 일으켜 세우고 노고를 치하했다. (……) 니콜로의 아들 마르코는 총명한 젊은 이로 타타르인들의 풍습, 언어, 문자를 빠르게 익혔다. 대칸의 궁정에 온 지 얼마 지나지 않아 그는 네 가지 언어와 서법을 알게 되었다. 그는 비할 수 없이 현명하고 신중했으며 대칸은 그의 선량함과 용맹함을 매우 아꼈다. 대칸은 그를 6개월 이상 걸리는 곳에 사신으로 보냈다. 마르코는 사신으로서 임무를 훌륭하고 현명하게 수행했다.

칸은 부족의 장이고 대칸은 칸 중의 칸을 의미한다. 여기서 대칸은 몽골제국의 5대 칸인 쿠빌라이 칸으로, 그의 치하에서 몽골제국은 최고의 전성기를 누린다. 이때 영토도 가장 넓어서 동쪽부터 서쪽까지 돌려면 마차를 타고도 2년이 걸렸다고 한다. 인도 쪽을 제외하고 모두 통합한 것이었다. 마르코 폴로 일행은 대칸을 만나기 위해 3년 반 동안이나 눈과 비를 헤치며 갔다. 그리고 대칸은 마르코 폴로가 마음에 들었던지 17년 동안 곁에 둔다.

노아의 방주와 신성한 호수를 지나다

서장은 마르코 폴로가 어떻게 25년간 여행을 떠나 있었는지를 설명하는 내용이었다면 1편에는 그가 페르시아 등 서아시아에서 보고 듣고 느꼈던 진기한 일들이 본격적으로 펼쳐진다. 마르코 폴로 일행은 지중해의 출구라는 소아르메니아를 거쳐서 투르크메니아와 대아르메니아에 이른다. 특히 대아르메니아에는 노아의 방주가 있다는데 그 크기는 이러하다.

> 대아르메니아의 가운데 높은 산이 있어 '노아의 방주 산'이라 불린다. 그 정상에 노아의 방주가 안착했다는 전설에서 유래한 이름이었다. 그 산은 얼마나 길고 큰지 이틀에 다 돌 수 없고 산꼭대기에는 항상 두터운 만년설이 쌓여 있기 때문에 아무도 그 꼭대기로 올라갈 수 없으며 눈이 전부 녹아내리는 법도 없다.

노아의 방주 산은 터키에 있는 해발 5137미터의 아라라트 산을 일컫는다. 1997년 윌리엄 와트를 위시한 미국의 발굴단이 그 산에서 방주의 화석을 찾았다고 주장했지만 그 진위는 잘 모르겠다. 아르메니아 다음으로 나오는 곳은 조지아다. 조지아는 흑해 연안에 있는 그루지야공화국을 일컫는다. 조지아에는 다비드 멜리크라고 불리는 왕이 있었는데, 이는 프랑스어로 다비드 왕을 의미한다. 그는 타타르인에게 복속하고 있다. 옛날 이 나라의 왕들은 모두 오른쪽 어깨에 독수리의 표지를 지니고 태어났다. 조지아인은 잘생겼고 용맹하며 활쏘기에 능한 궁수이자 뛰어난 전사였다. 그들은 그리스 교회를 따르는 기독교도로 머리는 사제처럼 짧게 깎고 다닌다. 그리고 알렉산드로스가 서방으로 가려고 했을 때 길이 좁고 험하여 지나가지 못한 곳이 이곳이라고 한다. (……) 그 지방은 온통 협소한 통로와 요새가 있는 큰 산들로 둘러싸여 있기 때문에 타타르인들도 그곳을 완전히 장악하지는 못했다. 그 지방의 일부는 타타르 왕에게 예속되어 있지만 다른 곳들은 다비드 왕에게 복속하고 있다. (……) 또한 그곳에는 성 레오나르드라고 불리는 수도원이 있는데, 이제 이야기하려는 놀라운 일이 거기서 일어났다. 이 수도원 근처에는 산에서 흘러나오는 물로 이루어진 커다란 호수가 있다. 그런데 그 물에는 1년 내내 고기가 보이지 않다가 사순절 첫날에 고기들이 모이기 시작해서 부활절 토요일까지 매일 내려온다. (……) 이 지방 가까이에 티플리스라는 아름다운 대도시가 있는데 그 주변에는 이곳에 예속된 마을과 읍들이 많으며 기독교도 아르메니아인과 조지아인, 소수의 사라센인과 유대인이 살고 있다.

사순절에서 부활절까지만 물고기가 나오는 호수. 뭔가를 신성화하기 위한 이야기로 보인다. 여기 잠깐 나오는 티플리스는 그루지야의 수도인 트빌리시다. 그리고 계속 등장하는 타타르인은 몽골인을 의미한다. 몽골인을 부르는 명칭은 여러 가지다. 4세기 말에 게르만족의 민족대이동의 발단이 되었던 훈족도 몽골인들이다. 유럽인들에게는 훈족이라는 말이 훨씬 익숙하지만 마르코 폴로는 훈족 대신 타타르인이라는 명칭을 계속해서 사용한다.

세상은 넓고 신기한 일도 많다

마르코 폴로의 《동방견문록》이 나오고 얼마 지나지 않아 유럽에는 르네상스와 대항해 시대가 열린다. 콜럼버스, 바스코 다가마 등은 탐험에 나서기전에 마르코 폴로의 《동방견문록》을 반드시 읽고 공부했다. 세계를 향해 떠나는 사람들에게 《동방견문록》은 경전이었던 셈이다.

아르메니아와 그루지야를 거친 마르코 폴로 일행은 페르시아, 지금의 이라크와 이란 지역을 통과한다. 바우닥이라 불리는 바그다드에 대해서 마르코 폴로는 재미있는 이야기를 들려준다. 기독교도와 이슬람교도들이 섞여 있는 바그다드의 통치자는 이슬람교를 믿는 칼리프다. 어떻게든 기독교도들을 없애고 싶었던 그는 '겨자씨만 한 믿음이 있어도 산을 옮길 수 있다'는 '마태복음'의 구절을 들어 기독교도들에게 두 개의 산을 하나로 합치라고 한다. 그러지 못하면 죽임을 당하거나 이슬람으로 개종하라는 것이었다. 이 엄청난 일을 해낼 사람이 있을까?

어느 날 아름다운 부인이 신발을 사러 구두장이의 집에 왔다. 그는 그여자의 발에 어떤 구두가 맞는지 보기 위해 그 여자에게 다리와 발을내보라고 했다. (……) 그는 여자의 다리와 발을 보고 순간적으로 심한 유혹을 느꼈다. 그는 결국 신발을 팔지 않고 여자를 돌려보냈다. 그여자가 가자마자 그는 "하, 나의 생각이 얼마나 떳떳하지 못하고 사악한가. 나를 죄에 빠뜨린 내 눈에 복수를 하고야 말리라" 하고는 갑자기 작은 막대기를 집어들고 눈 한가운데를 찌르고 말았다. 이 구두장이야말로 더없이 깨끗한 사람이었다. 그런데 그 구두장이의 기도가 산을 움직이리라는 계시가 그 주교에게 여러 번 나타났다. 주교는 다른 기독교인들에게 그 이야기를 해주었고 그들은 그 구두장이를 불러와야 한다고 동의했다. (……) 정해진 날짜가 되었을 때 기독교인들은 (……) 십자가를 앞세우고 모두 함께 그 산이 있는 평원으로 나아갔다. 10만 명이 넘는 기독교인들은 평원으로 나와 십자가 앞에 자리를 잡았다. (……) 칼리프도 놀랄 만큼 많은 사라센인들이 함께 그곳에 모여들었는데 그들은 산이 움직이리라는 말을 전혀 믿지 않고 기독교인들을 죽이러 나타난 것이다. (……) 구두장이가 십자가 앞에 무릎을 꿇고 하늘을 향해 손을 들고는 저 산을 움직여서 그곳에 있는 수많은 기독교인들을 구해달라고 신께 기도했다. 그가 성부와 성자와 성령의 이름으로 "산은 움직여 저쪽으로 가라" 하고 큰소리로 외치자 산은 바로 진동하며 칼리프가 명령한 평원으로 1마일가량 이동했다. 이 광경에 칼리프와 사라센인들은 크게 경악했고 이후 많은 사람들이 기독교인이 되었다. 칼리프 자신도 은밀히 기독교인이 되었다. 그가 죽었을 때 그의 목에서 항상 옷 안에 숨겨 다녔던 십자가가 발견되었다.

쿠빌라이 칸이 지배하던 거대한 원제국 안에는 이처럼 이슬람교와 기독교가 혼재되어 있었다. 로마나 원나라 등 융성했던 세계 제국들 내에는 다양한 민족과 문화와 종교 등이 관용을 토대로 함께 공존하고 있었던 것이다.

"너희가 내 말을 듣는다면 은총을 베풀어주겠노라"

마르코 폴로 일행은 많은 갈등이 내재된 위험한 곳들을 육로로 이동한다. 그리고 마침내 수상쩍은 노인이 있다는 알라무트로 들어선다. 노인의 정체는 무엇일까?

그 노인은 그 지방에 사는 열두 살에서 스무 살에 이르는 젊은이들을 자기 옆에 데리고 있었다. 그들은 예언자 마호메트가 말했듯이 천국이란 여기에 있다고 귀동냥으로 잘 알고 있고, 또 확고하게 믿는 사람들이었다. (······) 노인은 이 젊은이들을 넷, 열, 스물씩 마음 내키는 대로 그 궁전에 집어넣으면서 그들에게 일종의 최면 효과를 내는 약을 먹인다. 그들이 잠에 떨어지면 그 궁전으로 데려가서 잠을 깨운다. (······) 아가씨들이 종일 옆에 붙어 노래와 연주를 하고 젊은이들은 그녀들을 상대로 온갖 쾌락을 누린다. 젊은이들은 자신이 바라는 모든 것을 소유하게 되었기 때문에 결코 제 발로 나오려고 하지 않는다. (······) 며칠 후 노인은 젊은이들을 잠에 곯아떨어지게 하고 다시 궁전 밖으로 옮겨놓는다. 잠에서 깨어난 젊은이들은 자신들이 있는 곳을 알고는 크게 상심하게 된다. 그들은 여태까지 자기가 있던 천국에서 떠날 생각이 전혀 없었기 때문이다. 그들은 즉시 그 노인에게 불려간다. 그들은 그가 위대한 예언자라고 믿고 극도로 공손하게 행동한다. 노인이 그들에게 어디서 왔는지 물으면 그들은 천국에서 왔다고 말한다. 그들은 그곳이야말로 마호메트가 그들의 선조에게 약속한 천국이 맞다면서 거기에서 보았던 것들을 하나씩 열거한다. 그러면 그곳에 가보지 못한 사람들도 거기 가고자 하는 커다란 열망을 갖게 되고 소원이 이루어지면 죽음도 불사하겠다는 생각으로 줄곧 그곳에 갈 날만을 갈망한다. (……) 노인은 "너희가 내 말을 듣는다면 실패해 죽더라도 천국에 갈 수 있다"고 말한다. (……) 이렇게 해서 노인의 적이었던 많은 군주와 영주들이 그의 부하와 암살자들에 의해 살해되었다.

이슬람교의 대예언자인 마호메트를 계승하는 정치적, 종교적 지도자를 칼리프라고 부른다. 4대 칼리프인 알리는 마호메트의 종제였다. 그는 과격한 원리주의자로 시아파의 시조가 되었다. 전체 이슬람교도의 10퍼센트 정도가 원리주의인 시아파이고 나머지는 수니파다. 그런데 시아파에 속하던 이스마일이 암살단을 조직하자 유럽인들은 이 암살단을 이스마일파라 부르게 되었다. 여기 등장하는 산상의 노인은 이스마일파의 지도자다.

사제왕 요한의 전설

이제 모래바람이 휘몰아치는 사막을 지나 중앙아시아로 접어든 마르코 폴로는 웅장한 도시 발크를 보게 된다. 그리고 소금산을 지나 보석과 명마로 유명한 바다흐샨에 도착한다. 바다흐샨에는 발라스 홍옥이라는 보석이 즐비했는데 바로 루비다. 바다흐샨의 루비는 세계적으로 유명하다. 또한 세계의 지붕인 파미르 고원 남부, 아프가니스탄과 타지키스탄의 경계에 있는 바다흐샨은 풍광이 아름답고 휴양지로서도 아주 좋았던 모양이다. 마르코 폴로도 열병에 걸렸는데, 이곳에서 휴식을 취하고 바로 건강을 되찾았다고 한다.

파미르 고원 너머 우즈베키스탄과 사마르칸트를 지난 마르코 폴로 일행은 유령이 출몰하는 롭사막(고비사막), 그 유명한 둔황, 탕구트를 지나 몽골의 옛 수도였던 카라코룸에 도착한다. 카라코룸에 도착한 마르코 폴로는 몽골 민족이 어떻게 왕을 세우고, 어떻게 영토를 확장해왔는지 타타르 왕국의 기원을 들려준다.

그들에게 왕은 없었지만 '옹칸'이라는 강력한 군주에게 세금을 바치고 있었다. 그는 프랑스어로 말하자면 프레스터 요한, 즉 온 세상 사람들이 위대하다고 이야기하는 프레스터 요한이다. 타타르인들은 그에게 짐승 10마리당 한 마리를 세금으로 바쳤다. 그러다가 그들의 인구가 크게 늘어나게 되었다. 프레스터 요한은 타타르인의 숫자가 그렇게 늘어나자 불안해하며 그들을 여러 지역으로 흩어놓으려고 했다. (……) 타타르인들은 격분한 나머지 모두 함께 길을 떠나 북쪽으로 사막을 통과해 프레스터 요한의 손길이 미치지 못하는 곳으로 가버렸다. 그들은 반란을 일으켰고 세금도 내지 않았으며 그곳에 한동안 머물렀다. (……) 1187년 타타르인들은 칭기즈칸이라는 이름을 가진 사람을 왕으로 추대했다. 그는 매우 용맹하고 현명했으며 또한 대담했다. (……) 칭기즈칸은 활과 다른 무기들로 무장하고 여러 나라를 정복하러 나서서 순식간에 여덟 나라를 정복했다. (……) 그는 정의롭게 다스리고 재물도 빼앗지 않았다. 그러자 여덟 나라의 백성들은 그에게 탄복하여 기꺼이 그를 따라 정복에 나섰다. 칭기즈칸은 온 세상을 뒤덮을 정도로 그렇게 많은 사람들을 모으자 세상을 정복하고 싶었다. 그는 프레스터 요한에게 사자들을 보냈는데 (……) 딸을 아내로 맞이하고 싶다는 말을 전했다. (……) 프레스터 요한은 크게 격노했다. "내 딸을 아내로 맞고 싶다니 칭기즈칸은 참으로 뻔뻔하구나. 그는 자기가 내 부하이자 노예라는 사실을 모른단 말인가! 돌아가 그에게 전하라. 내 딸을 그에게 아내로 주느니 차라리 산 채로 태워버리겠다고. 그리고 그가 자기 주군에게 불충했으니 내가 마땅히 그를 처단할 것이라고."

유럽인들에게는 전설이 있었다. 이슬람 세력 너머 동쪽에는 기독교인인 사제왕 요한이 있어서 만일 유럽인들이 이슬람을 공격하면 도와줄 것이라는 전설 말이다. 당시에 몽골에는 네스토리우스교라는, 당시 가톨릭의 입장에서는 이단이지만 어쨌든 기독교를 믿는 유목민들이 다수 있었다. 유럽인들은 네스토리우스교의 수장이었던 옹칸이 전설적인 사제왕 요한일 것이라고 추정했고 마르코 폴로 역시 그렇게 믿고 있었다. 케레이트 부족의 수장이었던 옹칸은 칭기즈칸의 정적이었던 자무카와 손을 잡고 메르키트 부족과 함께 칭기즈칸에 맞서 전쟁을 벌이지만 결국 패배하고 죽음을 맞았다.

노마드, 몽골 통치의 비밀

몽골제국은 카스피 해 너머 중앙아시아에 이르는 광대한 영토와 엄청난 인구를 어떻게 다스렸을까? 《동방견문록》에는 그 비밀이 공개되어 있다.

그들의 군대는 이렇게 구성되어 있다. 우선 대장군 한 명이 10만 명의 기병들과 함께 나간다. 그가 그 같은 원정을 어떻게 기획하는지 들어보라. 그는 10명, 100명, 1000명, 1만 명마다 한 사람의 지휘관을 둔다. 따라서 그들은 단지 10명과 의논하면 되니 1만 명을 지휘하는 사람도 10명과 상대하고 1000명을 지휘하는 사람도 10명만 상대한다. 마찬가지로 100명을 지휘하는 사람도 10명만 상대한다. (……) 군대가 행군할 때는 평지든 산지든 200명의 병사를 전후좌우 이틀 거리까지 보내 정탐하게 한다. 적의 급습을 피하기 위해서다. 장거리 원정을 갈 때 그들은 장비를 거의 갖추지 않는다. 특히 침구는 전혀 휴대하지 않는다. 그들은 대부분 말 젖을 먹으며 견디는데 각자 암수 18필의 말을 데리고 간다. 도중에 말이 지치면 다른 말로 바꾸어 탄다. (……) 그들은 후퇴하는 것을 수치로 여기지 않고 사방에서 적의 주위를 맴돌며 여기저기로 활을 쏘아댄다. 말을 어찌나 잘 훈련시켜놓았는지 마치 개처럼 신속하게 이곳저곳으로 방향을 바꾼다. 또한 그들은 도망치면서 활을 들고 재빨리 몸을 돌려 엄청난 화살 세례를 퍼부어 적진의 말과 사람들을 죽인다. 적이 그들을 무찌르고 정복했다고 믿었다가 도리어 많은 말과 사람들이 살해되어 패배하고 마는 것이다.

당시 유럽인에게 몽골인은 말과 하나로 일체된 모습으로 그려졌다. 그래서 유럽인은 몽골인이 말을 타고 있지 않은 모습을 보면 놀랐다고 한다. 몽골이 세계를 제패할 수 있었던 이유는 크게 두 가지로 볼 수 있다. 우선 당시 가장 빠른 병기인 말을 보유했다는 점이다. 그다음으로는 유목민의 정신을 들 수 있다. 칭기즈칸의 몽골군은 10만이 되지 않았다. 10만도 안 되는 병사들을 이끌고 당시 세계라고 일컬어진 곳들을 모두 정복했다는 것은 놀랄 만한 일이다. 그래서 우리는 이렇게 어딘가 정착하지 않는 유목민의 정신을 노마드 정신이라고 부른다. 우리 역시 현대의 유목민이다. 우리는 노트북과 스마트폰을 들고 자동차로 끊임없이 이동하며 한곳에서 일하지 않는다. 그런 의미에서 칭기즈칸이야말로 21세기의 노마드 정신을 대표하는 상징적인 인물이다.

대칸과의 첫 만남

1274년 여름 갓 스무 살의 마르코 폴로는 베네치아에서 출발한 지 3년 6개월 만에 쿠빌라이 칸이 있는 상두에 도착했다.

차칸노르 시를 떠나 사흘 가면 상두라는 도시에 도착한다. 그곳이 바로 쿠빌라이 칸이라는 대칸이 건설한 곳이다. 쿠빌라이 칸은 이 도시에 대리석과 다른 돌로 거대한 궁전을 짓게 했다. (……) 그 한쪽 끝은 도시의 중앙과 접해 있고, 다른 쪽 끝은 그 성벽과 접해 있다. 접견실들과 방들은 모두 금칠이 되어 있는데, 정말 놀라울 정도로 아름답고 정교하게 만들어져 있다. 이 궁전에서부터 두 번째 담이 둘러쳐져 있는데, 한쪽 면은 도시의 성벽과 접해 있는 궁전과 맞닿아 있고, (……) 주위 16마일의 장벽이 뻗어 나와 광대한 지역을 둘러싸고 있으며 그 안에는 샘과 강과 잔디밭이 많다. 대칸은 그곳에 수사슴과 영양과 노루 등 각종 짐승들을 키워서 그곳 새장 안에 기르고 있는 송골매나 매에게 먹이로 준다. (……) 정원 한가운데 오로지 대나무로 지어진 커다란 궁전이 있다. 내부는 온통 금칠이 되어 있고, 기둥머리에는 거대한 용이 새겨져 있다. 궁전 안도 모두 금박을 입혀 정교하게 새와 짐승을 세공하고 있다. 지붕 역시 모두 대나무로 되어 있지만 어찌나 꼼꼼하고 두껍게 칠했는지 비가 와도 끄떡없다. (······) 대칸은 6, 7, 8월, 1년에 석 달을 그곳에서 머무는데 그 까닭은 그곳이 덥지도 않고 재미를 누릴 수 있기 때문이다.

이버지와 삼촌은 대칸과 이미 알고 있는 사이지만 마르코 폴로는 처음 만나는 상두와 대칸에 많이 설레었을 것이다.

상두의 궁전은 플레저돔, 즉 환락궁이라고 불린다. 그 안에는 정원이 있고 시냇물이 흐르고 향나무가 자랐다. 대리석으로 우아함의 극치를 이루고 있고 금칠한 홀과 방이 있으며 대나무 지붕에도 두껍게 금칠이 되어 있었다. 기둥에는 용틀임하는 용이 그려져 있었다. 일설에 의하면 쿠빌라이 칸이 꿈에서 이 환락궁을 보고 그대로 재연하게 했다고 한다. 18세기 영국의 낭만주의 시인인 새뮤얼 테일러 쿨리지(Samuel Taylor Coleridge)가 쿠빌라이 칸의 환락궁을 소재로 멋진 시를 남겼는데 그 창작 과정이 흥미롭다. 시골에서 요양을 하던 쿨리지는 16세기 작가 새뮤얼 퍼처스(Samuel Purchas)의 《순례(Pilgrimage)》를 보다가 잠이 든다. 그리고 꿈에서 상두의 아름다운 환락궁을 보고 꿈속에서 시를 짓는다. 잠에서 깨어난 그는 꿈속에서 지은 시를 그대로 베껴 적는다. 그렇게 위대한 미완의 시인 〈쿠블라 칸〉이 탄생했다. 쿨리지가 꿈속의 시를 옮겨 적는데 손님이 찾아와 한 시간 정도 담소를 나누는 바람에 시의 뒷부분이 전혀 생각나지 않았다고 한다. 그래서 이 시는 결국 미완으로 남고 말았다.

쿠빌라이 칸에게는 상두의 여름 궁전 외에 칸발리크, 즉 베이징에도 궁전이 있었다. 대칸은 대도인 칸발리크에서 가을, 겨울, 봄을 지내고 초여름에 상두에 도착한다. 거기서 몇 달을 지내다 음력 9월경에 대도로 돌아와 그다음 해까지 머무른다.

대칸의 생일 파티

그렇다면 대몽골제국의 화려한 궁전에서는 어떤 일이 벌어졌을까? 마르코 폴로의 이야기 속으로 다시 들어가보자.

타타르인들은 원래 자기 생일에는 잔치를 베푼다. 대칸의 생일은 9월 28일로 (……) 대단히 성대한 축하연이 개최된다. 생일에 대칸은 금실로 수놓은 고귀한 옷을 입는데 1만 2000명에 달하는 신하와 무신들도 대군주와 동일한 색깔과 모양의 의상을 입는다. (……) 대칸은 1년에 13번이나 값비싼 의복을 1만 2000명의 신하와 무신들에게 나누어주고 어느 것이나 대칸의 것과 모양도 비슷하고 값도 비싸다. (……) 흰색의 축제라고 불리는 신년 축제에 대해서 이야기하기로 하자. 타타르인들은 2월을 한 해의 시작으로 삼는다. 신년에는 대칸을 비롯한 백성 모두가 흰 옷을 입는다. 흰 옷이 행운과 축복을 가져다준다고 생각하기 때문이다. 이날 대칸에게 예속된 모든 백성, 모든 지방과 왕국들이 온갖 보석을 비롯하여 흰색의 고급 천을 그에게 바친다. (……) 그런데 대칸에게 선물을 바칠 때 그럴 능력이 있으면 각각의 선물은 아홉에 아홉 배를 갖추는 것이 관례다. 다시 말해 말을 바친다면 아홉 마리의 아홉 배를 바쳐야 한다. 만약 금을 바친다면 아홉 조각의 아홉 배를, 의복이라면 아홉 벌의 아홉 배를 바쳐야 한다. 다른 모든 것들도 마찬가지다.

1만 2000명이나 되는 신하들에게 1년에 13벌의 옷, 그러니까 모두 15만 6000벌 정도를 나누어주었다니 쿠빌라이 칸은 배포가 큰 사람이었던 것 같다. 몽골인들에게는 흰색, 붉은색, 푸른색, 노란색, 검은색이 기본 색이었다. 그 가운데 흰색을 가장 숭상해서 새해 첫날에는 흰색의 축제가 열렸고 지금도 몽골인들은 흰색의 천막집인 게르에서 주로 거주한다. 그리고 숫자 9는 몽골인들에게는 많다는 의미였다. 그래서 아홉의 아홉 배라는 말은 아주 많다는 의미로 이해하면 된다.

가난한 사람들을 위한 복지정책

마르코 폴로는 쿠빌라이 칸을 세계에서 가장 위대한 자라고 표현한다. 엄청난 권력과 재물을 지녔던 쿠빌라이 칸은 백성들을 위해 나름의 복지정책을 펼치기도 한다.

대칸은 그해 풍작을 이루어 곡물의 가격이 하락한 것을 알면 이를 대량으로 사들여 커다란 창고에 보관하게 한다. 이 곡물은 3, 4년이 지나도 못쓰게 되지 않도록 잘 관리된다. 그는 밀, 보리, 기장, 쌀, 피 등 온갖 곡식을 보관하는 창고를 만들어서 거기에 엄청난 곡식을 모아둔다. 그러다 어떤 곡식의 수확이 잘 안 되었거나 심하게 부족해지면 대칸은 비축해두었던 곡식을 일부 내놓는다. (……) 이제는 대군주가 어떻게 자선을 베푸는지 말해보도록 하자. (……) 그는 칸발리크 시의 주민으로 이제까지 안락하게 상당한 명예를 누리며 살았으나 불행이 닥쳐 빈궁해졌다거나 병으로 일을 하지 못하게 되어 끼니마저 굶게 된 사람들을 선발하게 했다. 그런 자는 대개 6, 8, 10명의 가족을 거느리고 있었다. (……) 그들은 또 의복도 지급받는다. 대칸은 옷감의 재료인 양털, 비단, 대마 등에 대해 십일조를 거두어 그것으로 옷감을 짜서 따로 창고에 보관한다. 모든 장인들은 일주일에 하루는 그를 위해 일해야 했으므로 대칸은 그런 것들로 옷을 만들게 해서 앞서 말한 가난한 가구들에 겨울과 여름에 필요한 것들을 나누어준다. (……) 궁전에 가서 먹을 것을 청하면 대칸은 결코 거절하지 않는다. 와서 구걸하는 자에게는 모두 은혜가 베풀어진다. 전담 관리들이 매일같이 2만 사발의 쌀, 기장, 피를 나눠준다. 그는 이런 일을 1년 내내 행하니 이는 가난한 백성을 불쌍히 여기는 군주의 지극한 자애로움이며 백성은 그를 어찌나 좋아하는지 신처럼 숭배할 정도다.

국가가 풍년에 곡식을 대량으로 사들였다가 흉년에 아주 저렴하게 나눠주는 제도가 몽골인들에게는 없었다. 그저 힘과 권력과 부를 가진 사람이 베푸는 선정과 보시의 개념이 더 강했던 것이다.

티베트의 풍경

마르코 폴로는 17년 동안 원나라의 궁전에 머물면서 양저우(揚州)의 관리로 파견되는 등 중국의 서남부를 두루 돌아본다. 먼저 그가 둘러본 티베트의 풍경을 살펴보자.

티베트는 매우 광대한 지방으로 주민들은 독자의 언어를 가지고 있으며 우상을 숭배한다. 만지를 비롯한 다른 여러 지방들과 경계를 접하고 있다. 주민들은 강도질에 아주 능하다. 이 지방은 얼마나 큰지 그 안에 여덟 왕국이 있고, 수많은 도시와 촌락들이 있다. 강과 호수와 산에서 많은 사금이 나오며 계수나무도 많이 자란다. 이 지방 사람들은 산호를 아주 귀한 보석으로 여겨 자기 아내의 목이나 우상에게 걸어주기 때문에 값이 매우 비싸다. 또한 이 지방에는 낙타털로 짠 천이나 금실과 비단 등으로 짠 옷들이 있고, 유럽에는 없는 여러 종류의 향초들이 자란다. 이 나라의 마술사와 점쟁이들은 아주 노련해서 듣고 보기에도 진기한 마술과 놀라운 술수를 부린다. 그들은 못된 관습들을 갖고 있다. 또한 크기가 당나귀만 한 아주 사나운 개를 기르는데 그 개들은 들짐승을 잡는 데 노련하다. 특히 베야미니라는 들소를 잡는 데 아주 뛰어나다. 그밖에도 여러 종류의 사냥개들이 있다. 또한 빨리 날고 사냥에도 능한 참매도 기른다.

티베트의 최근 역사는 아름다움만으로는 행복할 수 없는 고난으로 점철되어 있다. 하지만 예전 티베트인들은 비단길 무역을 통해 윤택한 삶을 누리고 있었고 7세기 초쯤에는 토번이라는 통일국가도 세웠다. 쿠빌라이 칸에게 정복당한 티베트는 마르코 폴로도 이야기하듯이 불교에 심취해 있었다.

그 외에도 티베트에는 조금 특별한 결혼 문화가 있었다. 여인들의 정절을 굉장히 강조하는 우리 문화와는 달리 티베트에서는 남자와의 경험이 많을수록 훌륭한 여자로 대접받았다. 어떻게 보면 남성 지배적인 성관념에서 매우 자유로운 나라였다고 할 수 있다.

황금의 나라 미얀마

강력한 왕권을 통해 권력과 부가 집중되면 대단한 유적을 남길 수 있다. 그러나 거기에 동원된 사람들은 고통스러웠을 것이다. 간신히 암흑기를 빠져나온 중세 유럽인의 눈에 강력한 왕권이 만들어낸 화려한 동양의 도시들은 어떻게 보였을까? 이제 마르코 폴로는 황금의 나라 미얀마에 들어선다.

큰 길에서 벗어나 험한 지방을 보름 정도 여행하다 보면 미엔이라는 도시에 다다른다. 그곳은 미엔 왕국의 수도로 화려한 대도시다. 주민들은 모두 우상숭배자이며 고유한 언어를 가지고 있고 대칸에 예속되어 있다. 이 도시에는 한 가지 매우 멋진 건물이 있다. 옛날에 이 도시에는 강력하고 부유한 왕이 살았는데 그는 죽음에 임박해서 자신을 기념하는 무덤 위에 금탑과 은탑을 세우라고 했다. 우선 아름다운 돌을 깎아 2기의 탑을 만든 뒤 하나는 손가락 하나 두께의 금으로 꼭대기부터 기단까지 덮어서 탑 전체가 금으로만 되어 있는 것처럼 보이게 했다. 높이는 족히 10보는 되고 폭은 그 높이에 적당한 정도다. 위는 둥글고 주위에는 금으로 도금된 종들이 잔뜩 달려 있어서 바람이 불 때마다 소리를 낸다. 은으로 된 또 다른 탑도 금으로 된 것과 똑같은 크기와 형태로 만들어졌다. 그 왕은 이 탑들을 자신의 영광과 영혼을 기리기 위하여 만들게 했다. (……) 대칸의 궁정에는 많은 수의 어릿광대와 곡예사들이 있었다. 대칸은 그들에게 미엔을 정복하라면서 그들을 군 지휘관으로 임명하고 지원도 해주겠다고 말했다. (……) 이 어릿광대들은 병사들과 미엔 지방을 정복하고는 아름답고 화려한 두 개의 탑을 보고 모두 놀라움을 금치 못했다. 대칸에게 사신을 보내 그것이 어떻게 생겼고 얼마나 아름다운지를 보고하면서 그가 원한다면 탑들을 허물어 금과 은을 보내겠다고 말했다. 그러나 대칸은 미엔 왕이 자신의 영혼을 위해 그 탑을 세웠다는 사실을 알고 절대 그것을 허물지 말라고 말했다. 이것은 결코 놀라운 일이 아니다. 왜냐하면 타타르인들은 죽은 사람의 물건에는 결코 손을 대지 않기 때문이다.

미얀마 최초의 통일국가인 파간 왕국은 소승불교를 신봉했고 왕국에는 2500개의 탑이 있어서 해가 탑에서 뜨고 탑에서 진다는 이야기가 있을 정도였다. 사원의 지붕에 올려진 금관을 전부 합치면 대영제국 은행에 소장된 금보다 많다는 이야기도 있었다.

남송 정벌의 논란

쿠빌라이 칸 시대에 우리나라는 무신정권이 집권한 고려시대였다. 몽골제국은 1231년부터 30년간 일곱 번에 걸쳐 고려에 쳐들어오면서 우리와 인연을 맺는다. 몽골의 침입으로 황룡사 9층탑이 불타버렸고 부인사에 소장되었던 팔만대장경 원판이 소실되었다. 1260년 몽케 칸이 죽고 쿠빌라이 칸이 즉위하면서 고려는 몽골과 화친을 맺는다. 그러나 고려는 동등한 관계가 아닌 부마국으로서 몽골의 영향을 받게 되고 이런 화친에 수긍하지 못했던 배중손 등의 삼별초는 강화도에서 진도로, 다시 제주도로 옮겨 다니면서 항쟁을 이어간다. 그러나 《동방견문록》에는 이런 자세한 이야기는 나오지 않고 우리나라는 카울리라는 이름으로 잠깐 소개될 뿐이다. 대신 마르코 폴로는 중국의 동남부, 즉 남송 지역을 대칸이 어떻게 정복했는지를 들려준다. 북방 민족은 중국 한인들을 업신여겨 만지, 즉 벌레라고 불렀다. 양쯔 강 이남으로 내려간 한인들의 나라 송나라에 몽골인들은 무혈 입성한다. 그런데 마르코 폴로가 자신이 만지를 정복하는 데 한몫했다고 이야기하면서 그의 여행기를 둘러싼 논란이 야기된다.

사이안푸(샹양)는 만지 전역이 항복한 뒤에도 3년 동안이나 버텼다. 그 동안 대칸의 대군이 정면에 포진하고 있었지만 북쪽을 제외하고는 모두 크고 깊은 호수가 에워싸고 있어서 대칸의 군대는 오로지 북쪽만 공격하는 틈을 타서 성 내의 백성은 세 곳의 수로를 통해 충분한 식량을 공급받을 수 있었다. 따라서 지금 이야기하는 그것이 없었다면 결코 그 도시를 점령할 수 없었을 것이다. (……) 대군주는 "그 도시를 함락할 방법을 강구해야겠다"고 말했다. 그러자 두 형제와 그들의 아들 마르코 님이 이렇게 말했다. "대군주시여, 저희 식솔들 가운데 커다란 돌을 던지는 서방식의 투석기를 제작할 줄 아는 사람이 있습니다. 그 투석기로 돌을 도시 안에 던져 넣으면 그곳 주민들은 견디지 못하고 즉시 항복할 것입니다." (……) 투석기가 설치되었다. 타타르인들의 눈에는 세상에서 가장 놀라운 물건처럼 보였다. 투석기로 돌을 시내로 투척하니 돌이 가옥을 부수어 폐허로 만들었고, 커다란 소음과 혼란을 일으켰다. 주민들은 한 번도 본 적이 없는 재난 앞에 너무나 경악해서 어찌할 바를 몰랐다. (……) 그들은 포위군의 사령관에게 사람을 보내 다른 도시들과 같은 방식으로 항복해서 대칸의 지배 하에 들어가기를 희망한다고 말했다.

마르코 폴로 일행의 투석기 덕분에 도시를 함락시켰다는 주장이다. 그런데 연대를 계산해보면 맞지 않는다. 남송을 정벌하기 위해서는 우선 중요한 요충지인 양양과 번성을 함락시켜야 했다. 1268년부터 1273년까지 이 두 곳에서 벌어진 6여 년의 격전에서 투석기가 쓰였었다. 그런데 마르코 폴로는 1271년쯤 베네치아를 출발해 3년 6개월 만인 1274년에 상두에 도착했다. 그러니까 일한국의 투석기 기술자인 아바타 덕분에 양양과 번성이 함락된 이후인 것이다. 이는 《동방견문록》을 둘러싼 진위 논란의 주요 쟁점이 되었다. 이후 마르코 폴로는 공을 인정받아 벼슬을 받았다는데 중국 쪽에는 그런 기록이 없어서 이 또한 논쟁을 가중시켰다.

일본 원정의 실패

육상전에 강한 몽골족은 남송을 정벌하면서 막강한 해군력과 항해술을 전리품으로 얻게 된다. 그리고 쿠빌라이 칸은 이를 바탕으로 섬나라인 치팡구로 아바칸과 본사니친을 보낸다.

어느 날 북쪽에서 바람이 어찌나 세차게 불어오는지 군인들은 지금 떠나지 않으면 배들이 모두 부서지리라고 말했다. 그들은 모두 배에 올라 바다로 나갔다. 그들이 4마일도 가지 못해 바람이 더욱 세차게 불었고 워낙 많은 배들이 있었기 때문에 서로 부딪혀서 상당수가 부서지고 말았다. (……) 마침 근처에서 그리 크지 않은 외딴 섬을 발견했다. 그 섬에 상륙한 배들은 무사했지만 그러지 못한 배들은 그 섬에 좌초하고 말았다. (……) 폭풍이 잠잠해지자 두 신하는 넓은 바다에서 난파를 모면했던 많은 배들을 이끌고 그 섬으로 돌아왔다. 군사들의 숫자가 너무 많아 지위가 높은 사람들, 즉 백인장, 천인장, 만인장들만 배에 태우고 고향으로의 항해를 시작했다. 이 섬에 피신해 남겨진 엄청난 수의 군사들은 모두 죽은 목숨이나 마찬가지라고 생각했다. (……) 이것은 그리스도 강림 후 1269년의 일이었다.

1269년에 일본을 원정한 것으로 되어 있지만 사실 여기서 이야기하는 것은 1281년 대원정이다. 남송의 해군력까지 흡수해 14만 명 정도가 4만 4400척의 선박을 앞세워 일본에 가게 된다. 이 원정에는 고려군도 참여했다. 그러나 태풍이 불어 배들이 서로 부딪히면서 10만 명 정도가 죽었고 고려군도 3000명 정도 사망했다. 이때 일본을 구했던 바람이 신풍(神風), 즉 가미카제다. 일본인은 몽골군을 물리쳤다는 사실에 자부심을 느끼고 제2차 세계대전 당시 자살특공대에 이 이름을 붙이게 된다.

마르코 폴로, 석가모니에 대해 듣다

인도로 들어선 마르코 폴로는 진귀한 장면을 많이 목격하게 된다. 그 가운데는 명상 수행자인 추기도 있었다. 마르코 폴로는 그들의 절제된 삶에 대해 말하고는 그곳에서 아주 우상시되는 인물에 대해 들려준다.

석가모니란 최초로 그 이름으로 우상이 만들어진 인물이다. (……) 그는 부유하고 강력한 어떤 대왕의 아들이었지만 선천적으로 신앙심이 깊은 사람이었기 때문에 어떤 세속적인 것에도 마음이 끌리지 않았고 왕이 되는 것조차 바라지 않았다. (……) 왕은 자기 아들이 세속적인 일에 매달리고, 왕위에 관심을 갖도록 애썼다. (……) 그러나 아무리 노력해도 왕자는 어떤 쾌락에도 마음이 흔들리지 않았고 오히려 전보다 더 엄격하게 순결을 지켰다. (……) 그는 매우 귀하게 자랐기 때문에 일찍이 왕궁 밖으로 나간 적이 없었다. 그의 아버지가 노인이나 불구자를 그의 눈에 띄게 하지 않았기 때문에 그는 그런 사람을 본 적도 없었다. 어느 날 왕자가 말을 타고 길을 가다가 죽은 사람을 보게 되었다. 그는 여태까지 그런 광경을 본 적이 없었기 때문에 크게 놀랐다. 그가 뒤따르던 시종에게 그것이 무엇이냐고 물어보자 그는 죽은 사람이라고 대답했다. 왕자가 "그러면 모든 사람이 죽는단 말인가?"라고 묻자 시종은 "예, 그렇습니다"라고 대답했다. 왕자는 아무 말도 하지 않고 말을 탄 채 깊은 생각에 잠겼다. 그리고 얼마 지나지 않아 노인과 마주치게 되었다. 그는 걷지도 못할 뿐만 아니라 이빨도 모두 빠져버린 상태였다. 왕자가 그 노인을 보고는 "저 사람은 무엇이냐? 무엇 때문에 걷지도 못하는가?" 하고 물어보았다. 그러자 시종이 그는 늙어서 걷지도 못하고 이빨도 빠진 것이라고 대답했다. 죽는 것과 늙는 것에 대해 알게 된 왕자는 왕궁으로 돌아가서 '악으로 가득한 이 세상에서 더 이상 살아가지 않겠다'고 결심하고 영원히 죽지 않는 사람, 또 그를 창조한 사람을 찾아 나서기로 했다. 그리고는 아버지의 왕궁을 떠나 아주 외딴 산으로 들어가 일생을 정직하고 순결하고 금욕적으로 살았다. 정말로 그가 기독교인이었다면 우리 주 예수 그리스도와 비견되는 위대한 성자가 되었을 것이다.

마르코 폴로는 기독교적인 관점에서 석가모니에 대해 이야기한다. 우리는 석가모니의 탄생에 대해서는 비교적 잘 알고 있지만 그의 입멸에 대해서는 자세히 알고 있지 못하다. 잠깐 이야기하면 석가모니는 여든 살이 넘도록 살다가 마지막 모험으로 열반의 땅인 쿠시나가라를 향해 노쇠한 몸을 이끌고 떠나게 된다. 중간쯤에서 대장장이의 아들인 춘다가 공양한 버섯을 먹고 탈이 난다. 그는 두 그루의 사라수 사이에 눕는다.

그가 죽음을 앞두고 마지막으로 했던 두 가지 일이 굉장히 인상적이다. 우선 그는 질문할 것이 있다고 들이닥친 수바드라라는 인물에게 답을 해주고 마지막 제자로 받아들인다. 그러고는 자등명법등명(自燈明法燈明)이라는 마지막 가르침을 남긴다. 자기 자신을 등불로 삼고 자신을 의지해라. 또한 진리를 등불로 삼고 진리에 의지해라. 모든 것은 덧없으니 게으르지 말고 부지런히 정진해라. 이런 가르침을 유언으로 남기고 석가모니는 열반에 들었다.

새로운 세계를 열다

마르코 폴로는 인도를 지나서 일한국으로 들어가게 된다. 쿠빌라이 시대가 지나가면서 몽골제국은 부와 권력을 두고 분열과 투쟁으로 얼룩지게 된다.

동방 세계에 대한 여행기로는 《동방견문록》 외에도 8세기 신라의 승려였던 혜초 스님의 《왕오천축국전》, 모로코 탕헤르 출신인 이븐바투타의 《여행기》, 오도릭의 《동방기행》 등이 유명하다. 특히 이븐바투타의 《여행기》는 이슬람의 관점에서 중앙아시아와 중국 등을 들여다본다는 점에서 기독교 시각을 지닌 《동방견문록》과 비교된다. 물론 기독교도인 마르코 폴로는 이슬람이나 불교에 대해 어떤 편견도 없이 항상 열린 시각을 보여 주지만 말이다. 그의 관점은 지배자의 관점도 아니었고 침략자의 관점도 아니었다.

그의 관점은 《동방견문록》에 영감을 받아 더 넓은 세상으로 나갔던 유럽인들과는 대조적인 것이었다. 마르코 폴로 이후 유럽인들은 그때껏 세계의 끝인 줄 알았던 포르투갈의 카보다로카에서 대서양을 향해 출항했다. 그때껏 세계의 끝으로 여겨졌던 곳에서 새로운 세상이 시작된다는 인식을 갖게 해준 것은 마르코 폴로였지만 그 결과물인 유럽인의 신대륙 발견이 인류에게 득만 주었는지는 생각해볼 일이다. 마크 트웨인이 《허클베리 핀의 모험》에서 말했듯이 "콜럼버스가 신대륙을 발견한 것은 참 멋진 일이다. 그러나 그가 그냥 지나쳐 갔더라면 더 멋졌을 것이다."

chapter 16

모든 것을 버리고 다시 태어나다

• 그리스비극 1 『오이디푸스 왕』 '운명'에 대하여 •

다른 사람의 눈에 나는 어떤 사람으로 비칠까. 보잘것없는 사람, 괴팍한 사람, 사회적 지위가 없는 사람, 앞으로도 어떤 사회적 지위도 가지지 못할 사람, 한마디로 최하 중에 최하의 사람. 그래, 설령 그 말이 옳다 하더라도 언젠가는 내 작품을 통해 그 보잘것없는 사람의 마음속에 무엇이 들어 있는지 보여주겠다. 이것이 나의 야망이다.

— 고흐

그리스비극은 인간학의 총체다. 인간에게 주어진 어쩔 수 없는 상황과 조건들로 가득 차 있기 때문이다. 아무도 비극을 바라지 않지만 결국 인간은 거부할 수 없는 운명이 되고 만다. 운명을 받아들일 것인가, 거부할 것인가?

이 피할 수 없는 선택의 갈림길에서 온갖 슬픔, 고통, 고뇌를 겪으며 인류가 어떤 길을 걸어왔는지를 비극은 보여준다. 결국 인간은 운명을 받아들여야 한다. 운명을 받아들이는 것과 수동적인 삶을 사는 것은 다르다.

아모르 파티(amor fati), 내 운명을 사랑하고 받아들이면서 인간은 더 깊은 성찰의 여행을 떠나는 것이다.

여기 소개할 작품은 아이스킬로스, 에우리피데스와 더불어 그리스 3대 비극 작가로 꼽히며 비극의 완성자로 불리는 소포클레스의 《오이디푸스 왕》이다. 《오이디푸스 왕》은 아리스토텔레스에게 비극의 모든 조건을 갖춘 가장 짜임새 있는 드라마, 비극 중의 비극이라고 극찬받았을 만큼 완성도가 높다. 그러면 그리스비극의 제왕인 《오이디푸스 왕》 안으로 들어가 보자.

인간의 본질을 캐묻다

그리스의 도시국가 테베에 원인 모를 전염병이 돌면서 수많은 사람들이 죽어가고 있다. 근심에 빠진 테베의 왕 오이디푸스는 신탁을 듣기 위해 왕비의 오라비이자 자신의 처남인 크레온을 아폴론 신전으로 보냈다. 신탁을 들은 크레온이 테베로 돌아와 오이디푸스에게 전한다.

크레온: 이 땅에서 생기고 키워진 더러운 일이 우리를 파멸시키지 않도록 씻어 없애라는 것이 아폴론 신의 분부이십니다.
오이디푸스: 어떤 속죄를 말씀하시는 건가? 어떻게 깨끗이 하란 말씀인가? (……)
크레온: 왕이시여, 왕께서 이 나라를 다스리시기 전에 이 나라의 통치자는 라이오스 왕이었습니다.
오이디푸스: 내 말을 들었소만 그분을 뵌 적은 없소.
크레온: 그분이 살해당했기 때문에 이제 신의 명령은 분명합니다. 그들

이 누구든 살인자들을 벌주라는 것입니다.

오이디푸스: 그래, 그자들은 어디 있단 말이오? 그토록 오래된 범죄의 희미한 자취를 이 넓은 세상 어디서 찾으란 말이오?

크레온: 이 땅에서라고 신께서 말씀하셨습니다. 찾으면 찾아질 것이요, 찾지 않으면 잃고 말리라는 말씀입니다.

오이디푸스: 라이오스 왕은 어디서 죽음을 당하셨소? 궁 안이요, 들이요, 아니면 이국땅에서?

크레온: 이국땅에서였습니다. 신의 말씀을 들으러 델포이로 가신다고 그분 자신이 말씀하셨습니다. 그리고 영영 돌아오시지 않으셨습니다.

오이디푸스: 그러고는 아무 소식도 없었단 말이지? 실마리가 될 만한 소식을 전해준 수행원도 없었단 말인가?

크레온: 겁에 질려 도망쳐온 자가 한 사람 있었지요. 하지만 그가 자기가 본 일 중에 확실히 말할 수 있는 것은 한 가지뿐이었습니다.

오이디푸스: 그래, 그것이 무엇이었소? 한 가지가 모든 일의 실마리가 될 수도 있겠지. 가장 작은 실마리라도 희망의 불꽃이 될 수 있다면.

크레온: 그의 말로는 도둑이, 그것도 한 사람이 아니라 여럿이 나타나서 죽였다고 합니다.

오이디푸스: 도둑들이 어찌 그렇게 끔찍한 일을 저질렀단 말인가? 이 나라의 어느 누구에게 돈으로 매수되지 않고서야.

크레온: 그렇게 생각한 사람들도 있었습니다. 그러나 재앙이 덮치자 죽은 라이오스 왕의 원수를 갚으려는 사람은 아무도 없었습니다.

오이디푸스: 재앙이라니? 왕이 그런 참변을 당하셨는데도 그걸 밝혀내지 못할 만큼 어지러운 일이 무엇이란 말이오?

크레온: 수수께끼를 내는 스핑크스가 저희들에게 어지러운 과거는 내
버려두고 당장 발등의 불부터 끄라고 강요했던 거지요.

이 대화를 통해 전염병이 돌기 전에 무슨 일이 일어났었는지를 조금 짐작할 수 있다. 오이디푸스 이전 테베의 통치자였던 라이오스가 갑자기 실종되어 돌아오지 않는다. 그 와중에 *스핑크스*가 테베의 성문 밖을 지키고서 자신의 수수께끼를 맞히지 못하는 사람을 죽여버리는 통에 테베의 백성들은 성 밖으로 나가지도 못한다. 그때 오이디푸스가 나타나 스핑크스를 퇴치하고 빈자리였던 테베의 왕이 된다. 그는 남편을 잃은 라이오스 왕의 아내와 결혼했다.

그런데 오이디푸스가 풀어낸 스핑크스의 수수께끼란 무엇일까? 이제는 세계에서 가장 유명한 수수께끼로, 아침에는 네 발, 오후에는 두 발, 저녁에는 세 발인 것이 무엇이냐. 정답은 다들 짐작하듯이 사람이다. 《오이디푸스 왕》에 나오는 스핑크스의 수수께끼는 두 가지를 암시하는 것 같다. 우선 아무도 풀지 못하던 수수께끼를 풀어낸 오이디푸스가 가장 영리한 사람임을 암시한다. 그리고 또 하나는 《오이디푸스 왕》이 무엇에 대한 이야기인지를 보여준다. 즉 이 이야기가 인간의 본질을 캐묻고 있음을 암시한다.

운명의 덫에 걸리다

오이디푸스는 비로소 전염병을 물리칠 방법을 알게 되었다. 라이오스 왕을 죽인 범인을 찾는 것이다. 문제는 그 범인을 어디서 찾느냐다. 자, 머리를

싸매고 있는 오이디푸스 앞에 당대 최고의 예언자이자 눈이 보이지 않는 테이레시아스가 불려온다. 그러나 테이레시아스가 범인을 알려달라는 오이디푸스의 요구를 거절하면서 둘은 옥신각신한다.

테이레시아스 : 왕께서 내가 눈먼 것을 조롱하셨기 때문에 하는 말씀입니다만, 왕께서는 눈을 뜨고 계시면서도 얼마나 처참한 일에 빠지고 계신지, 그리고 어디서 사는지, 누구와 사는지 모르고 계십니다. 당신께서 누구의 자손인지 아십니까? 모르십니다. 그러시면서도 당신은 살아계신 분과 돌아가신 분에게 죄를 짓고 있습니다. 그렇습니다. 마치 양날 칼처럼 아버지와 어머니의 저주가 언젠가는 당신을 이 나라 밖으로 몰아낼 것입니다. 그리고 지금은 밝은 그 눈도 그때부터 끝없는 어둠이 되고 말 것입니다.(……)

오이디푸스 : 저자에게 이런 괘씸한 말을 듣고도 참아야 할까? 파멸 속으로 꺼져버려라. 어서 빨리! 다시는 이 집에 나타나지 마라.

(……)

테이레시아스 : 당신에게는 내가 바보 천치로 보이겠지만 당신을 낳아준 양친께는 현명한 사람이었답니다.

오이디푸스 : 무어라고? 양친이라고? 나를 낳은 사람이 누구란 말이냐?

테이레시아스 : 바로 오늘이 그대를 낳고 죽일 것이오.

오이디푸스 : 정말 네 놈은 수수께끼 같은 모를 소리만 하는구나.(……)

테이레시아스 : 가기는 가지만 내가 온 까닭은 말해야겠습니다. 당신의 얼굴쯤은 두렵지 않습니다. 나를 해칠 수는 없으니까요. 그래서 말씀해두지만 당신이 찾아내려는 사람, 라이오스 왕의 시해자를 밝혀내겠

다고 위협적으로 외치고 있는 사람, 그 사람은 바로 여기 있습니다. 여기서는 그가 다른 나라 사람으로 여겨지고 있지만 머지않아 그가 테베 태생임이 드러날 것입니다. 하지만 그는 그런 운명을 달가워하지 않을 것입니다. 밝았던 눈이 멀고 부유의 몸이 비렁뱅이가 되어 지팡이를 짚고 낯선 땅을 헤매고 다닐 것입니다. 그리고 자기 자식들의 형제이자 아버지, 자기 어머니의 아들이자 남편, 자기 아버지의 잠자리를 빼앗은 자, 그리고 아버지의 살해자임이 밝혀질 것이오. 안으로 들어가셔서 잘 생각해보십시오. 그러고도 내 말이 틀렸거든 앞으로는 내 예언이 아무것도 아니라고 말씀해도 좋습니다.

인간이 예상하는 미래와 전혀 예상하지 못하는 미래가 반목하면서 인간의 지혜와 신의 지혜가 부딪히는 장면이다. 여기서 프로이트의 이론이 나온다. 즉 우리는 우리에 대해 알고 있다고 생각하지만 사실 우리를 지배하는 것은 대부분 무의식이다. 그러나 우리는 무의식에 대해서는 전혀 모른다. 따라서 우리가 우리를 안다고 생각하는 것은 사실 착각에 지나지 않는다. 이런 이론이 바로 오이디푸스 신화에서 나온 것이다.

오이디푸스는 라이오스 왕을 죽인 범인을 찾으면서도 자신이 범인이라는 것을 모른다. 그는 자기도 모르는 자기를 찾아가게 되고 테이레시아스가 그의 실체를 이야기해준다. 하지만 그는 알아듣지 못하고 오히려 자신이 범인으로 지목된 것에 몹시 화를 낸다. 그는 모든 것이 왕위를 탐내는 크레온의 음모라고 생각한다. 그래서 두 사람 사이에서 오이디푸스의 아내이자 크레온의 누이인 왕비 이오카스테의 입장이 곤란해진다.

이오카스테: 제발 부탁이니 말씀해주세요. 왕이시여, 대체 무슨 일로 그렇게 화가 나셨나요?

오이디푸스: 말하겠소. 내게는 이 사람들보다 당신이 더 소중하니까. 크레온이 화근이오. 그가 음모를 꾸민단 말이오.

이오카스테: 어떻게 말다툼이 시작되었는지 자세히 말씀해주세요.

오이디푸스: 크레온은 내가 라이오스의 살해자라고 말하고 있소.

이오카스테: 그가 알고 하는 말인가요, 남에게 듣고 하는 말인가요?

오이디푸스: 그는 간사하게도 자기는 입을 씻고 그 고약한 예언자를 부추겼던 것이오.

이오카스테: 아, 그런 일이라면 조금도 염려 말고 제 말씀을 들어주세요. 필멸의 인간은 어느 누구도 미래를 예언할 수 없어요. 여기 간단한 증거가 있습니다. 언젠가 라이오스 왕께 신탁이 내린 적이 있었습니다. 아폴론 신이 아니라 그분의 사제로부터 말이에요. 그 신탁이란 왕과 저 사이에서 태어난 아들의 손에 왕이 살해당할 운명이라는 것이었습니다. 그런데 확실한 소문으로는 그분이 큰 삼거리의 한복판에서 다른 나라 도둑들 손에 시살당하셨다는 것입니다. 아들은 태어난 지 사흘도 되지 않아 두 발꿈치를 뚫어 함께 묶은 뒤 사람을 시켜서 인적 없는 산에 내다버렸어요. 그리하여 아폴론께서는 그 아이가 아버지를 죽이는 자가 되고 라이오스 왕께서 아들의 손에 죽는다는, 그분이 그토록 두려워하던 끔찍한 일이 일어나지 않게 해주셨던 거죠. 그렇게 되도록 신탁이 미리 정해놓았던 것이죠. 그리고 신탁이라면 염려하지 마세요. 신께서 필요해서 구하시는 것이라면 스스로 쉽게 밝혀주실 테니까요.

오이디푸스: 왕비, 당신의 말을 들으니 내 마음이 갈피를 못 잡겠구려.

지난 일의 기억이 가슴속에 되살아나고 있소.

이오카스테: 그건 무슨 말씀이십니까? 어째서 그리 불안하고 두려워하십니까?

오이디푸스: 당신 말로는 라이오스 왕께서는 삼거리에서 돌아가신 것 같구려.

이오카스테: 그렇다더군요. 아직도 그렇게들 말하고 있어요.

오이디푸스: 어디서 그 사건이 일어났소? 거기가 어디요?

이오카스테: 그 고장은 포키스라고 합니다. 델포이에서 오는 길과 다울리아에서 오는 길이 서로 만나는 곳이죠.

오이디푸스: 그래, 그 사건이 일어난 지 얼마나 되었소?

이오카스테: 왕께서 이 나라를 다스리시기 직전에 퍼진 소식이었습니다.

오이디푸스: 오 제우스시여, 제게 어떤 운명을 정해놓으셨나요.

이오카스테는 약을 하나 주고 병도 하나 준다. 약은 왕을 죽일 운명이라던 아들은 낳자마자 사흘 만에 버렸으니 죽었을 것이고 신탁도 이뤄지지 않았다는 것이다. 그리고 병은 삼거리 이야기다. 오이디푸스는 이 이야기를 듣자마자 과거 자기의 행적을 떠올리면서 운명 속으로 끌려들어 가는 느낌을 받는다.

처음에는 절대 오이디푸스가 범인일 수 없는 상황이었다가 양파 껍질이 벗겨지듯이 하나하나 진실이 드러나고 운명의 덫에 걸려드는 박진감과 긴박감이 바로 그리스비극의 위대한 구성력이다.

운명을 피하지 않는 인간, 오이디푸스

이오카스테의 이야기를 들은 오이디푸스는 살해 현장에서 살아남은 라이오스 왕의 수행원을 만나야겠다고 고집한다. 그는 무엇이 확인하고 싶은 것일까? 그에게는 과연 무슨 사연이 있는 것일까?

> 오이디푸스 : 내 아버지는 코린토스의 폴리보스 왕이었고 내 어머니는 도리스족인 메로페였소. 그리고 나는 나라 안에서 가장 훌륭한 시민으로 여겨졌소. 그런데 하루는 참으로 이상한 일을 당했소. 뭐, 내가 그렇게까지 걱정할 일은 아니었소만, 연회석에서 술을 잔뜩 마시고 만취한 어느 사내가 내가 내 아버지의 아들이 아니라고 떠들어댔소. 나는 화가 났지만 그날은 꾹 참았다오. 하지만 이튿날 나는 어머니와 아버지에게 사실을 물어보았소. 그러자 그분들은 내게 그런 모욕적인 말을 지껄인 자에게 노발대발하셨고 나도 그것으로 마음이 놓였소. 하지만 그 소문이 쉬지 않고 퍼져가면서 내 마음은 편치 않았소. 그래서 나는 어머니와 아버지께 고하지 않고 비토에 갔소. 그러자 아폴론 신께서는 내가 묻는 일에 관해서는 아무것도 알려주시질 않고 대신 괴롭고 두렵고 비참한 다른 이야기를 들려주셨소. 말하자면 내가 내 어머니와 결혼하여 사람들에게 차마 눈뜨고 보지 못할 자식들을 보여줄 것이며 나를 낳아준 아버지를 죽일 것이라는 것이었소. 이 말을 듣고 나는 코린토스로 돌아가지 않고 별들을 보고 멀리서 그곳의 위치를 재면서 그 사악한 신탁이 예언한 치욕이 이루어지지 않을 곳으로 달아났던 것이오. 그렇게 방황하던 나는 라이오스 왕이 살해당했다고 당신이 말한 바로 그

곳에 이르렀소. 내 이제 당신에게 바른 대로 말하겠소. 내가 그 삼거리에 다다랐을 때 길잡이와 마차와 마주쳤소. 마차에는 당신이 말하는 것과 같은 남자가 타고 있었소. 그 길잡이와 노인이 나를 억지로 길 밖으로 밀어내려 했소. 그래서 나는 마부와 승강이 끝에 화가 나서 그를 때렸소. 이것을 본 노인이 내가 지나가기를 기다렸다가 마차 안에서 둘로 갈라진 몽둥이로 내 머리를 힘껏 후려쳤소. 그러나 그는 너 큰 앙갚음을 받았소. 그는 내 지팡이에 번개같이 얻어맞고는 마차에서 굴러떨어졌고 나는 그들을 모조리 죽여버렸소.

그리스인들에게 가장 중요한 이슈는 오이디푸스 같은 인간 최고의 지성조차도 모르는 것이 있다는 점이다. 바로 신이 내린 운명 말이다. 운명에 대한 궁금증은 결국 미래에 대한 두려움과 불안으로 귀착된다. 미래에 대한 궁금증은 그리스인들만이 아니라 모든 인간에게 공통된 것이다. 지금은 각종 기상 정보를 모아 내일의 날씨를 예고하는 식으로 과학적 방법을 통해 미래에 대한 궁금증을 해소하지만 옛날에는 그런 것이 없었기 때문에 점을 쳤다. 그리스비극에 신탁을 받거나 점을 치는 장면들이 종종 나오는 것도 그래서다.

그리스 최고의 예언가로부터 불길한 이야기를 들은 오이디푸스 왕은 자신이 삼거리에서 죽인 남자가 라이오스 왕일지도 모른다는 불안을 안고 당시 현장에 있었던 목격자를 기다린다. 그런데 이 순간 고향인 코린토스에서 사자가 당도해 폴리보스가 병사했다는 소식을 전해준다. 오이디푸스는 어머니와 결혼하게 되리라는 신탁이 마음에 걸려 코린토스로 돌아가지 않겠다고 한다. 그러자 사자가 입을 연다.

사자: 젊은 분이여, 그대는 분명 자신이 무엇을 하고 계신지 모르시는구려.

오이디푸스: 그게 대체 무슨 소리요, 노인장? 제발 말해주시오.

사자: 만일 그것 때문에 그대가 고향에 돌아가기가 두려우시다면.

오이디푸스: 그렇소. 아폴론 신의 신탁이 이뤄지지 않을까 두렵기 때문이오.

사자: 부모님 때문에 죄를 저지를까 두렵다는 말씀인가요.

오이디푸스: 그렇소, 노인장. 나는 늘 그것이 두려웠소.

사자: 아무것도 아닌 것을 두려워하고 계시다는 것은 모르시나요?

오이디푸스: 아무것도 아니라니, 내가 바로 그분들의 자식인데도?

사자: 당신은 폴리보스 왕과 한 핏줄이 아닙니다.

사자는 자신이 아기이던 오이디푸스를 라이오스의 목동에게서 얻어 자식이 없던 폴리보스에게 바쳤다고 이야기한다. 그리고 라이오스의 목동은 살해 현장의 목격자와 동일인으로 드러난다. 조금씩 퍼즐이 맞춰져가면서 서서히 진실이 모습을 드러내자 이오카스테는 오이디푸스에게 모르는 게 약이라고 그만 들춰내라고 한다. 그러나 오이디푸스는 절대 그럴 수가 없다. 이것이 바로 자기가 모르는 자기를 향해 가는, 그 비극 속으로 걸어들어 가는 위대한 자의 모습이다.

자신의 운명을 피하지 않는 위대한 인간 오이디푸스. 드디어 그는 살해 현장의 목격자이자 아기인 자신을 내다버렸던 늙은 목자와 마주하게 된다.

오이디푸스: 여기 이 사람 말이오. 전에 어디선가 만난 일이 있지 않소?

목자: 글쎄요, 얼른 생각나지 않는군요.

사자: 그것도 그럴 것입니다. 그러나 제가 그의 기억을 되살려놓겠습니다. 우리가 키타이론 지역에 머물던 때를 그가 잘 알고 있으리라 확신하니까요. 저 사람은 두 무리의 가축을, 나는 한 무리의 가축을 치며 꼬박 3년 동안 봄부터 가을까지 빈 년씩 거기 있었습니다. 그러다가 겨울이 되면 저는 가축을 제 우리에, 저 사람은 라이오스 왕의 우리에 몰아넣었습니다. 내 말이 맞소, 맞지 않소?

목자: 오래전 일이지만 모두 사실이오.

사자: 자, 그럼 묻겠소. 그때 당신은 나에게 어린애를 주지 않았소? 나더러 양자로 기르라고 말이오.

목자: 무슨 말을 하는 거요. 그건 왜 묻는 거요?

사자: 이 사람아, 여기 서계신 분이 바로 그때의 그 어린애란 말이오.

(……)

오이디푸스: 어린애 말인데, 네가 이 사람에게 주었지?

목자: 주었습니다.

(……)

오이디푸스: 어디서 얻었나? 네 아이냐, 아니면 다른 사람의 아이냐?

목자: 내 아이가 아니라 누군가에게서 받았습니다.

오이디푸스: 여기 시민들 중 누구에게서? 어느 집에서?

목자: 제발 부탁이니 더는…… 더는 묻지 말아주십시오.

오이디푸스: 내가 또다시 묻게 하면 그때는 끝장이다.

목자: 그러시다면 할 수 없죠. 그 애는 라이오스 집안의 아이였습니다.

오이디푸스: 노예였나, 아니면 그분의 핏줄이었나?

목자: 이제야말로 끔찍한 말을 하지 않을 수가 없게 되었구나.

오이디푸스: 나는 듣지 않을 수가 없어. 기어이 들어야겠다.

목자: 그분의 아들이라고 했습니다. 안에 계신 왕비께서 그 사연을 가장 잘 아십니다.

오이디푸스: 그러면 왕비가 그 아이를 그대에게 주었다는 말인가?

목자: 그렇습니다, 왕이시여.

오이디푸스: 무엇 때문에?

목자: 죽여 없애라는 것이었죠.

오이디푸스: 그럴 수가……. 자기가 낳은 자식이면서.

목자: 불길한 신탁이 두려웠기 때문입니다.

오이디푸스: 어떤 신탁이었지?

목자: 그 아이가 아버지를 죽인다는 것이었습니다.

오이디푸스: 그렇다면 어째서 그대는 그 아이를 저 노인에게 주었는가?

목자: 그 아이가 가여워서 그랬습니다. 나는 이 사람이 그 아이를 자기 나라로 데려갈 줄 알았습니다. 그런데 그 아이를 살려주었기 때문에 가장 큰 불행이 벌어졌습니다. 만일 왕께서 이 사람이 말하는 분이라면 알아두십시오. 그대는 정말 불운하게 태어나셨습니다.

오이디푸스: 아, 이젠 모든 것이 분명해졌구나. 모든 것이 사실이로구나. 오, 햇빛이여, 다시는 너를 보지 못하게 해다오. 나야말로 태어나서는 안 될 사람에게서 태어나 죽여서는 안 될 사람을 죽이고 결혼해서는 안 될 사람과 결혼했구나.

이제 증인 심문은 모두 끝났고 모든 것이 드러났다. 드디어 오이디푸스는 태어나서는 안 될 자로 태어나 죽여서는 안 될 사람을 죽이고 결혼해서는 안 될 사람과 결혼한 자신의 운명을 알게 됐다. 주어진 운명을 받아들이고 사랑할 수밖에 없는 숙명 속으로 오이디푸스가 들어선 것이다.

사실 그리스비극은 막장 드라마보다 더 막장처럼 느껴진다. 그리스비극의 핵심은 절제와 한계, 즉 아폴론적인 상태를 돌파해서 열정과 도취의 상태, 즉 디오니소스적인 상태로 넘어가는 것이다. 디오니소스적인 상태란 한 번 죽음으로써 시작되는 새로운 삶을 의미한다. 비극은 신에 의해 주어지는 것이므로 거부하지 말고 받아들여야 한다. 그렇다면 이런 비극 속에서 우리 인간은 어떻게 자신의 길을 걸어갈 수 있을까? 아모르 파티, 바로 내 운명을 사랑하고 받아들이는 위대한 장정이 바로 인간의 길이라고 그리스인은 생각했다.

모든 것을 버리고 다시 태어나다

이제 자신의 비극적인 운명을 깨달은 오이디푸스 앞에는 또 다른 비극이 놓여 있다. 어머니이자 아내이던 이오카스테가 사건의 진실을 알고 자살한 것이다. 오이디푸스는 목매달아 죽은 이오카스테의 시신 앞에서 자신의 두 눈을 찔러 스스로 장님이 된다.

니체는 말했다. "진리는 추악하다. 진리가 우리를 멸망시키지 않도록 우리는 예술을 가지게 되었다." 오이디푸스는 차마 눈뜨고 볼 수 없는 추악한 진실 앞에서 스스로 눈을 찌르고 끝까지 진실을 견뎌내야 하는 자로 선택되었다.

코러스: 아아, 이 얼마나 무서운 일인가! 일찍이 본 적도 없는 처참한 모습이란 말인가! 아아. 이 무슨 광증입니까? 도대체 누가 인생의 한계를 넘어서 광기로 그대의 인생을 덮쳤나요? 아아, 딱하다. 애처롭다. 차마 볼 수가 없군요. 보고 싶어도 견뎌낼 수가 없습니다. 듣고 싶어도 무섭기만 합니다.

(……)

오이디푸스: 어디에 내가 볼 만한 아름다움이 있는가, 어디에 보고 듣기에 사랑스러운 것이 있는가? 어서 빨리 여기서 끌어내주오, 친구들이여. 절망과 저주의 사람으로서 신들의 미움을 가장 많이 받은 이 사람을!

코러스: 자책과 불행으로 괴로움이 겹친 분! 내 차라리 그대를 몰랐더라면 좋았을 것을!

오이디푸스: 그 목장에서 내 발의 사슬을 풀고 나를 죽음에서 살려낸 사람을 나는 저주한다. 그때 죽고 말았더라면 친구에게도, 내게도 이런 고통은 없었을 것을.

"도대체 누가 인생의 한계를 넘어서 광기로 그대의 인생을 덮쳤나요?" 가장 고귀하고 지혜로운 자에서 가장 비천하고 슬프고 고통스러운 자로 전락한 오이디푸스. 그에게 이런 운명을 내린 신은 누구였을까. 이성의 신이자 태양의 신이자 빛의 신인 아폴론이다. 아폴론이 존재하는 세계 속에는 모든 것이 형상을 가지고 있다. 그러다 어둠이 내리면 모든 것이 개체성을 상실하고 하나의 통합을 이루게 된다. 우리가 눈으로, 이성으로 쳐다볼 때 오이디푸스라는 개체도 존재한다. 그러나 이제 비극에 처해 눈이 멀고 암흑에 갇힌 그는 새롭게 인간의 본질을 이해하게 된다. 죽음으로 새로운 오이디푸스로 재탄생하는 것, 이를 우리는 디오니소스적인 탄생이라고 부른다. 오이디푸스는 모든 것을 버리고 새로운 인간으로 태어난다. 그리고 그는 테베에서 쫓겨나 정처 없이 떠돌다 콜로노스의 신성한 숲에 당도한다.

그리고 죽음을 기다리는 오이디푸스에게 신들은 화해를 제안한다. 또다른 신탁이 내려진 것이다. 이 신탁을 전한 사람은 오이디푸스의 둘째 딸인 이스메네였다. 쓰라린 고통으로 다져진 오이디푸스의 시신을 거두어주는 나라는 전쟁의 승리와 대지의 번영을 약속받으리라는 신탁이었다. 이제 그의 더럽혀진 육체는 승리와 번영을 상징하는 신성한 성물(聖物)이 된 것이다. 그리하여 그저 존재 자체가 잘못이었던 오이디푸스는 고통을 통해 끝내 신들에게서 구원받았고 스스로의 구원자가 되었다.

신이 오이디푸스에게 내려준 죽음 이후의 축복, 즉 '오이디푸스의 시신을 거두어준 나라에 대한 번영의 약속'은 당시 테세우스가 다스리던 아테네에 돌아갔다. 테세우스는 오이디푸스의 영웅적 삶과 비극을 알고 있었기에 그를 물리치는 대신 호의를 가지고 받아주었다. 즉 오이디푸스가 자신의 왕국 내에서, 바로 콜로노스의 숲 속에서 임종할 수 있도록 배려해주었던 것이다. 다른 나라가 버린 비참한 사람을 따뜻하게 받아준 테세우스의 선행은 자기 자신을 구하는 끈이 되었다. 오이디푸스의 사후 테세우스 역시 아테네에서 쫓겨나 쓸쓸하게 죽었지만 그를 잊지 못하던 아테네인들에게 시신이나마 거두어져 테세이온에 안치되었다. 두 명의 영웅을 거둔 아테네는 그리스 최고의 국가로 번영하면서 인류 역사상 가장 특별하고 의미 있는 도시국가로 남게 되었다.

오이디푸스는 인간이라는 미약한 존재로서 영문도 모른 채 우주의 부름을 받고는 가장 불운한 삶의 길을 견뎌냈다. 그리고 그는 거기서 더 나아간다. 그는 불행에 협력하여 스스로 두 눈을 찌르고 추방당함으로써 그 불행을 정점까지 끌어올렸던 것이다. 오이디푸스가 그렇게 불행의 절대적 의미를 완성하자 그를 몰아세웠던 운명의 수레바퀴는 멈춰 서고 그는 인간의 한계 너머로 들어서게 된다. 그는 자신의 내면에서 신을 느끼는 순간 비로소 신의 손아귀에서 벗어났다. 그리하여 그의 시체는 아테네와 그리스 전체를 수호하는 성물이 될 수 있었던 것이다.

chapter 17

배려를 통해 다름을 껴안다
• 그리스비극 2 『안티고네』 '화해와 공존'에 대하여 •

자기 경영은 자신의 미움과 화해하는 것입니다. 격앙되어 싸울 때는 진흙탕의 개처럼 싸우더라도 정신을 차리고 나서는 적의와 증오를 갈무리하여 인간다워지는 것입니다. 자신의 모짐과 결별하고 피와 화해하는 신성한 의식을 잊지 않는 것입니다. 인간은 죽어야 할 운명입니다. 우리에게 모든 순간은 다 마지막입니다. 사라지는 것은 그 단명함으로 처연히 아름답습니다. 그러므로 사라지는 것들을 위한 마지막 인사는 그것을 미워하지 않고 축복하는 것입니다. 그것이 무엇이든 나의 인생이니 내 품에 안아 들이는 것입니다.

– 구본형

　　오이디푸스의 불운은 그에게서 끝나지 않고 그의 자식들에게도 이어진다. 그 자식들의 비극을 그린 작품이 바로 소포클레스의 《안티고네》다. 《안티고네》는 오이디푸스의 딸 안티고네와 새로운 테베 왕인 크레온의 갈등을 보여준다. 이 둘의 갈등을 통해 소포클레스는 개인의 양심과 국가의 법 중에 무엇이 먼저인가에 대한 물음을 던진다. 양심과 법, 이상과 현실 사이의 갈림길에서 우리는 어느 것을 선택해야 하나? 선택은 각 개인의 몫이다. 하지만 이 갈림길에서 어느 것을 선택하든 비극이 뒤따른다는 것을 우리는 안다. 대립은 충돌과 희생을 초래하기 때문이다. 그래서 관용과 배려가 중요하고 이를 통한 공존의 길이 절실한 것이다. 자, 세상에서 가장 불우한 자인 오이디푸스의 딸에게 무슨 일이 일어났는지 《안티고네》 속으로 들어가 보자.

누구를 위한 법인가?

오이디푸스는 어머니인 이오카스테와의 사이에서 두 아들과 두 딸을 낳는다. 쌍둥이인 두 아들의 이름은 에테오클레스와 폴리네이케스다. 누가 형이고 누가 동생인지가 혼동되어 버전에 따라 다르게 나온다. 그리고 두 딸의 이름은 안티고네와 이스메네다. 큰딸인 안티고네는 추방된 오이디푸스 왕을 따라 콜로노스까지 간다. 아버지의 임종을 지키고 테베로 돌아온 그녀 앞에 또 다른 비극이 기다리고 있다. 그 비극을 다룬 《안티고네》는 왕명을 거역하고 오빠를 장사 지내주려는 언니 안티고네와 체제에 순응하여 혈육의 정을 저버리려는 동생 이스메네의 대화로 시작된다.

> 안티고네: 오늘 왕께서 선포한 포고령이 대체 무엇이란 말이냐? 듣지 못했니? 우리의 소중한 분들을 원수로 몰다니, 넌 모르고 있니?
> 이스메네: 안티고네 언니, 두 오빠가 서로 싸우다 모두 죽은 다음부터는 기쁜 일이든 슬픈 일이든 전혀 소식을 듣지 못했어.
> (……)
> 안티고네: 크레온 삼촌이 우리 오빠들을 한 사람은 정중하게 장사 지내게 하고 다른 한 사람은 그러지 못하게 명령을 내렸다는구나. 에테오

클레스 오빠는 의례에 맞게 장사를 치르고 죽은 사람들 사이에서도 부끄럽지 않게 훌륭하게 묻어주는 대신 불쌍하게 돌아가신 폴리네이케스 오빠의 시체는 땅에 묻어서도 안 되고 그를 조문해서도 안 되며 그를 위해 울어서도 안 된다는구나. 새들이 멋대로 쪼아 먹도록 내버려두라는 거지. 저 고귀하신 크레온 님께서 그런 명령을 너와 내게, 그래, 내게 내렸다고들 하더라. 아직 그 명령에 대해 모르는 사람에게 들려주기 위해 그분이 직접 오시겠지. 그리고 그분은 조금이라도 명령을 어기는 자가 있으면 사람들 앞에서 돌로 쳐 죽인다더라. 이제 알았지? 그러니 네가 높은 가문에 걸맞은 사람인지, 아니면 천하게 태어난 사람인지 보여줄 때가 온 거야.

이스메네: 가엾은 언니, 그렇다면 나는 도움이 안 되겠네?

안티고네: 나와 함께하겠니? 날 도와주겠니?

이스메네: 무슨 일인데? 대체 무슨 소리야?

안티고네: 나를 도와서 그 시체를 빼오지 않겠어?

이스메네: 장례를 지내겠다는 거야? 온 나라에 금지령이 내려졌는데?

안티고네: 내 오빠, 그리고 네 오빠잖아? 아무도 내가 오빠에게 잘못했다고는 말하지 않겠지.

이스메네: 어떻게 감히……. 크레온 님이 금하고 있잖아.

눈먼 오이디푸스가 추방될 당시 두 아들은 왕권이 탐나 그를 붙잡지 않는다. 이를 괘씸하게 생각한 오이디푸스는 저주를 내린다. 오이디푸스가 떠난 뒤 두 아들은 1년씩 서로 번갈아가며 왕이 되기로 하지만 에테오클레스가 폴리네이케스에게 왕권을 돌려주지 않자 분노한 폴리네이케스는 아르고스로 넘어가 여섯 장군과 함께 테베로 쳐들어온다. 그리고 마지막 결전에서 형제는 싸우다가 서로를 죽이게 된다.

에테오클레스의 뒤를 이어 왕위에 오른 크레온은 나라를 위해 싸우다 죽은 에테오클레스는 후하게 장사 지내되, 적군을 이끌고 나라를 공격한 폴리네이케스는 들판에서 개와 새의 밥이 되게 한다.

안티고네는 크레온의 명령을 거부하고 밤에 몰래 오빠의 시신을 수습해서 매장하고 장사를 지내준다. 이 일은 곧바로 크레온에게 알려진다.

크레온: 무슨 소리란 말이냐? 누가 감히 그런 짓을 했단 말이야.

파수병: 모르겠습니다. 그 자리에 곡괭이로 치거나 삽으로 파낸 흔적은 없었습니다. 범인은 아무 흔적도 남기지 않았어요. 첫째 날에 파수를 보던 자가 그 사실을 알려주었을 때는 모두들 깜짝 놀랐습니다. 시신이 없어졌으니까요. (……) 그것은 우리가 한 짓이 아니며 우리는 범행을 함께 모의하거나 실행한 적이 없다고 신들께 맹세하려고까지 했어요. 아무리 조사해도 소용없자 누가 한마디 했고 다들 두려움에 고개를 숙였어요. 그 말이란 이 일을 숨기지 말고 왕께 고해야 한다는 것이었어요. 그렇게 하기로 결정하고 제비를 뽑은 결과 불행히도 제가 이 일을 맡게 되었습니다. 그래서 저는 환영받지 못할 것을 알면서도 마지못해 여기까지 왔던 것입니다. 나쁜 소식을 전하는 자를 좋아할 사람은 없으니까요.

코러스장: 왕이시여, 저는 아까부터 이 일은 신께서 하신 일이 아닐까 하는 생각이 드는군요.

크레온: 닥치시오. 그런 말로 내 화를 돋우지 마시오. 신들께서 그 시신

을 염려하신다는 따위의 말은 그대로 들어 넘길 수가 없구려. 신들께서 기둥으로 둘러싸인 신전도, 신성한 보물들도, 그 땅도 태워버리려고 했고 모든 법률도 말살하려 했던 그자를 무슨 선행이라도 베푼 자처럼 영예를 내려주시겠소? 아니면 신들께서 악인들을 칭찬하시는 것을 본 적이라도 있소? 그럴 리는 없소. 애당초 이 도시에는 은밀히 고개를 저으며 내 명령을 마땅치 않게 여기고 내게 불평하는 자들이 있어서 내 지배에 만족하는 자들처럼 마땅히 복종하지 않았단 말이오. 파수병들이 그런 자들에게 매수당해 이런 짓을 저지른 거요. 사람들 사이에서 도는 것 중에 돈만큼 해로운 것도 없소. 돈은 나라를 망치고 사람들을 집에서 몰아내지요. 또한 정직한 마음을 비틀어서 부끄러운 짓을 저지르게 하지요. 돈은 또한 악행을 저지르고 온갖 불경을 배우게 하지요. 그러나 누구든 돈에 팔려서 이런 짓을 저지른 자는 언젠가 대가를 치르게 마련이오. 자, 내가 여전히 경배하고 있는 제우스 신께 맹세코 말하니 잘 들어두어라. 만약 너희들이 시신을 거둔 자들을 찾아내서 내 눈앞에 끌어내지 못한다면 너희들이 죽는 것만으로 끝나지 않을 것이다. 이 무모한 짓을 밝혀내기 위해 너희들을 산 채로 매달 것이다. 앞으로는 어디서 이익을 취해야 하는지 알고 아무 데서나 이익을 얻어서는 안 된다는 것을 모두들 배우도록 말이다.

삶은 '다른 것과의 관계 맺기'다. 그러나 사람들은 '서로 다름'을 받아들이기 어려워한다. 자신과 다른 것을 잘 참지 못하고 틀린 것으로 규정한다. 그리고 상대를 동화시키기 위한 시도를 한다. 힘이 있는 사람은 힘을 사용하고, 나이 든 사람은 삶의 연륜을 이용하고, 지식이 있는 사람은 지식을 통해 자신과 같은 생각, 같은 행동을 타인에게 강요한다. 이 과정에서 사람들은 갈등관계에 빠지게 된다. 이윽고 투쟁관계로 돌입하고 서로에게 항복을 요구한다.

권력과 인간의 충돌

크레온은 자신의 명령을 어기고 폴리네이케스의 시신을 매장한 자를 찾으라는 명령을 내린다. 명령이 떨어지자마자 안티고네가 범인으로 크레온 앞에 끌려온다. 하지만 안티고네는 한 치의 물러섬도 없다.

크레온: 너는 명령이 내려진 것을 알고 있었느냐?
안티고네: 알고 있었습니다. 어찌 모르겠습니까? 세상이 다 아는데요.
크레온: 그런데도 그 명령을 어겼단 말이냐?
안티고네: 네, 그 명령을 내린 것은 제우스가 아니었으니까요. 하계의 신들과 함께 사는 정의의 여신께서도 사람들 사이에 그런 법을 세우지 않으셨습니다. 글로 씌어진 것은 아니지만 확고한 하늘의 법을 한낱 인간에 불과한 왕의 명령이 무시할 수 있겠습니까. 하늘의 법은 어제 오늘 생긴 것이 아니라 영원히 살아 있고 어디서 왔는지 아무도 모르니까요. 저는 한 인간의 의지가 두렵다고 해서 하늘의 법을 어기고 신들 앞에서 죄인이 되고 싶지는 않습니다. 저는 그 명령이 없었다고 해도 어차피 죽어야 한다는 것을 잘 알고 있습니다. 하지만 제 명대로 살지 못한다 해도 그것이 득이라고 생각해요. 저처럼 수많은 불행 속에서 살아가는 사람이 어찌 죽음을 득이라 생각지 않겠어요. 이런 운명

이 전혀 슬프지 않습니다. 다만 내 어머니의 아들을 장례도 치르지 못하고 시신으로 밖에 내버려두었더라면 그것이야말로 고통이었을 겁니다. 내게 이것은 전혀 고통스럽지 않아요. 내가 어리석어 보인다면 어리석은 자의 눈에만 어리석게 보이는 것입니다.

코러스장: 오, 성미 급한 아버지의 성미 급한 딸이군요. 불행 앞에서도 굽힐 줄을 모르니 말이오.

크레온: 지나치게 완고한 마음이 가장 쉽게 꺾인다는 것을 알아두어라. 불에 지나치게 달구어 단단해진 쇠가 가장 쉽게 부서지거나 부러진다는 것을 알지 않느냐. 사나운 말도 조그만 재갈 하나로 길들여진다. 네가 노예라면 자존심은 허락되지 않아. 이 계집은 공포된 법을 어기고 반항을 하고 있다. 게다가 자기 죄를 자랑하며 우리를 비웃음으로써 두 번째 반항을 하고 있다. 그러고도 그녀가 아무 벌도 받지 않는다면 내가 아니라 그녀가 사내다. 비록 그녀가 내 누이의 딸이고, 우리 집 제단의 제우스 신을 모시는 어느 누구보다 나와 가까운 사람이긴 하지만 그녀도, 그녀의 동생도 극형을 면치 못하리라. 그녀의 동생도 이번 장례에 가담한 것은 마찬가지다. 그녀의 동생을 불러오너라. 나는 방금 그녀의 동생이 안에서 정신을 차리지 못하고 중얼거리는 것을 보았다. 어둠 속에서 못된 짓을 꾀하는 족속들은 마음이 먼저 반역하여 스스로 죄를 드러내는 법이지. 하지만 나쁜 짓을 하다가 붙잡힌 자가 그 죄를 자랑으로 삼으려는 것도 가증스럽다.

안티고네: 나를 잡아 죽이는 것만으로 부족하십니까?

크레온: 아니, 그것이면 됐다. 충분하다.

《오이디푸스 왕》의 크레온과 《안티고네》의 크레온은 완전히 다른 사람 같다. 이제 왕이 된 크레온은 국가를 상징하며 개인의 희생을 강요한다. 그러나 안티고네는 그것은 당신의 법이지 신의 법이 아니라며 그와 충돌한다.

아버지를 닮아 성격이 강한 안티고네. 비극을 읽을 때면 늘 그런 이미지가 떠오른다. 전속력으로 달려가던 사람이 느닷없이 나타난 벽에 부딪혀 나동그라지는 모습. 벽은 인간에게 주어진 조건이다. 우리는 그 조건을 받아들여 공포와 고뇌와 슬픔 속으로 걸어들어 가는 주인공의 모습을 보면서 소소한 고민들을 떨쳐버리고 카타르시스를 느끼게 된다. 죽음이 거룩하고 성스러운 삶의 메시지가 되는 이유가 거기 있다.

크레온과 안티고네는 이해관계의 양극단에 서 있다. 국가의 이성을 상징하는 크레온과 인간의 정념을 대표하는 안티고네. 인간의 법을 대표하는 크레온과 자연의 법을 존중하는 안티고네. 이렇게 조직과 개인이 부딪히면 결국 비극이 생길 수밖에 없다. 국가와 개인, 인간의 법과 자연의 법이 상생의 길을 찾지 못한다면 결국 부딪힐 수밖에 없다.

그렇게 팽팽하게 대립하는 크레온과 안티고네 사이에 하이몬이라는 인물이 등장한다. 그는 크레온의 아들이자 안티고네의 약혼자로 안티고네를 옹호하지만 크레온은 끝내 안티고네를 죽이기로 마음먹는다. 그는 안티고네를 바로 사형에 처하는 대신 죽어서야 나올 수 있는 석실에 가두고는 아주 소량의 음식만 주게 한다. 안티고네는 석실로 끌려가면서도 신념을 잃지 않는다.

안티고네: 울어주는 사람도 없고 친구도 없고 축혼가도 없이 가련한 나

는 더 늦출 수도 없는 이 길을 슬픔을 안고 간다. 불쌍한 나는 다시는 저 신성한 해님의 성스러운 눈길을 우러러볼 수 없구나. 내 운명을 위해 흘러줄 눈물도 슬퍼해줄 친구도 없구나.

크레온: 죽음 앞의 비탄과 곡소리로 죽음이 연기된다면 아무도 그치지 않을 것이다. 어서 데려가지 못하겠느냐? 그리고 내가 말한 대로 그녀를 굴 속에 가두었거든 혼자 내버려두어라. 죽고 싶으면 죽으라 하고, 그런 곳에 산목숨을 묻고 살아가고 싶다면 그렇게 살게 해라. 그러면 우리의 손은 그녀의 피를 묻히지 않고 깨끗할 테니까. 다만 그녀가 밝은 곳에 머물지 못하게 하면 된다.

안티고네: 오, 무덤이여. 깊이 팬 영원한 감옥이여. 나는 그곳으로 내 가족들을 만나러 갑니다. 페르세포네가 사자들의 나라에 받아들인 분들을. 나는 마지막으로 누구보다 비참하게 내 수명을 채우지도 못하고 그곳으로 갑니다. 하지만 나는 가슴 깊이 희망을 품고 있어요. 내가 가면 아버지께서 반겨주시고 어머니도 반겨주시겠죠. 그리고 오빠, 오빠들도 나를 반겨주시겠죠. 오빠가 세상을 떠나셨을 때 내 손으로 씻어드리고 수의를 입혀드리고 무덤에 제주를 부어드렸으니까요. 그리고 폴리네이케스 오빠, 나는 오빠의 장례를 치렀기 때문에 이런 응보를 받고 있어요. 하지만 현명한 사람은 오빠를 존중하는 내 행동을 옳다고 하겠죠. 내가 아이들의 어머니였거나 내 남편이 죽었더라면 나는 결코 시민들의 뜻을 거스르며 이런 일을 하지는 않았을 거예요. 무슨 법을 믿고 이런 말을 하느냐고요? 남편이 죽으면 다른 사람을 찾을 수 있고, 아이가 죽으면 다른 남자에게서 태어날 수도 있습니다. 하지만 아버지도 어머니도 모두 하데스가 감춰두고 있으니 형제는 다시 태

어나지 않겠죠. 그런 까닭에 나는 오빠를 소중하게 생각했습니다. 그러나 이것이 크레온 왕께는 범법 행위로, 무서운 반역 행위로 보였던 것이지요. 그래서 이제 나를 잡아서 끌고 갑니다. 신방도 없이, 축혼가도 없이, 결혼의 행복도 아이를 기르는 재미도 모르는 나를. 이렇게 친구들에게도 버림받은 불운한 이 몸은 살아서 죽은 사람들의 무덤으로 내려갑니다. 내가 대체 어떤 신의 법을 어겼다는 거죠? 어째서 불운한 나는 여전히 신들을 처다보아야만 합니까? 누구에게 나는 도움을 빌어야 할까요? 경건한 행동을 하고도 불경한 자가 되었으니 말이에요.

약한 자들의 마지막 보루는 죽음이다. 죽음은 자기 신념에 대한 과격한 변호다. 그래서 안티고네에게 다른 대안은 없다. 크레온이 그렇게 몰아가고 있기 때문에.

하지만 크레온과 안티고네가 하나가 될 수 있다면 국가와 개인이 같이 성장하고 신의 법과 이성의 법이 공존하는 조화로운 사회가 가능하다. 이둘이 하나가 될 때만 온전한 하나가 된다. 결국 배려란 그런 것이다. 극단의 둘을 하나로 붙여주는 접착제 같은 것. 《안티고네》를 읽다 보면 나라의 법과 개인의 신념이 부딪히는 상황을 보게 된다. 그런 상황에서 법이 정의를 구현하겠다며 본래의 정신을 잃어버린다면 가혹하고 냉혹해질 수밖에 없다. 《안티고네》에서 법은 크레온을 위한 법, 크레온의 권위를 위한 법이다. 따라서 이 법을 강요하면 거기 맞지 않는 사고방식이나 가치관을 가지고 있는 사람들과는 충돌할 수밖에 없다. 이는 지금도 세계 도처에서 발생하는 문제다. 어느 나라에서든 법이 독재자의 의도를 반영하고 독재자의 권력을 지지해주면 법은 권력의 시녀일 수밖에 없다.

충돌이 가져온 비극

결국 안티고네는 석실에 갇히게 되고 예고 없이 테이레시아스가 크레온을 찾아가 안티고네에게 양보하지 않으면 비극이 그를 맞을 것이라고 경고한다. 하지만 크레온은 그 예언을 무시한다. 크레온이 테이레시아스의 예언을 무시하는 것은 당시의 시대 배경을 반영한 것이었다. 소포클레스는 기원전 496년에 태어나 406년에 죽었다. 그가 활동하던 시기에 아테네의 민주정치는 최전성기를 누린다. 그러면서 신의 힘은 약화되고 국가의 힘, 국가의 법, 권력자들의 권위가 점점 힘을 얻어갔다. 크레온의 오만은 이런 시대적 상황을 반영하는 것이었다.

신의 뜻마저 거역하는 크레온 앞에는 더 커다란 비극이 기다린다. 비극에 비극이 얹어지면서 《안티고네》는 클라이맥스를 향해 달려간다. 또 다른 비극이 무엇인지 하이몬의 어머니 에우리디케에게 비극적인 소식이 전해지는 장면 속으로 들어가 보자.

> 에우리디케: 이 나라의 여러분들, 나는 팔라스의 여신들께 기도를 드리려고 문밖으로 나오다가 여러분의 이야기를 들었습니다. 내가 문을 열려고 빗장을 벗기는데 집안의 재앙을 이야기하는 목소리가 들려왔어요. 나는 너무 놀라서 뒤로 넘어졌고 하녀들의 팔에 안겨 정신을 잃었어요. 어떤 소식인지 다시 한 번 말해주세요. 불행에 서툰 사람처럼 굴지 않을 테니.
>
> 사자: 왕비님, 제가 그 자리에 있었던 사람으로서 사실을 남김없이 그대로 말씀드리겠습니다. 금세 거짓으로 드러날 말씀을 드리고 제가 어

찌 편하겠어요. 진실은 언제나 옳은 법이지요. 우선 저는 전하의 길잡이로서 함께 들판 끝까지 갔습니다. 그곳에는 여전히 폴리네이케스의 시신이 개떼에게 찢긴 채 애도받지 못하고 누워 있었어요. 우리는 길의 여신과 플루토에게 자비를 베풀어 노여움을 푸시라고 기도드리고 나서 그분을 신성한 물로 씻어드리고 새로 꺾은 나뭇가지들로 태워드렸어요. 그러고는 조국의 흙으로 높은 무덤을 쌓고 나서 돌이 깔린 하데스의 신부의 신방으로 갔습니다. 그러자 저 멀리 의식을 치르지 않은 신방 근처에서 누군가 큰 소리로 울부짖는 것이 들려왔기에 크레온 님께 알렸지요. 그러자 그분께서 다가가시는 동안 이상한 신음소리가 들려왔습니다. 크레온 님께서는 비통한 음성으로 말씀하셨습니다. '아. 나야말로 가련하구나. 내 예감이 들어맞는 것인가? 나는 지금까지 걸었던 가장 비참한 길을 걷고 있는 것인가? 저건 내 아들의 목소리로구나. 자, 하인들아, 어서 가까이 가거라. 그리고 저 무덤에 이르거든 돌들을 들어낸 틈으로 무덤 안까지 들어가서 잘 보아라. 내가 들은 것이 과연 하이몬의 목소리인지, 아니면 신들께서 나를 속이시는 것인지.' 그렇게 탄식하시는 크레온 님의 분부대로 우리는 가보았습니다. (……) 하이몬 님은 두 팔로 그녀의 허리를 끌어안고 쓰러진 채 신부의 죽음과 아버지의 행위와 자신들의 불운한 사랑을 슬퍼하고 있었어요. 크레온 님께서는 왕자님을 보시자 무섭게 소리를 지르며 안으로 들어가시더니 비탄의 목소리로 부르셨어요. '아, 불쌍한 녀석. 이 무슨 짓이란 말이냐. 무슨 생각이 들었더란 말이냐. 대체 무슨 불운이 너를 이렇게 망쳐놓았느냐. 제발 어서 나오너라. 제발 부탁이다.' 그래도 왕자님은 매서운 눈으로 아버님을 노려보시더니 그분의 얼굴에 침을 뱉고는 한마디 대답도 없이 열십자 손잡이의 칼을 빼들었지만 아버님이 황급히 피하셨기 때문에 칼은 빗나가고 말았지요. 그러자 가엾은 왕자님은 스스로 화가 나서서 갑자기 칼에 몸을 기대며 옆구리 안으로 칼날을 반쯤 밀어 넣었어요. 그러고는 왕자님은 아직 의식이 있는 동안 그녀를 겨우 껴안고 숨을 헐떡이면서 그녀의 창백한 뺨에 왈칵 피를 쏟았습니다. 그래서 그분은 시체가 되어 시체 곁에 눕게 되었어요. 가련하게도 왕자님은 이 세상이 아닌 하데스의 집에서 결혼식을 올리고 인간에게 어리석음이 가장 큰 재앙임을 세상 사람들에게 보여주었어요.

배려 없이는 희망도 해법도 없다

남편 때문에 아들이 죽었다는 소식을 들은 에우리디케는 마음 놓고 오열하지도 못하고 슬픔을 감추지도 못한 채 조용히 집 안으로 들어간다. 그리고 크레온이 아들의 시신과 함께 집으로 돌아온다.

> 크레온: 아, 우둔한 생각의 가혹하고도 치명적인 실수여. 아, 같은 피를 나눈 살해자와 피살자를 보시오. 아, 슬프도다. 불행한 나의 맹목이여. 내 아들아, 젊은 나이에 세상을 떠나다니. 아, 슬프고 슬프다. 네 어리석음이 아니라 내 어리석음 때문에 너는 죽었구나.
> 코러스: 아, 딱하게도 너무 늦게야 깨달으신 것 같군요.
> 크레온: 가슴 아프게도 정의가 무엇인지 불행을 통해 배웠소. 아마 신께서 위에서부터 엄청난 무게로 나를 내리쳐서 잔혹한 길로 내동댕이친

것 같소. 내 행복은 뒤집혀 짓밟히고 말았구나. 아, 인간의 힘들고 괴로운 노고여.

사자: 전하께서는 지금도 슬픔을 가득 안고 계시지만 궁 안에 들어가시면 새로운 슬픔을 보실 겁니다.

크레온: 이런 재앙 위에 또 무슨 재앙을 올린단 말이냐?

사자: 왕비님께서 세상을 떠나셨습니다. 여기 계신 시신의 친어머니께서. 방금 당하신 충격 때문에.

크레온: 아, 모든 것을 받아들이고 어떤 제물로도 채워지지 않는 하데스여, 어쩌자고 이렇게까지 무자비하신가? 아, 내게 비보를 전해준 재앙의 사자여, 대체 무슨 말인가? 너는 죽은 사람을 두 번 죽이는구나. 무슨 말을 하려는 것인가? 아, 슬프고 슬프다. 내 아들이 죽은 지금 내 아내마저 죽었단 말이냐?

코러스: 보시지요. 왕비님의 시신이 궁 밖으로 옮겨지고 있습니다.

크레온: 저기 두 번째 재앙이 보이는구나. 대체 어떤 운명이 나를 기다리고 있단 말이냐. 겨우 내 아들을 안고 있는데 저기 또 다른 시신이 나타나다니. 아, 가여운 어머니, 아, 아들아!

사자: 왕비님께서는 저 제단 앞에서 날카로운 칼로 자신을 찌르시고는 어두워져가는 두 눈을 감으셨습니다. 그때 그분은 먼저 돌아가신 메가레우스 님의 고귀한 마지막과 여기 누워계시는 왕자님의 마지막을 슬피 우시고는 끝으로 아드님을 죽이신 전하께 악운이 있기를 비셨습니다.

크레온: 아, 무서워서 온몸이 오싹하는구나. 양날 칼로 내 가슴을 찔러줄 자는 없느냐? 내 몸은 비참한 고통에 젖었구나.

사자: 그래요. 세상을 떠나신 왕비님께서는 이 아드님과 또 한 분의 죽음을 전하의 탓으로 돌리셨어요.

(……)

크레온: 어서 오게 하라. 어서. 내 운명 가운데 가장 아름다운 것이여, 어서 나타나 나에게 마지막 날을 가져다 다오. 그 최고의 운명이 어서 오게 하리. 다시는 내일의 빛을 보지 못하도록.

(……)

코러스: 이제 더 기도하지 마십시오. 인간은 정해진 운명을 벗어날 수 없으니까요.

크레온: 제발 날 데려가거라. 이 경솔하고 어리석은 인간을. 아, 아들아, 나는 아무 생각도 없이 너를 죽였구나. 그리고 당신마저도. 아, 기구한 내 신세. 얼굴을 돌릴 곳도 없고 의지할 곳도 없구나. 내가 손대는 것마다 모두 빗나가고 파괴의 운명이 나를 덮쳤구나.

코러스장: 지혜야말로 으뜸가는 행복이라네. 그리고 신들에 대한 경의는 굳게 지켜야 한다. 오만한 자들의 큰 소리는 언제나 큰 천벌을 받게 되어 늘그막에야 지혜가 무엇인지 알게 된다네.

너무도 뒤늦게 찾아오는 깨달음. 이것이 비극의 핵심이다. 뒤늦게 찾아오는 깨달음은 후회, 앞서 찾아오는 깨달음은 통찰이라고 한다. 그런데 수많은 후회와 회한 속에서 우리는 자기 삶에 대한 통찰도 얻지 않을까? 고전들을 뒤져보면 무수한 슬픔과 고통을 겪은 사람들만이 언젠가 구원을 받게 된다.

오이디푸스의 자식 중에 이스메네만이 홀로 살아남지만 그녀의 삶이 구원이었을까? 어떻게 보면 역사 속에서 살아남은 사람들은 이스메네처럼 중간에서 비굴하게 침묵한 사람들이다. 입을 굳게 다물고 신념보다는 현실에 순응하면서 살았던 이스메네 같은 사람들. 그런 사람들만 있었다면 인류의 진보는 꿈도 꾸지 못했을 것이다.

　그동안 우리는 《안티고네》를 통해서 정의를 보곤 했다. 하지만 이제 거기서 배려를 보게 된다. 서로를 향해 전차처럼 달려드는 사람들에게는 아무런 희망도, 해법도 없다. 배려를 상실한 사람들에게는 비극만이 남을 뿐이다. 그런 파국으로 가기 전에 상대가 나와 다르다는 것을, 그리고 다르다는 것이 열등하거나 악의적이라는 의미가 아니라는 것을 이해해야 한다. 이런 이해야말로 진정한 의미의 배려다. 배려를 통해 다름을 껴안는다면 나의 지평이 넓어지고 나는 하나의 완결된 인간을 향해 걸어가게 될 것이다.

어제보다
아름다워지려는 사람들을 위한
인생 지도

"라디오를 통해 고전 수업을 하면 더 많은 사람들이 고전을 접할 것 같다."

이 책은 한 통의 이메일에서 시작되었습니다. 당시 구본형 선생님은 EBS FM 라디오 〈고전읽기〉 진행을 맡으실 무렵이었고, 메일을 받은 우리는 생방송과 녹음까지 일주일에 두 차례 방송에 게스트로 참여했습니다. 방송된 원고를 정리하며 선생님은 추후에 고전 읽기에 관한 책을 함께 출간하고자 했습니다.

선생님은 2012년 8월 27일부터 2013년 2월 1일까지 총 19주 동안 라디오 프로그램을 진행하셨고, 중간에 약 3주 동안 갑상선 암 수술로 인해 자리를 비우셨습니다. 매주 월요일마다 고정 게스트로 출연하여 생방송 진행을 함께했는데, 선생님께서는 갑상선 수술을 받으시던 순간까지 우리에게조차 아무 말씀도 하지 않으셨습니다. 사실 방송 초기부터 암 투병 중이셨다는 것도 나중에야 알게 되었습니다. 아직도 기억합니다. 생방송 도중 음악이 흐르는 동안 선생님은 어깨가 아프신지 웅크리고 계셨습니다. 어깨를 주물러드리고 싶었지만, 음악이 나가는 그 짧은 시간에 어깨를 주물러드리는 그 행위가 너무 '오버'하는 것 같아서 그냥 자리에 앉아 있었습니다. 그 시간을 아직도 후회합니다.

'왜 아픈 몸을 이끌고 라디오 고전을 진행하셨을까?'

풀리지 않는 의문이었으나 우리는 이 책을 진행하면서 그 답을 찾았습니다. 선생님은 IBM을 그만두고 1인 기업인 변화경영연구소를 설립하시면서 "우리는 어제보다 아름다워지려는 사람을 돕습니다"라는 문구를 내걸었습니다. 이후 10년 동안 100여 명의 연구원과 400여 명의 꿈벗들을 양성하셨습니다. 연구소의 강의 커리큘럼은 대부분 문학과 신화, 철학과 역사 고전으로 이루어져 있는데, 여기 포함된 책들이 다수입니다. 선생님은 연구원과 꿈벗들 외에 변화를 꿈꾸는 모든 청취자들을 돕기 위해 라디오 고전을 진행하셨습니다. 나아가 모든 독자를 위해 책을 출간하고자 하셨던 것입니다. 이 책이 선생님의 마지막 수업이 될 줄은 꿈에도 생각 못했지만 결과적으로 선생님은 마지막 미션인 모든 독자들에게 변화를 통한 자아 경영의 핵심을 전하고 떠나셨습니다.

선생님의 유골을 모신 후에 우리는 약속했습니다. 반드시 이 책을 내겠다고. 어떠한 어려움과 역경이 있더라도 오디세우스처럼 강한 인내력과 지혜로 모든 상황을 이겨내겠다고. 반드시 선생님의 마지막 수업을 독자들과 공유하겠다고 말입니다.

이 책을 기획했을 당시 변화경영연구소 연구원들조차도 이 책이 나올 수 있을까 하는 의구심을 품었습니다. 왜냐하면 출간하기 위해서는 너무도 많은 일들이 필요했기 때문입니다. 이 책은 다음과 같이 진행되었습니다. 라디오에서 방송하신 내용을 녹취하는 작업이 우선이었습니다. 총 83시간, A4용지 1000여 장(원고지 8000매)의 분량을 변화경영연구소 연구원들이 자발적으로 풀었습니다. 그 이후 선생님이 남기신 604편의 〈구본형 칼럼〉과 375편의 〈마음편지〉에서 해당 고전의 내용을 취합해 책으로 엮었습니다. 선생님이 쓰신 원고를 꼼꼼히 살펴서 고전의 기둥을 세우고, 원전이라는 서까래를 올리고, 녹취록이라는 바닥을 깔고, 〈마음편지〉라는 뼈대를 잡고, 〈칼럼〉이라는 살을 붙이면서 원고를 한 꼭지씩 완성해나갔습니다. 너무도 힘든 과정이었지만 마지막 교정지를 받았을 때 비로소 우리는 한 사람의 독자이자 제자로 돌아가 스승의 '마지막 수업'을 즐길 수 있었습니다.

'마지막'으로 스승께서 살아계셨다면 여러분께서 받게 되셨을 편지를 소개하면서 이 글을 맺으려 합니다.

너는 현명하다는 것이 무엇인지 알고 있지? 너무 진지할 것 없다. 지나친 진지함은 너를 괴롭힐 것이다. 삶은 즐거운 활동이다. 그 가치가 아무리 크고 무거워도 기쁨으로 해야 한다. 황홀하지 않은데 몰입할 수 있겠느냐?

지금까지 함께해주신 모든 사우(師友)들께도 이 수업이 '황홀한 몰입'이었기를, 더불어 우리의 삶도 이와 같기를.

2014년 1월 정재엽 박미옥

총 83시간의 라디오 방송 분을 글로 옮기는 작업을 도와준 변화경영연구소의 김도윤, 김이미나, 박상현, 박소라, 박진희, 류춘희, 이루미, 이은미, 이선형, 오미경, 정선이, 최세린 연구원에게 감사드립니다. 특히 최세린, 이루미 연구원은 전체의 절반이 넘는 분량의 녹취를 소화해주셨습니다. 604편이 넘는 칼럼을 일일이 정리해 수고를 덜어주신 강미영 연구원께도 감사드립니다. 이 밖에도 변화경영연구소 많은 연구원과 꿈벗 분들이 크고 작은 힘을 더해주셨습니다. 뒤늦은 공부임에도 묵묵히 도와주신 가족들에게 감사를 전합니다.

글로, 삶으로 '진정한 아름다움'이 무엇인지를 가르쳐주신 영원한 스승 구본형 선생님께 더할 수 없는 존경과 그리도 기다리시던 제자들의 첫 책을 바칩니다.

안녕하십니까. EBS 라디오 신상민 피디입니다. EBS FM 라디오 〈고전읽기〉는 동서양 고전을 통해 세상을 만나고 나를 변화시킬 수 있는 국내 유일의 고전 읽기 프로그램입니다. 현대인들에게 인문 교양 지침서가 될 수 있는 책들을 변화경영연구소 구본형 소장과 개그우먼 이희구의 입담으로 풀었고, 각 고전 전문가의 해설을 곁들이기도 했습니다. 《삼국유사》,《동방견문록》,《오디세이아》 등 어찌 보면 지루한 고전들이 이 시대를 살아가는 우리들의 고민과 맞닿게 하여 고전과 친구가 되는 시간을 만들었습니다. 시간과 공간을 아우르는 삶의 문제들을 만나면서 독서 인구의 저변 확대와 전 국민의 인성 함양에 조금이라도 보탬이 되고자 했습니다.

구본형 소장님과 함께한 시간을 잊을 수 없습니다. 도전, 젊음, 정의, 자유, 사랑, 죽음 등을 담은 그의 고전 수업은 삶의 빛나는 통찰들로 가득했습니다. 《향연》과 《그리스인 조르바》,《다산문선》까지. 그의 고전은 잠든 내면을 깨우는 죽비와 같습니다. 그의 고전 강독은 '변화를 두려워하지 말고 새로운 삶에 도전하라'는 메시지를 담고 있고, 이는 우리가 깊이 새겨야 할 삶의 새로운 시작이라 생각합니다.

이 책을 위해 애쓰신 모든 분들께 감사드리며, 작고하신 구본형 소장님을 이 책을 통해 다시 만나뵙기를 희망합니다. 더불어 지금처럼 EBS FM 〈고전읽기〉를 향한 변함없는 관심 부탁드립니다.

2014년 1월 EBS 라디오부 신상민 드림